México
Una odisea culinaria

México

Una odisea culinaria

Diana • Kennedy

PLAZA JANÉS

Diseño de portada: Marco Xolio/*Phonacot*

Diseño de interiores: Ofelia Mercado y Jorge Aguilar/*M&A Diseñadores*

Impreso en México
Printed in Mexico

Contenido

✢

Introducción   9

Centro-Occidente y la costa del Pacífico   15
Michoacán   16
Morelia y Tacámbaro   52
Jalisco   63
Guanajuato, San Miguel de Allende y Comonfort   116
Aguascalientes   129
Zacatecas   143
Coahuila   160
Chihuahua   174

El Centro   199
Hidalgo   200
Estado de México   218
Morelos   237
El estado de Puebla   253

El Golfo   285
Veracruz   286
Tabasco   321
Campeche   358

La costa sur del Pacífico   377
Guerrero   378
Oaxaca   394

Miscelánea de experiencias culinarias   461
Rarezas   462
Antiguos recetarios mexicanos   490
Información básica   526

Agradecimientos

❧

Quisiera agradecer profundamente a Braulio Peralta,
por su gran entusiasmo en publicar este libro, y a
Jennifer Clement, por haber iniciado la idea del proyecto.
También le agradezco a la traductora
Laura Emilia Pacheco, por su paciencia con esta
obra (muy complicada), y a todos los que estuvieron
involucrados en las diversas etapas de la producción,
en especial a Blanca Monroy, Ofelia Mercado y a
Luis Enrique del Ángel.

Diana Kennedy

Introducción

❦

or qué *México*? Suena un poco arrogante y posesivo, ¿verdad? Bueno, el título se me ocurrió de pronto, y entre más lo pensé, más apropiado me pareció. Después de todo, este libro es sobre el México que conozco. Es una visión en extremo personal y algo distinta sobre la cocina, donde creo que he pasado mucho tiempo hablando de comida, cocinando o compartiendo un convite con las familias que visito.

Cuando en 1957 llegué a México por primera vez, no vine en calidad de antropóloga a estudiar las costumbres, las danzas, las fiestas o las pirámides que aún fascinan y atraen a gente de todo el mundo. Vine a casarme con un corresponsal extranjero en México. Teníamos planeado vivir aquí durante algunos años antes de mudarnos a otro sitio. Yo no tenía ningún talento particular, sólo mi amor por la buena comida, una curiosidad desbordada y una inquietud sin límite. De inmediato me fascinaron los mercados y los exóticos ingredientes; muy pronto caí bajo el encanto de la increíble belleza del campo que producía una variedad insólita de alimentos. Me encantaban aquellos viajes iniciales a sitios remotos del país, y todavía hoy no me canso de hacerlos. No pasó mucho tiempo antes de que tuviera que admitir mi profunda adicción por México.

A partir de ese momento mi vida en este país ha sido, o así me lo parece, una serie de fascinantes aventuras, la mayoría, culinarias. Desde luego, he tenido decepciones, sorpresas, deleites y muchos viajes infructuosos, pero nunca me he aburrido. No puedo recordar un solo momento en el que no planeara ya la siguiente excursión en busca de una receta desconocida o legendaria; de un fabuloso libro de cocina regional, de una hierba o un chile difíciles de hallar.

Nunca me siento tan feliz como cuando me dirijo a algún sitio en mi camioneta para descubrir cosas nuevas, porque hace mucho me percaté de que la riqueza de la comida mexicana y la variedad de formas en que se prepara es infinita. Y, entre más viajo, más me doy cuenta de que la mayoría de las familias, incluso aquellas que viven en la más pequeña comunidad, tienen una historia culinaria: métodos y recetas heredados de una generación a otra. Si se hubiera registrado todo esto a través de los años, revelaría mucho acerca de los cambios que ha experimentado la sociedad a lo largo de las épocas buenas y malas, las alteraciones climáticas, y, por lo tanto, conoceríamos mucho sobre la transformación de la agricultura y el efecto político y social que generan los trabajadores migrantes que van y vienen a las grandes ciudades de Estados Unidos.

Entre quienes cocinan —por lo general mujeres— existe una gran creatividad; utilizan sus habilidades y su imaginación para transformar la monotonía de los alimentos básicos del diario y, cuando el presupuesto se los permite, agregan unas cuantas exquisiteces para convertir sus platillos en algo más festivo. Cuando conozco a las cocineras siempre las animo a que escriban —si es que saben hacerlo— el procedimiento básico de sus recetas y las enseñen a un miembro más joven de la familia que pueda redactarlas con mayor detalle, para que sus conocimientos no se pierdan a causa de los cambios que comienzan a infiltrarse en México, y que, mucho me temo, terminarán por invadirlo.

Cuando a principios de los años setenta comencé a escribir mis libros de cocina mexicana, había un público bastante reducido y muy especializado para las recetas que parecían exóticas y requerían ingredientes prácticamente desconocidos, difíciles o imposibles de encontrar. Pero ahora las puertas se han abierto: la inmigración y el turismo han traído consigo un intercambio recíproco y cada vez mayor entre ambos lados de la frontera. Este proceso se ha acelerado gracias al Tratado de Libre Comercio y a un grupo de jóvenes chefs que están llenos de energía y ansían enriquecer sus eclécticas comidas con nuevos aderezos y sabores en ambos lados de la frontera.

Éste es mi sexto libro. A excepción de uno, todos están íntegramente dedicados a la comida mexicana, de modo que supongo inevitable la pregunta que me hacen una y otra vez: "¿De qué se trata su nuevo libro?" "¿En qué difiere de los anteriores?" Podría decirse que este volumen es una extensión natural de los otros porque cada vez que viajo, cada vez que platico con alguna cocinera, y cada vez que cocino con ellas, aprendo algo nuevo. No se trata de un viaje gastronómico "total" a través de México con las recetas de cada región finamente balanceadas. Este libro es más excéntrico: es un registro de mis viajes más recientes en que a menudo evoco recuerdos de otros anteriores. Incluyo algunas recetas que a mi entender nunca se han escrito, y otras, muy antiguas, que hallé en libros de hace un siglo o más y que casi habían caído en el olvido. Pero no hay duda de que las recetas no son lo único que cuenta. También son importantes las gentes que las conservan y les dan vida, así como el entorno que proporcionan los ingredientes especiales que distinguen a una región de otra. De modo que el libro ofrece una perspectiva más profunda y personal sobre las comidas de este complejo y fascinante país.

Aunque he recorrido México de norte a sur, y a lo largo de gran parte de la costa —como podrán advertir por la disposición de los capítulos—, me he concentrado mucho más en las regiones centro y sur, quizá porque, desde un punto de vista general, en esas zonas el cambio ha sido más lento y las tradiciones todavía se conservan con respeto.

Organizar esta gran cantidad de material disperso no ha sido fácil: México es un país inmenso en culturas, climas y tipos de vegetación diametralmente opuestos. Tengo muchos recuerdos de los viajes que he realizado durante los 44 años en que he visitado o vivido aquí, y me abruman los cambios que me ha tocado presenciar a lo largo de este tiempo. Por último, mi editor y yo decidimos agrupar las recetas en bloques geográficos que siguen una secuencia más natural de mis viajes a lo largo del país.

Comienzo con San Pancho, cerca de Zitácuaro, Michoacán, donde vivo desde hace 21 años. A partir de ese punto viajo a Morelia y, de vez en cuando a Tacámbaro, pero con más frecuencia voy a Jalisco, y esporádicamente a Nayarit.

Aunque he ido a San Miguel de Allende muchas veces, y a Aguascalientes y Zacatecas con menos regularidad, mis viajes a Chihuahua, al norte, incorporaron a todas esas regiones en un patrón de cocina y de alimentación completamente distinto al de los estados que bordean el golfo de México, por ejemplo. El altiplano central, que incluye las experiencias culinarias de los estados que rodean la ciudad de México, también pareció adquirir una disposición lógica: Hidalgo, Morelos, el Estado de México y Puebla, un poco más distante, a donde he viajado desde mis primeros días en el país, en 1957.

Con excepción de Yucatán, cuyas recetas he incluido en mis otros libros, me pareció natural agrupar las zonas que están en el golfo de México, tomando en cuenta su exuberante vegetación y la entrega con que —sobre todo los grupos indígenas— conservan sus recetas tradicionales. Por último, la zona del Pacífico sur incluye los estados de Oaxaca y Guerrero, a los que he viajado en incontables ocasiones. La riqueza de su folklor y la variedad de sus ingredientes naturales convierten a estas regiones, sobre todo a Oaxaca, en sobresalientes colaboradoras de la gastronomía mexicana.

Por último, la sección miscelánea reúne una fascinante diversidad de hallazgos con que me he topado durante mis recorridos; artículos que escribí sobre recetas olvidadas y cuyo ingrediente principal son insectos, plantas silvestres —incluidos el cuitlacoche y los hongos secos—; la influencia de la España medieval en las matanzas de Puebla y, por último, la exploración de viejos libros de cocina que arrojan recetas que todavía hoy resultan viables y nos permiten aprender de su actitud hacia la comida y de sus recomendaciones a las cocineras.

Todo esto ha contribuido a formar el mundo de mi cocina aquí en México, algo a lo que he dedicado la mayor parte de mi vida.

Así, en este libro poco convencional de cocina he tratado de incluir recetas que agraden a un público diverso, así como recuentos de mis andanzas culinarias, para quienes leen mis libros como novelas, o al menos eso me han dicho.

Hay recetas muy sencillas para el cocinero que no tiene mucha experiencia: no se pierdan los nuevos guacamoles ni las adictivas chiltatis. Hay otras más complejas para quienes están familiarizados con mis libros anteriores y ya tienen práctica con los embrollos que presentan métodos e ingredientes. También he incluido recetas para los curiosos y los aventureros que recorren México incansablemente y quieren reproducir algunas de las comidas más exóticas que han degustado durante sus viajes. Por último, pero no al final, este libro es para los expatriados mexicanos que sienten nostalgia por su tierra y por su comida.

Hace poco me entrevistaron en la televisión. Me pidieron que describiera la comida mexicana. Me hallé luchando sin esperanza ni remedio: ¿dónde empezar? ¿Cómo abarcarla? Los entrevistadores hicieron todo lo posible por ocultar su grácil impaciencia. No advirtieron la imposibilidad de responder a una pregunta incontestable en unos cuantos minutos, o incluso en una hora. Me llevaría varias vidas de investigación y travesía hacerle justicia a las distintas comidas de éste que es un país extraordinariamente complejo. Porque México es complejo. A lo largo de siete mil kilómetros se extiende de norte a sur en forma de cuerno de la abundancia, y tres cuartas partes de su territorio están justo debajo del Trópico de Cáncer. Se encuentra flanqueado por dos cordilleras que al este descienden hacia el golfo de México y hacia el oeste se dirigen al océano Pacífico; además, tiene una gran meseta central y esto da origen a zonas geográficas y microclimas diversos. Los accidentes de la historia, como las antiguas civilizaciones altamente desarrolladas, las invasiones, las influencias extranjeras y las distintas culturas indígenas —muchas de las cuales sobreviven hasta nuestros días— han jugado un papel importante en el desarrollo de esta complejidad.

Registrar la riqueza de conocimientos y del folklor culinario, además del de las fascinantes historias humanas que lo subyacen, constituye un proyecto eterno. Siento una gran pertenencia hacia aquellas personas con que me topo en carreteras, calles y mercados, porque la comida es un idioma propio que trasciende las palabras o las acciones. Esta sensación fue la que me brindó el título para este libro que, en muchas formas, nunca estará terminado del todo.

Centro-Occidente y la costa del Pacífico

Michoacán

San Pancho y cómo llegué aquí

Me siento a escribir este libro a principios de mayo, el mes más caluroso de todos, en mi casa ecológica de San Francisco Coatepec de Morelos, conocido entre los lugareños como San Pancho. El cielo está brumoso por el calor, una ocasional brisa sacude el polvo, y de vez en cuando puede verse el manto de humo de un incendio forestal en las montañas que están al este. En la mayoría de los casos el fuego se inicia a propósito por campesinos que quieren destruir árboles para sembrar, o por quemas desatendidas cuando arrosan la tierra para el nuevo sembradío, o aún más grave, por rapaces —y a veces clandestinos— agentes madereros pues, según la ley forestal, está permitido aprovechar la madera después de un incendio forestal. Las montañas que están al sur y al oeste tienen un color terroso, están desnudas y escarpadas, y contrastan con el verdor del valle en el que la presa provee la irrigación necesaria para las tierras bajas que la circundan. Éste es el mes en que los temperamentos se encienden y explotan: aparecen los chavos y los machos más viejos que beben desaforadamente, lanzan gritos primitivos y disparan sus armas mientras deambulan por las calles de San Pancho. El aire está denso y cargado de una sensación de presagio. ¿Llegarán a tiempo las lluvias? Los signos de su arribo se esperan con ansiedad. Heriberto, mi vecino más cercano, dice que ya vio a las primeras aludas (hormigas aladas) que son signo seguro de lluvia, pero los mayates que revolotean alrededor de las lámparas, y que me bombardean por las noches, todavía son demasiado pequeños. Abajo, en el hotel, André comenta que las golondrinas aún no acaban sus nidos (aunque es difícil saberlo, ya que André las aleja con su escoba porque las basuritas que producen las aves ofenden su sentido de orden, heredado de su padre, un francés colonialista).

Al caer la tarde, de vez en cuando amenaza con llover y, a la mañana siguiente, puede sentirse el delicioso aroma de la maleza húmeda de las montañas revestidas de árboles. Pero cuando las ranas mugidoras comienzan a croar uno sabe que la lluvia se acerca. Por otro lado, si el agua se adelanta, los últimos granos de café se abren y se echan a perder; los jitomates se pudren y ya no madurarán. Luego, con demasiada frecuencia, agosto es un mes seco en que empiezan a llenarse las mazorcas. En esta época del año bendigo mi casa de adobe, a pesar de todos sus inconvenientes. Me mantiene agradablemente fresca mientras el agua del colector solar me permite ducharme con agua bien caliente.

Quienes viven en climas más extremos piensan que no hay estaciones aquí en el semitrópico, a más de 1,900 metros de altura. En efecto: no hay nieve, y muy de vez en cuando hay una helada o cae un granizo fugaz. Pero hay cambios. Enero es un mes desnudo, fresco y soleado, y si los dioses nos favorecen, los primeros días de febrero traerán las cabañuelas, como dicen allá —porque oficialmente dan inicio en la segunda mitad de enero—, que alientan el florecer de los ciruelos y los duraznos, y ayudan a llenar los tanques de agua para los meses secos de más calor que se avecinan.

En las semanas siguientes aparecen las flores más brillantes del año: buganvillas de todos colores, geranios, azucenas, cactos y trepadoras tropicales que contrastan con los pálidos cúmulos azules del plumbago. Mientras, las flores de azar perfuman el aire y mis abejas se sacian con estos aromas. Las hortalizas proliferan. Cosechamos los primeros chícharos y habas; reviven las filas de nopales que proyectan sus tiernos y suculentos brotes en forma de paleta. Carlos, quien se encarga de todo allá afuera, corta las verduras y recolecta moras y fresas con cierta anticipación porque, como él mismo me explica, tenemos un ansioso cúmulo de astutos medieros alados que me dejarían sin nada si así se los permitiéramos.

Ayer Carlos trajo un poco de trigo recién bieldado. No mucho. Lo plantamos en una pequeña parcela de tierra pobre, pero resultó suficiente para los panes integrales que hago todo el año. Cada mes trae su propia cosecha modesta y, a medida que se

17

termina la última recolección del café, los pequeños aguacates criollos, negros y "blancos" están listos.

Las aves disfrutan de las suculentas moras, en tanto que las decorativas guías de la pasiflora silvestre de la ventana de mi estudio están repletas de flores que miran directo al cielo, con sus verdes "antenas" que atraen chupamirtos, mariposas y abejas. El árbol de lima está lleno de fruta, en tanto que las naranjas y las mandarinas apenas empiezan a formarse para la cosecha del verano. Los muros de piedra que rodean la casa están cargados de las llamativas flores blancas de la pitahaya, una de las frutas más exóticas: piel brillante de un escandaloso tono rosa, "garfios" verde pálido y una carne de profundo color magenta, salpicada de innumerables y diminutas semillas color negro.

En los meses siguientes, las ciruelas rojas y amarillas ("andrinas", como se les llama allá) madurarán junto con los jitomates y las últimas cidras. Conforme mayo llega a su fin, es tiempo de sembrar el maíz y solicitar la irrigación que fluye por un laberinto de canales abiertos a través de los huertos y las pasturas de mis vecinos. El agua proviene de un manantial que compartimos con el pueblo vecino y con las tierras comunales que están abajo, cerca de la presa. Jamás olvidaré el mágico murmullo del agua que sale a borbotones a través de las zanjas a las cuatro de la mañana: su sonido me despertaba siempre antes de que se erigieran altas bardas de piedra y se plantaran más árboles para amainar el ruido del pueblo. En aquellos años iniciales yo solía ayudar con la irrigación. Es un trabajo exigente, que se vuelve casi adictivo, a medida que uno dirige el agua dentro de un canal entre las filas de maíz. Al principio la tierra seca la absorbe, un hilo de agua se vuelve un flujo y la planta se endereza con brillantez. Luego se hace un pequeño dique y se pasa a la siguiente fila.

El sonido de aquel líquido se asemeja al de la música, como también las primeras gotas de lluvia que en la noche tamborilean en las tejas ardientes y resuenan contra el tejamanil de mi recámara. Siempre imploro a mis dioses panteístas que el sonido dure lo suficiente como para refrescar las plantas y no sólo para que el agua se evapore sobre la tierra dura y seca. A menudo me levanto temprano, abro la puerta de la terraza y respiro el aire revivificado por el aroma de los pinos, los cedros, las hojas de aguacate y el campo de hierba que huele a salvia. Con esas primeras lluvias se libera una cierta tensión cósmica; me volteo en mi cama y sigo durmiendo más tranquilamente.

Las tigridias y las hierbitas que se asoman entre las lajas y las bardas de piedra grisácea reviven paulatinamente con un revestimiento de musgo, liquen, helechos y flores en miniatura, hasta entonces latentes en los resquicios de la pared. Conforme participan en esta increíble metamorfosis, en los alrededores los montes pasan de un ocre oscuro a una gama de verdes.

Plantamos pequeñas parcelas de maíz de todos tipos y colores, traídos de mis viajes por la república. Después de la primera deshierbada, se siembran frijoles y calabazas para acompañarlo.

A medida que progresan las lluvias, mucho antes del amanecer, la alta mesa del sur zumba con actividad durante el brevísimo período en que aparecen los primeros hongos silvestres. Ésta es la temporada de las calabacitas que tienen un color verde claro y forma de pera. Salen de una planta rastrera (en el estado de Oaxaca salen todo el año) y no sólo proporciona calabacitas sino tiernos brotes que se guisan, y las flores amarillas más grandes y fragantes de todas las variedades de calabaza. Los chayotes están en proceso de formación: los hay verde oscuro y cubiertos de espinas como erizos; largos y en forma de pera; pequeños y color crema. Las puntas de sus guías también se pueden cocinar en una sopa o mezclarse con huevos revueltos. Más adelante en el año, cuando la planta está seca y se han caído sus hojas, el camote se desentierra, se cocina, y se come así, o capeado. Veo a mis vecinos pasar con estos largos tubérculos café claro que venden ya cocidos en el mercado o en las aceras, o hacer trueque con el chofer de la camioneta que los lleva al pueblo. Luego, cuando se abre la espiga (la flor masculina del maíz), las juntamos, las secamos al sol y las bieldamos para obtener las anteras que luego se tuestan para hacer tamales de espiga (pág. 23).

Durante el otoño se desentierran los camotes y se ponen a "sazonar" al sol durante tres días, antes de meterlos al horno para que suelten su azúcar natural. Conforme transcurren los días, madura una segunda cosecha de mandarinas y naranjas, tanto dulces como amargas, y las granadas chinas que invaden el árbol de aguacate comienzan a crecer: pasan de un morado verdoso a un tono naranja amarillento. Avanza octubre. La tierra que circunda mi casa, y la de las praderas y los campos, se cubre de la bruma amarilla y rosa de las flores silvestres. Con la cercanía de noviembre nos rodean nubes blancas de arbustos en flor que iluminan la tierra y contrastan con el rojo encendido de las nochebuenas. Si el año ha sido pródigo siempre hay algo que cocinar: zarzamoras de los bosques de arriba para hacer atoles, nieves y mermeladas; membrillos en julio y guayabas en diciembre para hacer ates; fruta de la pasión para helados; naranjas amargas para mermelada inglesa; cidras y duraznos para hacer dulce; calamondines para conservas. Del todo hay suficiente para todo un año o más.

A medida que cambian las cosas me obligo a recordar cómo eran antes: nuestros caminos ya no son tan silenciosos. Las camionetas de pasajeros lanzan sus rugidos de macho; al atardecer hay un montón de basura a la entrada del pueblo, y el incesante retumbar de la música de fiesta en Zitácuaro son síntomas de la insensatez y la estridencia que invaden y destruyen cualquier sociedad que no piensa en el futuro, ni en su legado a las generaciones futuras.

A menudo me preguntan cómo es que vine a dar a San Pancho. Bueno, hace ya más de veinte años un amigo inglés que había construido una casa encantadora en ese lugar sabía que yo buscaba un terreno y me invitó un fin de semana a conocer la región. Tal y como le ocurrió a él unos años antes, me enamoré del sitio. Como era muy meticuloso, cuando buscó un terreno para construir una casa de fin de semana visitó todas y cada una de las posibilidades dentro de un radio de 180 kilómetros a partir de la ciudad de México. Se topó con Zitácuaro cuando vino a hospedarse a Rancho San Cayetano: un pequeño hotel propiedad de una norteamericana que está situado en la carretera de Huetamo, como a tres kilómetros de Zitácuaro, justo en el punto donde un camino empedrado vira hacia San Pancho. A partir de ese punto hay exactamente un kilómetro hasta el centro de este pueblo esparcido que tiene una iglesia franciscana de fines del siglo XVI.

Enfrente, donde estaba el cementerio, ahora hay un jardín público con un pequeño quiosco al centro. Antes, las enormes jacarandas ofrecían el alivio de su sombra. Cada primavera florecían y formaban una magnífica nube azul. Imagínenselas contra el cielo impoluto y la iglesia color salmón al fondo. A medida que transcurrían las semanas uno se encontraba caminando sobre una gruesa alfombra purpúrea que tapizaba la tierra desnuda. Pero un día los políticos del pueblo, que encontraban cualquier pretexto para emborracharse, decidieron que las flores ensuciaban las calles. Según ellos, querían un jardín con flores, no con sombra. Ante mi más iracunda protesta talaron las jacarandas, lo que ocasionó que el jefe de pueblo de San Pancho me informara que las cárceles también estaban hechas para mujeres. Le contesté que se fuera al diablo... pero, bueno, ya escribí eso en mi libro personal de cocina titulado *Nothing Fancy* (Nada rebuscado). La venta de la madera les proporcionó suficiente dinero para emborracharse durante semanas enteras. Fue una juerga memorable.

La mayoría de las casas están construidas en un estilo tradicional. Sus blancas paredes de adobe tienen la base pintada de un rojo-tierra para ocultar el lodo con que se salpican por la lluvia. Los techos ligeramente inclinados están cubiertos de gruesas tejas que, con el tiempo, han suavizado su color a todos los tonos de rojo y café. Cada casa tiene un pedazo de tierra y un huerto en la parte de atrás, y hasta hace poco la fruta todavía se recogía al mayoreo.

A los jóvenes de familias afluentes se les envió fuera para que estudiaran carreras académicas o profesionales, y no pasó mucho tiempo antes de que sus padres se reunieran con ellos en la ciudad. El pueblo estaba casi muerto, a no ser durante las vacaciones y los días festivos, bodas y funerales. Es cierto que unas cuantas familias lograron sobrevivir de la tierra y de los huertos y se quedaron aquí y procrearon una docena de hijos cada una.

En aquellos años se abandonó gran cantidad de huertos, muchos jóvenes se fueron a trabajar a Estados Unidos, y no abundaba el agua para irrigar. San Miguel, el pueblo que está arriba de San Pancho, y que controla gran parte de los manantiales que traen el agua desde las montañas, crecía demasiado aprisa; pocos dividían sus tierras y la tala inmoderada estaba causando estragos. Todo parecía contribuir a la gradual desintegración de un sitio que alguna vez había sido un hermoso vergel.

Cuando yo estaba considerando seriamente la posibilidad de establecerme cerca de Zitácuaro, recordé lo que me dijo un amigo —una eminencia en el conocimiento del náhuatl que había estudiado la historia de la región—: "No compres ahí; hay mucha brujería". Y también la advertencia que me hizo otro amigo muy sabio —un conocido especialista en bosques y uno de los primeros ecologistas británicos serios— al enterarse de que estaba infatuada con el lugar: "Cuídate de lo ideal". Volví a recordarlo cuando un vecino bloqueó la estrecha entrada a mi terreno porque dijo que el camino era sólo para personas o para que transitaran los burros, pero no para camiones materialistas. Un político amigo de mi difunto esposo me ayudó a recobrar mi "derecho de paso de servidumbre", y casi cuando la desesperación estaba a punto de vencerme, dijo: "Diana, nunca debes soltar un sueño", pues para entonces mis planes se habían convertido en eso: en un sueño.

Yo quería una casa hecha con materiales de la región, que estuvieran relacionados con los recursos del área y que armonizaran con las restricciones bajo las cuales habían vivido y sobrevivido mis vecinos durante muchos años. Yo quería un centro para mis estudios sobre cocina mexicana; un lugar donde no sólo pudiera plantar chiles y hierbas de distintas partes del país, sino también árboles, y ayudar a que la tierra circundante recobrara su vida tras tantos años de abandono.

Hasta la fecha realmente no sé por qué me aferré a ese sueño —que muchas veces amenazó con convertirse en una pesadilla— con tal tenacidad y contra toda expectativa. Un hombre taciturno y poco amigable de una de las principales familias que controlan la mayoría de las tierras a mi alrededor, me dijo que San Pancho era un pueblo fantasma: la gente viene pero nunca se queda. Al principio, cuando aún no tenía coche, a menudo evocaba sus palabras mientras recorría el pueblo, a pie, durante las tardes de aquellos calurosos días de primavera. No había ningún sonido que anunciara la presencia de vida humana, sólo el rebuznar de un burro, el cacareo de un gallo perdido y el seco susurro de los cafetales y los árboles de aguacate. El silencio era pavoroso.

En aquel entonces me conocían como la "gringa loca" que había comprado un terreno sin agua. La historia de cómo logré conseguir irrigación —insistiendo de buena fe en mis derechos como terrateniente— y una hora de agua de dudosa calidad potabilizadora llenaría un libro en sí. Por fortuna, casi he logrado borrar de mi memoria aquellos arduos días, y cuando sí los recuerdo de manera fugaz trato de convencerme de que me sirvieron para "forjar el carácter" (un poco tarde en la vida) o para "ampliar mi gama de experiencias", y evito enfrentarme con algo mucho más cercano a la verdad: que, al intentar algo en lo que muchos habían fracasado, me dejé llevar por la estupidez y la terquedad.

Los pequeños huertos de San Pancho están bordeados por muros de piedra suelta, desnuda y gris en los meses secos, que se tornan gloriosamente multicolores poco después de las lluvias, con pálidas begonias color de rosa y trompetitas rojas y moradas. Hoy aún puedo ver a los vecinos atravesar el campo, con sus curvos machetes que parecen la extensión de su brazo derecho y el rostro protegido por anchos sombreros que tienen pequeñas borlas detrás. Hay burros cargados de leña que utilizan los panaderos del lugar. Las bestias trotan con pie firme sobre la accidentada superficie rocosa del camino, y tropiezan con el ocasional jinete que se mueve al unísono con su caballo y reconoce la presencia de otro con un refunfuñante "buenos días". De vez en cuando mi pequeña camioneta enfrenta la oposición de una yunta de bueyes que avanzan con pesadez —aquí todavía se usan para arar la tierra—, o la de una manada de vacas Holstein que deambulan como si tuvieran todo el día para llegar a sus pasturas, en la meseta que se eleva y se extiende a lo largo del límite sur del pueblo.

Hoy día, a pesar de la distorsión que producen los anuncios de Pepsi y la basura, el estruendo de los radios portátiles y las ruidosas combis (camionetas Volkswagen) que transportan a la gente de y hacia Zitácuaro, algunos vestigios del pasado aún permanecen en el recuerdo de los viejos, en sus creencias, en sus mitos y en su comida. La señora Catalina, la madre de Carlos, mi capataz, y de otros ocho hijos (que ahora trabajan para los seminaristas italianos que llegaron aquí a vivir y de quienes ella aprendió a hacer espagueti a la boloñesa), se siente muy orgullosa de su receta de tamales de espiga. Unos cuantos días después de que vino a hacerlos conmigo, apareció con su marido a la entrada de mi casa, sonriendo y agitando un pedazo de papel. Con una caligrafía temblorosa su madre había escrito en él: *Tamales de espiga datan de 1770 que tienen conocimiento y son originarios de San Francisco Coatepec de Morelos.*

Tamales de espiga
Rinde 60 tamales

Tradicionalmente los tamales de espiga se hacen en septiembre para las fiestas de Independencia, pero la señora Catalina comienza a prepararlos hacia fines de julio, cuando la flor masculina que corona el maíz cultivado durante la época de lluvias (no el maíz irrigado durante los meses secos, porque la señora Catalina dice que esas espigas no tienen tanto sabor) apenas se asoma de su "estuche" verde, o "cuando la milpa está bandereando", como dice el dicho.

Mis vecinos me habían hablado de estos tamales únicos y debo confesar que la primera vez que probé uno no me causó la menor impresión, pero es porque no había probado los que hace la señora Catalina. Sólo entonces pude apreciar su delicado sabor como de malta y miel, y su esponjosa textura. La masa en sí se elabora con harina blanca que se fermenta con pulque. El delicado sabor proviene de las anteras (o sacos de polen) de las espigas tostadas y molidas. Se endulza con piloncillo. Los tamales se envuelven en totomoxtles (hollejos secos de maíz) y se cuecen al vapor. Tradicionalmente se comen en el desayuno o en la merienda, acompañados de un vaso de leche.

La espiga (la flor masculina del maíz) está compuesta de un manojo de hebras (he contado hasta 18). Uno tiene que agarrarla y arrancarla de su envoltura o "estuche". Nosotros lo hicimos una tarde y de inmediato envolvimos las hebras en una toalla seca hasta la mañana siguiente. Al otro día, como a las diez de la mañana, cuando el sol ya estaba caliente, las extendimos en una capa sobre una tela de algodón (no toalla) para que se secaran al sol. Al mediodía se les dio la vuelta, y otra vez, a las dos y media. A eso de las cuatro, cuando el sol comenzaba a perder fuerza, las envolvimos en una toalla.

El proceso se repitió al día siguiente ya que, por lo general, las espigas necesitan "dos soles". Para comprobar que estén suficientemente secas hay que sacudirlas. Las anteras (en mi pueblo erróneamente se refieren a ellas como pistilos) parecen hilos de color verde claro como de un centímetro de largo. Si se desprenden fácilmente las ramitas están listas para trillarse.

Doña Catalina ordenó que le hicieran una fusta de varas de durazno, como de metro y medio de largo, que fuera flexible y no tuviera corteza. Su hijo Carlos hizo exactamente lo que su madre necesitaba. Ella empezó a golpear las anteras con un suave y rítmico movimiento. Se detuvo y se quejó de que la fusta era demasiado larga. Se redujo a un tamaño más manejable de un metro, y el trabajo prosiguió hasta que doña Catalina estuvo satisfecha de haber separado la mayor cantidad posible de anteras. Las varitas secas se separaron y se inició la bielda.

Al contrario de lo que podría esperarse, el bieldado no se hizo con el viento ni lanzando las anteras al aire, sino arrastrando lentamente la orilla de un rebozo sobre la superficie, de manera que los hollejos se adhirieran a la tela, pero no es tan sencillo. Catalina dijo que había olvidado su rebozo: de hecho, se lo había prestado a su hija, quien lo extravió. Le pedimos uno a los vecinos. Elena, que según sabíamos tenía dos, nos mandó decir que no lo encontraba. Esther acababa de lavar el suyo y todavía estaba húmedo. Finalmente no nos quedó más remedio y tuve que sacar uno mío, de lana, que funcionó bastante bien, pero no pudo pasar las estrictas normas de Catalina pues, al parecer, el fleco más eficiente para el trabajo es el del rebozo de hilo común y corriente.

Las anteras limpias, que se habían mezclado con su brillante polen amarillo, adquirieron un luminoso color verde pálido, pero tenían que secarse al sol durante otros dos días. En este punto pueden guardarse en un frasco hermético para usarlas posteriormente. (Yo las he usado hasta un año después y conservan su aroma y sabor.) Ahora, la receta:

2 kg. generosos de harina (aproximadamente 18 tazas)

1 l. de pulque fresco (veáse pág. 26)

1 kg. de piloncillo o azúcar morena

3 tazas de agua (aproximadamente 750 ml.)

1/2 taza (125 ml.) de anteras

60 hojas secas de maíz, remojadas

Coloque un cuarto de la harina en un tazón ancho. Agregue el pulque y, después de persignarse (hasta yo que soy panteísta lo hago), mezcle para formar una pasta suelta y algo grumosa. Como protección adicional contra cualquier infortunio, coloque dos varitas en forma de cruz sobre el tazón y cúbralo con una toalla. Hágalo a un lado para que repose a temperatura ambiente (24 °C) durante unas 4 horas. Transcurrido ese tiempo la masa debe estar burbujeante, bien fermentada y tener una costra delgada.

Mientras tanto, rompa el piloncillo en pedacitos y agréguelo al agua en una olla pequeña. Disuelva a fuego bajo y deje enfriar.

Coloque las anteras en una sartén sin engrasar y revuélvalas a fuego lento hasta que comiencen a tostarse, adquieran un color dorado y emitan un delicioso aroma a malta. Muela en un molino eléctrico para café o para especias hasta obtener un polvo fino (tradicionalmente se muelen en un metate que después se cepilla con una escobeta).

Distribuya la harina restante alrededor de la orilla de la masa fermentada. Forme un hueco en el centro de la masa fermentada y eche allí las anteras molidas y el almíbar de piloncillo. De nuevo bendiga la mezcla antes de empezar a incorporar los demás ingredientes con las manos, que siempre deben hacer un movimiento contrario al sentido de las manecillas del reloj, girando suavemente el tazón al mismo tiempo.

Cuando los ingredientes estén incorporados, la masa debe estar relativamente tiesa (si está demasiado tiesa, agregue un poco más de agua), pegajosa y tener un color café con leche.

Extienda la mezcla sobre una superficie plana y déle forma de cojín. Cúbrala con un trapo y déjela reposar toda la noche, pero no más de 14 horas a temperatura ambiente, unos 15 °C.

Al día siguiente llene el fondo de una vaporera con agua y coloque algunas monedas para que suenen cuando hierva el agua. Si el sonido disminuye, o se detiene por completo, usted sabrá que necesita agregar más agua de inmediato. La vaporera debe colocarse sobre un fuego de leña o carbón porque, según la señora Catalina, esto le agrega un toque auténtico al tamal.

Para formar los tamales, empiece por cortar una tira de masa de unos 6.5 cm. de ancho y divídala en dos piezas de unos 5 cm. de largo. Empiece haciendo diez. Coloque cada pieza de masa dentro de una hoja, dejando espacio para que pueda expandirse. Doble la hoja sin apretarla, para que la masa quede completamente cubierta.

Cuando haya terminado de preparar los diez tamales, abra la vaporera (el agua debe estar hirviendo) y persígnela. Comience por colocar los tamales en una capa alrededor del borde de la vaporera y complete la capa, o tendida, con un tamal en el centro. Tape la vaporera y deje que los tamales se cuezan durante unos siete minutos para que se sancochen, es decir, para que empiecen a adquirir cuerpo, antes de agregar otra capa. Entonces, después de cinco minutos, agregue la siguiente capa, y todas las capas subsecuentes, a intervalos de cinco minutos, hasta que todas estén colocadas en la vaporera, sin que se aprieten.

Los tamales tardan alrededor de una hora en cocerse. Para verificar, tome uno, desenvuélvalo y asegúrese de que esté esponjoso al tacto y de que la masa se separe con facilidad de la hoja caliente. Entonces, sólo para asegurarse, parta uno y verifique que la masa se haya cocido hasta el centro. Se sirven tibios, acompañados de un vaso de leche o de un atole.

El pulque

El pulque es la savia fermentada de la planta de agave (*Agave atrovirens, A. Americana*). Rico en aminoácidos, contiene minerales, sales y azúcares naturales. No sólo produce una bebida saludable y ligeramente alcohólica, sino que, junto con el chile, el frijol y el maíz constituyó uno de los principales elementos de la dieta de los indígenas del centro de México.

A menudo el pulque se cura con frutas —fresa, piña y tuna, entre otras— y se vende en pulquerías y cantinas, y hasta se enlata para su consumo doméstico o en el extranjero.

Su sabor agrio, terroso, afrutado y un poco baboso, requiere de un gusto adquirido. Para muchos "fuereños" resulta mucho más aceptable la espumosa aguamiel, que es un líquido más ligero del que se hace el pulque. Cuando el maguey o agave madura —proceso que lleva de siete a nueve años— y está a punto de brotarle un grueso tallo coronado de flores, se raspa el centro de la planta para formar un cuenco en el cual se drena el aguamiel. El líquido se extrae dos veces al día (como ordeñar una vaca). El momento en el que se realiza esta operación tiene que ser exacto. Los utensilios y las manos deben de estar escrupulosamente limpios para que el aguamiel no se eche a perder. Entonces se agrega el aguamiel a la tina de pulque para que madure y, debido al proceso de fermentación, en unas cuantas horas se transforme en pulque.

El pulque no sólo se bebe, sino que también se usa para levar el pan, en algunas salsas de mesa (como la salsa borracha, por ejemplo), para moler con chiles secos, para sazonar barbacoas, en guisados, o con piloncillo para hacer tepache.

Para estas recetas si no puede conseguir pulque una cerveza ligera constituye un sustituto aceptable.

Frutas en tacha

En el mercado de Zitácuaro hay tres puestos que venden fruta en tacha: frutas curadas en una solución de cal o ceniza y cocidas con piloncillo o azúcar hasta que espese. Naranjas agrias, cidras, higos, calabazas y chilacayotes se cultivan en los alrededores. Durante la Semana Santa los puestos callejeros están muy activos y venden teleras rellenas con esta fruta: desayuno tradicional para la mayoría de las familias de allá que respetan la tradición en el comer.

No necesita ir muy lejos hacia el sur de Zitácuaro para llegar a tierra caliente, donde todavía quedan vestigios de las haciendas y los ingenios que le pertenecieron. Antes de la Revolución y las reformas agrarias había grandes extensiones de tierra sembradas con caña. Tras el reparto de tierras algunos campesinos decidieron seguir su cultivo aunque, desde luego, a menor escala. Hasta hace unos seis años, a finales de enero solía ir siempre con uno o dos vecinos a un pueblo que está como a 30 kilómetros, para adquirir mi provisión anual de piloncillo. Por desgracia, todos los molinos pequeños han desaparecido en favor del monocultivo de la guayaba. Siempre me gustaron aquellos paseos matutinos. El pueblito estaba a unos cuantos kilómetros de la carretera principal, en un camino angosto que serpenteaba a través del empinado cañón. En cuanto uno llegaba a las primeras casas y trapiches, y divisaba los rústicos molinos, el olor de la caña de inmediato salía al encuentro.

Duraznos en tacha

Para 50 duraznos

Hace varios años un gobernador del estado vino a comer a mi casa y, llena de orgullo, le mostré mi interesante pero pobre terreno. Al recordar que no era sino un huerto abandonado, amablemente me envió un camión lleno de árboles frutales. Como gesto de buena voluntad los repartí entre los habitantes de San Pancho: a todos nos tocaron diez árboles. El bribón jefe del pueblo, máxima autoridad del lugar y un borracho empedernido, no dejaba de mandarme gente sin tierra en un intento por obtener más árboles para sí mismo. ¡Pero pronto descubrimos su treta!

Entre aquellos árboles había unos de durazno que producen una fruta firme con una carne de encendido color naranja. No sólo son deliciosos sino que resultan ideales, antes de que maduren demasiado, para conservar la tradición de los tachados.

Cuando mis árboles dieron frutos por primera vez, decidí que era el momento ideal para aprender la receta. Antes los compraba en el mercado, en el restaurante local, o a un vecino. Probé sus recetas pero por algún motivo no me satisfacían. El tema salió a relucir un día que estaba platicando con la señora Lola, una vecina del pueblo, y la invité a que probara mis primeros intentos. "No", dijo. "Están demasiado correosos. Mi mamá sabe cómo hacerlos mucho mejor." Verifiqué cada uno de los pasos con la señora Lucinda, pero cuando llegué a la pregunta: "¿Cuánto tardan en cocerse?", respondió: "Ellos le avisarán". Creo que esa primera vez hice alrededor de cien duraznos, ¡y tardaron ocho horas en hacerse! Si las lluvias no se prolongan entrando el otoño, los duraznos secarán bien y pueden durar hasta dos años, aunque pierden un poco de su jugosidad, se vuelven menos dulces y un poco más correosos.

No se desanime por el tiempo de cocción. Consiga un libro fascinante o invite a un buen conversador para que le haga compañía. Si apresura los duraznos y hierven muy aprisa, no se cocinan bien y la piel se endurece. Asegúrese de escoger duraznos que todavía no estén completamente maduros.

50 duraznos que todavía no estén maduros, aproximadamente de 2 a 2.5 kg.
3 l. aproximadamente de agua fría
1/4 de taza (63 ml.) de ceniza de madera, molida y cernida (ver nota)
3.600 kg. de azúcar granulada
5 tazas (1.25 l.) de agua

Nota: la cantidad de ceniza corresponde a madera dura. Si utiliza ceniza de madera suave, como el pino, incremente la cantidad casi al doble.

Enjuague los duraznos y elimine cualquier tallo. Perfore tres veces cada durazno entero con un tenedor. Asegúrese de que los dientes del tenedor lleguen hasta el hueso.

Ponga los 3 litros de agua en una olla de vidrio o de acero inoxidable. Mezcle la ceniza con el agua y deje que las partículas grises se asienten en el fondo. Esto lleva unos 20 minutos.

Coloque cuidadosamente los duraznos en el agua —que debe cubrirlos— y déjelos remojar toda la noche. Mientras están en remojo, y usted aún sigue despierto, incline suavemente la olla de un lado a otro para asegurarse de que los duraznos se remojen parejos.

Al día siguiente saque los duraznos, enjuáguelos con agua fresca y talle la pelusa de la piel con suavidad. Mientras tanto, coloque el azúcar y 1.25 litros de agua en un cazo de cobre u otro recipiente para conservas. Deje que brote el hervor, baje la flama y revuelva el azúcar hasta que esté disuelta. Agregue los duraznos. Ahora el agua sólo debe cubrir tres cuartas partes de la altura de la fruta. Cocine los duraznos en la olla descubierta a fuego lento, de modo que hiervan suavemente hasta que el jarabe comience a espesar y la piel de la fruta adquiera un tono verdoso. Conforme espese, el jarabe cubrirá y penetrará la carne de la fruta. Están listos cuando los duraznos y la carne del interior tienen un color café profundo y el azúcar hace hebra en la cuchara. ¡Esto puede llevar de cuatro a cinco horas, o más! Transfiéralos a una rejilla para que escurran y déjelos en un lugar seco y aireado, o bajo el sol, si no hay una colmena de abejas en los alrededores. Almacénelos en un lugar seco y bien ventilado para evitar que se enmohezcan.

Chilaquiles en salsa verde señora Juana
4 porciones

Los amigos que se quedan en el Rancho San Cayetano, el hotelito que está como a dos kilómetros de mi casa, siempre tienen toda clase de elogios para los chilaquiles verdes de Juana que se sirven a la hora del desayuno. "Chilaquil" que quiere decir "viejo sombrero roto", pero en realidad se trata de tortillas viejas, partidas y fritas, adornadas con crema, cebolla picada, y a veces chorizo o pollo deshebrado. Es un desayuno muy popular en la región central de México, y cada zona tiene su propia receta, ligeramente distinta. Aquí, en el oriente de Michoacán, se fríen los pedazos de tortilla hasta que están crujientes, para que conserven su firmeza cuando se les agregue la salsa. En otros lados se cocinan hasta que alcanzan una consistencia suave.

Como Juana tiene que atender a quienes se levantan tarde y deambulan por el desayunador a lo largo de la mañana, hace la salsa aparte y la agrega a las tortillas fritas justo antes de servir.

LA SALSA:

340 gr. de tomates verdes, unos 14 medianos,

pelados y lavados

4 chiles serranos, o al gusto

1 diente de ajo picado

1 cucharada de aceite vegetal

sal al gusto

aceite para freír

8 tortillas (de 13 cm. de diámetro) cortadas en cuadros (13 mm.),

que se dejan secar toda la noche

1/2 taza (125 ml.) de cebolla blanca picada

PARA ADORNAR:

2/3 de taza (164 ml.) de cilantro picado

3/4 de taza (188 ml.) de queso fresco desmoronado

1/3 taza (83 ml.) de crema o crema agria rebajada con un poco de leche

Ponga los tomates verdes y los chiles en una olla pequeña, cúbralos con agua y deje cocer a fuego bajo hasta que estén suaves pero no deshechos. Cuélelos, pero conserve 1/3 de taza del líquido de cocción. Licúe bien los tomates y los chiles con el ajo.

Caliente una cucharada de aceite en una sartén, agregue la salsa y deje cocinar a fuego medio, revolviendo de vez en cuando, hasta que se reduzca un poco y esté sazonada (como 5 minutos); añada sal al gusto. Mantenga la salsa caliente.

En una sartén honda vierta suficiente aceite para que alcance unos 7 mm. de altura. Agregue los pedazos de tortilla —unos cuantos a la vez— y fríalos hasta que estén crujientes y dorados. Escúrralos y continúe con las tortillas restantes. Elimine el aceite de la sartén pero deje aproximadamente 1/4 de taza (63 ml.). Agregue las tortillas y la cebolla, cubra y fría a fuego bajo, agitando la sartén de vez en cuando, hasta que la cebolla esté acitronada. No debe dorarse mucho. Agregue la salsa caliente y cocine, mezclando bien durante unos 5 minutos. Sirva de inmediato adornando cada porción con una cantidad generosa de cilantro, queso y crema.

Ensalada de nopalitos estilo San Pancho

Rinde 12 tacos o ensalada para 4 personas

Tanto Juana, una de las cocineras del hotel, como Consuelo, mi ama de llaves, preparan la ensalada de nopales de esta manera. Es ligeramente distinta a las recetas que aparecen en mis otros libros. Ellas hierven los nopales en agua pero yo los cocino al vapor, es decir, en su propio jugo con muy poca agua, si es necesario. Esta ensalada se sirve adornada con chicharrón desmoronado como parte de una botana mixta. Desde luego, puede servirse como ensalada en una comida o usarse para tacos.

1 cucharada de aceite vegetal

4 tazas (1 l.) de nopales cortados en cuadritos (7mm.)

1/4 de taza (63 ml.) de agua

sal al gusto

2 cucharadas de cebolla blanca finamente picada

1/2 taza (125 ml.) de jitomates finamente picados

1/2 taza (125 ml.) de cilantro picado

1 1/2 cucharadas de jugo de limón

3 chiles serranos, o al gusto, finamente picados

1 cucharada adicional de aceite de oliva o vegetal, o al gusto

85 gr. de chicharrón desmenuzado (opcional)

En una sartén gruesa caliente una cucharada de aceite, agregue los nopales, el agua y la sal. Tape la sartén y cocine a fuego medio durante unos 5 minutos. Para entonces los nopales estarán jugosos y babosos. Remueva la tapa y siga cocinando. Raspe el fondo de la sartén de vez en cuando para evitar que se peguen, hasta que la humedad se evapore y los nopales hayan reabsorbido lo viscoso, aproximadamente 10 minutos. La cantidad se habrá reducido a la mitad. Deje enfriar.

Mezcle el resto de los ingredientes y deje que se sazonen durante al menos 30 minutos. Justo antes de servir espolvoree los nopales con el chicharrón.

Botana de chilacas

Señora Consuelo Mendoza

Rinde aproximadamente 1 1/4 tazas o 313 ml.

En todas las cocinas hay platillos que puedo comer una y otra vez sin cansarme jamás de su sabor o textura. La chilaca, un chile oscuro y largo, es uno de ellas, ya sea fresco o en su forma seca de chile pasilla. Tiene un sabor delicioso, y aunque por lo general no pica mucho, en ocasiones puede sorprendernos su ferocidad.

Las chilacas, que ahora también se encuentran en Nuevo México y California, son populares en esta parte de Michoacán y en Morelia, supongo que porque se cultivan de manera extensiva en las fértiles tierras de los alrededores de Queréndaro. Cuando en el otoño uno pasa por ese pueblito, a lo largo de la avenida principal puede ver la cosecha de chilacas y de chiles morelianos extendida en petates para que se sequen, junto a los puestos que venden miel y pan que provienen de Zinapécuaro, un pueblo alfarero.

Mi ama de llaves admite que no es una buena cocinera, aunque alimenta a su familia a diario y a todos sus parientes que llegan a su casa sin avisar. Después de haber trabajado para mí durante varios años, por supuesto está familiarizada con los platillos que rutinariamente preparo (aunque la mía no es una casa de rutinas) así como aquellos que traigo de mis viajes. Pero de vez en cuando, ella me hace alguna sugerencia —siempre bienvenida— sobre algo que sus cuñadas acaban de aprender. Las siguientes dos recetas provienen de ahí.

Este exquisito bocadillo se come a temperatura ambiente con tortillas de maíz recién hechas como acompañamiento para los aperitivos, antes de comer.

8 chilacas o 7 chiles poblanos chicos, asados, pelados y limpios
2 cucharadas de jugo de limón
2 cucharadas de cebolla blanca finamente picada
3 cucharadas de queso fresco desmoronado
sal al gusto

Deshebre las chilacas en tiras muy delgadas (recuerde, a este chile se le llama chile para deshebrar), o parta los chiles poblanos en tiras muy delgadas. Mezcle el chile con el resto de los ingredientes y deje que se sazone durante por lo menos media hora antes de servir con tortillas.

Habitas guisadas para botana
Señora Consuelo Mendoza

Rinde de 3 1/2 a 4 tazas

La primavera pasada tuve una abundante cosecha de tiernas y deliciosas habas. Las guisé en todas las formas posibles. Quería encontrar una nueva receta cuando Consuelo, mi ama de llaves, me dio ésta, que obtuvo de una de sus cuñadas que vive en un pueblo cercano a Toluca, donde las habas constituyen una cosecha importante. Es más, allí las usan mucho, frescas o secas. Es importante tener habas muy tiernas. (En Estados Unidos siempre he tenido mala suerte con ellas porque a menudo las recogen muy tarde, cuando están demasiado grandes y harinosas.)

Sirva esta botana caliente o a temperatura ambiente.

3 1/2 tazas (875 ml.) de habas tiernas, sin vaina, que conserven la piel

1/3 de taza (83 ml.) de aceite vegetal

2 tazas (500 ml.) de cebolla blanca finamente rebanada

3 dientes de ajo finamente picados

3 chiles manzanos, desvenados y limpios, cortados en tiras muy finas

sal al gusto

1/4 de taza (63 ml.) de agua

3 ramas grandes de epazote toscamente picado

1 cucharadita de orégano seco

Corte una pequeña porción de la piel en el punto donde las habas estaban pegadas a la vaina para que los sabores puedan penetrar. Perfórelas con un tenedor por ambos lados. Caliente el aceite en una sartén, agregue la cebolla, el ajo y los chiles, y cocine suavemente sin dorar hasta que la cebolla esté acitronada.

Agregue las habas, la sal, el agua, y cubra la sartén. Agite de vez en cuando para evitar que se pegue, durante unos 10 minutos. Agregue el epazote y cocine durante 5 minutos, y por último, el orégano, justo antes de apagar el fuego.

Caldo de hongo y flor

Rinde 6 porciones

Durante la época de lluvias, cuando aún quedan algunos delicados hongos *clavitos* (*Leophyllum decastes*) y las flores de calabaza están grandes y fragantes, este caldo es una sopa inevitable en mis menús. Desde luego, puede utilizarse cualquier tipo de hongo tierno. El balance de los ingredientes podrá variar según el gusto y la disponibilidad de los ingredientes, pero la base deberá ser un buen caldo de pollo, sabroso, pero no demasiado fuerte. Prefiero cocinar algunos de los vegetales aparte para intensificar su sabor antes de agregarlos al caldo. Es más trabajoso, pero vale la pena.

Para esta receta no sirve el elote norteamericano porque es demasiado dulce y suave. Trate de encontrar otro tipo de maíz (si usted está en Estados Unidos busque los elotes que venden los granjeros en sus puestos).

3 1/2 cucharadas de aceite vegetal

1 cebolla blanca mediana finamente picada

3 dientes de ajo finamente picados

225 gr. de hongos jugosos, brevemente enjuagados y toscamente picados

1 taza (250 ml.) de calabacitas cortadas en cubos pequeños

sal al gusto

3/4 de taza (188 ml.) de granos de elote

4 tazas (340 gr.) de flores de calabaza sin tallos, enjuagadas y picadas

2 ramas largas de epazote

5 tazas (1.25 l.) de caldo de pollo

2 chiles poblanos asados, pelados y limpios, cortados en tiras

Caliente dos cucharadas de aceite en una sartén a fuego medio, agregue dos terceras partes de la cebolla y el ajo, y cocine sin dorar hasta que acitronen. Agregue las calabacitas y la sal, cubra la sartén y cocine durante 3 minutos. Agregue el elote y cocine otros 3 minutos. Agregue las flores de calabaza y cocine, sin tapar, hasta que los vegetales estén tiernos, pero no demasiado jugosos, durante unos 10 minutos. Si todavía están jugosos, aumente el fuego unos minutos para reducir el líquido.

Si los hongos están grandes, píquelos y deje los más pequeños enteros. Caliente una cucharada de aceite en una cacerola a fuego medio. Agregue la cebolla y el ajo restantes y cocine hasta que se acitronen. Agregue los hongos y cocine a fuego alto durante unos 5 minutos; añada sal al gusto. Agregue el epazote y cocine dos minutos más.

En una olla, agregue los hongos y los vegetales al caldo. Deje que brote el hervor y déjelo a fuego lento durante unos 10 minutos, o hasta que la sopa esté bien sazonada.

Caliente la 1/2 cucharada de aceite restante, agregue las tiras de chile y sal, y cocine durante un minuto. Sírvalas sobre el caldo.

De la ciudad de México a Zitácuaro, Michoacán

En aquellos años, cuando regresaba a San Pancho desde la ciudad de México, los caminos estaban casi despejados. A menudo me detenía a tomar fotos, o simplemente a admirar el paisaje que se revelaba con cada curva del camino: siempre me maravillaba la belleza, el color, el brillo de la luz y la variedad de flores silvestres que había en esas montañas, planicies y bosques. En aquel entonces uno podía escuchar el silencio, sólo ocasionalmente alterado por el trinar de un ave.

Ya no es así. Ahora considero ese trayecto en coche como una lección de sobrevivencia frente a los gigantescos tráilers, camiones, autobuses y carros que me rebasan a toda velocidad y que, adivino, pertenecen a pequeños burócratas o a vendedores que invaden el carril contrario para rebasar en curvas ciegas. Parece que el demonio mismo está al volante o le pisa la cola a los conductores. ¡Uno tiene derecho a sentir un poco de nostalgia por aquellos días menos frenéticos!

El viaje se inicia al salir de la ciudad de México. Hay que tomar la carretera 15, que se dirige al oeste y remonta el escarpado camino a la orilla del Desierto de los Leones, un parque nacional densamente arbolado. Cuando se llega al punto más alto, el camino comienza a descender en amplias curvas hacia el valle del río Lerma. Al suroeste domina el paisaje el Nevado de Toluca, un volcán extinto cuyas laderas se cubren de nieve periódicamente o están envueltas por las nubes. Pero antes de llegar a Toluca —que es la ciudad grande más próxima— uno pasa por La Marquesa, un parque que atraviesa los valles que, en su mayoría, proporcionan la pastura para las ovejas, pero que ahora está dedicado en parte a una gigantesca área de recreo donde miles de capitalinos, que salen a borbotones de la ciudad de México cada fin de semana, o los días de fiesta nacional, intentan escapar de la contaminación: van a las pistas de *go-cars*, a las canchas de futbol o a las cabañas que están en renta. Unos veinte kilómetros adelante la amplia carretera se transforma en el Paseo de Tollocan, flanqueado por pasto y sauces llorones en ambos lados del camino. Ése es el único vestigio que queda del antiguo esplendor natural de las pantanosas aguas del río Lerma. Antes de drenarlo para abastecer de agua a la despilfarradora ciudad de México, cientos de canales atravesaban el área; había peces, acociles (unos crustáceos parecidos a los camarones), ranas y muchos tipos de aves silvestres. Los habitantes de la localidad salían a pescar en pequeñas lanchas y no hace mucho todavía se les llamaba "los venecianos de México". Hoy es un corredor industrial.

Ahora lleva mucho más tiempo atravesar la ciudad de Toluca, la capital del Estado de México, a pesar de sus modernos puentes. Su desarrollo urbano es inmenso, crece a un ritmo acelerado que engulle a muchos de los pueblos circundantes y los maizales que unos cuantos granjeros tercos se niegan a vender.

Una vez que se traspasa el límite de la ciudad uno se encuentra en una extensión de tierra descampada que se utiliza exclusivamente para cultivar maíz. Me contaron que hace unos ochenta años el área estaba poblada por una nutrida población de pinos de enormes dimensiones. Quizá esto sólo sea parcialmente cierto, debido a que en tiempos coloniales se le reconoció como la principal área del país para la siembra de maíz de primera calidad. Hoy en día los maizales siempre tienen una apariencia enana y un poco triste, pues a menudo el valle se ve asolado por repentinas tormentas de granizo que lo destruyen todo. El hecho de sembrar la misma cosecha año tras año y el uso excesivo de abonos deben haber afectado la delgada capa del mantillo superior de tierra.

En el invierno éste es un paisaje desolado, pero en marzo ya hay manchones de verde sobre las parcelas recién aradas y los brotes del maíz empiezan a emerger. Las lluvias dan inicio más temprano aquí, a mayor altura, y para junio el maíz está alto. Pero a mí me gustan los días del fin del verano y principios de otoño. Entonces la tierra se llena de flores silvestres de todos colores y hay parches impares de miracielos color de rosa y margaritas amarillas hasta donde alcanza la vista. Los caminos están bordeados por estas delicadas flores que se mecen al viento.

Unos cuantos kilómetros más abajo, alrededor de una curva empinada, se ve un valle tras otro con los pastizales donde se alimentan las ovejas y el ganado. Bajo la vigilancia de dos grandes haciendas que se extienden hasta donde hay una elevación en el terreno, cada lado del camino tiene ordenadas filas de árboles... pero son demasiado pocos. Hay paisajes distantes; cordillera tras cordillera de montes y montañas. Todo bajo un cielo

36

inmaculado después de las lluvias, cuya extensión se altera sólo por la ondulante presencia de nubes blancas. Uno suspira de alivio: por fin un espacio deshabitado y sin las huellas de neumáticos o de pisadas. Ésta es una carretera muy hermosa y variada. Se recorren plantaciones de pino y cedro, algunas de ellas bien cuidadas por las comunidades locales y otras parcialmente destruidas por el fuego e imposibles de revivir.

Cuando una pasa el entronque de Valle de Bravo, después de otra hondonada y de algún otro pueblo más, llega a Bosencheve, donde los altos y delgados pinos se inclinan peligrosamente sobre el camino. Luego se ingresa a un cañón sombreado. Ésta es mi parte favorita del camino. Cada hoja y cada aguja de pino parecen brillar; hay un aroma a resina y a maleza húmeda. No hace mucho, el área estaba densamente arbolada. Ahora sólo queda un borde angosto y los lados de esta deliciosa carretera mutilada cada día están peor a causa de los incendios y la basura que dejan en su mayoría ciclistas y peregrinos. ¿Acaso sus santos les han dado licencia para desecar en tal forma?

A medida que el camino serpentea en su ascenso a través del cañón, se llega al límite entre el Estado de México y Michoacán. Aquí y allá hay grandes parches talados y muy erosionados. Yo me concentro en el camino que comienza a zigzaguear y desciende hacia el este de Michoacán. Con cada curva se adquiere un nuevo ángulo del paisaje que se desenvuelve precipitadamente en una mezcla de retazos de maizal, delimitados por la repentina franja de árboles que retienen la tierra. Por fin el panorama se ensancha. Las cimas de Mil Cumbres quedan justo al frente, y hacia el oeste empieza tierra caliente. En una tarde de invierno, durante uno de estos viajes, presencié algo inolvidable: el inflamado disco del sol poniente justo sobre un aislado pico volcánico, llamado El Coyote, contra un fondo gris brumoso. Conforme las curvas se extienden y se van suavizando, Zitácuaro puede verse a la distancia.

Quizá sea exagerada mi preocupación por lo que ahí sucede. Pero atestiguar el desprecio hacia la belleza y el orden en el atolondrado esfuerzo por sobrevivir con un incontrolable crecimiento poblacional, en el que cada vez se añaden más bocas que alimentar, hace inevitable que uno se pregunte hasta dónde puede profanarse la tierra antes de que se extinga o se defienda.

Zitácuaro

En una de las áreas más mexicanas de Los Ángeles me divirtió ver una calcomanía en la defensa de un coche con el tradicional corazón rojo y "Yo amo a Zitácuaro". Empecé a preguntarme por qué yo no podía decir lo mismo. Después de todo, durante muchos años he vivido muy cerca de ahí. Pero la "Tres veces heroica ciudad de Zitácuaro" no es un lugar querible.

Cuando llegué a México por primera vez en 1957, recuerdo haber pasado por lo que entonces era un pueblito tranquilo. La carretera pavimentada se detenía a la entrada y se reanudaba en el otro extremo del pueblo. Avenida Revolución, la calle que lo atraviesa, no tenía pavimento pero sí un camellón de viejos y umbrosos árboles. Las casas, típicas de la zona, eran de adobe con techos ligeramente inclinados y gruesas tejas. Muchas conservaban sus solares, una extensión de tierra en la parte de atrás que cubría un bloque cuadrangular, plantado con árboles frutales, verduras, hierbas, gallinas que picoteaban y, a menudo, hasta una vaca que pastaba con toda tranquilidad. Cuando los madereros, los ganaderos, los camioneros y los comerciantes se fueron enriqueciendo con el campo circundante, poco a poco se rompió la tranquilidad. La avenida principal se ensanchó, se pavimentó, y la franja de árboles desapareció en nombre del progreso, bajo sugerencia de algún aspirante a político de la localidad. Sólo hoy, unos treinta años después, se han vuelto a plantar árboles. Casi todas las casas viejas se han derruido para ceder su lugar a edificios feos, bloques de cemento cuyo extraño diseño y colorido reflejan los gustos de los arquitectos, los ingenieros y sus clientes.

Por Dios, ahora es un pueblo ruidoso. Machos de todas edades recorren las calles en sus estrafalarias camionetas, símbolo de *status par excellence*, y las combis sin escape retumban y matraquean por las angostas calles. En casi todas las esquinas los jóvenes indolentes y ya sordos haraganean con desinterés junto a sus puestos, donde hacen sonar sus cintas musicales que emiten su estruendo a través de bocinas gigantescas. Las calles están flanqueadas por vendedores de mercancía barata: zapatos, ropa, juguetes, pero también pollo, pan y verduras. Los campesinos que bajan de las montañas circundantes están relegados y se sientan en las aceras frente a pequeñas pilas de productos que traen para vender. Es allí a donde me dirijo primero.

Estos campesinos ofrecen un fascinante atavío estacional: zarzamoras, hongos y pequeñas orquídeas silvestres; flores de calabaza, membrillos, azares y hierbas para cualquier aflicción. Hay grandes camarones anaranjados y pescado seco de la costa, que está como a siete horas en coche hacia el oeste; cocos del sur; nueces del norte. En Viernes Santo hay cruces elaboradas con palma entretejida con laurel y, conforme se acerca la Navidad, aparecen cañas, tejocotes, limas y cacahuates con cáscara, ligeramente tostados, para las piñatas; montones de heno gris y de musgo verde para decorar los nacimientos.

A Zitácuaro se le conoce por su buena comida. En cualquier mañana del año, al recorrer el mercado, uno encuentra puestos que ofrecen grandes cazuelas de menudo humeante. Don Lancho, que tiene el monopolio de las cabezas de res, ofrece una probadita de la suculenta barbacoa de horno (a la que se le llama rostro) porque está cortada de la mejilla de la res. Si uno se siente un poco quisquilloso al respecto, sólo hay que cerrar los ojos y comer: es deliciosa. Profy, otro marchante local que se enorgullece de sus habilidades culinarias, empuja un carrito por el centro del mercado y se estaciona junto a las mujeres que venden tortillas hechas a mano. Hay que comprar dos tortillas, de maíz blanco o azul, y rellenarlas con la suculenta carne de puerco o pollo que él hábilmente sazona.

Cuando voy a comprar huesos para mis perros, me sale al encuentro el delicioso aroma de la rellena. Siempre están ahí las mismas dos mujeres sentadas detrás de sus cazuelas de sangre e intestinos de cerdo, sazonados con hierbas y chiles perones enteros (a veces hacen una deliciosa rellena con sangre e intestinos de pollo: véase la receta en *El arte de la cocina mexicana*).

Hacia las nueve y media de la mañana todos los que han llegado temprano al mercado a trabajar están de pie alrededor de estos puestos, con un refresco en una mano y un taco en la otra. Lo sostienen sobre la boca justo en ángulo perfecto para no mancharse con cualquier fragmento que pueda llegar a caer, pero una fila de perros esperan con paciencia y están alertas para recoger esas delicias.

En las calles también hay puestos de comida, que se vuelven más numerosos y variados durante el día. Grandes huaraches ovalados de masa de maíz, untados con frijoles y adornados con salsa, queso desmenuzado y cualquier otra cosa que uno quiera ponerles encima son, desde hace tiempo, uno de los antojitos preferidos por todos. En las frescas y húmedas mañanas los desayunos de huevos con nopales, chorizo y papas, o los delgados bisteces de res dominan sobre las graciosas gelatinas, flanes y los suaves camotes horneados que están cubiertos con un brillante jarabe.

Las amas de casa, algunas con rulos en la cabeza, se apresuran a volver a sus casas. Algunas todavía llevan sus decorativas canastas, pero ahora muchas más transportan sus compras en flácidas bolsas de plástico.

Pero si el pueblo no es limpio y amable, como dice el ubicuo letrero que mandó colgar un presidente municipal bien intencionado —para regocijo de un conocido escritor que llamó a Zitácuaro uno de los pueblos más feos de México—, hay muchas personas maravillosas que me han ayudado y han compartido generosamente conmigo su conocimiento culinario a través de los años. Algunas de sus recetas aparecen aquí y otras están en *El arte de la cocina mexicana*.

Salsa ranchera
Señora Consuelo G. del Valle
sirve de 4 a 6 porciones

Una tarde acababa de hacer unos jalapeños en escabeche y me sobraron muchos chiles. De pronto recordé haber visto una receta en un libro publicado por el grupo de esposas del Club de Leones de Zitácuaro. Aunque la señora Del Valle ahora vive ahí, es originaria de Jalisco y la receta quizá provenga de esa región o del norte de Michoacán donde hay muchos minguichis: variaciones del tema de los chiles, la crema y el queso. Se sirve como botana.

3 cucharadas de aceite vegetal
2 dientes de ajo finamente picados
225 gr. de chiles jalapeños desvenados y limpios, cortados
en tiras muy finas, de las que se obtienen como 2 tazas (500 ml.) apretadas de rajas
aproximadamente 2 tazas (500 ml.) de cebolla blanca en rebanadas muy delgadas
1 taza (250 ml.) de caldo de pollo o de res
sal al gusto
225 gr. de queso fresco en tiras delgadas

Caliente el aceite en una sartén. Agregue el ajo y fría brevemente sin dorar. Agregue los chiles y las cebollas. Cocine suavemente hasta que la cebolla empiece a adquirir un color caramelo pálido. Agregue el caldo, verifique la sal y cocine a fuego medio hasta que las cebollas y los chiles estén completamente cocidos. Póngales encima el queso, baje el fuego, cubra la sartén, o colóquela bajo un asador no muy caliente. Sirva en cuanto el queso se haya derretido.

Bocoles de frijol negro

Señora Hortensia Fagoaga

rinde 8 bocoles de 6.5 cm.

Incluyo esta receta en esta sección porque me la dio mi vecina y gran cocinera, Hortensia Fagoaga. A ella se la dio una amiga de Monterrey, aunque es probable que la receta provenga de Tampico. Hay una gran variedad de antojitos y tamales del este de México que son variaciones del tema de los frijoles negros y la masa. Todos son deliciosos. En cuanto probé estos bocoles me encantaron.

Sé que la receta parece complicada, pero estos antojitos pueden prepararse poco a poco y por anticipado. Una vez elaborados deben comerse de inmediato.

LA MASA:

225 gr. de masa para tortillas (página 535),
1 taza rasa de aproximadamente 245 ml., tan seca como sea posible
1/2 taza (125 ml.) de frijoles negros refritos
1/2 cucharadita de polvo para hornear (opcional)
sal al gusto
manteca o aceite para freír

TENGA LISTO:

La carne de puerco deshebrada
La salsa de tomate (la receta se da a continuación)
1 1/2 tazas (375 ml.) de col o lechuga romana, finamente rebanada
4 cucharadas copeteadas de queso añejo finamente rallado
1/2 taza (125 ml.) de crema

Mezcle bien la masa, la pasta de frijol, el polvo para hornear y la sal. Divídala en 8 esferitas de aproximadamente 4 cm. de diámetro. Aplane cada una para formar un círculo de unos 6.5 cm. de diámetro y 7 mm. de alto.

En una sartén grande derrita suficiente manteca, o caliente aceite que alcance una profundidad de unos 3 mm. Agregue los bocoles y cocine a fuego lento durante unos 7 minutos de cada lado. Deben quedar ligeramente crujientes por fuera y por dentro; la masa debe estar suave, pero cocida. Escurra en papel absorbente.

Mientras aún están calientes, haga una incisión y corte la orilla casi hasta la mitad. Levante la masa, rellene con un poco de carne de puerco, dos cucharadas de salsa y coloque sobre una cama de col o lechuga. Espolvoree con el queso y una cucharada de crema.

Puerco deshebrado

Rinde 1 taza o 250 ml.

225 gr. de maciza de puerco cortada
en cubos de aproximadamente 2 cm.
1/4 de una cebolla blanca mediana en rodajas
sal al gusto

Cubra la carne de cerdo con agua, agregue la cebolla y la sal y cocine suavemente hasta que la carne esté suave: unos 25 minutos. Retire del fuego y deje enfriar dentro del caldo. Saque la carne del caldo y resérvelo para otro platillo o para una sopa. Deshebre la carne de cerdo.

Salsa de tomate

rinde 1 taza rasa o 240 ml.

225 gr. de jitomates asados
1 diente de ajo pequeño toscamente picado
2 chiles serranos asados
1 cucharada de aceite vegetal
sal al gusto

Coloque los jitomates, el ajo y los chiles en la licuadora y muela hasta que obtenga una salsa lisa. Agregue un poco de agua sólo si es necesario. Caliente el aceite en una sartén

42

chica y cocine la salsa hasta que se reduzca ligeramente y esté bien sazonada, unos 5 minutos. Añada sal al gusto.

Carne de puerco con rajas
Señora Irma Castrellón de Olivares
rinde 6 porciones

Ésta es una receta muy sencilla y sabrosa, ejemplo de los guisos típicos de la región. Obtuve la receta en un día de calor y bruma en que fui a un pequeño balneario que está como a una hora en coche de Zitácuaro, famoso por sus curativos manantiales de agua caliente. Está a 15 kilómetros de la carretera principal a Morelia, cerca de la ciudad de Hidalgo. La hermana del dueño es la esposa del arquitecto que construyó mi casa ecológica. Tanto a ella como a su hermana les encanta cocinar, interés que heredaron de su abuela de raíces españolas, que se asentó en el área y adquirió grandes extensiones de tierra. Mientras degustábamos un sencillo pero delicioso plato de arroz, con excelentes y delgados bisteces en salsa de chile pasilla, me dio estas dos recetas.

Tradicionalmente este platillo se sirve acompañado de tortillas o de corundas (cuya receta se encuentra en *El arte de la cocina mexicana*), los tamales de la región envueltos en una larga hoja de milpa.

1 kg. generoso de carne de puerco, mitad costillas y mitad carne maciza
con un poco de grasa, en cubos de unos 4 cm.
6 dientes de ajo pelados
2 pimientas negras
1 cucharada de sal, o al gusto
565 gr. de jitomates
3 tomates verdes sin cáscara
3 chiles serranos, o al gusto
6 chilacas medianas, aproximadamente, o 3 chiles poblanos asados,
pelados y limpios, en rajas

Coloque la carne de cerdo en una olla grande, cubra con agua y póngala a fuego medio. Machaque el ajo con la pimienta y la sal, y agregue a la olla. Cubra y cocine durante unos 15 minutos. Agregue los jitomates enteros, los tomates verdes, los chiles y siga cociendo hasta que los chiles estén suaves pero no deshechos: unos 10 minutos.

Pase los jitomates, los tomates verdes y los chiles a la licuadora con una taza (250 ml.) del caldo de la carne. Licúe para obtener una salsa lisa. Saque una segunda taza de caldo y póngala aparte.

Quite la tapa y siga cocinando hasta que la carne de puerco esté suave: unos 10 minutos. Vierta el caldo que quede en la olla y reserve. Siga cociendo la carne a fuego bajo hasta que suelte la grasa. Debe haber unas 3 cucharadas: elimínela o complete la cantidad con manteca. Dore la carne ligeramente, agregue los ingredientes que mezcló en la licuadora y fría a fuego medio-alto. Revuelva y raspe el fondo de la olla para evitar que la carne se pegue, durante unos 5 minutos. Agregue las rajas de chile y el caldo que guardó: unas 2 tazas (500 ml.) Si no, complete la cantidad con agua. Verifique la sal y cocine 5 minutos más.

Carne de puerco en pipián de chile pasilla
Señora Irma Castrellón de Olivares
Rinde 6 porciones

El chile pasilla, que es la forma seca de la chilaca, se usa mucho en esta parte de Michoacán, puesto que se cultiva en el valle contiguo, en los alrededores de Queréndaro y Maravatío.

Éste es un pipián simple, pero muy distinto al de otras regiones. Es uno de mis platillos favoritos. Tradicionalmente se sirve con corundas (véase la receta en *El arte de la cocina mexicana*).

1.250 kg. de carne de puerco, mitad costillas y mitad maciza,
con un poco de grasa, cortado en cubos de unos 4 cm.
2 l. aproximadamente de agua
6 dientes de ajo pelados y machacados
1 cucharada de sal, o al gusto

115 gr. de chiles pasilla, aproximadamente unas 15 piezas,

limpios, desvenados y sin semillas

(conserve las semillas y agregue más semillas de otros

chiles grandes, si es necesario, para completar 1/2 taza o 125 ml.)

1 cucharada de manteca o de aceite vegetal

1 taza (250 ml.) de semillas de calabaza peladas

2 dientes de ajo chicos, pelados y machacados

2 pimientas negras

2 pimientas gordas

2 clavos

Coloque la carne de cerdo en una cacerola amplia (en la que pueda cocinar y servir el pipián), cubra con agua, agregue el ajo machacado y la sal. Tape y cocine a fuego medio hasta que el puerco esté medio cocido: unos 20 minutos. Extraiga un litro del agua de la cocción y apártelo.

Siga cociendo la carne hasta que esté suave. Para entonces el agua de la olla debe haberse evaporado. Si no, extraiga el caldo y siga cociendo el puerco a fuego medio hasta que la carne suelte la grasa y se dore ligeramente. Deje 3 cucharadas de grasa en la olla.

Mientras tanto, tueste los chiles ligeramente por ambos lados en un comal a fuego medio, con cuidado de no quemarlos o la salsa estará amarga. Enjuague y remoje durante 15 minutos en 2 tazas (500 ml.) del caldo que guardó. Tueste las semillas de chile hasta que tomen un color café claro. Muélalas en la licuadora o en un molino para especias.

Caliente la manteca en una olla y fría ligeramente las semillas de calabaza hasta que comiencen a inflarse y a tronar. Agréguelas, junto con las especias enteras y el ajo pelado, a la licuadora junto con las semillas molidas. Agregue 1 1/2 tazas (375 ml.) del caldo que apartó y licúe los ingredientes hasta que tengan una consistencia un poco texturada. Agregue esto a la carne que se está friendo en la cacerola.

Muela los chiles con el caldo en el que los remojó y agregue a la olla. Siga cocinando durante unos 5 minutos. Agregue el caldo restante, sal al gusto y siga cocinando a fuego lento durante otros 5 minutos.

La salsa debe quedar de un espesor medio —debe cubrir el revés de una cuchara de madera— pero quizá necesite agregar más líquido para alcanzar la consistencia requerida.

Señora Elvira

La señora Elvira es la encargada del estacionamiento donde dejo mi camioneta cuando voy al pueblo. Es una mujer robusta, pequeña y bonita. Su esposo, un hombrecito lacónico y pesimista, murió hace poco, víctima de un ataque cardiaco, a una edad relativamente temprana. La dejó con dos hijos que ella tiene que educar y mantener. Vive en una casita compacta e inmaculadamente limpia al fondo del estacionamiento y hace unas tortillas deliciosas en una estufa de leña improvisada que está junto a los coches.

Un día me vio regresar a mi camioneta con una canasta llena de grandes y fragantes flores de calabaza y me preguntó que cómo las iba a cocinar. A esto siguió una larga conversación con un intercambio de recetas. Casi a diario la señora Elvira prepara la comida principal del día para ella, sus hijos, su hermano y los dos hijos de éste: en ocasiones un total de ocho o nueve personas. Cuando el presupuesto es apretado, la comida consiste en tacos sudados o quesadillas de flor de calabaza, carne deshebrada con chile, o sólo papas con chiles. Aunque muy sencillas, todas son deliciosas. Regresé al mercado a comprar ingredientes adicionales y me fui a casa a hacer las recetas que se dan a continuación.

Flor de calabaza guisada con jitomate
Señora Elvira Frutis Rivas, Zitácuaro
Rinde aproximadamente 2 tazas o 500 ml.

Como este relleno es bastante jugoso, la señora Elvira prefiere usarlo en quesadillas de masa de maíz que fríe hasta que están crujientes. Después las espolvorea con queso añejo finamente rallado y un poco de crema.

2 cucharadas de aceite vegetal
1/3 de taza (83 ml.) de cebolla blanca finamente picada
1 diente de ajo finamente picado
1 taza (250 ml.) de jitomates finamente picados
2 chilacas o chiles poblanos asados, pelados y limpios, en rajas
sal al gusto
225 gr. de hojas de flor de calabaza limpias y picadas

(se retiran los tallos y los correosos sépalos verdes):
aproximadamente 3 tazas apretadas (750 ml.),
véase El arte de la cocina mexicana

Caliente el aceite en una sartén pesada, agregue la cebolla y el ajo, y acitrone sin dorar. Agregue los jitomates, los chiles y la sal. Cocine a fuego medio durante unos 5 minutos o hasta que el jugo se haya reducido. Agregue las flores y siga cocinando. Menee de vez en cuando, durante unos 10 minutos, hasta que la mezcla quede húmeda, pero no jugosa. Verifique la sal.

Tacos sudados

Me encanta la suave textura de estos tacos semejante a la de los tacos de canasta que se venden en los mercados. Las tortillas frescas se rellenan con distintos guisados (véase las recetas siguientes) y luego se colocan en una canasta forrada con manta. Como se les tapa cuidadosamente, llegan a su destino calientitos y humeantes.

Los tacos sudados quedan mejor con tortillas de maíz chicas: las de 10 cm. de diámetro resultan ideales.

Prepare la vaporera o improvise una colocando una rejilla en el fondo de una cazuela relativamente honda, y ponga agua caliente hasta justo debajo de la rejilla. Coloque un trapo encima que sea lo suficientemente grande como para cubrir los tacos.

Rellene cada tortilla con una cucharada copeteada del guisado, doble en dos y asegure con un palillo. Si lo desea, puede pasar rápidamente cada tortilla por aceite hirviendo y luego rellenarla. Es cuestión de gustos. La señora Elvira prefiere hacerlo así.

Coloque los tacos en la vaporera, en capas sucesivas. Cubra con la tela, tape la olla y déjelos ahí hasta que el agua esté hirviendo: unos 5 minutos. Sí, me temo que la capa inferior —y en ocasiones la intermedia, dependiendo de la calidad de la tortilla— se pega, pero mi vecina dice: "Pues sí", y se encoge de hombros.

Carne deshebrada para tacos sudados

Señora Elvia Frutis Rivas, Zitácuaro

Rinde 2 tazas o 500 ml.

Aunque para esta receta podría usarse pechuga de pollo o puerco, creo que la carne de res combina mejor con el chile pasilla. Necesitará 450 gr. de carne sin hueso o dos pechugas de pollo pequeñas para hacer 2 tazas (500 ml.) de pollo deshebrado. El tiempo de cocción variará según el corte de la carne. Aunque no es tradicional, me gusta servir estos tacos con una salsa verde.

450 gr. de falda de res, cortada en cubos de 2.5 cm.
1/4 de cebolla blanca mediana
sal al gusto
2 dientes de ajo picados
1/4 de cebolla blanca picada
4 chiles pasilla, desvenados y limpios, remojados en agua caliente durante 10 minutos
3 cucharadas de aceite vegetal

Cubra apenas la carne con agua, agregue la cebolla y la sal. Deje cocer la carne hasta que esté tierna pero no muy suave, aproximadamente unos 50 minutos. Apague el fuego y deje que se enfríe dentro del caldo. Saque la carne, guarde el caldo y deshebre la carne a una textura mediana (si el deshebrado es demasiado fino la carne perderá algo de sabor).

Coloque 1/4 (63 ml.) del caldo que reservó en la licuadora con el ajo y la cebolla picada y licúe brevemente. Agregue los chiles colados con 3/4 de taza (188 ml.) del caldo que reservó y licúe hasta que la mezcla esté lisa. Agregue más caldo si necesita aflojar las cuchillas de la licuadora.

Caliente el aceite en una sartén, agregue la salsa y fríala raspando el fondo de la olla de vez en cuando para que no se pegue, hasta que esté bien sazonada y se haya reducido un poco, como unos 5 minutos. Agregue la carne deshebrada y sal si es necesario. Cocine 5 minutos más. La mezcla debe quedar casi seca.

Salsa verde (cruda)

Rinde 2 tazas o 500 ml.

450 gr. de tomates verdes, unos 22 medianos, sin cáscara y enjuagados
4 chiles serranos o al gusto, toscamente picados
1 taza (225 ml.) de cilantro picado
1 diente de ajo grande picado
sal al gusto

PARA ADORNAR LOS TACOS (OPCIONAL):
cebolla blanca finamente picada
cilantro toscamente picado

Ponga los tomates verdes en una olla pequeña. Cúbralos apenas con agua y deje que suelten el hervor. Cuézalos hasta que estén suaves pero no deshechos, como 10 minutos. Escurra y guarde un poco del agua.

Ponga 1/2 taza (125 ml.) del agua que reservó en la licuadora con los chiles, el cilantro y el ajo. Licúe hasta que obtenga una salsa medio lisa. Poco a poco agregue los tomates verdes cocidos y muela brevemente después de cada adición. La salsa debe tener una consistencia un poco texturada. Agregue sal. La salsa se espesa mientras reposa y quizá tenga que diluirla con otro poco de agua.

Papas guisadas para tacos sudados

Rinde 1 1/2 tazas o 375 ml.

1/2 kg. (450 gr.) de papas peladas y cortadas en cubos (13 mm.)
sal al gusto
3 cucharadas aproximadamente de aceite vegetal
2 cucharadas de cebolla blanca finamente picada
3 chilacas o chiles poblanos asados,

49

pelados y desvenados, sin semillas y cortados en rajas
180 gr. de jitomates finamente picados, como 1 taza (250 ml.)

Cubra apenas las papas con agua, agregue sal y déjelas cocer a fuego medio hasta que casi estén cocidas, aproximadamente 10 minutos. Escurra las papas y apártelas.

Caliente el aceite en una sartén gruesa, agregue las papas y fríalas. Voltéelas para que se doren parejo. Agregue la cebolla y los chiles. Fría un minuto más. Agregue los jitomates y siga cocinando hasta que la mezcla esté bien sazonada y casi seca: unos 5 minutos.

Carne de puerco en pipián
Señora Hortensia Fagoaga
Rinde de 6 a 8 porciones

Éste es un platillo simple pero delicioso que tiene una salsa texturada y cierto sabor a nuez. Por lo general, en este tipo de pipián, la carne de cerdo se combina con chilacayote tierno.

A menudo se utiliza cualquier variedad de hongos silvestres en vez de, o junto con el chilacayote. Desde luego, cualquier tipo de calabaza verde o zucchini puede servir, pero debe cocerse durante menos tiempo.

Cuando limpie unos chiles secos y grandes, guarde las semillas para utilizarlas en otra receta que las requiera, como, por ejemplo, en el pipián de Oaxaca que aparece en *El arte de la cocina mexicana*.

Al igual que el mole, este platillo se sirve con mucha salsa —que en este caso tiene una consistencia más ligera—, acompañado de tortillas de maíz.

900 gr. de costillitas de cerdo, cortadas en piezas de 5.5 cm.
1/2 cebolla blanca
sal al gusto
675 gr. de chilacayote o calabacitas, en cubos de 2.5 cm., unas 7 tazas (1.75 l.)
6 chiles anchos sin venas ni semillas
2 chiles mora o al gusto

2/3 de taza (164 ml.) de semillas de chile (véase la nota anterior)
2/3 de taza (164 ml.) de pepitas peladas
1/4 de taza (63 ml.) de ajonjolí
3 ramas grandes de epazote

Cubra la carne de cerdo con agua, agregue la cebolla y la sal. Tape la olla y deje cocer a fuego medio durante unos 30 minutos. Agregue el chilacayote y cocine hasta que ambos estén tiernos: otros 20 minutos. Escurra la carne y reserve el caldo.

Tueste los chiles ligeramente por ambos lados, cubra con agua caliente y déjelos remojar unos 15 minutos.

Ponga en la licuadora 1 taza (250 ml.) del caldo que guardó. En una sartén sin grasa, tueste primero las semillas de los chiles hasta que estén bien doradas, luego las semillas de calabaza hasta que se inflen y comiencen a tronar, y, por último, el ajonjolí, hasta que se dore un poco. Transfiera a la licuadora y licúe hasta obtener una salsa texturada, agregando un poco más de caldo si es necesario.

Escurra los chiles y transfiéralos a la licuadora con 1 taza más (250 ml.) del caldo. Licúe hasta adquirir una consistencia espesa. Vierta la salsa en la cacerola con la carne, el chilacayote y el caldo restante. Cocine a fuego bajo durante unos 10 minutos. Ajuste la sal, agregue el epazote y cocine otros 5 minutos.

Morelia y Tacámbaro

Viaje a Morelia

Un empleado de la oficina de correos me comunicó que yo era uno de los jueces designados para seleccionar el mejor platillo regional en la Feria de Morelia. Esa misma mañana llamé a una amiga para asegurarme. "Sí. Ven de inmediato. El concurso empieza mañana". Me dijo.

Siempre es placentero conducir a Morelia —que está como a dos horas y media de mi casa—, sobre todo si se toma la ruta larga por Mil Cumbres. En efecto, el camino avanza a lo largo de la franja occidental de la cordillera montañosa del centro de México. Aunque alguna vez estuvo densamente arbolada, en años recientes la tala indiscriminada, sin ninguna reforestación que la compense, ha devastado la zona. Durante gran parte del camino la carretera está protegida por al menos una fila de árboles, una rica variedad de coníferas y árboles de madera dura. Conforme uno avanza, de vez en cuando se topa con paisajes que quitan el aliento, y hasta donde alcanza la vista pueden verse las colinas que yacen a los pies de la Sierra Madre del Sur, donde se divide la parte interior de Michoacán de las cálidas planicies costeras del Pacífico.

Como la mayoría de los conductores prefieren tomar la ruta más directa a través de Queréndaro, casi no hay tráfico. Únicamente se pasa por un pueblito que está esparcido a lo largo del punto más alto de la carretera. Los únicos otros signos de vida son las ocasionales rancherías que, durante la época de lluvias, ostentan sus pequeños maizales, o los niños que vigilan el ganado que se alimenta en unos cuantos parches de pasto que crecen entre las filas de árboles.

Las flores silvestres brindan un colorido fastuoso a lo largo de todo el año: espectaculares cardos de color rosa o rojo, arbustos en flor y —conforme el camino desciende— muchas especies de cactos que cubren las paredes de roca, de otra manera desnudas. Uno desearía que el aroma de los pinos, el silencio impoluto a no ser por el trino de un ave —o el ocasional rugido de un camión en malas condiciones— y la absoluta belleza de todo el paisaje se extendiera a lo largo de otros cien kilómetros. Pero más temprano que tarde uno desciende y se topa con el triste espectáculo de los asentamientos pobres —y la consiguiente basura— que rodean a Morelia.

La hermosa y digna ciudad de Morelia —nombrada por la UNESCO Patrimonio Cultural de la Humanidad— tiene encantadores paseos arbolados, pero ahora la ciudad está ahogada por el incontrolable crecimiento de su periferia. El centro está obstaculizado y su magnífica arquitectura queda oculta tras los innumerables puestos que abarrotan las calles.

A la mañana siguiente de mi llegada, la Feria bullía con una actividad caótica: los cocineros y sus ayudantes venían a representar las especialidades gastronómicas de sus lugares de origen. El sitio estaba lleno de bancas, mesas, pequeñas estufas de carbón, las tradicionales y gigantescas ollas y cazuelas de barro, el graznido de pollos y guajolotes. También había costados enteros de cerdo y grandes trozos de carne de res. Conforme avanzó la mañana, el aire se cargó de aromas tentadores: el olor de la leña, la resina del pino y el carbón mezclados con el de los chiles asados. Fue un día inolvidable. Todavía conservo algunas de las recetas, pero un astuto gastrónomo moreliano se quedó con las mejores. Pocas especificaban la cantidad a usarse de cada ingrediente, y las instrucciones eran sucintas: dos carneros, dos cajas de cerveza y un litro de tequila para hacer —Carnero Borracho—. Había chiripo y atapacua de San Juan Parangaricutiro (ambos son cocidos de carne), birria (un guiso de chivo) de Briseñas, guajolote irimbence —guajolote de Irimbo— muy condimentado, y un sustancioso menú rústico. Era imposible elegir. Lo que sí sé es que disentí profundamente de los jueces: la mayoría venía de la ciudad de México y lucían un impecable calzado. Yo quería darle a todos y cada uno de los cocineros un premio por su paciencia y generosidad; por venir desde tan lejos, por preparar tantos platillos y por servirlos con una sonrisa a las cientos y cientos de personas que asistieron a la feria.

Fue entonces que —tal y como me ha sucedido en muchas ocasiones similares— conocí a una gran cocinera y restaurantera de Morelia: Livier Ruiz, que se ha convertido en una de mis más queridas amigas. Ya he publicado algunas de sus recetas. Lo vuelvo a hacer aquí junto con otras dos, muy sencillas, de la Feria:

Chuletas de cerdo en agridulce
Señora Livier Ruiz de Suárez, Morelia
Rinde 6 porciones

Ésta es una manera deliciosa y poco común de hacer las chuletas de cerdo que, por lo general, son algo secas. Pero, desde luego, pueden sustituirse por ternera. Un platillo como éste queda mejor si se acompaña con arroz blanco.

6 chiles guajillo
aproximadamente 3 cucharadas de manteca o aceite vegetal
6 chuletas de cerdo de unos 13 mm. de grueso, ligeramente aplanadas
sal al gusto
3/4 de taza (188 ml.) de jugo de naranja
el jugo de 1/2 limón
1 raja de canela de 2.5 cm.
4 pimientas gordas
4 clavos
2 dientes de ajo toscamente picados
2 cebollas blancas medianas finamente rebanadas
3 rebanadas gruesas de piña, cortadas en cubos de 2.5 cm.

Abra los chiles, quíteles las semillas y las venas, cúbralos con agua caliente y remójelos durante unos 20 minutos.

Caliente la manteca en una sartén gruesa. Sazone las chuletas y dórelas ligeramente por ambos lados. Hágalo con unas pocas a la vez, de manera que no se toquen en la sartén. Sáquelas y déjelas a un lado.

Ponga los jugos en la licuadora con la pimienta gorda y el ajo. Licúe hasta obtener una mezcla lisa. Agregue esto, junto con las cebollas y la piña, a la sartén. Cocine a fuego alto. Raspe el fondo de la sartén para evitar que se pegue, durante 3 minutos.

Agregue las chuletas y sal al gusto. Cubra la sartén con una tapa ajustada y cocine a fuego muy lento durante 30 ó 40 minutos, meneando de vez en cuando, hasta que la carne esté suave.

Calabacitas michoacanas
Señora Cirena Arias Miranda
Rinde 6 porciones

Esta es una forma deliciosa de cocinar las calabacitas, típicas de la región, con abundante queso y crema. Es ideal como platillo vegetariano, como primer plato, o para acompañar una carne asada.

3 cucharadas de aceite vegetal
900 gr. (8 tazas) de calabacitas (zucchini), en cuadritos
sal al gusto
1/2 taza (125 ml.) de agua
2 dientes de ajo toscamente picados
1 cebolla mediana toscamente picada
1/3 de taza (83 ml.) de cilantro picado
4 chiles poblanos asados, pelados y limpios, toscamente picados
1 taza (250 ml.) de crema fresca o agria
1/2 taza (125 ml.) de queso añejo (en Estados Unidos,
muenster o cheddar suave) finamente molido

Caliente el aceite en una sartén pesada. Agregue las calabacitas y espolvoréelas con sal. Cocine a fuego medio, revolviendo de vez en cuando, hasta que casi estén cocidas, pero no suaves: unos 5 minutos.

Ponga el agua en la licuadora con el ajo, la cebolla y el cilantro. Licúe hasta obtener una consistencia lisa. Añada los chiles poco a poco. Siga licuando hasta que, de nuevo, obtenga una consistencia lisa. Agregue esto a las calabacitas y mezcle bien.

Cubra la olla y deje a fuego medio. Revuelva de vez en cuando para que no se pegue. Si la mezcla se ve seca, agregue un poco de agua. El platillo debe quedar húmedo pero no acuoso.

Agregue la crema y revuelva. Deje a fuego lento durante otros 5 minutos. Ajuste la sazón, espolvoree el queso añejo y sirva.

Nota: si usa queso muenster o cheddar, espolvoréelo y cubra la olla, o colóquela bajo el asador hasta que el queso se derrita, pero no se dore.

Pozolillo
Rinde de 6 a 8 porciones

Pozolillo es el diminutivo de pozole, un guisado de puerco y maíz ancho. La diferencia es que se usan granos de elote en vez del maíz cacahuazintle —que es blanco, más blando y tiene granos más grandes— que se utiliza en el pozole. Una familia de Querétaro me dio la receta, aunque se me dijo que proviene del Estado de México y Michoacán donde, de hecho, hay recetas similares. Ambos platillos se acompañan con tostadas, que son tortillas secas y fritas. Si usted vive en Estados Unidos, es muy importante que no utilice un elote muy dulce, como el sweetcorn que se produce allá.

340 gr. de maciza de cerdo, cortada en cubos de 2 cm.
10 tazas (2.5 l.) de agua
sal al gusto
1 pechuga entera de pollo, con piel y hueso, cortada en cuartos
7 tazas (1.75 l.) de granos de elote
4 chiles poblanos desvenados y limpios, toscamente picados
1 taza (250 ml.) de cilantro toscamente picado
1/2 cebolla blanca grande toscamente picada
3 ramas grandes de epazote

PARA SERVIR:
1 taza (250 ml.) de cebolla blanca finamente picada

1/3 de taza (83 ml.) de chiles serranos finamente picados
limones cortados en cuartos

Ponga la carne de cerdo, el agua y la sal en una olla grande. Deje que suelte el hervor y deje al fuego durante unos 15 minutos. Agregue la pechuga de pollo y déjela cocer otros 10 minutos. Agregue 5 tazas (1.25 l.) de granos de elote.

Vierta 1 taza (250 ml.) del caldo de la carne en la licuadora con el elote restante, y licue hasta obtener una consistencia lisa. Agregue los chiles, el cilantro y la cebolla, y muela otra vez hasta que la consistencia de la mezcla esté un poco texturada. Vierta esto en la olla y déjelo cocer durante otros 20 minutos, o hasta que las carnes estén suaves.

Saque la pechuga de pollo y, cuando se enfríe, deshébrela. Mantenga caliente. Agregue el epazote y deje el pozollllo a fuego bajo durante otros 5 minutos.

Sirva cada plato con un pedazo de carne de puerco, un poco de pollo deshebrado y bastante caldo.

Recetario de Tacámbaro
Señor Raúl Ramírez, Zitácuaro

Cuando voy a Morelia siempre visito el ex convento de San Francisco, ahora convertido en un centro para las artesanías de Michoacán. La imaginación y creatividad de los artesanos de las diversas regiones del estado se expresa de manera vívida en la abundancia y en la alta calidad de las piezas que ahí se venden.

Durante una de mis visitas me llamó la atención una intrincada joyería de plata. Resultó que su autor, Raúl Ramírez, vivía en Zitácuaro. Cuando regresé a casa fui a buscarlo. Tras una breve visita a su taller nos enfrascamos en una animada charla culinaria. Me regaló unos chiles y unos tamales de su nativo Hidalgo, y me contó lo deliciosos que son los gusanos que están dentro de las bolsas, hábilmente elaboradas con enredadera y hojas que cuelgan de mi árbol de aguacate. Me arrepiento de no haber tomado notas más detalladas de nuestra conversación.

Después de ese día fui a visitarlo en varias ocasiones hasta que, de pronto, desapareció. En una de mis últimas visitas me entregó un fajo de hojas que él mismo había mecanografiado. Se trataba de la copia de dos libritos manuscritos de cocina de una de las familias más antiguas de Tacámbaro, Michoacán.

Dos de sus recetas aparecen en *El arte de la cocina mexicana*, pero estas cuatro son nuevas, poco comunes, sencillas y deliciosas.

Pollo en pulque

Rinde 6 porciones

Éste es un platillo de una delicadeza y sabor asombrosos. Aunque en la receta original el pollo se fríe en manteca, yo uso la grasa que extraigo del pollo, por lo que es necesario utilizar el pollo con todo y piel. No hay que comerla, pero se necesita para el sabor.

3 cucharadas de grasa de pollo

1.125 kg. de piezas grandes de pollo

sal al gusto

1 l. de pulque (pág. 26) o cerveza ligera

2 ramitas de tomillo fresco o 1/4 de cucharadita de tomillo seco

2 ramitas de mejorana o 1/4 de cucharadita de mejorana seca

2 hojas de laurel

4 pimientas negras

6 cebollitas de cambray toscamente picadas, con todo y las partes verde y blanca

4 dientes de ajo toscamente picados

PARA SERVIR:

chiles serranos y jalapeños en escabeche

aceitunas

salsa macha

tortillas de maíz

Caliente la grasa en una cacerola pesada. Espolvoree un poco de sal sobre las piezas de pollo y agréguelas, poco a poco, para que no se toquen en la sartén, hasta que la piel esté dorada y crujiente.

Elimine la grasa y guárdela. Agregue el pulque o la cerveza, las hierbas y la pimienta. Cubra, y una vez que haya soltado el hervor cocine a fuego medio durante unos 15 minutos.

En una sartén pequeña caliente la grasa que guardó. Fría allí las cebollitas y el ajo hasta que apenas comiencen a cambiar de color. Agregue el pollo, junto con 2 cucharadas de grasa. Cocine a fuego medio hasta que el pollo esté suave y el caldo se haya reducido a la mitad. (Para no sobrecocer el pollo: si el caldo no se ha reducido lo suficiente, páselo a otra olla y deje que hierva por separado durante unos 15 minutos). Sirva el pollo con un poco de caldo y adórnelo con las rajas de chile y las aceitunas. Pase la salsa macha y las tortillas por separado.

Nota: La receta original dice que hay que drenar el caldo antes de servir el pollo. Yo prefiero servirlo con un poco del caldo porque es extraordinariamente sabroso.

Chicharrón en naranja
Rinde 4 porciones

1 1/3 de taza (333 ml.) de jugo de naranja
115 gr. de chicharrón, partido en pedazos de entre 2.5 y 4 cm.
3 tazas (750 ml.) de jitomates toscamente partidos
1 diente de ajo toscamente partido
1 cucharada de aceite vegetal
1/2 cebolla blanca chica finamente rebanada
2 chiles jalapeños, o al gusto, sin semillas y cortados en tiras delgadas
sal al gusto

"Impregne las piezas de chicharrón con jugo de naranja. Aparte, tome el chile con los jitomates molidos y la cebolla, y fríalo. Agréguelo a las piezas de chicharrón, con más jugo de naranja." Ésta es la transcripción literal de una receta muy poco común de Tacámbaro que proviene de un recetario familiar.

Estoy segura de que a todos los que nos gusta cocinar nos ha pasado que, cuando leemos una receta, suena maravillosa. No siempre logramos recrearla, pero ¡qué sorpresa cuando sí lo hacemos, sobre todo si nos introduce a nuevas combinaciones de sabores! Ésta es una de esas recetas asombrosas que deleitarán a quienes se permiten comer chicharrón.

Vierta 1 taza (250 ml.) del jugo de naranja sobre el chicharrón y déjelo remojar para que se ablande, durante 30 minutos. (Si el chicharrón no está bien hecho y está algo duro, puede llevar un poco más de tiempo.)

En una licuadora muela los jitomates y el ajo. Caliente el aceite en una sartén, agregue la cebolla, las tiras de chile y la sal. Acitrone la cebolla sin que dore. Agregue el puré de tomate y cocine a fuego alto hasta reducir: unos 5 minutos. Agregue el chicharrón y 1/3 de taza (83 ml.) del jugo de naranja restante. Si el chicharrón no tiene sal, agréguela. Cocine hasta que esté totalmente impregnado con la salsa (que no debe ser ni demasiado jugosa ni demasiado seca): unos 5 minutos.

Chilacayotes en natas

Rinde de 4 a 6 porciones

450 gr. de chilacayote o calabaza (ver pág. 61),
en rebanadas de unos 7 mm. de ancho
suficiente agua hirviendo para cubrir
sal al gusto

PARA LA SALSA:
340 gr. (1 1/2 tazas) de jitomates toscamente picados
1/2 cebolla blanca mediana toscamente picada
1 diente de ajo toscamente picado
2 cucharadas de manteca de cerdo, mantequilla o aceite
3/4 de taza (188 ml.) de natas o crema fresca

La nata es la capa gruesa de crema que se forma sobre la leche cruda cuando se escalda. Una versión particularmente sabrosa es la *clotted cream* de Devon, Cornwall y Somerset, al suroeste de Inglaterra.

La nata le da un sabor delicioso y una textura suave —casi espesa— a la salsa. Sin embargo, una vez que se ha agregado, es importante que la salsa no hierva sino que apenas se deje a fuego bajo. De lo contrario, las proteínas de la nata se convierten en partículas duras. Un sustituto aceptable es la crema fresca o cualquier crema espesa que, desde luego, puede cocinarse durante más tiempo.

Esta receta, y la que sigue, pueden servirse como entrada o para acompañar una carne.

En una cacerola gruesa cubra el chilacayote con agua hirviendo y agregue sal. Cocine hasta que esté tierno —unos 10 minutos—, escurra y deje a un lado. En la licuadora, muela los jitomates, la cebolla y el ajo hasta obtener un puré texturado. Caliente la manteca, agregue el puré y fría a fuego alto con un poco de sal hasta que se reduzca a la mitad: 5 minutos. Agregue el chilacayote y cocine durante unos 5 minutos. Agregue la nata y deje cocer a fuego lento. Sirva de inmediato.

Chilacayote

El chilacayote es la fruta de la planta trepadora de la familia de las cucurbitáceas, nativa de México. Tiene una brillante flor amarilla parecida a la de la mayoría de las calabazas. Cuando la fruta es tierna y pequeña —de hasta 18 cm. de largo— tiene un color verde pálido, salpicado de un tono crema, y se prepara como vegetal. Por lo común se le cocina sin pelar, con o sin carne en pipián: una salsa hecha a base de semillas de calabaza.

Los chilacayotes pueden crecer hasta 30 cm. de largo y 22.5 cm. de ancho. Conforme maduran, la piel se endurece hasta formar una corteza verde oscuro, salpicada de verde claro. Cuando ya está completamente endurecida, tanto la gruesa carne como los largos hilos y las negras semillas que tiene dentro, se hacen en forma de dulce. Los hilos se cocinan en un almíbar para hacer un *cabello de ángel*: un postre muy apreciado y de gran textura, pero sin sabor.

Los chilacayotes crecen de manera silvestre en el área donde vivo. Se han trepado y se han expandido por encima de los árboles más altos del huerto, y las inmensas frutas que cuelgan de la planta parecen estar listas para atacar a cualquiera que pase por ahí. En otoño ofrecen una visión muy dramática.

Hace relativamente poco vi en el mercado de mi pueblo un costal de lo que parecían ser pepitas, o semillas de calabaza, planas y de color verde oscuro. En efecto, eran semillas desvainadas de chilacayote, exquisitamente tostadas.

Aunque el chilacayote no es lo que más me gusta comer —se parece demasiado a la acuosa e insípida *vegetable marrow* de mi juventud— lo uso porque tengo una dotación orgánica fresca y siempre busco nuevas formas de cocinarlo. Me topé con las dos recetas —la anterior y la que sigue— en el viejo recetario de Tacámbaro, y ambas son deliciosas. El chilacayote de estas recetas puede sustituirse por calabacitas o por cualquier otro tipo de calabaza tierna.

Chilacayotes punchuches

Rinde 4 porciones

2 cucharadas de manteca o aceite vegetal
1/2 taza (125 ml.) de cebolla blanca finamente picada
sal al gusto
450 gr. (2 2/3 de taza) de jitomates finamente picados
2 chiles chipotles en adobo, enlatados o hechos en casa
1 cucharada de vinagre de piña
340 gr. de chilacayote (ver recuadro) calabacitas o calabaza verde,
cortados en tiras de 7 mm. de grueso
1/2 cucharadita de orégano seco desmenuzado
1/2 taza (125 ml.) de agua

Caliente la manteca en la sartén, agregue la cebolla y espolvoree con sal. Fría sin dorar hasta que esté transparente: 1 minuto. Agregue los jitomates y cocine hasta que se haya evaporado un poco de jugo. Agregue el resto de los ingredientes y deje al fuego hasta que estén suaves: de 15 a 20 minutos. La mezcla debe quedar húmeda pero no demasiado acuosa.

Jalisco

❧

La sola mención del estado de Jalisco, o de Guadalajara, su capital, evoca (además del tequila) visiones de charros —jinetes en espléndidos trajes de montar, adornados con botonaduras de plata, y grandes sombreros— y de mariachis —su contraparte musical—, enfundados en un traje casi de igual elegancia. Ambos son únicos de Jalisco: manifestaciones de una vida cultural y social que evolucionó en los prósperos días de las haciendas, antes de la Revolución. Ahora se han diseminado a muchas partes del país.

Desde que vivo en México he viajado a numerosos sitios de Jalisco, pero nunca me lo había figurado realmente como entidad, quizá porque sus fronteras varían tanto y porque lo he abordado desde tantos puntos distintos. Al norte, limita con Nayarit en la costa oeste; al sur Jalisco casi engloba al estado de Colima; al noroeste distintos brazos de su territorio penetran el estado de Zacatecas, y sus áridas tierras se unen con las de Aguascalientes. Al sur y al suroeste tiene una extensa frontera con Michoacán. Con su hermoso lago de Chapala, su caudal de lagos más pequeños hacia el sur, y una línea costera de más de 200 kilómetros, Jalisco es un punto de atracción para muchos extranjeros que se han quedado a vivir aquí.

Al noreste de Guadalajara, más allá de la extensa meseta central, está el área de Los Altos, donde muchos conservan su legado español —y también sus facciones—: son altos, de tez clara y cabello oscuro. Lagos de Moreno es la joya arquitectónica de Los Altos, declarado monumento colonial. Es un lugar deleitante con distinguidas casas, plazas y parques, reflejo de la bonanza de fines del siglo XIX. Mazmitla es otro de los pueblos arquitectónicamente hermosos por los que paso en mi camino, desde Michoacán hasta las costas de Colima, ubicada en lo alto de un bosque de pinos, parece que uno ha entrado en uno de esos escenarios del siglo XVIII que salían en las películas españolas.

Gran parte del territorio occidental de Jalisco está conformado por sierras a las que sólo se accede por dos tortuosas carreteras (y una nueva que va al norte; más recta y de paga) que llevan a la costa. En el siglo XVIII la prosperidad de las minas de la región atrajo a muchos trabajadores. También a cateadores europeos, muchos de ellos ingleses e irlandeses. Cuando el auge de las minas declinó después de la Revolución, muchas familias se quedaron y, generaciones después, uno se topa con personas de cabello claro o pelirrojo y apellidos como O'Higgins, O'Reilly y O'Gorman.

A pesar de estas influencias extranjeras, y de las diferencias geográficas, no hay gran divergencia en la comida cotidiana de Jalisco (hace muchos años un joven arqueólogo norteamericano me reprimió fuertemente por decir esto), como la hay, por ejemplo, en el estado de Oaxaca, en Puebla o en Chiapas. Mientras que los poblados de la costa han experimentado cambios naturales en sus hábitos alimenticios a causa del turismo, las familias jaliscienses todavía salen en las tardes a comer pozole y gorditas. Los letreros que anuncian la venta de birria (un guisado de carne típico de Jalisco) se encuentran desplegados en los establecimientos de comida y a lo largo de las carreteras.

Los jaliscienses pueden sentirse orgullosos de la calidad de su queso, pescado y carne, y de la variedad de sus panes y confituras. Pero no olvidemos las coloridas y prácticas vajillas de barro, rústicas o sofisticadas, que se producen en Tlaquepaque y Tonalá —a orillas de Guadalajara— en las que se preparan y se sirven esas delicias a los comensales.

Puerto Vallarta y otros puntos al norte

A veces un comentario pasajero sobre una receta nueva, o que no conozco, es suficiente para que me lance en su búsqueda. Esto volvió a suceder de nuevo cuando, hace poco, un amigo de la ciudad de México mencionó los deliciosos dulces que se producen en Mascota, un pequeño pueblo en la sierra, arriba de Puerto Vallarta. Así es que, desde luego, tuve que ir a probar.

Jamás tomo las rutas más cortas a través de las carreteras de paga. En vez de eso, prefiero guiarme por el mapa y recorrer caminos por los que nunca he transitado. Me gusta ver el campo y lo que allí se produce; los pueblos y la arquitectura regional, así como los cambios que se están llevando a cabo, a menudo demasiado aprisa.

Esta vez me dirigí al norte de Michoacán para llegar a Jalisco, y luego al oeste, más allá de Chapala. Había olvidado la belleza de su lago. Aquella mañana gris lo encontré en especial hermoso: estaba tan sereno que ni una sola onda alteraba su superficie de un pálido color azulado, con las grises montañas brumosas que aparecían en el fondo a manera de telón protector. El serpenteante y angosto camino es una de las principales arterias que llevan a la costa, de modo que el tráfico fue constante y, en ocasiones, pesado y hasta aterrador, sobre todo cuando descendimos por escarpados cañones en donde no había ninguna protección en la orilla.

Fue un trayecto largo y agotador; en partes caluroso y muy seco. Muchos campos estaban sin sembrar a causa de la sequía. Tras una noche en el pequeño pueblo costero de Melaque, a la mañana siguiente partí a primera hora rumbo al norte, a través de la tierra más miserable, gris y yerma, a no ser por el ocasional arbusto en flor. Cuando la tierra se volvió más profunda y adecuada para el cultivo o la ganadería, habían talado los únicos árboles y el paisaje estaba salpicado de horribles cicatrices negras. De vez en cuando se divisaba una vista del mar o de una casa distante que revelaba la ubicación de los pequeños centros recreativos, prácticamente ocultos, que salpican la costa.

A mitad del viaje me detuve a desayunar en un pequeño restaurante, limpio y aireado, bajo una gran palapa que ofrecía una asombrosa variedad de platillos de mariscos para desayunar, comer y cenar, sin importar la hora del día. Acababan de sacar unos camarones del mar así es que, ¡por qué no! Me senté ante un gran plato de camarones para pelar, aún tibios, acompañados de mi propio café que va conmigo a todas partes.

El camino no cambió mucho conforme pasé frente a las rancherías que parecían existir en medio del aislamiento y el olvido, con sus pequeños plantíos de plátano, limón y sus cocoteros. De pronto, la vegetación tropical se volvió más exuberante y la tierra comenzó a ascender, en ambas direcciones. A mayor altitud aún, el camino empezó a bordear ricos bosques de pinos, abetos y otras maderas duras, que hasta entonces se habían salvado del gran aserradero que estaba no muy lejos.

Por fin la carretera inició su empinado descenso hacia la costa y a través de un estrecho cañón. Podía divisarse la bahía, dominada por Puerto Vallarta. Diez kilómetros más abajo me encontré en el pueblo de Mismaloya, que ahora está casi totalmente construido a lo largo del camino costero.

Puerto Vallarta me trae muchos recuerdos de visitas esporádicas en otros tiempos. Fui ahí por primera vez con Paul, mi difunto marido, cuando él trabajaba en un artículo para el *New York Times* sobre John Houston y su película *La noche de la iguana*. Entonces no había caminos pavimentados y la única forma de llegar era en un avión que descendía abruptamente, desde las alturas arboladas de la Sierra Madre Occidental, hasta la estrecha planicie costera. El pequeño puerto, en aquel entonces casi por completo sin desarrollar, bullía con las intrigas y el caldeo de los ánimos. Nunca olvidaré a Richard Burton quien, después de unos cuantos tragos, imitó la perfecta dicción galesa de su padre en "The Verb To Be." Muchos años después, cuando mi esposo ya había muerto y yo comencé a dar clases de cocina mexicana en Nueva York, Grayson Hall, otro talentoso miembro del elenco, asistió a mis primeras lecciones y me recordó aquellos alocados días.

El cambio se avecinaba. La famosa (y ahora muy llorada) Posada Vallarta estaba en sus primeras etapas de construcción. Bajo la guía de Violet y Suna Gershenson se convertiría en un maravilloso lugar de entrenamiento para chefs y personal de hotelería. Ellos fueron los introductores de la comida sofisticada a ese pequeño y aburguesado centro recreativo.

Hasta ese momento, el espectro de alimentos había sido muy limitado, debido a las dificultades de transportación. En la playa todos comíamos pescado recién salido del mar que ensartábamos en una lanza y asábamos en brasas de mangle. Eso ya no existe. En su lugar, el pescado sarandeado —pescado abierto, asado al carbón, al que se le dan muchas vueltas dentro de un armazón de metal— está a la orden del día. Más al norte, en Nayarit, me dijeron que ese método de cocinar el pescado se inventó en Mexcaltitlán, "la isla del lago". Hoy en día todos tienen su propia versión, con distintos condimentos y salsas, que se emplean con diversos grados de éxito.

Ese año el clima fue turbulento. El camino de terracería que planeábamos tomar hasta la Sierra Cacoma estaba parcialmente deslavado y resultaba peligroso, de modo que el viaje para probar los dulces de Mascota tuvo que posponerse hasta fines del otoño. En vez de eso, me quedé unos días en Puerto Vallarta y, bajo la guía de amigos que viven ahí, probé las especialidades del lugar, viejas y nuevas.

Pozole de camarón

Señora Rafaela Villaseñor

Rinde unas 12 tazas u 8 porciones

Con pocas excepciones, el pozole es, sin lugar a dudas, uno de los platillos más populares en el oeste de México: desde Nayarit hasta Guerrero, sobre todo en los lugares muy calurosos y en las zonas costeras, con notables excepciones. El pozole es un guisado caldoso hecho con grandes granos de maíz blanco y carne de cerdo. Guerrero reclama su autoría y, curiosamente, ahí el pozole blanco se sirve en la mañana y el pozole verde se sirve los jueves en la tarde.

La manera en que se prepara el maíz es básicamente la misma, pero los acompañamientos varían de región en región y, de vez en cuando, el pollo se cocina junto con el cerdo.

Para los habitantes de Puerto Vallarta ningún pozole se compara con el de la señora Rafaela Villaseñor. Hace muchos años, para mantener a una familia cada vez más numerosa, se dedicó a vender pozole y gorditas de res en la esquina de la calle de su casa. Ahora, aparte de su próspero negocio de comida para llevar, doña Rafaela prepara grandes cantidades de pozole sobre pedido para ocasiones especiales.

Para los devotos que no comen carne durante los días de Cuaresma, ella hace un pozole rojo con camarones secos y frescos. Mientras que este pozole se prepara en muchas de las comunidades que bordean la costa de Colima y Jalisco, la receta de la señora Villaseñor me pareció la más satisfactoria de todas.

1/2 kg. de maíz preparado para pozole (ver pág. 69)

2 l. más 1 1/4 tazas (313 ml.) de agua, o más, según sea necesario

4 chiles anchos

4 chiles guajillos

4 clavos

1/8 de cucharadita de comino

4 dientes de ajo toscamente picados

3 cucharadas de aceite de oliva

225 gr. de camarones frescos, medianos

(véase la preparación al final de la receta)
85 gr. de camarón seco (véase la preparación al final de la receta)
sal al gusto

PARA SERVIR:
cebolla blanca finamente picada
rábanos finamente rebanados
col rallada
orégano seco
limones partidos en cuartos

En una olla grande cubra el maíz con 2 l. de agua y póngalo a fuego medio hasta que los granos se abran o "floreen": unas 3 horas (en una olla de presión, 50 minutos o más en alturas mayores). Retire del fuego.

Quite los tallos, las venas y las semillas de los chiles y, por separado, colóquelos en montones individuales. También por separado, cúbralos con agua caliente y póngalos a fuego bajo durante unos 5 minutos. Déjelos remojar durante otros 10 minutos hasta que se suavicen y se vuelvan carnosos. Escúrralos y tire el agua de la cocción.

Ponga 1/4 de taza (63 ml.) de agua en la licuadora. Agregue los clavos, el comino y el ajo. Licúe bien. Agregue otra 1/2 taza (125 ml.) de agua y unos cuantos chiles anchos. Licúe hasta obtener una mezcla lisa. Agregue el resto de los chiles anchos y vuelva a licuar, agregando sólo el agua suficiente para liberar las aspas de la licuadora. La salsa debe tener una consistencia espesa.

Caliente el aceite de oliva en una olla pesada en la que va a cocinar el pozole. Agregue la salsa de chile ancho y fríala durante unos 3 minutos, raspando el fondo de la olla para que no se pegue.

Agregue otra 1/2 taza (125 ml.) de agua a la licuadora y, poco a poco, incorpore los chiles guajillo. Cerciórese de moler bien entre una adición y otra. Agregue este puré colado a la olla. Asegúrese de apretar bien los restos del chile a través del colador para obtener toda la pulpa que sea posible.)

Cocine el puré de chile a fuego bajo y raspe el fondo de la olla para que no se pegue, durante unos 5 minutos.

Agregue el maíz, el agua de la cocción y la bolsa con las cabezas y las conchas de los camarones. Cocine lentamente durante 15 minutos. Agregue los camarones frescos y los secos. Deje cocer otros 10 minutos. Rectifique la sal. Saque la bolsa de paño y exprímala bien para extraer la mayor cantidad de líquido posible.

Sirva el pozole con bastante caldo y los acompañamientos por separado.

Nota: si el pozole está demasiado fuerte para su gusto, diluya con agua caliente.

Maíz para pozole

Con pocas excepciones, para hacer pozole se usan los granos de maíz blanco y ancho, cacahuazintle o pozolero. Desde luego, puede prepararse desde el principio, cociendo los elotes con cal y luego descabezándolos, removiendo los pedúnculos para que se abran, o "floreen" más tarde. Todo esto se describe con detalle en *El arte de la cocina mexicana*. Sin embargo, tanto en México como en Estados Unidos puede conseguirse el maíz para pozole, ya preparado con cal y descabezado, en bolsas de plástico. Utilice el que viene enlatado sólo en momentos de desesperación.

Gorditas de res
Señora Rafaela Villaseñor
Rinde 6 porciones

Cuando me enseñó esta receta la señora Villaseñor hizo tortillitas "de a dos mordidas", es decir, chicas.

TENGA LISTO:

340 gr. (1 1/3 de taza) de masa para tortillas (véase pág. 535)

manteca o aceite para freír

2/3 de taza (164 ml.) de pasta de frijoles refritos

2 tazas (500 ml.) de col rallada

2/3 taza de queso añejo (en Estados Unidos, queso romano) finamente rallado

PARA LA CARNE:

225 gr. de falda de res

69

sal al gusto
2 cucharadas de aceite vegetal
1/3 de cebolla blanca mediana finamente picada
180 gr. de jitomates finamente picados (aproximadamente 1 taza)

PARA LA SALSA:
3 chiles anchos desvenados y limpios
3 pimientas negras
3 clavos

Corte la carne de res en cuadros como de 4 cm. Cubra con agua en una olla, agregue sal y deje que suelte el hervor. Siga cociendo hasta que la carne esté suave: unos 40 minutos. Deje que la carne se enfríe dentro del caldo, escúrrala y guarde el caldo. Deshebre la carne, pero no demasiado fina. Debe obtener aproximadamente 1 taza copeteada (275 ml.) de carne ya deshebrada.

Caliente el aceite, agregue la cebolla y acitrone brevemente. Agregue los jitomates y cocine a fuego medio hasta que la mezcla se haya reducido y sazonado. Añada la carne deshebrada, sazone si es necesario, y cocine hasta que la carne esté casi seca: unos 5 minutos. Retire del fuego y mantenga caliente.

Cubra los chiles con agua caliente y déjelos remojar unos 15 minutos, o hasta que estén suaves y pulposos. Ponga en la licuadora 1/2 taza (125 ml.) del caldo que guardó. Agregue las pimientas y los clavos. Licúe hasta tener una mezcla lisa. Poco a poco agregue los chiles escurridos y 1/2 taza (125 ml.) adicional de caldo de carne. Licúe hasta que obtenga de nuevo una consistencia lisa. La salsa debe tener una textura media y cubrir el revés de una cuchara de palo. Si es necesario, agregue más caldo y rectifique la sal.

Divida la masa en 12 piezas. Haga una esferita de unos 4 cm. de diámetro con cada una. Cúbralas con una tela mientras trabaja. Presione la bola de masa para hacer una tortilla no demasiado delgada, como de 10 cm. de diámetro. Cuézala como cualquier tortilla, sobre una plancha o comal sin engrasar, y pellizque las orillas para formar un pequeño borde. Deje a un lado. Continúe con el resto de la masa.

Caliente la manteca o el aceite en una sartén hasta que alcance unos 3 mm. de profundidad. Sumerja algunas tortillas en la salsa cruda —deben estar bien cubiertas por ambos lados— y fríalas en la grasa caliente durante 2 minutos por cada lado. Use más grasa si es necesario. Escurra sobre toallas de papel. Unte cada gordita con una cucharada de pasta de frijol, luego póngale encima una pequeña pila de carne deshebrada, y termine con col y bastante queso. Sirva de inmediato: estas gorditas tienen que ir de la sartén a la boca.

Pulpo en salsa guajillo

José Ruiz Muñoz, restaurante Tampico

Rinde 8 porciones como entrada, o 6 porciones como platillo principal

El señor Ruiz prepara el pulpo y los calamares en esta deliciosa salsa, en su aireado y atractivo restaurante de Puerto Vallarta. Como muchos restauranteros en zonas turísticas que atiende a visitantes nacionales e internacionales, el señor Ruiz constantemente busca e inventa nuevas maneras de preparar mariscos, como su delicadísimo platillo de tiras de pescado blanco en salsa de flor de calabaza.

En muchos de los restaurantes más famosos que bordean la costa de México hay la tendencia a robarle al pulpo toda su textura, cociéndolo en una olla de presión o por demasiado tiempo. Por lo general, si se usa un pulpo chico para este platillo no es necesario precocerlo. Si lo fríe un poco y deja que se cocine brevemente en su jugo, será suficiente. Sin embargo, el señor Ruiz me dijo que los pulpos de esa área son más duros que los del Golfo y necesitan mayor cocción. De hecho, un pulpo que compré hace poco tenía una piel muy oscura y correosa. En todo caso, siempre busco los que pesan menos de un kilo.

Como este platillo tiene una salsa un poco fuerte, prefiero servirlo como entrada, en pequeñas cantidades, con tortillas o pan francés. Como platillo principal puede servirse con arroz blanco: me gusta la manera especialmente sencilla en que hacen el arroz en Tabasco (véase pág. 331)

2 pulpos pequeños, como de 900 gr. cada uno, limpios
3 cucharadas de aceite de oliva
1/2 cebolla blanca grande finamente rebanada
8 dientes de ajo finamente rebanados
sal al gusto

PARA LA SALSA:

115 gr. de chiles guajillo

1/2 kg. de jitomates asados

5 pimientas negras

1 cucharada de orégano seco

5 clavos de olor

2 cucharadas de aceite de oliva

sal al gusto

Enjuague bien el pulpo y córtelo en pedazos pequeños. Caliente el aceite en una sartén pesada, agregue la cebolla y el ajo. Espolvoree con sal. Cocine a fuego alto durante unos 5 minutos. Cubra la sartén y menee de vez en cuando. Cocine a fuego medio durante 10 minutos, o hasta que el pulpo esté suave.

Abra los chiles. Quite tallos, venas y semillas. Tuéstelos brevemente por ambos lados sobre un comal no muy caliente, de lo contrario los chiles se quemarán y la salsa tendrá un sabor amargo.

Mientras tanto, en la licuadora ponga dos de los jitomates asados, y el jugo que soltaron, con la pimienta, el orégano y los clavos. Licúe hasta obtener una consistencia lisa. Agregue el resto de los jitomates y vuelva a licuar.

Caliente el aceite de oliva en una sartén profunda. Agregue la salsa y redúzcala a fuego moderadamente alto durante unos 5 minutos.

Ponga 3/4 de taza (188 ml.) de agua en la licuadora. Agregue los chiles poco a poco y licúe bien después de cada adición, hasta obtener una mezcla lo más lisa posible. (Añada agua sólo si necesita liberar las aspas de la licuadora.) Vierta la salsa de chile en la sartén, colándola a través de un cedazo fino. Presione los chiles con fuerza para sacarles todo el jugo y la carne posibles. Elimine el residuo del colador.

Cocine la salsa a fuego moderado alto durante otros 5 minutos, hasta que se reduzca y esté bien sazonada. Añada sal.

Agregue el pulpo a la sartén y cocine en la salsa a fuego alto, raspando el fondo de la olla para que no se pegue, hasta que adquiera una consistencia espesa y cubra bien al pulpo: unos 10 minutos. Si el pulpo está un poco correoso, agregue 1 taza de agua, cubra la olla, y cocine a fuego lento durante una hora, verificando de vez en cuando que la textura sea la indicada.

Este platillo puede hacerse con anterioridad y recalentarse.

Ceviche de Tino

Restaurante Tino's, Puerto Vallarta

Rinde aproximadamente 2 1/2 tazas o 625 ml.

Esta manera de hacer el ceviche resulta atractiva para quienes, como yo, no gustan de comer grandes cubos de pescado crudo. La receta proviene del animado y fresco restaurante Tino's de Puerto Vallarta, donde se sirve con tostadas. Aunque generalmente se emplea sierra para hacer este ceviche, puede usar cualquier pescado no grasoso. Antes de congelarla, asegúrese de que la carne no tenga espinas ni huesos.

340 gr. de filetes de sierra
1 zanahoria mediana, raspada y toscamente picada
1/3 de taza de jugo de limón
2 cucharadas de cebolla blanca muy finamente picada
1 chile jalapeño sin semillas
2 cucharadas copeteadas de cilantro muy finamente picado
1 jitomate pequeño muy finamente picado
1/8 de cucharadita de orégano seco desmenuzado
sal al gusto

Coloque el pescado en el congelador hasta que esté parcialmente congelado y firme al tacto. Píquelo en pedazos gruesos y póngalo en el procesador de alimentos con la zanahoria. Procese esporádicamente hasta que la mezcla adquiera una textura fina pero no esté reducida a una pasta. Páselo a un recipiente de cristal y agregue el jugo de limón. Mezcle bien.

Deje que el pescado se "marine" durante 30 minutos, no más. Transfiera a un colador, o mejor aún, a una manta de cielo para exprimir el jugo. Mezcle el resto de los ingredientes y deje sazonar durante por lo menos una hora antes de servir. No guarde este ceviche más de seis horas porque perderá su frescura.

Capirotada de doña Rosa

Rinde 8 porciones

La señora Rosa, que va unos cuantos días a la semana a cocinar a casa de una amiga en Puerto Vallarta, es famosa por su capirotada. Su receta no se parece a las tradicionales que hay en México: crujientes rebanadas de pan frito remojadas en almíbar, con nueces, pasas y otros productos regionales. La suya parece más bien un budín de pan humedecido con natilla.

El pan que utiliza doña Rosa se llama *picón*: un pan redondo, esponjado y semidulce, de huevos y levadura, como de 13 cm. de diámetro. En Estados Unidos sugiero que se le sustituya por brioches viejos. Doña Rosa utiliza también leche evaporada, diluida con agua. A mí no me gusta. Prefiero usar leche entera a la que le agrego un poco de ralladura de limón.

El recipiente ideal para esta capirotada es un molde de vidrio de unos 21.5 cm. de diámetro y por lo menos 8 cm. de profundidad. Para que la natilla no se asiente y se queme, recubra el fondo y los lados con tortillas de maíz medias fritas.

7 tazas (1.75 l.) de leche entera

2 rajitas de canela de 5 cm. de largo

1/2 taza (125 ml.) de azúcar

1 1/2 cucharadas de maizena

2 yemas de huevo

1/2 cucharadita de extracto de vainilla

6 tortillas de 13 cm. de diámetro

1 plátano macho maduro, como de 450 gr.

aproximadamente 16 rebanadas pequeñas

de pan seco (véase nota anterior) de 13 mm. de grueso

285 gr. de ciruelas pasas remojadas, ligeramente suaves y deshuesadas

1/2 taza (125 ml.) copeteada de nueces picadas

1/2 taza (125 ml.) de pasas

En una sartén caliente la leche con la canela y el azúcar. En un recipiente pequeño ponga la maizena con un poco de la leche caliente. Menee con una cuchara de madera hasta que esté lisa. Agregue un poco más de leche, mezcle bien, y luego trasládelo a la olla. Revuelva, no bata las yemas, y agregue otro poco de la leche caliente, y mezcle rápidamente hasta que esté lisa. Añada más leche y devuelva a la olla. Cocine a fuego bajo. Revuelva de vez en cuando y raspe el fondo de la sartén para que no se pegue, hasta que la mezcla comience a espesar un poco. Agregue la vainilla y retire del fuego.

Precaliente el horno a 177 °C.

Caliente aproximadamente 1/8 de taza (3 mm.) del aceite en una sartén y fría las tortillas por ambos lados, hasta que estén correosas, pero no crujientes. Agregue otro poco de aceite si es necesario. Escurra el exceso de aceite y recubra el fondo del molde (ver nota superior). Corte el plátano, pelado, en rebanadas. Fríalas por ambos lados hasta que doren. Escurra el exceso de grasa y apártelos.

Coloque una capa de pan sobre las tortillas, espolvoree con un tercio de las ciruelas pasas escurridas, las nueces y las pasas, y agregue un tercio de los plátanos. Saque la rajita de canela de la natilla.

Muy lentamente vierta 1 1/2 tazas (375 ml.) de la natilla sobre la primera capa, y permita que el pan absorba el líquido. Si vierte la natilla demasiado aprisa sólo irá a parar al fondo del molde. Repita con una segunda capa y luego con una tercera.

Hornee en la parte superior del horno hasta que la mayor parte del líquido se haya absorbido: unos 40 minutos. Deje enfriar durante 20 minutos antes de servir para que se absorba cualquier líquido restante. Sirva la capirotada tibia, con crema fresca o batida.

Una búsqueda afortunada

Con unos amigos que conocen la región visité una pequeña comunidad de pescadores, famosa por su espectacular variedad de cocteles de mariscos. Cada uno de los pequeños restaurantes asentados en unas enramadas a la orilla del mar exhibían sus cocteles de manera llamativa para tentar a los paseantes. Las gruesas copas de cristal con los distintos tipos de mariscos estaban alineadas a lo largo de un mostrador, decorado con flores y frutas de todos colores.

Una de las especialidades era la lisa ahumada. Mientras uno espera, el pescado se cocina a las brasas, sobre un fuego de mangle: no es delicioso pero sí interesante.

En Puerto Vallarta nos habían pedido que, de camino, buscáramos el pan de betabel, o remolacha, que hacen en una comunidad vecina. Me llamó la atención que afuera de casi todas las casas había letreros que anunciaban: "pan de calabacita, pan de zanahoria, pan de plátano", pero en ninguna parte se anunciaba el de betabel. Nuestra búsqueda nos llevó de casa en casa y nos enteramos de que un visitante norteamericano que se había hospedado en esa comunidad durante algún tiempo había introducido la idea para estos panes. Su venta —sobre todo a los visitantes que llegan de Puerto Vallarta, que está como a dos horas y media en coche— representa una modesta ganancia para las familias del lugar.

En el camino, en un pueblo que se llama El Llano, vi lo que parecían ser árboles atrofiados con gruesas hojas y unas frutas grandes y pendulosas con una piel arrugada de color verde oscuro. De regreso me detuve a tomar una fotografía. Por desgracia las frutas no estaban maduras, pero las vendían en una tienda, un poco más adelante. La fruta madura se conoce como yaca. Su carne tiene un fuerte aroma a naranja. La señora Villegas vende la pulpa en bolsas de plástico.

Nativa de Brasil, la yaca floreció en el área y se ha incorporado a la comida local. Su carne firme se utiliza a veces en la siguiente receta como sustituto de los plátanos machos, pero como la yaca no es fácil de conseguir, nosotros usaremos plátanos.

Pollo en blanco

Señora María Villegas, El Llano, Nayarit

Rinde 6 porciones

No se trata exactamente de una salsa blanca como la conocemos, pero el nombre indica que no se le colorea con chile. La receta me la dio María Villegas. Ella es de Guadalajara pero su marido es de El Llano. Pasamos por el pueblo cuando transitábamos por un silencioso camino de la costa de Nayarit que nos condujo hasta San Blas.

1 pollo grande cortado en piezas, más una pechuga entera de pollo
caldo de pollo o agua para cubrir
sal al gusto
6 zanahorias medianas peladas y ralladas

6 papas pequeñas

1 chayote pequeño cortado en tiras como de 2.5 cm. de ancho

2 calabacitas chicas cortadas longitudinalmente en cuatro

1/2 kg. de jitomates

1/8 de cucharadita de comino

6 pimientas negras

1 cucharada copeteada de orégano seco

3 cucharadas de aceite vegetal o grasa de pollo

1 plátano macho muy maduro, como de 340 gr.,

pelado y cortado longitudinalmente

1 1/2 cucharadas de harina

1 1/2 cucharadas de vinagre

1/3 de taza (83 ml.) de pasas

En una olla grande cubra el pollo con el caldo o con agua. Agregue sal al gusto y deje que suelte el hervor: unos 25 minutos. Escúrralo y devuelva el caldo a la olla. Aparte el pollo.

Deje que el caldo se cocine a fuego lento, agregue las zanahorias y las papas. Cocine 10 minutos. Agregue el chayote y las calabacitas. Cocine otros 10 minutos, hasta que los vegetales estén apenas tiernos. Saque los vegetales del caldo y córtelos en cubos grandes. Déjelos a un lado.

Ponga los jitomates enteros dentro del caldo caliente y cocine a fuego lento hasta que estén suaves, pero que no se deshagan: unos 15 minutos. Sáquelos y guarde el caldo.

Ponga 1/2 taza (125 ml.) del caldo en la licuadora con el comino, la pimienta y el orégano y licúelos bien. Agregue los jitomates y licúe hasta obtener una consistencia lisa.

Caliente el aceite en una cacerola gruesa, agregue el plátano macho y fríalo por ambos lados hasta que dore. Escúrralo y apártelo. Añada 2 cucharadas del aceite a la olla en la que va a cocinar el guisado. Agregue la harina, meneando bien para eliminar los grumos, y cocine hasta que tenga un color dorado profundo. Agregue el puré de jitomate. Revuelva bien hasta hacer una salsa suave. Cocine a fuego bajo y raspe el fondo de la olla para que no se pegue, durante 3 minutos. Agregue el vinagre y las pasas. Cocine hasta que la salsa espese un poco, otros 3 minutos.

Incorpore 2 tazas (500 ml.) del caldo de pollo, el pollo y los vegetales. Cocine de nuevo a fuego bajo durante 5 minutos. Ajuste la sal. Cinco minutos antes de servir agregue los plátanos fritos y vuelva a calentar.

De Puerto Vallarta a Nayarit

Decidí continuar con más holgura mi viaje por la costa, a fin de visitar Compostela y Tepic, dos sitios que no conocía. La estrecha carretera serpenteaba por cinturones de vegetación tropical que se interrumpían en claros donde había ganado, maizales o exuberantes plantíos de mango y papaya.

También, esporádicos campos de tabaco. Las hojas se dejaban secar, colgadas bocabajo, en montones protegidos por largos y angostos techos. Al igual que Veracruz, Nayarit es uno de los principales productores de tabaco en México. Como sucede con muchas otras cosechas, la del tabaco está disminuyendo por los caprichos de la demanda en el extranjero o por falta de una política agrícola coherente y estable.

La tierra comenzó a empinarse y virar al pie de las montañas hasta que, de pronto, pude advertir un majestuoso valle que se extendía hasta donde la vista podía alcanzar. Estaba horadado por ríos, arroyos y lagos. A la distancia: los picos montañosos. Nunca me había percatado de la riqueza natural de Nayarit y de la abundancia de agua, al parecer aún no contaminada por los efluvios de una industria sin control.

Tepic, la capital del estado de Nayarit, es uno de esos pueblos indescriptibles que han crecido sin consideración de ninguna especie por cierto orden arquitectónico, y todavía quedan unos cuantos edificios y casas coloniales. No sorprende el que el mercado no ofreciera nada de particular interés. Los productos eran predecibles y, en su mayoría, el espacio estaba invadido por pequeños puestos de ropa y zapatos de bajo precio.

El día se salvó gracias al pequeño, pero interesante, museo arqueológico que contiene piezas regionales de gran belleza e imponente tamaño. El famoso restaurante de mariscos, al que se envía a todo visitante que llega al lugar, resultó toda una decepción. De inmediato se me hizo sospechoso recibir un menú sin precios. Sólo puedo asumir que el costo se fija según el capricho de la mesera o el de la mujer de mirada feroz que preside la caja. Al día siguiente comí algunas de las especialidades de la región —como sopes, empanadas y pescado a las brasas— que resultaron muy superiores.

Al otro día me dirigí al pueblito de Santiago Ixcuintla. El nombre proviene del perro lampiño comestible del mismo nombre —ahora casi extinto—, que a menudo aparece representado en las piezas prehispánicas de la zona.

A juzgar por la relativa elaboración de la iglesia y de los edificios públicos, Santiago, un pueblito agrícola que está en la parte oeste de Nayarit, debe haber sido bastante próspero. Ya no. Evadí los hoteles del centro, que parecían de mala muerte, en favor de un motel de apariencia más pulida, en un amplio terreno a orillas del pueblo. En cuanto me instalé me di cuenta de que el establecimiento servía a un doble propósito: por un lado estaban los cuartos "decentes" y por otro, una serie de cortinas ocultaban las placas de los coches que se estacionaban a la entrada de los cuartos donde hombres y mujeres llegaban con sus "movidas".

Pero pudo haber sido peor. El lado "decente" estaba ocupado durante el día y, luego, podíamos dormir con relativa calma, a no ser por el ocasional e inevitable rugido del motor del camionero que llegaba a altas horas de la noche. Como sucede con tantos de estos hotelitos que están fuera de la ruta turística, los cuartos eran feos y desnudos, con una televisión encadenada a la pared, casi a nivel del techo. La regadera había inundado el cuarto, que era del tamaño de un armario —uno tenía que vadear hasta el excusado—, y los colchones llenos de baches tenían sábanas raídas y almohadas retacadas con un plástico que rechinaba.

Al recorrer este triste pueblito me topé con un vendedor ambulante de tamales de camarón. Había oído hablar de ellos pero jamás los había probado. De hecho, son una especialidad de Esquinapa, en el vecino estado de Sinaloa. La masa tenía una textura corriente y con demasiada manteca. Estaban rellenos con un solo camarón entero —con cabeza, antenas, patas, concha y cola— por lo que resultaba un bocado algo abrasivo. No me causaron mayor impresión y me apuré al mercado para adquirir algunos de mis fieles alimentos: jugosos y deliciosos mangos, dulces piñas maduras y una tentadora variedad de plátanos, todos cultivos de la región.

La cena también fue decepcionante. Me habían recomendado una pequeña birriería —un modesto local donde sólo se come birria (ver pág. 92)— frente a la estación de autobuses. La carne estaba pastosa de tan cocida y el caldo era totalmente insípido. Tras el primer bocado, me retiré y volví a recordar el lugar unos meses después, cuando disfruté de una birria deliciosa en Mascota. En semejantes ocasiones no dejo de repetirme que, desde el punto de vista gastronómico, cuando de explorar un nuevo territorio se trata, la situación es siempre fortuita, pero en ese viaje ya había sufrido demasiadas decepciones. Sin lugar a dudas la visita que tenía planeada a Camichín, al día siguiente, tendría que ser más excitante.

Boca de Camichín queda al este de Santiago, donde el río San Pedro se une al océano Pacífico. En la ribera sur hay un pequeño asentamiento pesquero: un grupo de viviendas algo endebles y restaurancitos o ramadas donde las mesas se protegen bajo frondas de palma entretejidas sobre un rústico andamiaje de madera. Los habitantes se ganan la vida con la pesca o recolectando ostiones en los grandes ostreros que hay en la costa. Los fines de semana los establecimientos atienden a la gente del pueblo que llega para disfrutar de sus especialiades: chimichangas y sopes de ostión.

Aunque las enramadas eran prácticamente indistinguibles —muchas no tenían nombre— no tardé mucho en hallar la de la señora María Cruz de López. Su sobrino, un joven pescador a quien le di aventón a la costa, me recomendó que fuera a su restaurante. Acababan de traer una canasta de ostiones frescos y un gran pargo que daba de coletazos sobre la mesa.

Tras recibirme con calidez, la familia López accedió a preparar sus especialidades y, con la ayuda de dos amigos pescadores, se pusieron a trabajar: abrieron los ostiones e iniciaron una fogata de mangle bajo una parrilla. Uno de ellos rebanó el pescado con gran destreza. Sacó dos filetes y dejó la cabeza y la cola intactas. Untaron las dos hojas de filete con una fuerte pasta de sal, ajo y chiles picantes, con lo que quedó listo para asarse a la parrilla o sarandearse: es decir, que el pescado se voltea muchas veces, a breves intervalos, para que no se seque. La mañana transcurrió de una manera lenta y agradable mientras cocinábamos y probábamos la comida, que estuvo acompañada de bastante cerveza fría.

Prometí que volvería para pasear en su bote por las lagunas que están tierra adentro, hasta la misteriosa isla de Mexcaltitlán. En 1325 fue un legendario punto de partida de los nahuas que fundaron Tenochtitlan, ahora parte de la ciudad de México.

Sopes de ostión
Señora María Cruz López
Rinde 12 sopes de 8 cm. de diámetro

Imagino que para la mayoría de la gente la sola idea de hacer esto con los ostiones puede parecer risible, pero en Boca de Camichín hay una gran abundancia de ostiones que sus habitantes siempre buscan nuevas maneras de prepararlos. Los pequeños ostiones Olympia serían perfectos, a no ser por su precio. Me sorprende oírme recomendando un producto enlatado, pero yo misma probé esta receta con una lata de almejas miniatura, y usé el líquido para la masa. Salieron muy bien, y me vi tentada a usar también ostiones ahumados: resultó ser una botana muy sabrosa y económica, un cambio de la habitual carne deshebrada.

PARA LA MASA:

1 taza (250 ml.) de masa para tortillas (pág. 535), de preferencia algo seca

1/4 de taza de jugo de ostión o de almeja

aproximadamente 2 cucharadas de manteca o aceite vegetal

PARA ADORNAR:

3/4 de taza (188 ml.) de frijoles bayos o pintos,

cocidos, escurridos y machacados

1 taza (250 ml.) de ostiones pequeños o almejas enlatadas,

drenadas (ver nota superior)

1 taza (250 ml.) de cubitos de zanahoria cocida

1 taza (250 ml.) de cubitos de papa cocida

1 taza copeteada (250 ml.) de lechuga finamente cortada,

con un poco de sal y jugo de limón

1/3 de taza (83 ml.) de cebolla blanca, finamente picada

1 taza (250 ml.) de salsa de tomate (la receta aparece a continuación)

1/4 de taza (63 ml.) de queso añejo (en Estados Unidos, queso romano), finamente rallado

orégano seco desmenuzado

Mezcle la masa con el jugo de ostión. Divida en esferitas de unos 3 cm. de diámetro y déjelas a un lado. Si desea hacer el doble de la cantidad, o más, mantenga los otros montones de masa cubiertos con un trapo húmedo mientras trabaja con el primero.

Presione suavemente las esferas en una prensa para tortillas recubierta con dos hojas de plástico, para hacer una tortilla de unos 9 cm. de diámetro, no más grande. En un comal o en una plancha sin grasa cuézalos como a cualquier tortilla normal.

Mientras aún están calientes, presione la masa en los bordes para formar una orilla: es probable que se queme los pulgares, pero no deje que la masa se enfríe. Cubra con una tela para que los sopes permanezcan tibios y flexibles.

Unte cada sope con un poco de pasta de frijol, agregue una cucharada rasa de ostiones, una cucharada de la mezcla de las zanahorias y las papas, un poco de lechuga finamente picada, cebolla y una cucharada de salsa de tomate. Espolvoree generosamente con queso y orégano.

Caliente la manteca o el aceite en una cacerola o comal, y caliente sólo el fondo de los sopes durante uno o dos minutos antes de servir.

Salsa de tomate
Rinde 2 tazas o 500 ml.

1/2 kg. de jitomates
1 chile jalapeño, o al gusto, finamente picado
2 dientes pequeños de ajo toscamente picados
1 cucharada de aceite vegetal
1/2 taza (125 ml.) de agua o jugo de los ostiones
sal al gusto
orégano seco finamente desmenuzado

En una olla, cubra los jitomates con agua caliente. Deje hervir a fuego lento hasta que estén suaves, pero que no se deshagan: unos 10 minutos. Cuele y guarde el agua para cocer otras verduras. Ponga los jitomates, el chile y el ajo en la licuadora. Licúe hasta obtener una mezcla lisa.

Caliente el aceite en una sartén pequeña y cocine la salsa a fuego alto durante unos 2 minutos. Agregue el jugo o agua y sal, si es necesario, y cocine otros 2 minutos.

Si va a utilizar esta salsa como cualquier salsa de mesa, espolvoree el orégano justo antes de servirla. Si va a usarla en los sopes, espolvoree un poco de orégano encima de cada sope.

Chivichangas de ostión
Señora María Cruz de López
Rinde 6 chivichangas de unos 13 cm. de longitud

340 gr. (1 1/3 de taza) de masa para tortillas (ver pág. 535)
sal al gusto
1 cucharada de salsa de chile cora (ver pág. 84)
aproximadamente 2 docenas de ostiones medianos, según el tamaño
3 cucharadas de aceite vegetal, además de aceite para freír

82

3 cucharadas copeteadas de cebolla blanca finamente picada
1 chile jalapeño finamente picado
115 gr. (2/3 de taza) de jitomates finamente picados

Mezcle la masa con un poco de sal y la salsa picosa. Divida la masa en 6 partes iguales. Con cada una haga una esferita de unos 4.5 cm. de diámetro. Cubra con un trapo húmedo.

Escurra bien los ostiones. Caliente 3 cucharadas de aceite en una sartén, agregue la cebolla y el chile, y fría sin dorar durante 1 minuto. Agregue el jitomate y fría hasta que la mezcla esté casi seca. Añada los ostiones drenados, sal al gusto, y fría rápidamente durante otros 2 minutos. Deje enfriar un poco y drene el exceso de jugo.

Vierta aceite en una sartén hasta que alcance unos 13 mm. de profundidad. Caliéntelo. Presione una de las esferas de masa en una prensa para tortillas, forrada con dos hojas de plástico, hasta obtener un círculo muy delgado, de unos 15.5 cm. de diámetro. Ponga algunos ostiones alineados en el centro. Doble un lado de la masa encima del relleno dejando expuestos aproximadamente 2.5 cm. de masa en el otro extremo. Doble esto encima del otro lado para sellar el relleno como en un paquete. Fría en aceite muy caliente por ambos lados hasta que la masa esté crujiente y bien dorada. Escurra el exceso de grasa en toallas de papel. Abra uno de los extremos para agregar un poco de salsa y sirva de inmediato.

Si usted no puede servirlas al momento de manera informal —como es mejor hacerlo: directo de la sartén a la boca— entonces, coloque las chivichangas en una hojas de hornear forradas con papel absorbente y recaliéntelas en el horno a una temperatura de 205 °C. Esto también ayuda a deshacerse de algo del exceso de grasa.

Empanadas de camarón
Señora María Cruz de López, Boca de Camichín, Nayarit
Rinde 12 empanadas

Para el relleno:
1 1/2 tazas (375 ml.) de camarones pelados en crudo
2 cucharadas de aceite vegetal
2 cucharadas de cebolla blanca finamente picada

1 chile jalapeño picado

sal al gusto

2 jitomates pequeños finamente picados (aproximadamente 2/3 de taza)

2 cucharadas copeteadas de cilantro finamente picado

PARA LA MASA:

aceite vegetal para freír

1/2 kg. (2 tazas) de masa para tortillas (ver pág. 535)

1 cucharadita de salsa de chile cora (ver receta siguiente)

Pique los camarones toscamente. Caliente el aceite en la sartén, agregue la cebolla y el chile y espolvoree con sal. Fría, sin dorar, durante unos segundos. Agregue los jitomates y cocine durante unos 2 minutos, o hasta que algo del jugo se haya evaporado. Añada los camarones y fríalos, moviendo rápidamente, hasta que apenas estén opacos, durante otros 3 minutos. Rectifique la sal, agregue el cilantro y deje la mezcla a un lado.

En una sartén vierta suficiente aceite para que alcance una profundidad de unos 7 mm. y caliéntelo.

Mezcle la masa con la salsa y un poquito de sal. Divida la masa en 12 partes y forme esferitas de unos 4 cm. de diámetro. Con una prensa para tortillas, forrada con dos hojas de plástico, presione una de las esferas hasta obtener una tortilla de 13 cm. de diámetro. En el centro de la masa ponga una cucharada muy copeteada del relleno, dóblela en dos y, con cuidado, sepárela del plástico que cubre la prensa para tortillas. Colóquela cuidadosamente en el aceite caliente.

Fría por ambos lados hasta que la empanada esté crujiente y ligeramente dorada. Ponga sobre papel absorbente para eliminar el exceso de grasa y coma de inmediato.

Salsa de chile cora

Rinde aproximadamente 1 1/2 tazas o 375 ml.

Ésta es una salsa de mesa típica de Nayarit que se utiliza como condimento. Obtuve la receta en un pequeño mercado de Compostela. El chile crece en la localidad y recibe el nombre de los coras: los indígenas que viven en la región. El chile es brilloso, de color rojo oscuro y forma triangular. Por lo general se usa cuando está seco. En otras partes lo he visto con el nombre de chile catarino.

Como cualquier salsa hecha con chiles secos, dura varios días en el refrigerador.

225 gr. de tomates verdes: unos 9 medianos
7 chiles cora o cascabel, secos
2 cucharadas de manteca o aceite vegetal
2 dientes de ajo toscamente picados
1/3 de taza (83 ml.) de agua
sal al gusto

Pele los tomates. Enjuáguelos. En una cacerola cúbralos con agua y deje hervir a fuego lento hasta que estén suaves pero que no se deshagan: unos 10 minutos. Limpie los chiles con un trapo húmedo y quíteles el tallo. Caliente la manteca en la cacerola y fría los chiles. Hay que darles vuelta durante unos 2 minutos para que no se quemen o la salsa tendrá un sabor amargo. Retírelos del aceite con una cuchara perforada y, cuando estén fríos, desmorónelos en la licuadora.

Agregue el ajo y el agua, y licúe hasta obtener una mezcla un poco texturada. Añada los tomates drenados y sal al gusto. Vuelva a licuar hasta que obtenga una salsa casi lisa.

Mascota y San Sebastián

El otoño casi había llegado a su fin cuando me llamó mi amiga Violeta para decirme que estaba listo el viaje a Mascota: un lugar donde hacen dulces de frutas exquisitas. Una amiga suya, que tenía contactos en el lugar, sería nuestra guía. Su hermano era dueño de una camioneta alta y confortable, pues un coche normal no podía llegar hasta allá.

El recorrido era de apenas 115 kilómetros, pero nos llevó seis horas y media hacerlo. En 1974 la *Guide Bleu* afirmó que "el camino es mediocre". Creo que ésa fue una aseveración muy mesurada, ¡en especial viniendo de un francés!

El sábado por la mañana nuestros amigos nos dijeron que ellos tenían que estar de regreso el domingo por la noche y que, lamentablemente, no habría tiempo suficiente para ver San Sebastián. Sin embargo, se habían asegurado de que yo recibiera toda la información necesaria y probara la comida y las frutas de la región. Tiempo atrás alguien me había dicho que no me perdiera San Sebastián. "Pero, bueno, uno nunca sabe qué le depara el destino", pensé para mis adentros, así que me acomodé y me dispuse a disfrutar del paseo.

Aun cuando el viaje era fascinante, las primeras tres horas se hicieron eternas. Avanzamos con lentitud por un camino de terracería que dejaba nubes de polvo a nuestro paso. Tuvimos que cruzar arroyos, escalar el lecho rocoso de un río seco y recorrer un paisaje que se transformaba constantemente, conforme ganábamos altitud. La espesa vegetación tropical adelgazó para volverse semitropical y, por último, la vista quedó salpicada de pinos y robles enanos. De vez en cuando pudimos divisar algún valle o la costa que yacía a nuestros pies. Apenas encontramos un alma en el camino. A nuestro paso, los modestos rebaños de vacas dejaban de pastar y alzaban la vista para vernos. De vez en cuando aparecía una granja con su casa de adobe a punto de caerse en pedazos. Sólo el ocasional rugido de un camión o el espurrear de un viejo autobús que descendía en dirección opuesta, con una prudencia poco común, rompían el silencio.

Un letrero anunciaba que San Sebastián quedaba apenas a 10 kilómetros: lástima que no había tiempo para visitarlo, pero teníamos que llegar a Mascota a una comida tardía antes del anochecer. Menos de dos kilómetros adelante tomamos una curva muy apretada, derrapamos en la superficie floja y le pegamos a un camioncito que venía en dirección opuesta pero que había tomado la curva con demasiada amplitud. El agua se salió del radiador y el motor se detuvo. La pareja del camión era de San Sebastián, a donde tuvimos que regresar en busca de alguien que los ayudara. Regresamos hasta donde estaba el letrero. Tomamos un camino angosto y lleno de curvas que ascendía a través de bosques de pino, maizales secos y rebaños que pastaban, hasta que por fin llegamos a una majestuosa avenida de olmos y nogales. Formaban un arco que parecía darnos la bienvenida al pueblo. Mientras la mujer que viajó de regreso con nosotros negociaba el auxilio de una grúa y reportaba el incidente ante las autoridades del lugar —un joven de camiseta y pantalones holgados— nos apresuramos a comprar algo de fruta para calmar el hambre. Caminamos con lentitud de vuelta al coche, admirando la elegancia del pueblito que parecía existir aislado en una cuenca, al pie de las montañas circundantes. Las casas y los edificios públicos eran de un sencillo estilo colonial español: paredes blancas y techos de dos aguas, jaspeados por el paso del tiempo. En ese instante decidimos detenernos en San Sebastián durante el trayecto de vuelta.

Volvimos a la escena del accidente con el oficial de tránsito y la promesa de que un mecánico de San Sebastián iría a auxiliarlos pero, a pesar del depósito de una considerable suma de dinero para cubrir los daños (y la licencia de conducir de nuestro amigo), las autoridades insistieron en que teníamos que regresar de inmediato a firmar un documento cuya elaboración llevaría varias horas. ¿Podíamos firmarlo de regreso? Como los ánimos aún estaban caldeados, las negociaciones se estancaron. Una vez reiniciadas las cosas se complicaron a tal grado que decidí que era hora de que las mujeres entraran en acción. Por fortuna llevaba conmigo uno de mis libros, traducido al español, en donde aparezco, en una fotografía un poco absurda, con sombrero y zarape. Nuestro amigo le explicó a las autoridades que teníamos una importante misión, que nos esperaba el presidente municipal y que ya íbamos retrasados. Además, mencionó que yo era una visitante distinguida, condecorada con la Orden del Águila Azteca. ¡El viaje se reanudó enseguida!

Sin lugar a dudas las últimas dos horas y media fueron las peores. Al principio el camino estaba sombreado por árboles que bordeaban un pequeño río, había algunas viviendas y unos cuantos niños jugaban mientras sus padres conversaban, acompañados de una cerveza. Asombrosamente, también había un campo detrás de una magnífica reja que tenía cientos de resguardos triangulares, cada uno numerado, para albergar a los gallos de pelea que picoteaban, afuera. ¡Imaginé el ruidero que harían todos al amanecer y lo que ocurriría si todos empezaran a pelear al unísono! Por desgracia no había nadie a quien pudiéramos preguntar y, de todos modos, ya íbamos muy retrasados. Nos detuvimos dos veces, cuando nos topamos con las gigantescas máquinas que intentaban limpiar la carretera de las rocas de un derrumbe recién ocurrido. Empezamos a descender de manera precaria y el camino se estrechó muchísimo a medida que se iba plegando a una bajada empinada. La superficie estaba llena de piedras que volvían resbaloso el camino. Las curvas eran muy cerradas; era imposible ver a quien transitaba en dirección contraria. Por fortuna, a nuestro chofer no parecía preocuparle que los esporádicos conductores de camión avanzaran a una velocidad alarmante, dadas las condiciones de la carretera, y nos lanzaran miradas de odio, como si no tuviéramos derecho a ocupar ese espacio.

Conforme descendimos apareció a lo lejos un amplio valle y, de pronto, los tejados de Mascota, la "Esmeralda de la Sierra", como se le conoce.

Para entonces ya era de tarde: el restaurante del que tanto nos habían hablado estaba cerrado por una boda, de modo que nos apresuramos a buscar a la señora, famosa por sus conservas. Había salido a misa, una misa muy prolongada, según nos informó su hijo, quien finalmente se condolió de nosotros y dejó que entráramos para adquirir sus tan aclamadas delicias.

¿Dónde estaban los duraznos rellenos que habíamos venido a comprar desde tan lejos? Ese año no había habido cosecha de duraznos. ¡Nadie tenía duraznos! Incidentes similares pasaron por mi mente: había llegado el día equivocado, en la estación equivocada; había sequía o demasiada lluvia... Ése es el riesgo que uno toma al emprender estos recorridos gastronómicos.

Pero había una variedad increíble de dulces: ates —que aquí se llaman cajetas— de frutas de la región, como peras, manzanas, guayabas y una especie de tejocote; delgadas hojas de conserva de frutas enrolladas con azúcar; la más deliciosa de todas estaba hecha de mango verde al vapor, era de un verde pálido y era más agria que las demás. Había bolsitas de arrayanes, que son guayabas silvestres, cocidas y enrolladas con azúcar, con el mismo sabor ácido del delicioso tamarindo, pero con todas las semillitas. Para consolarnos por la falta de duraznos el muchacho todavía tenía algunas cajas de guayabas rellenas. Primero había que dejar las guayabas en una solución de cal toda la noche; luego había que cocerlas en almíbar y secarlas al sol —lo que les confería un sabor intenso y una textura especial—, para luego rellenarlas con una cajeta hecha a base de la misma fruta. Esas guayabas eran inimitables; explicaban por qué "la señora que había ido a misa" era tan famosa en toda la región, y su nombre resonaba incluso en Guadalajara.

Después de engullir unas opulentas tostadas y unas generosas gorditas, fuimos a ver a la señora Carolina. Ella y su hija Lilia son respetadas y dedicadas maestras, además de entusiastas cocineras de su comida tradicional. Bertha, la hija de Lilia, representa a la tercera generación que conserva la costumbre y se ha vuelto una talentosa cocinera que se dedica a hacer quesos, jocoque (una deliciosa leche ácida cruda, ver pág. 90) mantequilla, y a criar pollos especiales, mientras su marido trabaja en el rancho de su familia.

Las horas pasaron volando mientras me brindaban las recetas —muchas de ellas cuidadosamente anotadas— llenas de generosos consejos.

Cuando se anunció que la cena estaba lista, a los señores les costó mucho trabajo despegarse de la televisión en la que veían un partido. Había dulces y deliciosos tamales, gordas de harina (véase pág. 102), arepas (véase pág. 103), atole y cremosa leche caliente.

Por fin caímos en cama, felizmente agotados, en el inmaculado pero espartano hotel del centro del pueblo.

Las calles de Mascota son muy anchas. Una de ellas se extiende a lo largo de más de una cuadra y da vuelta en un ángulo imprevisto que lo deja a uno anonadado y temporalmente perdido. Se necesitan buena memoria y un gran sentido de orientación para evitar perderse en los paseos circulares que emprendimos aquella mañana para dar con la casa de Lilia y disfrutar de un desayuno tardío.

Cuando llegamos, ella asaba tiras de carne en lo que llamó un asador de echazo, que es una parrilla hecha con una charola de metal sobre el aro viejo de un ancho neumático, que contenía el fuego con nitidez. Berta, o Bety, como prefiere que la llamen, batía el jocoque y con gran paciencia me describió su elaboración.

No fue tanto la variedad de la comida sino su calidad lo que resultó fuera de serie, así como el esmero con que se prepararon los platillos. Las blancas tortillas de maíz eran las mejores que había probado en mucho tiempo: ligeras y harinosas, untadas con el jocoque recién hecho y un poco de sal. Representaban el epítome de una deliciosa pero sencilla comida mexicana. Había chicharrón (la piel frita del cerdo), recién salido del cazo para freír; frijoles peruanos (aunque no son de Perú pues crecen en la localidad), con su caldo, dos salsas, y queso panela fresco. La carne, aunque deliciosa, resultó casi superflua.

Las despedidas se prolongaron mientras nos daban queso, una pequeña planta de lo que llaman orégano de maceta —un orégano cultivado que se utiliza fresco, en tanto que el fragante orégano seco de la región es silvestre—, jocoque y, para mí, un kilo de mantequilla. No quise pensar en cómo lograría llevarla hasta la ciudad de México al día siguiente. Entonces tuvimos que detenernos para cargar gasolina, adquirir una provisión suficiente de ese orégano seco que es muy especial, y algunos paquetes de tortitas (véase pág. 98), regalo indispensable para los amigos que saben que uno estuvo en Mascota.

Por fin iniciamos el regreso por ese temido camino que bordeaba un precipicio sin ninguna protección y que se desmoronaba a nuestro paso. ¡Traté de no ver ni de gritar demasiado fuerte cuando alguien aparecía a toda prisa en dirección contraria!

De alguna manera hicimos un tiempo estupendo a San Sebastián. El oficial de tránsito nos esperaba en el centro de la plaza. Esta vez llevaba un uniforme impecablemente planchado, y sostenía un documento mecanografiado, no muy nítido, en la mano. Nuestros amigos firmaron el papel, prosiguieron su camino y nos aseguraron que congelarían todos nuestros alimentos perecederos mientras nosotros pasábamos la noche en las primitivas habitaciones de la única pensión del pueblo.

Jocoque
Señora Bertha Elena Moreno de González

Rinde 5 tazas o 1.25 l.

En algunas partes de México, jocoque significa una crema, agriada de manera natural, que se parece a la *crème fraiche* de Francia. En otras, se refiere a un yogurt. Aquí en Jalisco, donde es muy popular, el jocoque es una leche agriada a la que se le quita el suero.

Nunca he probado un jocoque tan delicioso como el de Mascota, que preparó la joven y muy hábil cocinera Bertha Elena, o Bety. Desde luego, ayuda mucho tener una leche cruda de extraordinaria calidad, que proviene directamente de la ordeña matutina.

A los urbanitas, o a los suburbanitas, puede parecerles absurda la idea de incluir una receta para hacer jocoque, pero siempre hay alguien que quiere saber cómo se hace o quién puede conseguir leche cruda para hacerlo. A la familia Moreno le gusta comerlo cuando está totalmente fresco, untado en una tortilla de maíz con un poco de sal, y nada más. Cuando el jocoque tiene un día, se le relega a salsas como la de los taquitos, cuya receta se encuentra más adelante.

Ponga dos litros de leche bronca a que se agrie en un recipiente de barro no vidriado o en uno de plástico. Cúbralo holgadamente y déjelo reposar en un lugar tibio durante dos días. Desnate la capa de crema y guárdela en el refrigerador. Deje la leche dos o tres días más, dependiendo del tiempo que le lleve agriarse y burbujear, o "hacer bombitas", para usar la expresión local. Desnate y elimine la capa membranosa que se forma sobre la leche. Coloque el resto en una manta de cielo para que drene.

Dice Bety que hay que dejarlo drenar hasta que esté relativamente seco, como un requesón. Batalo con un poco de leche y luego con la crema que se reservó. Cuando yo lo hice lo dejé drenar durante dos horas, con lo cual eliminé prácticamente todo el suero; lo batí hasta que estuvo suave, y luego volví a batirlo con la crema que reservé. No me hizo falta la leche adicional. Este jocoque tiene una suavidad sedosa y una acidez placentera y cremosa.

Un sustituto del jocoque: deje un poco de yogurt de leche entera, no muy agrio, a que drene durante tres horas, y luego bátalo con un poco de crema.

Tacos de jocoque
Tacos de rajas con salsa de jocoque
Bertha Elena Moreno
Rinde 12 tacos de 15.5 cm.

Sin lugar a dudas, éste es uno de mis platillos favoritos. Por lo general el relleno de los tacos se hace con rajas de chile y queso, aunque también puede usar zanahorias y papa. Como alternativa, sugiero usar el relleno de varios vegetales, como las quesadillas de verduras de Chilapa, Guerrero (véase pág. 388).

Puede preparar todo con anticipación, pero los tacos deben armarse al momento. Constituyen una excelente entrada vegetariana para seis personas, un plato principal para cuatro, o como acompañamiento para carne a la parrilla, o rostizada.

aceite para freír
12 tortillas de 15.5 cm.

PARA LA SALSA:
450 gr. de jitomate finamente picados (casi 2 tazas)
1/3 de una cebolla blanca mediana toscamente picada
1 cucharada de aceite vegetal
1 1/2 tazas (375 ml.) de jocoque o sustituto (véase receta anterior)

PARA EL RELLENO:
285 gr. de queso fresco o panela (en Estados Unidos, queso muenster), cortado en tiras
1 1/2 tazas (375 ml.) de rajas de chile poblano,
fritas con un poco de cebolla

Tenga listo uno o varios refractarios, bien engrasados, en los que colocará los tacos en una sola capa: los refractarios cuadrados de 20 cm. son ideales.

Licúe los jitomates y la cebolla. En una sartén caliente el aceite, agregue la salsa y cocine. Menee y raspe el fondo de la olla para que no se pegue, hasta que el jugo se haya reducido y la salsa comience a burbujear en las orillas: como 4 minutos. Transfiera a la licuadora, agregue el jocoque y licúe hasta obtener una consistencia lisa.

Caliente el horno a 190 °C.

En otra sartén, caliente sólo el aceite necesario para cubrir la superficie de la olla. Fría cada tortilla ligeramente para que se suavice. Las orillas no deben quedar crujientes. Escúrralas en papel absorbente. Ponga algunas tiras de queso y bastantes rajas de chile en el centro de cada tortilla, enróllela con suavidad, y coloquen en el refractario. Vierta la salsa de la manera más uniforme que pueda sobre los tacos (si lo desea, puede decorarlos con algunas rajas o con queso). Cúbralos de manera holgada con papel aluminio, y hornee hasta que la salsa empiece a burbujear y el relleno se haya calentado hasta el centro (puede verificarlo con su dedo limpio). Esto llevará unos 15 minutos. Sirva de inmediato.

Birria estilo Mascota
Familia Moreno
Rinde 12 porciones

Después de viajar extensamente por Jalisco y parte de Nayarit, uno se cansa de la carne correosa y caldosa que tiende a pasar por birria en un buen número de restaurantes y cenadurías, así que cuando hablé con la familia Moreno sobre el tema de la birria lo hice con cierta renuencia. Luego me hallé tomando notas con gran entusiasmo.

Ellos utilizan varios tipos de carne para su birria, dependiendo de cuál sea la más abundante en ese momento: carnero, cerdo, res o incluso pollo. Tras poner la carne al vapor durante un largo rato —lo cual se traduce en un caldo delicioso—, la carne se rostiza brevemente en el horno para darle una apariencia más apetecible y para mejorar su textura y sabor.

Por lo general, primero se sirve arroz y luego la carne en platos no muy hondos con bastante caldo, adornado con col finamente picada y cebolla picada. Por separado se sirve una salsa muy picosa de chile de árbol y, al final, frijoles de la olla. Si sobra un poco de caldo, puede hacer una sopa nutritiva y deliciosa.

Para obtener un caldo muy rico y nutritivo, recomiendo no hacer guisos como esta birria en pequeñas cantidades. Los cortes de carne deben incluir un poco de hueso y grasa: siempre puede desgrasar el caldo después. A mí me gusta usar pecho de res o de cordero, o espaldilla de puerco. El sabor de la cabra me parece demasiado fuerte, y el pollo se deshace muy rápido sin absorber los sabores.

Comience a elaborar esta receta con un día de anticipación.

PARA EL ADOBO:

4 chiles anchos sin venas y limpios

1 taza (250 ml.) de vinagre de piña

o 1/2 taza (125 ml.) de vinagre de vino y 1/2 taza (125 ml.) de vinagre de arroz

4 dientes de ajo toscamente picados

4 rajas de canela de 4 cm.

1/2 cucharadita de comino machacado

1/2 cucharadita de pimientas negras machacadas

2 cucharaditas de orégano seco desmenuzado

45 gr. (1/2 grajea de las redondas) de chocolate mexicano desmenuzado

sal al gusto

LA CARNE:

3 kg. de carne de res, cerdo o cordero (véase nota anterior),

cortada en pedazos grandes

PARA EL CALDO:

450 gr. de jitomates

PARA SERVIR:

col rallada

cebolla blanca finamente picada

limones cortados en cuartos

salsa para birria (la receta se da a continuación)

En una cacerola cubra los chiles anchos con agua caliente, deje hervir a fuego lento durante 5 minutos. Retírelos del fuego y deje reposar durante otros 5 minutos. Cuélelos para quitarles el agua.

En una licuadora, ponga el vinagre, el ajo, las especias y el orégano. Licúe hasta obtener una consistencia lisa. Poco a poco añada los chiles ya colados y el chocolate, y licúe hasta que de nuevo obtenga una consistencia lisa. Es posible que necesite agregar un poco de agua para que no se atoren las aspas de la licuadora, pero no agregue demasiada porque la pasta debe estar espesa. Agregue bastante sal y embarre la carne muy bien. Cúbrala y déjela reposar toda la noche en un lugar fresco o en el refrigerador.

Prepare una vaporera para tamales (véase pág. 23), o improvísela con una rejilla que sobresalga unos 10 cm. de la línea del agua. Llene el fondo de la olla con unos 2 litros de agua. Coloque los trozos de carne en la vaporera y tápela bien con envoltura plástica de modo que casi no escape el vapor. Deje la carne en la vaporera hasta que esté tierna, pero no demasiado suave: unas 4 horas. Ponga algunas monedas en el fondo de la vaporera: cuando dejen de tintinear sabrá que es tiempo de agregar más agua caliente.

Encienda el horno a 205 °C. Ponga la carne en una charola para hornear y déjela cocer durante 30 minutos. Dele una sola vuelta a la carne, o hasta que esté brillosa y tenga una ligera costra.

Mientras tanto, cocine los jitomates enteros en el caldo que quedó en el fondo de la vaporera. Transfiéralos a la licuadora y licúe hasta que estén lisos. Agréguelo al caldo y vuelva a calentar.

Sirva la birria con los acompañamientos (véase la nota anterior). Cualquier carne que sobre puede usarse, deshebrada, para tacos o para adornar unas tostadas. El caldo puede servir para hacer sopa.

Salsa para birria
Mascota, Jalisco
Rinde 1/2 taza o 125 ml.

Esta salsa se sirve como condimento de la birria. Es muy picante, delgada y de un color rojo encendido. Es mejor dejar que se sazone durante unas cuantas horas antes de servirla.

20 chiles de árbol

1/2 taza (125 ml.) de vinagre de piña

(en Estados Unidos, utilice la mitad del vinagre de arroz

y mitad del vinagre de vino)

1/2 cucharadita rasa de orégano seco desmenuzado

2 dientes de ajo toscamente picados

4 pimientas negras machacadas

sal al gusto

En una sartén cubra los chiles con agua y deje que hiervan a fuego lento durante 10 minutos. Apague el fuego y déjelos reposar otros 10 minutos. Escúrralos y elimine el agua. Quítele los tallos a los chiles y desmorónelos.

Agregue los chiles a la licuadora, junto con el vinagre, y licúe hasta que la salsa tenga la consistencia más lisa posible. Poco a poco agregue el orégano, el ajo y la pimienta, y licúe otra vez.

Cuele la salsa presionándola para extraer la mayor cantidad de sustancia de los chiles. Agregue sal al gusto y deje que la salsa repose unas cuantas horas.

Chilaquiles

Señora Carolina de López, Mascota, Jalisco

Rinde 4 porciones

P\ara la salsa:

340 gr. de jitomates

4 chiles de árbol ligeramente tostados en una sartén o comal sin grasa

1 cucharada de aceite vegetal

sal al gusto

P\ara los chilaquiles:

aproximadamente 1/4 de taza (63 ml.) de aceite vegetal

6 tortillas de 13 cm., cortadas en cubos de 2.5 cm.,

que se dejan reposar desde la noche anterior

4 huevos
sal al gusto

1/3 de taza (83 ml.) de cebolla blanca finamente picada
1 taza (250 ml.) de queso fresco o adobera de Jalisco (en Estados Unidos,
queso muenster), desmenuzado
1 cucharadita rasa de orégano seco desmenuzado

Para la salsa: en una sartén cubra los jitomates con agua y deje que hiervan a fuego lento. Continúe hirviendo a flama baja hasta que estén suaves, pero no se deshagan: unos 10 minutos. Cuélelos y licúelos. Desmorone los chiles tostados y añádalos a los jitomates. Licúe hasta obtener una consistencia lisa. En una sartén caliente la cucharada de aceite, agregue la salsa con un poco de sal, y fría a fuego medio hasta que se reduzca y esté sazonada: unos 3 minutos. Déjela reposar.

Para los chilaquiles: caliente un poco de aceite en la sartén y agregue unos cuantos pedazos de tortilla. Fríalos hasta que estén dorados y parcialmente crujientes (no llene la sartén con pedazos de tortilla). Con una cuchara perforada páselos a un colador para eliminar el exceso de grasa y luego colóquelos sobre papel absorbente. Repita lo mismo con el resto de las tortillas. Puede agregar más aceite, si es necesario.

Bata los huevos con un poco de sal. Elimine todo el aceite excepto dos cucharadas de la sartén en la que frió las tortillas. Vuelva a poner los pedazos de tortilla en la sartén, vierta los huevos encima y revuelva hasta que estén tiernos.

Para servir: añada la salsa de tomate y mezcle bien. Menee durante unos 3 minutos. Vierta los chilaquiles a un platón tibio, rocíelos con cebolla picada, queso y orégano. Sirva de inmediato.

Hongos guisados con hierbabuena

Señora Carolina de López

Rinde aproximadamente 2 tazas o 500 ml.

Aunque para esta receta se emplean hongos silvestres, pueden sustituirse por hongos cultivados. En Mascota les ponen mantequilla, pero yo prefiero usar mitad mantequilla y mitad aceite vegetal.

En México, cuando se cocinan hongos silvestres, siempre se añade un diente de ajo. Si el ajo se decolora de forma notable, uno de los hongos es venenoso: elimínelos.

2 cucharadas de aceite vegetal

2 cucharadas de mantequilla sin sal

1/4 de taza (63 ml.) de cebolla blanca finamente picada

3 chiles serranos, o al gusto, finamente picados

1 diente de ajo, si es que utiliza hongos silvestres (véase la nota anterior)

sal al gusto

115 gr. (2/3 de taza) de jitomates finamente picados

450 gr. de hongos silvestres, limpios

y en rebanadas delgadas

2 cucharadas de hojas de hierbabuena toscamente picadas

En una sartén gruesa caliente la mantequilla y el aceite. Agregue la cebolla, los chiles, el ajo y sal. Cocine a fuego bajo durante 1 minuto, sin dorar. Añada los jitomates y siga cocinando a fuego medio hasta que el jugo se haya absorbido: unos 3 minutos. Agregue los hongos y cocínelos, añadiendo más sal si es necesario, hasta que estén bien cocidos y sazonados. Después de 5 minutos añada la hierbabuena y cocine durante otros 5 minutos. Cubra la sartén y retírela del fuego. Deje reposar 10 minutos antes de servir.

Tortitas de regalo

Señora Carolina de López

Rinde 40 galletas pequeñas

En Mascota estas pequeñas y azucaradas galletitas son muy preciadas. Aquí se emplea libremente la manteca de cerdo, indispensable para obtener el sabor y la textura correctos. Estas galletas se cortan con un cortador circular, aflautado, y luego vuelven a cortarse por la mitad. Una vez horneadas, se cubren con un glaseado "de siete minutos".
Estas galletas se conservan muy bien en un frasco hermético.

PARA LA MASA:

1/2 taza (125 ml.) de agua

1/4 de cucharadita de anís

225 gr. (2 tazas rasas) de harina

1 cucharadita de polvo para hornear

140 gr. de azúcar o 1/2 taza más dos cucharadas

1/4 de cucharadita de sal

100 gr. de manteca de cerdo: aproximadamente 1/3 de taza más 2 cucharadas

1 yema de huevo ligeramente batida, con 1/2 clara

PARA EL GLACEADO:

1/2 taza (125 ml.) de azúcar

1 clara de huevo

1/8 de cucharadita de cremor tártaro

2 cucharadas de agua fría

1/4 de cucharadita de extracto de vainilla

o 1/2 cucharada de jugo de limón

Ponga el agua en una olla pequeña, agregue las semillas de anís y deje hervir a fuego lento durante 5 minutos. Retírela del fuego y deje que se enfríe. Mezcle la harina con los polvos de hornear, 140 gr. de azúcar y sal. Con las yemas de los dedos incorpore la manteca de cerdo con movimientos ligeros y luego revuelva el huevo batido con una cuchara de metal. Humedezca la masa con aproximadamente 1/4 de taza (63 ml.) de agua con anís, previamente colada, y mezcle hasta que tenga una masa maleable, pero no demasiado suave. Agregue un poco más de agua, si es necesario.

Caliente el horno a 177 °C. (Si hace calor y la masa no se puede manejar, refrigérela durante más o menos una hora.) Con un rodillo extienda la masa hasta formar una capa de unos 7 mm. de espesor. Corte en la forma deseada para obtener galletas de unos 6.5 cm. de diámetro. Con cuidado, transfiera las galletas a las láminas para hornear, sin grasa, y hornee hasta que adquieran un color dorado: unos 15 minutos. Déjelas enfriar un poco antes de transferirlas a una rejilla para que terminen de enfriarse y se vuelvan crujientes.

Para preparar el glaseado, coloque todos los elementos a baño María y revuelva bien. Cuando el azúcar se haya fundido, bata la mezcla a fuego medio durante unos siete minutos. Cubra las galletas con el glaceado y decórelas a su gusto.

Rollos de mango verde

Mascota

Rinde 4 rollos de pasta de mango de 25 cm.

De todos los dulces de fruta que he hecho y probado en México, éste encabeza la lista de mis favoritos. Es una de esas sorpresas que descubrí gracias a mi amiga Violeta, que desde hace años conoce los dulces de Mascota.

Dedico esta receta a todos mis seguidores en Estados Unidos. Sé bien que saldrán en busca de los mangos más verdes y duros que puedan encontrar en las fruterías latinoamericanas, a fin de elaborar esta deliciosa pasta de fruta. Lo que se quiere es lograr unas cuatro láminas de pasta de fruta de poco menos de 7 mm. de espesor: si las hacen más gruesas se romperán al tratar de enrollarlas. Si esto llega a ocurrir, corten la pasta en cubos y espolvoréenlos con azúcar: nadie notará la diferencia.

2.7 kg. de mangos verdes
800 gr. (un poco más de 3 1/2 tazas) de azúcar granulada
1/4 de taza (63 ml.) de jugo de limón
azúcar glas para espolvorear

99

Tenga listas cuatro láminas para galletas de por lo menos 20 por 25 cm.

Pele los mangos, cuidando de remover toda la piel dura, y colóquelos en una vaporera. Tape con firmeza y cocine hasta que la pulpa esté perfectamente suave: unos 25 minutos (algunos mangos pueden reventar como una papa). Apague el fuego y déjelos reposar.

Cuando se hayan enfriado lo suficiente para manejarlos, raspe toda la pulpa del hueso y viértala en un procesador de alimentos hasta obtener una pulpa lisa —aunque siempre quedarán unos cuantos fragmentos más duros—, agregando un poco de agua si es necesario.

Ahora mida o pese la pulpa: debe tener aproximadamente 1.35 kg. —¡sí!, créanlo o no—. En un cazo para conservas ponga la pulpa junto con el azúcar y el jugo de limón. Revuelva a fuego bajo hasta que el azúcar se haya disuelto. Aumente el fuego hasta que la mezcla empiece a burbujear. Siga cocinando durante 20 minutos exactos. Asegúrese de menear y raspar el fondo de la sartén para que la mezcla no se pegue ni se queme, lo cual puede ocurrir con facilidad.

Espolvoree la superficie de las láminas para galletas con agua. Inclínelas para eliminar cualquier exceso de agua. Extienda la mezcla en una lámina de unos 5 mm. de espesor. Deje que se enfríe y seque durante unos días. El tiempo de secado variará, según el clima de cada región. (En Arizona lleva unos 3 días que la mezcla se vuelva una lámina algo dura. En climas más húmedos, el proceso puede llevar de 7 a 9 días.)

Espolvoree el azúcar glas en ambos lados de la pasta y enrolle suavemente de manera que obtenga cuatro rollos, cada uno de 25 cm. de largo.

Al servir la pasta, rebánela a intervalos de 7 mm., o en rebanadas más finas si quiere decorar el postre con filamentos de la pasta, que ahora tendrá un tono amarillo-verdoso.

Turco
Rinde de 12 a 16 porciones

El *Diccionario de cocina* define la palabra *turco* simplemente como "un timbal de elote". De hecho, es un tipo de pastel de costra gruesa que puede hacerse con masa de elote, garbanzos o arroz, ya sea dulce o salado, y a menudo con un relleno. Esta receta que obtuve en Mascota, Jalisco, se hace con masa de harina semidulce, con una delgada capa de relleno salado enmedio. Se sirve como parte de una entrada y, con más frecuencia, con los postres.

Mi amiga María Dolores, cuya madre es de Sonora, tiene un molde en forma de turbante que su familia usa para hacer el turco. Pero para servirlo con más facilidad en ocasiones festivas se presenta de manera prosaica en un refractario o en un traste grande de cristal. El turco es imprescindible en bodas y bautizos, en particular.

Me temo que yo lo encuentro algo aburrido y a veces lo sirvo con salsa de tomate y rajas de jalapeño, para escándalo de mis amigos más tradicionales de Jalisco.

PARA EL RELLENO:

340 gr. de maciza de cerdo molida con un poco de grasa

sal al gusto

180 gr. de tomates verdes, unos 7 medianos, pelados, lavados

y finamente picados

1/3 de taza (83 ml.) de cebolla blanca finamente picada

1 raja de canela de 13 mm.

4 pimientas negras

1/2 cucharadita de orégano seco desmenuzado

115 gr. de papas cocidas, peladas y toscamente machacadas

para hacer aproximadamente 1 taza rasa (240 ml.) de puré

2 cucharadas de pasas

PARA LA MASA:

1/2 taza (125 ml.) de agua

180 gr. (aproximadamente 1 taza) de piloncillo molido o de azúcar morena

4 huevos

4 yemas de huevo

400 gr. (1 3/4 de taza) de manteca

900 gr. (aproximadamente 7 tazas) de harina

2 cucharaditas de polvo para hornear

1/4 de cucharadita de carbonato de sodio

aproximadamente 1/2 cucharadita de sal

1/2 taza (125 gr.) de azúcar granulada

Tenga listo un refractario. Lo ideal es uno de 33 por 23 cm., y al menos 6.5 a 8 cm. de profundidad.

Ponga la carne de cerdo en una olla gruesa, espolvoréela con sal y póngala a fuego bajo hasta que la humedad de la carne se haya absorbido y suelte la grasa. Añada el resto de los ingredientes del relleno y siga cocinando a fuego medio hasta que esté bien sazonada: unos 15 minutos. Ajuste la sal y deje que el relleno se enfríe antes de usarlo.

En una olla pequeña ponga el agua a calentar, añada el piloncillo y revuelva hasta que se haya disuelto. Deje que se enfríe, y luego escúrrala.

Caliente el horno a 177 °C.

Bata ligeramente los huevos y las yemas y agréguelas, junto con la manteca, al jarabe de piloncillo.

Cierna juntos la harina, el polvo para hornear, el bicarbonato y la sal. Incorpórelos a la mezcla que hizo con los huevos. Con las yemas de los dedos amase y divida en dos partes. Con un rodillo, extienda cada una suavemente en forma del refractario. Coloque una hoja de masa en el fondo del molde y cubra con una capa uniforme de relleno. Luego cúbralo con la otra mitad de la masa y espolvoree la tapa con el azúcar granulada. Hornee hasta que esté esponjoso al tacto y tenga un color dorado: de 45 minutos a 1 hora. Sabe mejor cuando se sirve recién salido del horno.

Gordas de harina
Señora Carolina de López
Rinde 40 galletas de 13 cm.

Aunque inexplicablemente se les llama gordas, en realidad se trata de discos tan delgados como una hostia que se sirven con el café. Después de hacerlas innumerables veces, la señora Carolina dice que es mejor usar las tres mantecas en esta receta, ya que cada una contribuye al sabor y a la consistencia.

Lo mejor es cocinar las gordas muy lentamente: sobre una plancha de hierro, en vez de en un comal. Estas gordas se conservan bien si se les guarda en un frasco hermético que esté en un lugar fresco.

75 gr. (1/3 de taza) de manteca vegetal

75 gr. (1/3 de taza más 2 cucharaditas) de manteca de cerdo

75 gr. de natas (1/3 raso de taza)

o 5 cucharadas de mantequilla sin sal

1/2 taza (125 ml.) de azúcar

4 cucharaditas de sal

2 huevos grandes

450 gr. de harina

Bata bien las tres grasas y, poco a poco, agregue el azúcar, la sal, los huevos y una cucharada de la harina. Incorpore gradualmente la harina restante y mezcle hasta obtener una consistencia lisa y maleable. Divida la masa en unas 40 esferitas de 3 cm. de diámetro y cúbralas holgadamente con envoltura plástica mientras trabaja con unas cuantas a la vez.

Forre una prensa para tortillas con una hoja de plástico en cada plancha y proceda como si fuera a hacer tortillas. Aplane una esfera de masa hasta formar una tortilla de 13 cm. de diámetro. Despréndala de la hoja de plástico superior, coloque la masa (que aún está adosada a la segunda hoja de plástico) en la palma de su mano y, con cuidado, coloque la masa sobre la plancha caliente. A lo largo de todo el proceso la flama debe ser baja para que no se queme la manteca que tiene la masa. Cocine hasta que la parte de abajo esté moteada y de un color dorado claro: unos 5 minutos. (El segundo lado nunca resulta tan atractivo como el primero, así que cuando sirva las gordas colóquelas con el primer lado hacia arriba.) Enfríelas sobre una rejilla para que adquieran una consistencia algo crujiente.

Arepas
Rinde para 16 galletas de 8 cm.

En Mascota las arepas son galletas crujientes y semidulces en forma de estrella, que se sirven con café, ya sea en el desayuno o en la cena. Tradicionalmente se ponen a cocer en un horno de leña, lo que desde luego les brinda una textura y un sabor muy especial. Pero saben muy bien aún si se les cocina en un horno doméstico de gas.

1/2 taza (125 ml.) de agua

la ralladura de una naranja

1 taza (83 ml.) de piloncillo o de azúcar morena compacta

1/3 de taza (250 ml.) de manteca vegetal

1/2 taza rasa (115 gr.) de manteca de cerdo

3/4 de cucharadita de polvo para hornear

1/2 cucharadita de bicarbonato de sodio

1/4 de cucharadita de sal

2 cucharadas de jugo de limón

2 huevos ligeramente batidos

675 gr. (aproximadamente 5 1/2 tazas) de harina

PARA EL GLACEADO:

1 yema de huevo

1 cucharada de leche

1/3 de taza de azúcar granulada

En una cacerola ponga el agua con la ralladura de naranja y el azúcar. Cocine a fuego medio y revuelva hasta que el dulce se haya derretido por completo. Deje que la mezcla siga hirviendo hasta que se espese y forme un hilo delgado cuando se le tome con una cuchara. Incorpore las mantecas y deje que la mezcla enfríe un poco. No se preocupe si el azúcar se endurece, volverá a disolverse cuando la bata con los demás ingredientes.

Cuando ya se haya enfriado, añada el polvo para hornear, el bicarbonato, la sal, el jugo de limón, los huevos y una cucharada de harina. Bata bien y luego incorpore —no bata— la harina, y amásela con las manos hasta formar una masa firme y adherente.

Si es necesario, agregue un poquito de agua para obtener esta textura.

Tenga listas dos láminas para galletas sin engrasar. Caliente el horno a 177 °C.

Extienda la masa sobre una superficie enharinada hasta que alcance unos 7 mm. de espesor. Corte las galletas con un cortador en forma de estrella o de flor. Colóquelas sobre la lámina en filas de unos 8 cm. de largo, dejando unos 2.5 cm. entre cada una porque no se expanden mucho. Bata la yema y la leche juntas y, con una brocha, pinte la parte superior de cada arepa. Espolvoree con azúcar granulada y hornee hasta que estén crujientes y un poco doradas: de 25 a 35 minutos. Las arepas se conservan muy bien en un frasco hermético.

Salsa de lima agria

Rinde aproximadamente 2 tazas o 500 ml.

La lima agria (un cítrico tan ácido como su nombre) le brinda su inigualable sabor a la tradicional sopa de lima yucateca y también acompaña al mole rojo de Chilapa, Guerrero. Me sorprendió mucho toparme con ella en esta parte de Jalisco donde se emplea de una manera algo distinta: la pulpa y el jugo se combinan con otros ingredientes para hacer un aderezo con un toque ácido y refrescante. Aquí se le sirve con pacholas (véase *El arte de la cocina mexicana*), delgados "bisteces" de carne molida, y muchos otros platillos regionales.

Estoy segura de que sólo es cuestión de tiempo antes de que alguien en Estados Unidos empiece a importar o a cultivar limas, pero mientras eso sucede, si no encuentra limas puede sustituirlas por toronjas blancas no muy dulces. Yo ya lo probé y resultó muy bien.

3 limas enteras, peladas y la pulpa separada de la piel,
o 1 taza (250 ml.) de segmentos limpios de toronja
1/4 de taza (63 ml.) de jugo de lima o jugo de limón
1/4 de taza (63 ml.) de vinagre de piña
1 cucharada de sal, o al gusto
2 cucharadas de azúcar
1/3 de taza (83 ml.) de cebolla blanca finamente picada
1/2 cucharadita de orégano seco desmenuzado
2 chiles jalapeños en escabeche finamente picados
2 cucharadas del vinagre de los chiles enlatados
1 1/4 de taza (313 ml.) de pepinos finamente picados, con todo y semillas

Mezcle todos los ingredientes y deje que la mezcla repose aproximadamente 10 minutos antes de servir.

Enchiladas de Mascota

Señora Carolina de López

Rinde 12 enchiladas

Por lo general estas enchiladas se sirven con la salsa de lima agria (véase pág. 105) y constituyen un contraste perfecto para la suave salsa. Si no tiene la salsa preparada, puede sustituirla por jalapeños en escabeche.

PARA LA SALSA:

1 chile ancho grande desvenado y limpio

10 ciruelas pasas sin semilla

de 1 a 1 1/4 tazas (250 a 313 ml.) de agua

115 gr. de jitomates hervidos hasta que estén suaves: unos 10 minutos

45 gr. de chocolate mexicano

1 raja de canela de 1 cm.

1 rebanada de cebolla blanca toscamente picada

2 cucharadas de vinagre de piña (en Estados Unidos: mitad vinagre

de arroz y mitad vinagre de vino)

sal al gusto

1 cucharada de ajonjolí ligeramente tostado

PARA LAS TORTILLAS:

aproximadamente 1/2 taza (125 ml.) de aceite vegetal para freír

12 tortillas de 13 cm.

PARA EL RELLENO:

3/4 de taza (188 ml.) de cebolla blanca finamente picada

1 1/2 tazas (375 ml.) de queso fresco desmoronado,

o sustituto

1/2 cucharadita de orégano seco desmenuzado

En una cacerola ponga a hervir a fuego lento el chile y las ciruelas pasas durante 5 minutos. Apague el fuego y déjelos remojando otros 10 minutos. Escúrralos. En la licuadora ponga 1 taza (250 ml.) del agua de la cocción junto con el chile desbaratado, las ciruelas, y el resto de los ingredientes. Licúe hasta obtener una consistencia lisa. Si es necesario, agregue un poco de agua para liberar las aspas de la licuadora. La salsa debe tener una textura media y cubrir bien una tortilla. Agregue más agua para diluir si es necesario. Tenga listo un platón tibio.

Caliente un poco de aceite en la sartén, sumerja una tortilla en la salsa cruda, y fría por ambos lados durante unos cuantos segundos. Sostenga la enchilada encima de la sartén para que escurra cualquier excedente de aceite (no puede quitarles el exceso de grasa con toallas de papel porque la salsa se les quedará adherida.) Rellene con 1 cucharada de cebolla, 2 cucharadas de queso, y espolvoréelas con orégano y sal, si es necesario. Enrolle la enchilada con mucho cuidado y colóquela sobre el platón. Repita con el resto de las tortillas.

Si sobra algo de salsa, dilúyala con un poco de agua, póngala a hervir en la sartén y vacíe sobre las enchiladas. Espolvoréelas con el queso y la cebolla restantes y sirva de inmediato.

Un método alternativo: caliente las enchiladas en el horno a 190 °C durante 10 minutos, no más tiempo, y sirva.

San Sebastián

San Sebastián está al pie de la Bufa, en una hondonada, con su caserío blanco de techos rojos, coronado de cerros vestidos de pinos, el murmullo de sus arroyos en tiempo de lluvias rompe su quietud, los trinos de las mirlas, cenzontles, clarines y jilgueros saludan a sus auroras y despiden sus atardeceres; en mayo y junio sus naranjos y cafetos en flor despiden sus aromas.

El autor de estas palabras es un cura que escribió esto en un librito en el que recopiló apuntes históricos de los archivos del pueblo. Su amor por la naturaleza era evidente incluso en el patio de la casa que ocupó hasta hace poco: estaba lleno de flores. Debe haber sido un duro golpe para él y para sus parroquianos el que, después de 15 años, lo transfirieran a otra iglesia en un lugar lejano.

En efecto, el pueblo parece olvidado, a no ser por unos cuantos devotos que llegan los fines de semana desde Puerto Vallarta a disfrutar del aire fresco de las montañas y a hospedarse entre las blancas paredes y los techos de teja que, por ley, no pueden alterarse. La mayoría de los hombres y mujeres fuertes y sanos salen a trabajar a otra parte, y quienes vienen de las rancherías circundantes compran sus provisiones y se apuran a regresar a sus casas.

Quedamos fascinados por la tienda más grande y activa del lugar: ofrece una miscelánea de productos que van desde reatas, velas anchas, galletas y azúcar en sacos abultados, hasta cajas y listones que cubren las paredes en total desorden. Hay un refrigerador abarrotado de refrescos y unos cuantos quesos apiñados entre las botellas, como ocurrencia tardía. Junto a una canasta de chiles secos en desintegración, y casi ocultos, están los grandes cubos de la más deliciosa cajeta de tejocote, traída de las pequeñas comunidades circundantes que aún subsisten, a pesar del cierre de las minas, de lo que pueden sembrar, de los árboles frutales, unas cuantas vacas y unos parches donde siembran maíz y frijol. Junto a la puerta había cajas de naranjas, jitomates y cebollas ligeramente enmohecidas.

Sorprendentemente, hay dos tiendas de vestidos, con modelos muy actuales, una de ellas propiedad de la pareja que causó el accidente. La otra alberga el único teléfono donde los holgazanes se sientan con la esperanza de escuchar un jugoso fragmento de chisme.

Las magníficas tortillas salvaron la comida de pollo en pipián que degustamos aquel día en un pequeño restaurante, o más bien cocina, que nos habían recomendado. Fuimos a una casa que se encontraba en una subida empinada cerca del centro. Nos sentaron en el balcón en una improvisada mesa de tablas de madera, contra la pared y de espaldas a la magnífica vista que se extendía al oeste. La industriosa propietaria era muy entusiasta pero hasta los frijoles estaban insípidos. Concluimos que no tenía sazón, a pesar de los invitantes aromas que provenían de las ollas de su estufa de adobe.

Cuando regresamos, la señora Soledad —la dueña de la posada donde habíamos dejado nuestro equipaje— estaba sentada en la terraza que da a la plaza principal. Le contamos nuestra fallida experiencia culinaria. Nos llevó a la cocina, deliciosamente atestada con grandes ollas de leche que hervía lentamente o se agriaba para hacer jocoque o queso panela, el favorito de la región. Nos dejó probar la deliciosa y espesa crema agria sobre una tortilla y compartió conmigo dos de sus recetas: arroz con chile y panela, y un rollo de carne de cerdo, que se dan a continuación. Doña Soledad pasa mucho tiempo en su cocina (cuando no está en misa), y le envía una provisión constante de sus especialidades a su hija, quien trabaja en Guadalajara. La historia de su vida, la de su familia y vecinos, podría constituir un material fascinante para una telenovela no suburbana, por los cambios que ha presenciado a través de tiempos buenos y, muchos más, malos.

Al día siguiente, antes de partir, fuimos en busca de la mujer que es famosa por sus cajetas y rollos de pasta de frutas. Parte de la entrada de su casa estaba llena de pilas de tejocotes recién cortados del árbol. Otros se cocían con azúcar en gigantescas ollas, y los primeros lotes, que tenían forma de ladrillo o de molde de calabaza, se secaban al sol. Sola en el mundo, se gana la vida a duras penas confeccionando estas confituras casi todo el año, según las frutas que hay en cada estación. Compramos tanto como pudimos cargar y estábamos a punto de partir cuando llegó nuestro chofer desde Puerto Vallarta.

El oficial de tránsito vino a desearnos buen viaje, la señora Soledad se despidió y hasta las víctimas del accidente lograron emitir un adiós. Estábamos listos para irnos pero, conforme descendimos hacia la costa, supimos que volveríamos, sólo para asegurarnos de que no había sido un sueño: de que el fantasmagórico San Sebastián —fantasma de lo que alguna vez fue— sí existe.

Como el cura Gabriel Pulido escribió en su librito: "La Guadalajara virreinal tenía sus ojos puestos en ti, hoy no te conoce ni sabe dónde estás".

Arroz blanco con rajas y panela
Señora Soledad García Ríos

Rinde 4 porciones

1 taza (250 ml.) de arroz blanco
1/4 de taza (63 ml.) de aceite vegetal
sal al gusto
1/4 de cebolla blanca toscamente rebanada
1 1/2 tazas (375 ml.) de agua
1/2 taza (125 ml.) de leche
2 chiles poblanos asados, pelados, sin venas y limpios,
cortados en rajas
115 gr. de queso panela (en Estados Unidos, queso muenster) finamente rebanado

Cubra el arroz con agua caliente, enjuague con agua fría y sacuda el exceso de líquido. En una olla gruesa caliente el aceite, revuelva el arroz para que el aceite lo cubra bien, espolvoree con sal y fría durante unos 5 minutos. Incorpore la cebolla. Fría hasta que el arroz suene tostado. Antes de que dore, escurra todo el exceso de aceite (puede utilizarlo para hacer otro arroz, por ejemplo). Agregue el agua y la leche, y añada las rajas de chile.

Cocine destapado a fuego medio hasta que el agua se haya absorbido y empiecen a aparecer agujeros en la superficie del arroz. Tápelo, baje la flama y cocine otros 5 minutos más, o hasta que el arroz esté suave. Retire del fuego y déjelo reposar durante 15 minutos para que absorba toda la humedad del vapor y se expanda. Cubra la superficie con el queso y recaliente (es mejor hacerlo en el horno) hasta que el queso se haya derretido.

Lomo relleno
Señora Soledad García Ríos

Rinde 6 porciones

La señora Soledad cocina la primera etapa de esta receta en una olla de presión para retener la humedad de la carne, ya que el lomo tiende a ser compacto y un poco seco. Sin embargo, usted puede usar una olla gruesa con una tapadera que cierre bien. Pídale al carnicero —de preferencia mexicano, que entenderá de qué se trata esto— que haga una cecina a partir del lomo adosado al hueso. Medio kilo debe equivaler como a unos 20 cm. de lomo. A mí me parece más sencillo hacer dos rollos de 20 cm., así que divida la carne en dos.

450 gr. de lomo abierto de cerdo sin hueso,
y cortado en dos piezas de 20 cm. de ancho
sal al gusto
pimienta negra recién molida, al gusto
2 cucharadas de vinagre de piña
1 taza (250 ml.) de agua

P<small>ARA EL RELLENO</small>:

225 gr. de chorizo sin piel y desmenuzado

225 gr. de papas cocidas, peladas y toscamente machacadas,

para hacer 1 taza rasa (240 ml.) de puré

1/2 cebolla blanca mediana finamente picada

sal al gusto

1 huevo ligeramente batido

P<small>ARA LA SALSA</small>:

3 chiles anchos desvenados y limpios

2 tazas (500 ml.) de agua

1/2 taza (125 ml.) de vinagre de piña

1 diente de ajo toscamente picado

2 pimientas negras

1 clavo machacado

1/8 de cucharadita de comino

1/4 de cucharadita de orégano seco desmenuzado

2 cucharadas de ajonjolí tostado en una sartén seca

1 rebanada pequeña de pan francés

2 cucharadas de manteca o aceite vegetal

Sazone la carne por ambos lado, rocíela con el vinagre, enrolle cada pieza y déjela reposar durante una hora. Mientras tanto, prepare el relleno: ponga el chorizo en una sartén y cocine a fuego bajo hasta que haya soltado toda la grasa. Conserve dos cucharadas de grasa y elimine el resto. Incorpore las papas y la cebolla. Cocine a fuego bajo durante 2 minutos. Agregue sal si es necesario. Retire del fuego y deje enfriar. Luego mezcle con el huevo batido. Debe tener aproximadamente 2 1/2 tazas (625 ml.) de la mezcla.

Divida el relleno en dos y extiéndalo sobre cada carne. Enrolle cada una y átela con firmeza, pero no demasiado, o el relleno se saldrá.

Si no está utilizando una olla de presión, coloque la carne en una olla pesada, tápela con firmeza y cocine a fuego lento, meneando la olla de vez en cuando, durante unos 45 minutos. Para entonces la carne debe estar tierna.

Mientras tanto, haga la salsa: en una olla pequeña ponga los chiles, 1 taza (250 ml.) de agua y el vinagre. Deje que hierva a fuego lento durante 5 minutos. Retire del fuego y

111

deje reposar por otros 5 minutos. Ponga 1/2 taza del agua en la licuadora, con el ajo, las especias, el orégano y el ajonjolí. Licúe hasta obtener una mezcla tan lisa como sea posible. Añada la 1/2 taza (125 ml.) del agua restante, unos cuantos chiles, el pan, y licué hasta que esté relativamente lisa. Agregue los chiles que quedan y, de nuevo, licúe hasta obtener una consistencia tan lisa como sea posible. La salsa debe quedar espesa: no la diluya, a menos que sea absolutamente necesario para liberar las aspas de la licuadora.

Saque la carne del caldo y guárdelo para la salsa. Caliente la manteca en una sartén gruesa. Fría los rollos de carne hasta que estén dorados por todos los lados. Agregue la salsa y redúzcala a fuego casi alto, raspando el fondo de la sartén para que no se pegue. Luego añada el caldo que guardó y siga cocinando a fuego casi alto, añadiendo sal conforme sea necesario, hasta que la carne haya absorbido los sabores de la salsa: unos 15 minutos. Corte el hilo de la carne, rebánela y sírvala con bastante salsa.

Rumbo al norte

del

bajío a las planicies porteñas

Guanajuato, San Miguel de Allende y Comonfort

Por fin el otoño pasado pude aceptar una invitación largamente pospuesta para ir al rancho de unos amigos en Chihuahua. Partí a fines de septiembre. Me detuve en Guanajuato y Aguascalientes —en el bajío: el centro mismo de México—, y después en Coahuila, hasta llegar a mi destino.

Había recorrido la última parte del trayecto hacía poco, pero siempre hay algo nuevo que descubrir: una cocinera de la región, una nueva receta, algún producto que no había visto en el mercado.

Tuve que manejar cuatro horas hasta mi primera escala, Comonfort, luego de atravesar el corazón agrícola de Michoacán y el estado de Guanajuato. Pasé por infinidad de pueblos: Maravatío, con su elegante teatrito —reliquia del pasado— y su zócalo de hermosas proporciones; Acámbaro, que se fundó en 1526 en los alrededores de un monasterio y floreció con el advenimiento del ferrocarril; y Salvatierra, punto de descanso para los pesados camiones que tapizan la carretera que va de Celaya a Morelia. No hace mucho, cuando iba con frecuencia a San Miguel de Allende, me encantaba la tranquilidad del viaje y me fascinaban las escenas de la vida cotidiana de estos pequeños centros agrícolas donde los campesinos se reúnen a vender sus productos. Pero ahora, con pocas excepciones, el caos del tráfico ataca a las ciudades más grandes de México.

Suspiro, aliviada, cada vez que emprendo un nuevo viaje al campo y me pregunto cuándo volverán la cordura y el orden para revertir por fin los efectos del ruido y de la contaminación, omnipresentes aquí y en el resto del mundo.

San Miguel y Comonfort están justo al norte de la ciudad de Celaya, y es indispensable atravesarla. El lento tráfico permite admirar el orden y la frondosidad de su jardín central, bordeado de tupidos laureles de la India (una especie de árbol de laurel), que les dan sombra a los boleritos que limpian zapatos y quienes ven pasar las horas, sentados en las bancas rococó de metal.

Francisco Eduardo Tresguerras, arquitecto reconocido por la estilización de sus iglesias y, sobre todo, por sus altares, nació en Celaya, en 1759. Si la premura del tiempo lo permite, me gusta visitar las iglesias de San Francisco y de Nuestra Señora del Carmen.

Celaya es un importante centro agrícola, famoso por su cajeta: un espeso dulce que se elabora a base de leche de cabra.

En mi primer alto me detuve a comer en el rancho de unos amigos que viven cerca, al oeste de Comonfort. Sus tierras colindan con un gran valle donde se practica la agricultura extensiva y casi la totalidad de sus productos se exportan a Estados Unidos. La irrigación transformó por completo los matorrales del desierto que aún se vislumbran en las colinas detrás del rancho. Durante mi estancia, la tierra negra estaba salpicada del verdor de los brotes de ajo y de cebolla, y de las brillantes hileras de cilantro que perfumaban el aire.

Para celebrar la ocasión mis amigos invitaron a un grupo de señoras que se reúnen cada semana a discutir varios temas, entre ellos, desde luego, la comida y sus recetas. Cada una llevó una botana. Había tantas que constituían toda una comida en sí mismas, pero se me informó con anticipación que había pozolillo (un pozole hecho con elote fresco) como platillo principal. Hubo papas locas —unas papas diminutas—, que se guisan con todo y cáscara, cebolla y aceite de oliva, y se aderezan con jugo de limón y chile de árbol. Nuestra anfitriona nos ofreció chiles poblanos rojos (adquieren ese color cuando maduran), asados, pelados y guisados con mucha cebolla. Estaba muy orgullosa de haberlos cultivado ella misma para hacer esa receta que había inventado. También me ofrecieron unos champiñones muy bien aderezados, chicharrón y un guacamole maravillosamente refrescante, hecho con frutas del lugar. Aunque los árboles de membrillo que rodeaban la casa estaban en plena temporada, los trabajado-

117

res no habían dejado uno solo porque les encanta comerlo crudo con picantísimo chile de árbol. ¡La sola imagen hace que se nos haga agua la boca!

Guacamole Chamacuero
Señora Leticia Sánchez, Comonfort, Guanajuato
Rinde aproximadamente 3 tazas

El pequeño pueblo de Comonfort está entre Celaya y San Miguel de Allende. Antes se llamaba Chamacuero, pero luego se rebautizó con el nombre del presidente Ignacio Comonfort, quien murió ahí.

Este guacamole no es común. La señora Sánchez me dio esta antigua receta de su familia. Se hace a fines del verano y en otoño, cuando hay duraznos, uvas y granadas en los huertos. También pueden cambiarse los ingredientes de este guacamole según las frutas que haya disponibles en cada estación, aunque no resultará tan auténtico como este.

2 cucharadas copeteadas de cebolla blanca finamente picada
2 ó 3 chiles serranos finamente picados
sal al gusto
2 tazas (500 ml.) de pulpa de aguacate toscamente machacada
3/4 de taza (188 ml.) de duraznos maduros pero firmes, pelados y finamente picados
1/2 taza (125 ml.) de mitades de uva sin semilla
1 1/2 cucharadas de jugo de limón
1/3 de taza (83 ml.) de semillas de granada

En un molcajete, muela la cebolla, los chiles y la sal para hacer una pasta. Incorpore la pulpa de aguacate, los duraznos, las uvas, el jugo de limón y la mitad de las semillas de granada. Mezcle bien. Rocíe el resto de las semillas de granada sobre el guacamole y sírvalo a temperatura ambiente.

Botana de papas locas
Rinde aproximadamente 450 gr.

Aunque ese día sirvieron unas papas pequeñas de piel roja, las papas locas son diminutas y tienen un color claro; crecen silvestres en las colinas del norte: en Zacatecas, San Luis Potosí y parte de Guanajuato.

450 gr. de papas muy pequeñas
sal al gusto
1/4 de taza (63 ml.) de vinagre suave
1/4 de taza (63 ml.) de aceite de oliva
2 cebollas medianas finamente rebanadas
2 cucharaditas de chile de árbol, o chile pulla, en polvo
3 cucharadas de jugo de limón

Ponga las papas en una olla gruesa, cúbralas con agua y agregue la sal y el vinagre. Deje que rompa el hervor y cuézalas alrededor de 20 minutos a fuego medio hasta que estén apenas tiernas. Escúrralas.

En una sartén, caliente el aceite de oliva y fría las papas unos 5 minutos hasta que estén ligeramente doradas. Sin dejar de freírlas, añada la cebolla y el polvo de chile. Revuelva 5 minutos más cuidando de no quemar la cebolla. Añada el jugo de limón. Sirva las papas tibias, con palillos.

San Miguel de Allende

La primera vez que fui en los años cincuenta, San Miguel de Allende era idílico. Muchas de sus calles y casas mostraban un agradable estado de abandono. Podía escucharse el andar de los burros que, cargados de leña, descendían por las callecitas empedradas. Recuerdo que los cúmulos de flores de jacaranda rivalizaban con un impoluto cielo azul, y la brillante luz del oeste atravesaba las planicies y las montañas que se veían a lo lejos.

En esa época era más fácil admirar las elegantes fachadas de San Miguel e imaginarse aquel sitio durante su esplendor en el siglo xviii, cuando se construyeron muchas de sus iglesias, palacios y magníficas mansiones.

Se dice que el fraile Juan —un franciscano— fundó San Miguel en 1542, aunque hay quienes aseguran que fue en 1548. 13 años después, el virrey volvió a bautizar el sitio como San Miguel el Grande. El pueblo se expandió alrededor de un manantial (hoy no es sino un arroyuelo que sólo existe en época de lluvias). Gracias a eso se establecieron ahí una serie de molinos y una incipiente industria textil. Con el tiempo, se volvió un centro importante; un punto de intercambio comercial que servía a las numerosas y enormes haciendas ganaderas. En San Miguel también se elaboraban productos de piel y de hierro; éste para hacer armas y embellecer la arquitectura del lugar con hermosos balcones.

En el siglo xviii fue un centro de cultura y de conocimiento que atrajo a mineros acaudalados y a influyentes familias de comerciantes que se convirtieron en mecenas de las artes y de la arquitectura. Luego San Miguel sería cuna de muchos hombres distinguidos y valientes: ni más ni menos quienes planearon y dieron inicio a la lucha por la Independencia. Desafortunadamente, el pueblo sufrió los estragos de la guerra. Lo mismo ocurrió con la bonanza de la zona, pues muchas fábricas quedaron destruidas y el conflicto trajo consigo crueles represalias para el lugar. Durante la Revolución y la guerra Cristera muchas familias salieron huyendo, perdieron sus tierras, sus hogares y su forma de subsistencia.

San Miguel empezó a renacer hacia 1950. Entonces muchos artistas extranjeros, sobre todo norteamericanos y canadienses, llegaron a vivir allí, atraídos por la belleza, la tranquilidad y el clima del lugar, y colaboraron con las familias sanmiguelenses para revivirlo. Poco a poco, restauraron las casas —a menudo para que los extranjeros vivieran en ellas— y, a consecuencia, se abrió un nuevo mercado para los talentosos artesanos del lugar. Después de esa primera visita he vuelto en muchas ocasiones. Sin embargo, por algún motivo que no puedo explicarme, no fue sino hasta hace poco —cuando una amiga me invitó a una reunión con un grupo de lugareñas— que me interesé por la gastronomía del lugar. Entonces sostuvimos una animada plática sobre la historia culinaria de sus familias que aún no ha terminado del todo pues se reinicia cada vez que voy a visitarlas. Me sorprendió su fidelidad a las recetas tradicionales, muchas de ellas con fuertes raíces españolas, heredadas de sus tatarabuelas. Me mostraron algunos libros de recetarios manuscritos de principios del siglo xvii, e incluso anteriores, que hoy todavía están en pleno uso. Con gran generosidad, me hicieron una copia de algunas recetas.

En casa de la familia Redondo preparan una galantina de pavo con los mejores ingredientes, salidos de la despensa postrevolucionaria del abuelo. Una semana antes de matar al pavo lo alimentan con maíz, trigo y leche. Después, a fin de que la piel del cuello esté intacta para el relleno, lo sofocan con enormes cantidades de alcohol. La señora Marilú Redondo de Lambarri —experta cocinera— todavía guisa la misma receta en ocasiones especiales. Para Día de Muertos tradicionalmente prepara su fiambre, muy sanmiguelense, hecho con tres carnes: pollo, lengua y manitas de cerdo con fruta, y bañadas en un ligero aderezo de aceite y vinagre.

Doña Celia Hoyos de Téllez me mostró su recetario, impreso en 1845. Lo heredó de su tía, quien la enseñó a hacer ponche de almendras frías, una bebida imprescindible en santos y cumpleaños. Se elabora con ocho yemas de huevo y una gran cantidad de almendras. Cuando el obispo llegaba a casa de doña Celia a comer, siempre servían sopa de gota para empezar, seguida de toda una serie de platillos. La señora Téllez obtuvo de su abuela una receta —de 1790— para hacer helado fingido, que se elabora a base de coco rallado, cáscara de limón y almíbar. Celia había apuntado dos recetas para hacer tumbagones: tubitos de masa, delgada como una oblea, que se fríen y se espolvorean con azúcar. Me dijeron que son típicos y exclusivos de San Miguel, pero esto se volvió tema de un encendido debate cuando una cocinera de Dolores Hidalgo me aseguró que los tumbagones eran invento de su pueblo, que está a unos 30 kilómetros de distancia. Había recetas para hacer pollos cardenales —un pollo con una salsa de remolacha—, o enmostazados (una sorprendente salsa de hojas de mostaza), así como una curiosa y complicada versión de albóndigas reales. Para hacerlas, se mezcla la carne molida con chile ancho, azafrán y vinagre de vino. Luego, las albóndigas se rellenan con pasas, almendras, jamón o huevo, y perejil. Otra distinguida dama, a quien le encanta cocinar, me mecanografió la receta que le dio su abuela para hacer unos delicadísimos buñuelos de abue Emma, que requieren 18 yemas y rinde unos 300 buñuelitos. ¡Hice sólo 50 y usé una sexta parte de las yemas!

La mayoría de las recetas reflejan las raíces españolas de las familias que, desde hace siglos, viven en San Miguel. Muchas todavía conservan esas tradiciones culinarias, en especial cuando se trata de celebrar reuniones familiares o fiestas religiosas.

Ensalada de tomate verde
Señora María Redondo de Williams

Botana que rinde de 6 a 8 porciones

Ésta es una ensalada que tiene un sabor y una textura asombrosos. María Williams ignora el origen de la receta, pero ella la enriqueció por iniciativa propia. Me parece que esta ensalada funciona mejor como botana, servida con tortillas de maíz, para acompañar las bebidas, tal y como se la ofrecieron a una amiga en un rancho que está en los alrededores de San Miguel.

450 gr. de tomates verdes
2 chiles serranos, o al gusto, finamente picados
2 cucharadas de cebolla blanca finamente picada
3/4 de taza (188 ml.) de cilantro toscamente picado
de 2 a 3 cucharadas de aceite de oliva
sal al gusto

PARA ADORNAR:
1/2 taza (125 ml.) de queso fresco desmoronado,
o queso añejo o romano, finamente rallado
60 gr. de chicharrón en trocitos
1 aguacate grande, rebanado

Pele los tomates, enjuáguelos bien y séquelos antes de picarlos toscamente. Mézclelos con el resto de los ingredientes. Justo antes de servir, adorne la ensalada con queso, aguacate y chicharrón.

Tacos sudados de fideo
Señora Marilú Redondo de Lambarri

Rinde 12 tacos

Del mismo modo que a una amiga le sorprendió descubrir en Australia un sandwich de espagueti, a mí me sorprendió mucho descubrir esta receta.

Se trata de unos deliciosos tacos, pero si cree que son picantes, se equivoca. A mí me gusta servirlos con guacamole verde (véase *El arte de la cocina mexicana*), o con salsa verde del Estado de México.

La carne:

240 gr. de maciza de cerdo, en cubos de 13 mm.
1 cebolla mediana rebanada
1 diente de ajo pelado
sal al gusto

La salsa:

8 chiles cascabel o 4 chiles guajillo
2 dientes de ajo toscamente picados
1/8 de cucharadita de comino
2 cucharadas de manteca o de aceite vegetal

La pasta:

3 cucharadas de aceite vegetal
60 gr. de fideo delgado
115 gr. (aproximadamente 2/3 de taza) de jitomates toscamente picados
1 cebolla blanca chica
1 diente de ajo toscamente picado
12 tortillas de 13 cm.

Tenga listos palillos y una vaporera no muy honda, la cual puede improvisar en una olla con alrededor de 4 cm. de agua en el fondo.

La carne: ponga la carne de cerdo en una olla y cúbrala con agua. Agregue la cebolla, el ajo y la sal, y cuézala a fuego medio hasta que esté tierna. Escúrrala y deje que se enfríe. Guarde el caldo. Deshebre la carne, quítele cualquier resto de grasa o cartílago.

La salsa: cubra los chiles con agua caliente y déjelos remojar unos 20 minutos. Licúe 1/2 taza (125 ml.) del caldo que guardó, el ajo y el comino hasta que estén lisos. Poco a poco añada los chiles ya escurridos y un poco más de caldo, y licúe hasta obtener una mezcla de textura lisa. (*Nota*: si usa chile guajillo tendrá que colar la salsa para deshacerse de las partículas de cáscara dura.)

Caliente el aceite en una sartén y fría la carne durante un minuto. Agregue la salsa y sal al gusto. Cocínela a fuego alto unos 5 minutos, raspando el fondo de la olla para que no se pegue, hasta que la salsa se reduzca e impregne la carne.

La pasta: caliente aceite en una sartén y fría la pasta dándole vueltas de vez en cuando para que se fría de manera uniforme y adquiera un profundo color dorado. Escúrrala para eliminar el exceso de grasa. Licúe los jitomates con la cebolla y el ajo. Añada esta salsa a la sartén, revolviendo bien para que no se pegue. Cuando la salsa se haya reducido y cubra la pasta, agregue 1/2 taza (125 ml.) del caldo que guardó y verifique la sal. Tape la sartén y cocine a fuego bajo hasta que la pasta apenas esté suave. Incorpore la mezcla de carne y no deje que se enfríe.

Mientras tanto, caliente el agua de la vaporera. Rellene cada tortilla con una cucharada muy copeteada de la mezcla. Dóblela por la mitad y asegúrela con un palillo. Coloque todas las tortillas, en capas, sobre la rejilla de la vaporera. Tápela y caliente los tacos unos 5 minutos. (Si las tortillas son muy gruesas tendrá que dejarlas más tiempo.) Saque los tacos con mucho cuidado usando una pala ancha y sírvalos de inmediato.

Chiles rellenos de papa y sardina
Señora María Redondo de Williams

Rinde 6 porciones

Ésta es una forma deliciosa y muy poco común de preparar chiles poblanos. Puede servirlos como ensalada o como un primer plato que se transforma en vegetariano si no usa las sardinas.

6 chiles poblanos asados, pelados, sin venas ni semillas, pero enteros

LA MARINADA:

3 cucharadas de aceite vegetal

1 cebolla blanca pequeña rebanada

4 dientes de ajo rebanados

2 zanahorias pequeñas, peladas y finamente rebanadas

3 ramitas de tomillo fresco o 1/4 de cucharadita de tomillo seco

3 ramitas de mejorana fresca o 1/4 de cucharadita de mejorana seca

1 hoja de laurel despedazado

5 pimientas negras

1 1/2 tazas (375 ml.) de vinagre suave (en Estados Unidos, mitad

vinagre de arroz y mitad vinagre de vino)

sal al gusto

EL RELLENO:

340 gr. de papas cocidas, peladas y toscamente machacadas

1 lata pequeña de sardinas en aceite de oliva, machacadas

para completar aproximadamente 1/2 taza (125 ml.)

cebolla blanca finamente picada

PARA SERVIR:

aproximadamente 1/4 de taza (63 ml.) de aceite de oliva (opcional)

La marinada: caliente el aceite y acitrone ligeramente la cebolla, el ajo y las zanahorias, sin dorar. Agregue el resto de los ingredientes y deje que hiervan suavemente. Cocínelos 3 minutos más y deje que la mezcla se enfríe un poco. Vierta la marinada sobre los chiles y déjelos reposar a temperatura ambiente alrededor de 2 horas.

El relleno: Mientras tanto, mezcle las papas machacadas con las sardinas y la cebolla. Rectifique la sal. Escurra los chiles y rellene cada uno con 1/3 de taza (83 ml.) de la mezcla, hasta que se vean gordos y apetitosos.

Adorne el platón de servir con hojas de lechuga. Coloque los chiles encima y viértales la marinada con un poco de aceite de oliva.

Chiles pasilla rellenos de papa
Señora María Redondo de Williams
Rinde 12 porciones

La señora Williams me contó que esta receta es de su familia y debe tener unos 200 años de antigüedad.

12 chiles pasilla
450 gr. de papas cocidas, peladas y toscamente machacadas
180 gr. de queso fresco desmoronado
sal al gusto
1/3 de taza (83 ml.) de aceite vegetal

LA SALSA:
900 gr. de tomates verdes sin cáscara, enjuagados
2 cucharadas de cebolla toscamente picada
2 dientes de ajo toscamente picados
1 cucharada copeteada de azúcar morena
1/2 taza (125 ml.) de caldo de pollo o agua

Con cuidado abra los chiles por un lado, retire las semillas y las venas dejando las "tapaderas" con los tallos intactos. Cubra los chiles con agua caliente y déjelos reposar unos 10 minutos hasta que estén apenas suaves. (El tiempo de remojo depende de lo secos que estén.) Escúrralos.

Mezcle las papas y el queso y añada sal si les falta. Ponga suficiente relleno en cada chile para que queden bien gordos, pero cuidando que el relleno esté bien tapado.

En una sartén, caliente el aceite y fría los chiles dándoles vuelta para que queden bien dorados.

Caliente el horno a 177 °C (350 °F).

Ponga los tomates verdes en una olla con agua y cocínelos a fuego moderado hasta que estén suaves: unos 15 minutos. Escúrralos y licúelos con la cebolla y el ajo hasta obtener una salsa de textura lisa.

Vuelva a calentar el aceite de los chiles y fría el azúcar unos segundos. Añada la salsa que licuó y cocine a fuego alto unos 5 minutos hasta que la salsa se reduzca un poco. Ajuste la sal. Añada el caldo para que la mezcla tenga una consistencia media. Viértala sobre los chiles, tape la olla y caliente los chiles aproximadamente 15 minutos hasta que la salsa empiece a burbujear y el relleno de papa esté bien caliente. Sirva los chiles con bastante salsa y tortillas de maíz.

Pollo en menudencias
Señora Celia Hoyos de Téllez
Rinde de 4 a 6 porciones

La señora Celia Hoyos de Téllez obtuvo esta receta de su comadre Angelina, quien calcula que el platillo tiene por lo menos cien años.

Esta es una salsa fuerte y suntuosa. Yo prefiero acompañarla con papas hervidas, adornadas con tiras de pimiento rojo para darle un toque de color. Este platillo puede prepararse con anticipación.

4 mollejas de pollo

4 corazones de pollo

1/4 de cebolla blanca mediana toscamente picada

1 diente de ajo toscamente picado

sal al gusto

4 hígados de pollo

3 cucharadas de aceite de oliva o de grasa de pollo

1 pollo grande, de unos 1.8 kg., cortado en piezas

5 dientes pequeños de ajo toscamente picados

1/4 de taza (63 ml.) de jugo de limón

aproximadamente 1/4 de cucharadita de comino

1/3 de taza (83 ml.) de vino tinto

pimienta recién molida, al gusto

de 1 1/2 a 2 tazas (375 a 500 ml.) de agua

Cueza las mollejas y los corazones a fuego medio, apenas cubriéndolos con agua. Añada la cebolla, el diente de ajo y la sal. Cuézalos a fuego medio alrededor de 20 minutos, o hasta que las menudencias estén casi tiernas. Agregue los hígados y cuézalos 10 minutos más. Licúe las menudencias y su caldo hasta obtener una consistencia lisa. Deje la salsa a un lado. Caliente el aceite en una sartén, rocíe algunas piezas de pollo con sal y fríalas en una sola capa —no deben tocarse entre sí— hasta que estén bien doradas. Sáquelas y fría las piezas restantes.

Devuelva todas las piezas de pollo a la sartén. Licúe los 5 dientes de ajo, el jugo de limón y el comino hasta que estén lisos. Vierta esto en la sartén y cocine a fuego alto durante un minuto. Agregue las menudencias licuadas, el vino, la sal, la pimienta y el agua. Tape la sartén y cocine a fuego lento alrededor de 25 minutos, o hasta que el pollo esté tierno, meneando las piezas para que se cuezan de manera uniforme. Revuelva y raspe el fondo de la olla para que no se pegue. La salsa debe tener una consistencia media y cubrir ligeramente el revés de una cuchara de madera. Sirva como se sugiere al principio de la receta.

Aguascalientes

El viaje al norte

espués de San Miguel, y una vez que se han dejado atrás los cinturones agrícolas que circundan Dolores Hidalgo, continúa el viaje al norte. Sólo hay algunas rancherías esporádicas: pequeños asentamientos, casi siempre cerca de un manantial que alimenta un estanque o un arroyo pequeño. La tierra, pobre y cubierta de maleza, está salpicada de unos cuantos árboles de mezquite y la intersectan nítidas y escarpadas formaciones rocosas. Aquella mañana el cielo era de un azul intenso, a no ser por unas cuantas nubes ondulantes cuya sombra hacía más viva la gama horizontal de colores: verdes y amarillos de todas los tonos posibles.

El paisaje y el borde de la carretera estaban salpicados con fulgurantes parches dorados, como si un diáfano manto cubriera la tierra anticipando la Semana Santa, cuando abunda la flor de *cempazuchil* (una flor de profundo color amarillo que en México se usa para honrar a los muertos). Luego de pasar frente a una cabaña, en una curva del camino había un banco de miracielos que iban del blanco al morado, pasando por todos los colores intermedios. Los coches y los camiones rebasaban con prisa exagerada. Sus conductores tenían una expresión tensa y se mostraban indiferentes ante la belleza de la carretera que se había vuelto parte habitual de su rutina.

Aguascalientes

Aguascalientes es uno de los estados más pequeños de México y constituye el centro geográfico del país. Orgulloso, proclama: "Agua clara, claro cielo, buena tierra, buena gente". Su nombre, que designa tanto al estado como a su capital, se debe a la gran cantidad de aguas termales que proporcionan una fuente constante de calor para muchas de las casas que están en la parte antigua de la ciudad, y para los elegantes baños públicos que datan del siglo xix.

Aunque la ciudad se fundó en 1575, nueve años atrás un pequeño grupo de españoles ya se había establecido en el lugar. Aguascalientes se convirtió en punto estratégico para los trenes de mulas que cargaban plata y otros metales preciosos, a lo largo de lo que se conoce como el Camino de Plata de las minas del norte —sobre todo las de Zacatecas y Durango— hacia la ciudad de México. Luego, cuando se establecieron las haciendas para controlar y cultivar grandes extensiones de tierra, se volvió un importante centro agrícola y comercial.

Muchos vestigios de su pasado se han perdido en la masa urbana, pero todavía quedan algunas elegantes mansiones coloniales, la mayoría convertidas ahora en museos y centros culturales. Pero la joya arquitectónica de la ciudad es el palacio de gobierno que está en el zócalo. Tiene una imponente fachada casi severa de roca volcánica morada. En su interior, una bellísima serie de arcos sostiene las dos plantas del edificio y le confiere una sensación de espacio y luz.

Además del centro histórico y del hotel Francia* —ahora también ya casi histórico (su bar y su restaurante son un popular centro de reunión para los toreros y sus seguidores que llegan de todos los rincones del país)—, apenas pude reconocer a la ciudad que vi por vez primera hace 25 años. Aguascalientes se ha extendido más allá de sus antiguos límites, alberga nuevas industrias no contaminantes y, para mi sorpresa, un importante centro lechero, a pesar de que casi toda la tierra es semiárida. Quizá a Aguascalientes se le conoce más como principal productor de guayabas, que se cultivan en el amplio valle de Calvillo, donde el clima es ideal para producirlas todo el año.

Para la mayoría de los mexicanos Aguascalientes es sinónimo de la Feria Anual de San Marcos, que durante dos semanas se lleva a cabo a fines de abril en los jardines del mismo nombre. También son famosos sus deshilados.

---

* El Hotel Francia, después de 80 años de servicio, dejó de funcionar y en 1998 reabrió como Calinda Francia; su restaurante desapareció.

Hace poco en una reunión escuché que alguien comentó: "Uno va a Aguascalientes a comer bien". Volví a oír el mismo comentario durante un animado fandango —una boda tradicional— en el estado de Oaxaca, ni más ni menos. Alguien a quien acababa de conocer me platicó sobre sus viajes al Bajío. Coincidimos en que la Cenaduría San Antonio de Aguascalientes es el epítome de todas las cenadurías (lugares donde se sirve la cena). Tiene una apariencia poco atractiva y no hay ningún tipo de adorno, pero es el sitio más animado de la ciudad y siempre está lleno de familias de todas clases sociales. La gente platica animadamente hasta que le sirven generosos platos de tostadas cubiertas con cerros de pollo deshebrado, adornadas con jitomate, lechuga picada, y la mejor crema y queso de la región; taquitos rellenos de papa, enchiladas, manitas y cueritos de cerdo en escabeche; guacamole y verduras en vinagre. También hay atoles de todos los sabores imaginables y unos tamales muy especiales de carne y salsa, o de queso, rajas y salsa verde, que son mis favoritos. En ningún otro lugar de México hallará tal variedad de tamales dulces, creación del lugar. Los hay de rompope, cacahuate, acitrón y cajeta. Pero el plato más popular, al menos entre los visitantes que vienen de otros sitios, es el Platillo hidrocálido: la mejor forma de conocer Aguascalientes. Consiste de una generosa porción de casi todos los platillos del menú, además de una selección de tamales a escoger: suficiente para dos porciones muy generosas o tres más modestas.

Casi todos los platillos son innovaciones del rotundo Jesús Romo —uno de los hermanos que son propietarios del negocio— sobre temas clásicos. Al platicar con él, como yo lo hice ampliamente, puede advertirse su total dedicación a la buena comida y a los detalles, algo que sale a relucir cuando explica la meticulosa preparación de la masa para tamales. Jesús es un anfitrión generoso. Sus clientes lo saben y por eso vuelven a su establecimiento una y otra vez.

Si, como a mí, les gusta el menudo a fin de reunir las fuerzas para enfrentar una mañana agitada, es imperativo ir a Menudo Toña. Hace cuarenta años lo fundó la abuela del dueño en un local más pequeño. Está abierto todas las mañanas, excepto el Viernes Santo, de siete de la mañana a dos de la tarde. Desde luego, en época de feria abre mucho más temprano, pues resulta impensable finiquitar la juerga de la noche anterior sin una visita al restaurante de Toña para saborear un delicioso menudo. Siempre pido un plato chico para dejarle espacio a las simples y suculentas cuajadillas. Como su nombre lo sugiere, es una parte de la tripa que se llama cuajo, de donde se extrae la encima para cuajar la leche en el campo. Sazonado con chile guajillo (que aquí inexplicablemente se llama chile cascabel), el cuajo se guisa con los demás ingredientes: pata

131

de res y todas las partes del estómago del animal, no sólo el tedioso panal que siempre puede encontrarse en Estados Unidos. El cuajo se pica toscamente, se pone en una tortilla chica y se humedece con un poco de la grasa del caldo. La tortilla se dobla a la mitad y se recalienta en un comal. Para terminar este bocado sólo se necesita un poco de cebolla y cilantro picados. ¡Se me hace agua la boca! En realidad este menudo no tiene ningún secreto, excepto que se cocina en grandes cantidades, durante mucho tiempo, y sus ingredientes son de la mejor calidad.

Cuando voy a Aguascalientes siempre me doy tiempo para visitar el mercado Terán, el más grande de la ciudad, en el centro. Limpio y ordenado, su gente es amable y servicial, a pesar de que los someto a interrogatorios sin fin. En el piso de arriba venden crema, queso y requesón de excelente calidad. En la planta baja los puestos de comida ofrecen platillos frescos y deliciosos, y enormes platos de chile bola (así se llama al chile cascabel cuando está seco): unos chiles redondos y de color amarillo, en salmuera y vinagre. Los puestos de pescado siempre venden la carne sin espinas, y finamente picada, para hacer una interesante variedad de ceviche, ideal para quienes no gustan de comer grandes trozos de pescado crudo, a pesar de que se supone que se cuece en limón. El ceviche se adereza con jitomate, cebolla, chile y cilantro.

Afuera, en la esquina, una mujer vende los tamales y condoches, o gorditas de horno, que hacen su madre y su abuela, todavía en horno de adobe. Los hornos tradicionales para condoches tienen forma de cono alargado y, en algunas áreas, se les conoce con el nombre de coceres. Los condoches son pastelitos de elote y manteca, o aceite de coco, ligeramente aplanados (véase pág. 137). Los hay dulces o con jocoque (véase pág. 90), que le confiere un agradable sabor ácido a la masa. Los condoches de sal (véase la receta en la pág. 137) se rellenan de frijoles y chile, y luego se cuecen, o se abren a la mitad, y, ya cocidos, se rellenan.

Aguascalientes es una de esas ciudades en donde se come 24 horas del día. La Taquería Max abre toda la noche. Constantemente salen de la cocina charolas de guisados recién hechos para satisfacer la demanda de los clientes, algunos de los cuales piden sus rebosantes tacos para llevar; otros llegan a pasar el rato y otros más, a comer y a platicar con el jovial Max.

Todo el día y toda la tarde las cocineras de Gorditas Victoria hacen grandes gordas sobre pedido, al instante, que cuecen sobre grandes comales a la entrada del establecimiento. Usan gran variedad de ingredientes a manera de relleno: papas con rajas, chorizo o nopales, y carnes deshebradas en gran variedad de salsas.

Sea o no fanático del helado, es imperativo que vaya a echar un vistazo —aunque no creo que resista— a la increíble variedad de nieves y helados que ofrece Nevería El As, donde se elaboran con frutas frescas, solas o combinadas. Son tantas las posibilidades que se verá en serios aprietos para decidir qué sabor quiere probar.

En cambio, la Taquería de Pasquelito fue toda una decepción. Claro: debí ser más realista, pero aún tenía grabada en la memoria la increíble experiencia gastronómica que tuve allí hace 25 años y que describo en *The Cuisines of Mexico*. Resulta inolvidable la vista de aquel lechón, perfectamente rostizado, que apareció ante nosotros a las cinco de la tarde en punto; el aroma y el sabor de aquellos tacos rellenos con la suculenta carne grasosa. Esta vez la carne estaba demasiado picada y había perdido su brillo en una charola donde se mantenía caliente a baño María. Los dos jóvenes empleados estaban literalmente pegados al televisor, indiferentes a la clientela. Eso en sí fue suficiente para que me fuera de inmediato, todavía con hambre.

En aquella primera visita a Aguascalientes, doña Ana de Andrea —ella y su marido son los propietarios del hotel Francia en Aguascalientes y, en la ciudad de México, de un restaurante y un servicio de banquetes— me brindó dos recetas con gran generosidad (ambas aparecen en *The Cuisines of Mexico*), y que son el motivo de que el innovador menú de su establecimiento gozara de tanto éxito: guayabas rellenas de coco y pollo con uvas. Esta vez, me invitaron a un elegante almuerzo y luego ella me dio su receta para hacer chiles anchos rellenos de picadillo (aparece a continuación), en una crema con el inconfundible sello Andrea que tanto renombre le ha dado, tanto en la ciudad de México como en Aguascalientes.

No puede hablarse de Aguascalientes sin mencionar a doña Josefina Velázquez de León, gran maestra y autora de libros de cocina de los años cuarenta y cincuenta. Me parece que fue la primera mujer que viajó por todo México enseñando y recolectando recetas en cada sitio para sus inapreciables libros sobre comida regional mexicana. Aunque no nació en Aguascalientes, pasó gran parte de su juventud en compañía de familiares que vivían ahí. Ella afirma que aprendió a cocinar en casa de sus tías, y Aguascalientes siempre ocupó un sitio muy especial en su corazón.

Chiles rellenos Los Andrea

Rinde 6 porciones

PARA LOS CHILES:

6 chiles anchos grandes

3 cucharadas de vinagre

3 cucharadas de piloncillo molido o de azúcar morena

EL RELLENO:

2 cucharadas de aceite vegetal

1 cebolla blanca chica finamente picada

2 dientes de ajo finamente picados

340 gr. de carne de cerdo molida, con un poco de grasa

340 gr. de carne de res molida

sal al gusto

225 gr. (aproximadamente 1 1/3 tazas) de jitomate finamente picado

4 pimientas negras

2 clavos

1 rajita de canela de 13 mm.

2 ramitas de tomillo fresco finamente picado, o 1/8 de cucharadita de tomillo seco

2 ramitas de mejorana fresca finamente picada, o 1/8 de cucharadita de mejorana seca

1/3 de taza rasa de pasas

2 cucharadas copeteadas de almendras en rajitas

o de piñones

1 cucharada de vinagre

PARA SERVIR:

1 1/2 tazas (375 ml.) de crema diluida con un poco de leche

6 ramitas de perejil

semillas de granada o uvas partidas por la mitad

Los chiles: abra los chiles verticalmente, cuidando que no se rompan. Quíteles las semillas y las venas, pero conserve las "tapaderas" con los tallos. Ponga los chiles en una olla y cúbralos apenas con agua. Añada el vinagre y el azúcar. Deje que rompa el hervor y hiérvalos suavemente durante 5 minutos. Luego deje los chiles remojando hasta que se vuelvan carnosos y la piel se suavice: unos 15 minutos. Déjelos escurrir en el colador mientras prepara el relleno.

El relleno: caliente el aceite en una sartén y acitrone la cebolla y el ajo durante unos 30 segundos. Incorpore las carnes y añada sal. Fría la carne unos 3 minutos, moviéndola constantemente y presionándola hasta que no queden grumos y se cueza de manera uniforme. Agregue los jitomates. Tape la sartén y cocine todo a fuego medio unos 5 minutos. Menéela de vez en cuando para que la carne no se pegue.

Muela las especias toscamente y añádalas a la carne junto con las hierbas. Cocine por 3 minutos, sin tapar, revolviendo la carne de vez en cuando. Agregue las pasas, las almendras y el vinagre. Siga cocinando a fuego medio, raspando el fondo de la sartén para que no se pegue, hasta que la carne esté bien cocida y sazonada; húmeda y brillante, pero no demasiado jugosa. Luego deje que se enfríe un poco.

Para servir: rellene los chiles, hasta que queden muy gordos, con aproximadamente 1/2 taza de relleno para cada chile. Coloque cada uno en un plato extendido grande, viértale 1/3 de taza (83 ml.) de crema alrededor, y decore con el perejil y las semillas de granada o las uvas. Sirva a temperatura ambiente.

Enchiladas rojas de Aguascalientes

Doña Petra

Rinde 12 enchiladas chicas

Ésta es una de las muchas recetas para hacer las famosas enchiladas de Aguascalientes. Son muy sencillas y sabrosas. Si quiere hacerlas vegetarianas, sustituya la manteca por aceite vegetal y no use pollo. Como las enchiladas y sus acompañamientos suelen freírse, tienden a ser muy grasosas. He modificado la receta a fin de reducir un poco la cantidad de grasa.

LA SALSA:

4 chiles anchos sin tallos, venas ni semillas

1 diente de ajo toscamente picado

2 tazas (500 ml.) de agua

1 cucharada de manteca o aceite vegetal

sal al gusto

LAS ENCHILADAS:

180 gr. de papas cocidas, peladas y rebanadas

aceite para freír

6 porciones de pollo cocido

12 tortillas chicas de maíz: son ideales las de 10 cm.

1/2 taza (125 ml.) de cebolla finamente picada y con un poco de sal

1/4 de taza (63 ml.) de crema o crema agria

1/4 de taza (63 ml.) de queso añejo o romano (Estados Unidos) finamente rallado

rajas de chile jalapeño en escabeche

Tenga listo un refractario, no muy hondo, en el que pueda acomodar las enchiladas en una sola capa.

Ponga los chiles en una olla, cúbralos con agua caliente y hiérvalos 5 minutos a fuego lento. Déjelos remojando 5 minutos más, hasta que estén suaves. Escurra los chiles, desmenúcelos con las manos y licúelos con el ajo y 1 taza (250 ml.) de agua hasta obtener una consistencia lisa.

En una sartén, caliente una cucharada de manteca o de aceite. Vierta la salsa y fríala a fuego medio, durante unos 5 minutos, revolviendo y raspando el fondo de la olla para que no se pegue. Incorpore el resto del agua y rectifique la sal. Cocínela otros 3 minutos y luego manténgala tibia.

Unte ambas caras de las rebanadas de papa con aceite. Dórelas bajo un asador hasta que queden ligeramente crujientes por fuera. Embarre el pollo con un poco de la salsa y unte con aceite; póngalo bajo el asador hasta que la piel esté un poco dorada. Mientras prepara las enchiladas mantenga el pollo en el horno para que no se enfríe.

En otra sartén vierta unos 7 mm. de aceite —no más— y fría las tortillas por ambos lados hasta que estén bien calientes (a veces se inflan), pero no doradas. Escúrralas sobre papel absorbente.

136

Ponga un poquito de cebolla picada en el centro de cada tortilla. Enróllelas suavemente y colóquelas, una junto a la otra, en el refractario. Viértales la crema y espolvoréelas libremente con el queso. Caliéntelas unos minutos, en el horno o bajo el asador. Sirva de inmediato con las piezas de pollo a un lado y las papas a manera de adorno final, con rajas de chile jalapeño en escabeche.

Condoches

Rinde aproximadamente 12 gorditas de 8 cm.

No es fácil encontrar condoches o gorditas de horno en la zona urbana de Aguascalientes, a no ser por las que venden afuera del mercado Terán. Cada mañana María del Refugio Martínez envía a su hija a vender las gorditas, recién salidas de su horno, que está en un pueblo a las afueras de la ciudad. Las hay de dulce y, curiosamente, para hacerlas se usa aceite de coco (*Acrocomia mexicana*, también conocida como *coyol* en el sur de México). ¡Nadie ha sabido explicarme cómo ocurrió esto! También hay unas de dulce, hechas de maíz nixtamalizado y molido hasta obtener una masa martajada. Las que más me gustan (pero hay que esperar hasta después de la una de la tarde) son ligeramente saladas y un poco agrias por el jocoque. Por lo general no llevan relleno, pero a veces tienen una mezcla de chile y frijol. También hay unas de dulce, hechas de maíz nixtamalizado y molido hasta obtener una masa martajada.

En vez de jocoque puede emplear un yogurt ácido. Yo prefiero hacer la masa la noche anterior para aumentar la acidez.

1 cucharadita de bicarbonato de sodio

1/2 cucharadita de sal

de 1/3 a 1/2 taza (83 a 125 ml.) de jocoque (véase pág. 90) o yogurt

565 gr. (aproximadamente 2 tazas) de masa para tortillas (véase pág. 535),

tan seca como sea posible

60 gr. (aproximadamente 1/3 de taza) de manteca, suavizada

Mezcle el bicarbonato, el jocoque y la sal. Poco a poco incorpore la masa y la manteca. Bata todo hasta que usted aguante (La señora Martínez dice que hay que batir unos 15 minutos; con una batidora eléctrica son unos 5). La masa debe quedar bastante suelta y algo pegajosa. Déjela reposar en un lugar tibio durante algunas horas o toda la noche (véase párrafo anterior).

Caliente el horno a 177 °C (350 °F). Divida la masa en 12 partes. Póngalas en una lámina para galletas sin engrasar, dejando 5 cm. entre una y otra. Hornéelas alrededor de 35 minutos hasta que estén firmes al tacto. Sólo para que usted esté segura, sacrifique una gordita, ábrala y verifique que la masa se haya cocido hasta el centro.

Frijoles para condoches

Rinde para 24 condoches

2 chiles guajillo desvenados y limpios

1 diente de ajo

2 pimientas negras

1/8 de cucharadita de comino

2 cucharadas de manteca o de aceite vegetal

1 taza (250 ml.) de frijoles bayos, canarios o pintos,

cocidos y machacados

sal al gusto

Tueste los chiles en un comal, cuidando de no quemarlos. Cúbralos con agua caliente y remójelos 10 minutos. En un molcajete machaque el ajo, la pimienta y el comino. Escurra los chiles, despedácelos y muélalos con la mezcla de ajo para tener una pasta texturada.

En una sartén pequeña, caliente la manteca y fría la mezcla de chile unos segundos. Poco a poco agregue los frijoles y macháquelos. Añada sal y cocínelos unos 3 minutos. Retírelos del fuego y déjelos enfriar.

Abra los condoches por la mitad y rellénelos con la pasta de frijol.

Huevos con nopales y cilantro

Señora Antonia Hernández de Gutiérrez

Rinde 3 porciones

Yolanda Gutiérrez, mi "guía gastronómica" en Aguascalientes, me hizo llegar esta receta de su mamá. Estos huevos con nopales y cilantro son uno de los platillos favoritos de su familia. Si no encuentra nopales puede usar ejotes, cocidos y cortados en trozos.

2 cucharadas de aceite vegetal
1 cebolla de rabo
2 dientes de ajo finamente picados
sal al gusto
1 taza muy copeteada (265 ml.) de nopales o ejotes,
cortados en pedacitos y cocidos
1/2 cucharadita de orégano seco desmenuzado
4 huevos ligeramente batidos con sal al gusto
1/2 taza (125 ml.) muy compactada de cilantro toscamente picado

Caliente el aceite en una sartén, acitrone la cebolla y el ajo con sal por 30 segundos. Añada los nopales y el orégano. Cocine todo junto un minuto.

Vierta los huevos sobre la mezcla. Tape la sartén y cocine a fuego lento, meneándolos de vez en cuando, hasta que los huevos estén muy tiernos.

Rocíe los huevos con el cilantro. Vuelva a tapar la sartén. Cocine los huevos un minuto más. Sirva de inmediato con tortillas de maíz.

Lomo de cerdo en salsa de guayaba
Cenaduría San Antonio, Aguascalientes

Rinde 4 porciones

Aunque originalmente esta receta requiere de lomo de cerdo deshuesado, partido en cuatro, prefiero usar chuletas, con un poquito de grasa. La salsa es deliciosa y poco común. También puede usarla con pollo.

675 gr. de chuletas de cerdo

sal y pimienta recién molida, al gusto

340 gr. de guayabas medianas maduras pero firmes

2 3/4 tazas (688 ml.) de agua

1/4 de cebolla blanca mediana toscamente picada

2 dientes de ajo toscamente picados

2 clavos

1 hoja de laurel

450 gr. de jitomates asados

1 cucharada de manteca de cerdo o de aceite vegetal

1 cucharada de azúcar

Sazone la carne con sal y pimienta. Déjela reposar una hora. Corte las guayabas en mitades, a lo largo. Quíteles las semillas y la pulpa viscosa que las rodea, y guárdelas. Pique toscamente 3 de las guayabas. Corte la guayaba restante en tiras delgadas y apártela.

Licúe brevemente 1/2 taza (125 ml.) de agua con la pulpa y las semillas de guayaba a velocidad baja. Retire el líquido de la licuadora y apártelo.

Licúe 1/4 (63 ml.) de agua con la cebolla, el ajo, los clavos y la hoja de laurel hasta obtener una consistencia lisa. Poco a poco añada los jitomates con las guayabas picadas. Licúe bien después de cada adición hasta que obtenga una consistencia lisa.

Caliente la manteca en una olla gruesa inoxidable (para conservar el buen color de la salsa) en donde vaya a hacer el guiso, fría unas cuantas chuletas, cuidando que no se toquen, hasta que estén doradas por los dos lados. Luego repita lo mismo con el resto de la carne. Cuando termine aparte las chuletas.

Elimine la grasa sobrante o añada suficiente a la olla para completar 2 cucharadas. Agregue los ingredientes licuados y fríalos 5 minutos, raspando el fondo de la olla para que no se pegue. Luego añada la carne, junto con las 2 tazas restantes de agua y el azúcar. Tape la olla. Cocine la carne a fuego medio durante unos 35 minutos, revolviendo de vez en cuando, hasta que la carne esté suave.

Cuele las semillas de guayaba y presiónelas con fuerza contra el colador para extraer la mayor cantidad de jugo posible. Vierta este líquido en la olla junto con las rebanadas de fruta. Rectifique la sal y cocine, sin tapar, de 5 a 10 minutos más. La salsa debe tener una consistencia media.

Tamales sabor de chocolate
Señor Jesús Romo, Cenaduría "San Antonio", Aguascalientes
Rinde aproximadamente 36 tamales

Sabemos que los tamales, dulces o salados, del señor Romo son muy originales, pero creo que los de chocolate son extraordinarios; aunque admito que metí mano en la receta, creo yo para que mejorara. En vez de incorporar la fruta a la masa, prefiero rellenar los tamales con pasas y nueces remojadas en un poquito de Kahlúa.

Tradicionalmente los tamales, dulces o salados, se acompañan con atole o chocolate caliente. Se sirven a la hora de la cena o, recalentados, para el desayuno. A mí me gusta servirlos a manera de postre, con un poco de crema inglesa o de rompope.

1 1/2 tazas (375 ml.) de pasas

2 cucharadas de Kahlúa

285 gr. de mantequilla sin sal o 200 gr. de mantequilla y

85 gr. de manteca: aproximadamente 1 1/4 tazas

1 1/2 cucharaditas de polvo para hornear

1/4 de cucharadita de sal

1 taza (250 ml.) de azúcar granulada

1 cucharadita de extracto de vainilla

1 cucharadita de canela molida

3 cucharadas copeteadas de chocolate en polvo, sin azúcar

900 gr. (aproximadamente 5 1/3 tazas) de masa para tamales,
que esté relativamente seca (véase pág. 535)
de 2 a 1 taza (125 a 250 ml.) de leche entera
1 taza copeteada (265 ml.) de nueces toscamente picadas
40 hojas secas de maíz remojadas para suavizarlas y escurridas

Tenga lista una vaporera para tamales, con agua y monedas al fondo. Mezcle las nueces y las pasas con el Kahlúa y déjelas remojando.

En un recipiente, bata la mantequilla con el polvo para hornear hasta que esté espesa y cremosa. Poco a poco añada la sal, el azúcar, la vainilla, la canela y el polvo de cacao. Cuando todo esté incorporado, comience a añadir la masa, alternadamente con la leche. No agregue toda la leche hasta que no haya comprobado la consistencia de la masa: debe ser ligera y esponjosa y caer pesadamente de una cuchara y una bolita de masa flote en un vaso de agua.

Mezcle las nueces y las pasas con la kahlúa. Unte dos cucharadas de la masa, que no debe estar ni muy gruesa ni muy delgada, en la parte interior de la hoja de maíz. Ponga unas cuantas nueces y pasas en el centro. Doble la masa como siempre de modo que cubra, o casi cubra, todo el relleno. Coloque los tamales en forma vertical en la vaporera, pero no los apriete. Déjelos alrededor de una hora y media o hasta que la masa se desprenda fácilmente de la hoja. Sirva como se sugiere arriba.

Zacatecas

❧

Rumbo al norte: de Aguascalientes a Zacatecas

La carretera principal que sale de Aguascalientes rumbo al norte no es nada espectacular. Atraviesa algunos pueblos, viñedos y sembradíos de frijol, maíz y chile. La tierra es plana y casi no hay árboles, pero siempre está enmarcada por la distante visión de las montañas. Dicen que el viaje a Zacatecas —a menos de dos horas de distancia— es más colorido cuando los chiles están madurando, pues le confieren un fulgor rojizo al campo. A mitad del camino la tierra empieza a elevarse poco a poco hasta llegar a Zacatecas, una ciudad colonial y minera, situada bajo el dramático y escarpado cerro de la Bufa.

Fui a Zacatecas por primera vez en 1970. Me agradó recorrer las calles accidentadas, que se interconectan con callejones de empinadas escalinatas de piedra, que conducen a apacibles plazas y jardines. Una sensación de misterio pende sobre algunas de las viejas casas. Cuando uno toca a la puerta nadie abre sin antes asomarse con toda cautela a través del postigo para verificar si se trata o no de un visitante bienvenido. La lectura de *Recuerdos de mi barranca* de Rubén Flores Villagrana me hizo evocar aquellos días. Se trata de un recuento de leyendas sobre los sucesos y misterios que ocurren en las calles de Zacatecas, en lugares que aún existen, como el callejón del Indio Triste, el Callejón del Mono Prieto, la calle del Deseo y el puente de los Ahogados.

Fue una ciudad muy devota, y lo sigue siendo, pero antes la gente parecía emerger de sus casas sólo al escuchar el tañido de las campanas de la catedral.

He vuelto a Zacatecas varias veces, no sólo para realizar mis investigaciones gastronómicas, sino también atraída por la belleza recién restaurada del lugar: los edificios de cantera rosa resplandecen en la claridad de las alturas. Cuando uno presencia la majestuosidad de las construcciones, testigos fieles de la riqueza que produjo la minería en los siglos XVII y XVII, no es difícil creer que, Zacatecas, la "civilizadora del norte", fue durante la Colonia un centro minero de primera importancia, junto con Querétaro y Guanajuato. Antes de la Conquista había algunos asentamientos indígenas pero los españoles llegaron en 1531 y, a partir de 1546, la importancia de la región creció por la fiebre del oro, la plata y otros metales.

Los arquitectos y los habitantes de Zacatecas han protegido su herencia y ayudan al gobierno federal en la restauración de la ciudad en general, y de sus joyas arquitectónicas en particular, muchas convertidas en museos. De hecho, fuera de la ciudad de México, Zacatecas es el lugar que más museos tiene en todo el país.

Antes el mercado de comida estaba en pleno centro. Ahora está relegado a una calle lateral. El elegante edificio donde se albergaba es ahora un pequeño centro comercial.

La primera vez que fui a Zacatecas la comida no me impresionó mucho. Recuerdo las deliciosas gorditas que sabían a maíz bien preparado y los quesos y chiles muy frescos, pero, en general, había una ausencia de variedad en los platillos que ofrecían los restaurantes y las cenadurías. En aquel tiempo era imposible romper las barreras de la convención social para conocer a las familias más opulentas en sus hogares y charlar sobre las recetas que emplean para celebrar sus tradiciones y los días festivos. Ahora las cosas cambiaron un poco. Gracias a la generosidad de la Secretaría de Turismo un guía me llevó al mercado de Jerez y también me presentó a algunos cocineros y cocineras.

El señor Montes y su esposa son los propietarios del restaurante El Paraíso, en donde se sirven deliciosos antojitos. Fueron muy amables al brindarme toda la información que les pedí y he incluido algunas de sus recetas. Pero también tuve oportunidad de conocer a la señora María Guadalupe, Lupita, López de Lara de Zorrilla. Interrumpió su ajetreada mañana —ella atiende personalmente su encantadora tienda de antigüedades, artesanías y curiosidades, a la vez vela por su familia de ocho miembros— para platicar conmigo. Me parecieron fascinantes sus recuentos sobre sus abuelos, cuyo rancho ganadero era uno de los más extensos del norte del país. Sus tías

144

son grandes cocineras que llevan una vida de reclusión, sólo alterada por esporádicas visitas familiares y, desde luego, del clero.

Como muchas otras recetas, las que me proporcionó la señora López de Lara de Zorrilla fueron heredadas de generación en generación. Se basan en el uso de sencillos ingredientes regionales, que se enriquecen con otros, importados de España.

El caldo de res lleva muchas verduras y es una constante en todo el país, excepto en zonas muy pobres. Difiere un poco según la zona, el tipo de vegetal que pueda conseguirse, las hierbas y aderezos que se usan o se cultivan en cada región. Las frescas guarniciones y las salsas también difieren según el lugar. La familia de Lupita le añade diminutas peras rosadas, que se llaman sanjuaneras porque aparecen a finales de junio. También se le pone garbanzos y arroz. Los tuétanos son indispensables. Además de la carne, el tuétano cocido se unta en gruesas tortillas que también se comen con la grasa que flota en el caldo. Las tortillas así servidas se llaman suegras. Sólo de pensarlo me da hambre, porque el tuétano es un alimento deliciosamente untuoso, como el *foie de canard*, con perdón de los franceses.

Lupita también me dio una receta muy poco usual para hacer capirotada: un budín de pan que se humedece, no con natilla, sino con un atole de garbanzos, enriquecido con biznagas cristalizadas, coco y queso; y una fórmula para hacer ponche caliente de guayabas enteras, servido con un poco de mezcal para ahuyentar el frío.

Su abuelo le ponía miel a los frijoles y la manera predecible de cerrar una comida como ésa es con una chorreada: una tortilla de harina doblada en dos con un pedazo de queso asadero y queso de tuna. El queso de tuna es una pasta muy compacta de tunas rojas que se tuesta hasta que el queso y la pasta de fruta se funden. ¡Es sencillísimo pero delicioso! Lupita también me proporcionó la receta para una refrescante bebida de sandía con vino rojo.

Extendí mi viaje todo lo posible para visitarla otra vez; para ir al pequeño pueblo minero de Vetagrande —con su incipiente museo y galería— y, desde luego, al mercado que todos los domingos se instala en Jerez.

Chorreadas

Rinde 12 chorreadas

La señora Montes, de El Paraíso Grill, dice que inventó el nombre chorreada para este sencillo postre que ofrece en su menú. En vez de queso de tuna, que parece más un ate de frutas, ella utiliza una miel de tuna muy espesa.

180 gr. de queso fresco
180 gr. de queso de tuna o sustituya por ate de guayaba de membrillo,
cortado en tiras delgadas
12 tortillas de harina de 10 a 13 cm. de diámetro

Ponga el queso y la fruta en el centro de una tortilla. Dóblela a la mitad y ásela en un comal o en una plancha sin engrasar. Sirva cuando la tortilla este ligeramente dorada y el relleno se haya fundido.

Papas pastores

Señora María Guadalupe de Zorrilla

Rinde 4 porciones como acompañamiento; 6 a 8, como botana

Durante los secos meses de invierno en los mercados de Zacatecas, San Luis Potosí y algunos puntos más al sur, a veces pueden hallarse diminutas papas de color claro, de unos 2.5 cm. de largo. Tienen varios nombres, dependiendo del área: papas locas, güeras, silvestres o cimarrones, porque, en efecto, son silvestres. La receta que me dio requiere que las papas se cuezan en una olla gruesa.

Cocidas así, por lo general sirven de botana, pero resultan excelentes para acompañar pescado o carnes asadas. Deben usarse papas muy chiquitas, papas locas o papas nuevas pequeñas; pero entre más chicas, mejor.

De todas las recetas que logré recopilar durante mi viaje por el Bajío, ésta es, sin duda, la que más me gusta. En la receta original los ingredientes se muelen juntos, pero creo que la textura resulta más interesante de esta manera:

146

2 cucharadas de aceite de oliva

450 gr. de papitas enjuagadas y secas

sal al gusto

1/3 de taza (83 ml.) de cebolla blanca finamente picada

1 diente de ajo finamente picado

3 chiles serranos, o al gusto, finamente picados

1/2 taza (125 ml.) de cilantro toscamente picado

3 cucharadas de jugo de limón

1 taza (250 ml.) de agua (si usa una olla de presión, sólo 1/2 taza [125 ml.])

En una olla gruesa caliente el aceite, agréguele las papas enteras, espolvoréelas con sal y fríalas. Revuelva de vez en cuando hasta que la piel de las papas comience a arrugarse y a tornarse café. Añada la cebolla, el ajo y los chiles. Fría durante otros 3 minutos. Agregue el cilantro y el jugo de limón. Fría las papas durante un minuto adicional. Vierta el agua, cubra la sartén y cocine a fuego bajo hasta que casi todo el líquido se haya absorbido, los sabores se hayan concentrado y las papas estén suaves pero que no se desbaraten.

Nota: si usa una olla de presión, cocine las papas a presión baja durante unos 6 minutos junto con los demás ingredientes. Enfríe rápidamente la olla en un recipiente con agua fría, destápela y siga cocinando las papas a fuego alto hasta que el líquido se haya absorbido.

Huevos en baturillo

Rinde 2 porciones

Mientras revisaba algunos de los viejos recetarios de la colección de Lupita, me topé con uno llamado *Manual de cocinero y cocinera*, destinado tanto para hombres como para mujeres. Se publicó en Puebla, en 1849, y las recetas provienen de la revista litera-ria *La Risa*. Tiene una divertida dedicatoria: "*Al bello secso de Puebla*". Como era común, otro, impreso en Durango en 1898, tenía como fin reunir fondos para actos de caridad; en este caso, para las hermanas de San Vicente de Pablo.

Dos de las recetas llamaron mi atención: la que aparece abajo para Chiles polcos, que son muy distintos de los de Guanajuato: chiles rellenos con sardinas y bañados con rebanadas de plátano, durazno, peras y aguacate; y otra, de calabaza con rajas y vinagreta. Pero ésta de huevos con nata (la capa de crema que se forma encima de la leche cruda escaldada), perejil y jugo de limón, me pareció deliciosa.

La palabra baturilla significa una mezcla rara de cosas. Prefiero hacer platillos como éstos en pequeñas cantidades porque es más fácil controlar el balance de los sabores y el punto de cocción.

Desde luego, la nata le da más textura, pero puede usar crema fresca: ganará en riqueza lo que pierda en sabor.

4 huevos grandes
1/3 de taza (83 ml.) de natas o crema
sal al gusto
3 cucharadas copeteadas de perejil toscamente picado
1 cucharada de manteca o de aceite vegetal
1 1/2 tazas de jugo de limón

Bata los huevos con la nata y sal. Incorpore el perejil. En una sartén mediana, bata la manteca, añádale la mezcla de huevos y revuelva a fuego medio-alto hasta que estén casi cuajados.

Agregue el jugo de limón y sirva.

Chorizo para tostadas
María Guadalupe de Zorrilla
Rinde de 1 1/2 a 2 tazas 375 a 500 ml.

Aunque se me dijo que esta receta era para adornar tostadas, es también un excelente relleno para tacos. Desde luego, mucho depende de la calidad del chorizo. En Zacatecas los más populares no son los chorizos comunes, en forma de salchicha, sino los pequeños, hechos en casa y amarrados en forma de esferitas. Se consiguen en Malpaso, de camino a Jerez.

Si los chorizos están algo secos y no puede quitarles la piel con facilidad, tállelos con las manos húmedas. Este truco no resulta si el chorizo tiene una cubierta plástica: espero que no compre de ese tipo.

225 gr. de chorizo
225 gr. de col muy finamente rebanada y luego picada
sal, si es necesario

Quítele la piel al chorizo y desmenúcelo en una sartén. Cocine a fuego bajo hasta que suelte un poco de grasa. Revuelva de vez en cuando hasta que apenas comience a cambiar de color: unos 5 minutos. Elimine la grasa excepto dos cucharadas. Añada la col y siga cocinando a fuego medio. Revuelva hasta que la col esté apenas cocida. Sazone al gusto.

Enchiladas zacatecanas
Señora María Guadalupe de Zorrilla
Rinde 12 enchiladas

Para la salsa:
4 chiles anchos grandes sin semillas y limpios
2 tazas (500 ml.) de leche entera
2 dientes de ajo toscamente picados
1 cucharada copeteada de hojas de epazote toscamente picadas
aceite para freír
1 cucharada de azúcar
12 tortillas de 13 cm., de ser posible, recién hechas y tibias

Para el relleno:
225 gr. (1 3/4 de taza más de dos cucharadas soperas) de queso fresco desmoronado
3/4 de taza (188 ml.) de cebolla blanca finamente picada
sal al gusto

Tenga listo un refractario en el que pueda poner las enchiladas en una sola capa.

Cubra los chiles con agua caliente y déjelos en remojo hasta que estén suaves y se hayan reconstituido: unos 15 minutos. Cuélelos, despedácelos y póngalos en la licuadora. Agregue la leche, el ajo y el epazote. Licúe hasta obtener una mezcla lisa.

149

En una sartén, caliente 2 cucharadas de aceite, agregue la mezcla de chile, y fría. Añada el azúcar y sal al gusto. Cocine hasta que la salsa se haya reducido un poco y esté lo suficientemente espesa para cubrir bien las tortillas. Retire del fuego y mantenga tibio.

En una sartén ponga una capa delgada de aceite. Pase las tortillas por el aceite caliente, unos segundos de cada lado: más que freírse deben calentarse. "Seque" la tortilla frita contra la que está por freír para que ésta absorba un poco de aceite. Coloque todas las tortillas sobre papel absorbente. Según sea necesario, añada más aceite a la sartén.

Cuando todas las tortillas estén fritas, sumérjalas en la salsa. En el centro de cada una ponga una cucharada copeteada del queso y la cebolla, y sal, si es necesario. Enróllelas suavemente. Colóquelas de lado a lado en el traste refractario. Vierta encima cualquier resto de salsa, espolvoree con lo que quede del relleno y sirva de inmediato.

Nota: no prepare este platillo con anticipación o las tortillas se reblandecerán. Una vez preparadas, puede calentar las enchiladas durante 10 minutos en el horno a 177 °C.

Chayotes con natas
Señora María Guadalupe de Zorrilla
Rinde de 4 a 6 porciones pequeñas

Con pocas excepciones, por lo general los chayotes son bastante insípidos, pero me sorprendió lo deliciosos que pueden ser cuando se hacen con nata (la capa de crema que se forma encima de la leche cruda escaldada). Embellecí un poco la receta con cebolla y ajo. Lo mejor es que los chayotes reposen 15 minutos antes de servirlos para que se mezclen bien los sabores.

1 cucharada de aceite vegetal

2 cucharadas copeteadas de cebolla blanca finamente picada

2 dientes de ajo pequeños finamente picados

1 chile serrano finamente picado

sal al gusto

450 gr. de chayotes pelados y finamente rebanados,

con todo y la "almendra" del centro

pimienta negra recién molida, al gusto

2/3 de taza (164 ml.) de agua

3/4 de taza (188 ml.) de natas o crema

Tenga lista una sartén amplia en la que pueda colocar las rebanadas de chayote en dos capas. Caliente el aceite. Agregue la cebolla, el ajo y el chile. Espolvoree con sal. Acitrónelos unos segundos. Añada las rebanadas de chayote, la pimienta, el agua y otro poco de sal, si es necesario. Tape y cocine a fuego moderado unos 8 minutos. Casi toda el agua debe consumirse y los chayotes deben quedar *al dente*. Si todavía están jugosos, elimine casi todo el líquido. Incorpore la nata. Cubra la sartén y cocine a fuego medio hasta que los chayotes estén tiernos e impregnados de natas.

Remueva del fuego y déjelos reposar 15 minutos antes de servir.

Asado de bodas jerezano

Rinde 6 porciones

Aunque tradicionalmente este platillo se sirve en bodas, siempre forma parte del menú del restaurante Dorado del Río, en Jerez, Zacatecas.

900 gr. de maciza de cerdo con un poco de grasa,

cortada en cubos de 4 cm.

3 dientes de ajo

sal al gusto

PARA LA SALSA:

200 gr. de chile guajillo

1/4 de taza (63 ml.) de manteca de cerdo

3 rebanadas gruesas de bolillo (en Estados Unidos, use pan francés, seco)

3 dientes de ajo toscamente picados

3 hojas de laurel

2 cucharadas de azúcar

la cáscara de una naranja

30 gr. de chocolate mexicano

sal al gusto

En una cacerola cubra la carne de cerdo con agua, el ajo y sal. Cocine a fuego medio hasta que esté tierna: unos 40 minutos. Escurra la carne y guarde el caldo. Agregue agua—o reduzca— para tener 4 1/2 tazas (1.125 l.)

Mientras tanto, abra los chiles. Quíteles las semillas y las venas. Tuéstelos ligeramente sobre un comal o una plancha ligeramente caliente, cuidando que no se quemen. Cúbralos con agua caliente y déjelos remojar 10 minutos. Escúrralos y elimine el agua.

En la licuadora vierta 1/2 taza (125 ml.) del caldo de la carne con unos cuantos chiles. Licúe hasta obtener una mezcla lo más lisa posible. Poco a poco, añada el resto de los chiles. Después de cada adición, licúe hasta que la mezcla esté lisa. Agregue caldo sólo si necesita liberar las aspas de la licuadora.

Pase el puré de chiles a través de un colador. Presione bien la mezcla para extraer la mayor cantidad de pulpa y jugo posibles. Elimine los residuos.

En una cacerola gruesa en la que cocinará el asado, caliente 2 cucharadas de manteca, agregue las rebanadas de pan y fríalas por ambos lados hasta que estén crujientes y doradas. Licúe el pan con ajo y 1 taza (250 ml.) de caldo, hasta obtener una consistencia lisa.

Agregue la manteca restante a la cacerola y dore la carne ligeramente. Agregue el pan ya licuado y fría un minuto adicional. Luego añada el chile colado, el laurel, el azúcar, la cáscara de naranja y el chocolate. Cocine a fuego medio, raspando el fondo de la olla para que no se pegue. Vierta el caldo restante. Verifique la sal y cocine durante otros 15 minutos. La salsa debe quedar medio espesa y cubrir ligeramente el revés de una cuchara de madera.

Figadete para botana

Rinde aproximadamente 1 1/2 tazas [375 ml.]

El figadete es una de las siete cazuelas que acompañan al asado de bodas. Se hace con los pedacitos del chicharrón que quedan en el fondo de los cazos donde se fríen la finas sábanas de piel de cerdo, y se presionan para formar un bloque. En algunos mercados de México puede encontrar chicharrón prensado. Si no, compre un poco de chicharrón con grasa, rómpalo en pedacitos y métalo al horno hasta que esté bien dorado y haya soltado la grasa.

Por lo general el figadete se sirve como botana o para hacer tacos. A veces se sirve caliente, con papas cocidas. En Zacatecas se emplean pequeños chiles amarillos —triangulares o redondos: güeros o bolitos— en escabeche, pero puede sustituirlos por jalapeños en escabeche.

No importa cómo lo prepare, el figadete es un platillo deliciosamente grasoso, así que lo dedico a todos los zacatecanos que añoran su tierra.

225 gr. de chicharrón prensado, picado (véase nota anterior)
1/2 cebolla blanca mediana finamente rebanada
1/2 cucharadita de orégano seco desmenuzado
1/3 de taza (83 ml.) de vinagre suave
4 chiles güeros (véase nota anterior) o chiles jalapeños en escabeche
sal al gusto
85 gr. de queso fresco, en cubitos

Mezcle todos los ingredientes excepto el queso. Déjelos sazonar aproximadamente 2 horas. Justo antes de servir, incorpore el queso.

Guacamole jerezano
Señorita Teresa Galván
Rinde aproximadamente 2 3/4 de tazas [688 ml.]

¿Guacamole con crema? Bueno, por lo menos no tiene ajo y jugo de limón: ya saben lo que opino de la crema en guacamole. Y helo aquí, en Jerez, Zacatecas, México: no en España. No puedo dejar de preguntarme si la crema es parte de la influencia que llega del norte de la frontera, ya que la gran mayoría de los hombres de esa zona se van a trabajar a Estados Unidos, aunque me pareció que la señorita Galván es bastante tradicional en lo que respecta a comida zacatecana. Esta versión del guacamole es deliciosa sin la crema, y la acidez del tomate verde evita que se oscurezca con rapidez.

Desde luego, para ella resulta impensable hacer el guacamole en algo que no sea un molcajete. Yo tampoco, aunque debo admitir que, en este caso, la licuadora es más veloz, porque los chiles tienden a ser un poco duros. Pero hay que tener cuidado de no moler demasiado el aguacate.

115 gr. de tomates verdes: unos 8 chicos,
sin cáscara y partidos a la mitad
2 chiles serranos
2 chiles verdes del norte o anaheim, asados, pelados, sin venas y limpios
2 chiles poblanos, asados, pelados, sin venas y limpios
sal al gusto
1/2 taza (125 ml.) de cilantro toscamente picado
1 1/2 tazas (375 ml.) de pulpa de aguacate
1/3 de taza (83 ml.) de crema
1/4 de taza (63 ml.) de cebolla blanca finamente picada

En una cacerola pequeña ponga los tomates verdes y los chiles serranos cubriéndolos apenas con agua. Cuézalos a fuego moderado hasta que estén suaves pero no desbaratándose: unos 10 minutos. Retire del fuego y deje que enfríen. Licúelos con 3/4 de taza (188 ml.) del agua de la cocción.

Pique toscamente los chiles restantes. Añádalos a la licuadora junto con sal, al

154

gusto, y una cucharada copeteada de cilantro. Licúe hasta obtener una consistencia texturada. Aplaste la pulpa del aguacate hasta obtener una consistencia grumosa. Incorpore los ingredientes licuados, la crema, la cebolla y el resto del cilantro. Verifique la sal y sirva.

Rajas de chile ancho verde
Profesor Raúl Escobedo Galván
Rinde aproximadamente 1 taza copeteada [265 ml.]

El profesor Raúl Escobedo es un joven y entusiasta trabajador del Departamento de Turismo de Zacatecas. Cuando fui a Jerez, Zacatecas, él fungió como mi muy informado guía. Esta receta es de su madre, una buena cocinera. Constituye un aderezo bastante picante para adornar el arroz o las carnes asadas. Una vez preparadas, es mejor que las rajas reposen 2 horas, pero si las deja sazonar toda la noche o durante uno o dos días, no añada el jitomate sino hasta que vaya a servirlas.

En esta región al chile poblano se le llama chile ancho verde.

6 chiles poblanos asados, pelados, sin venas ni semillas,
cortados en rajas de unos 7 mm. de ancho
1 cebolla blanca mediana finamente rebanada
1 diente de ajo finamente picado
1/2 cucharadita de orégano seco desmenuzado
3/4 de taza (188 ml.) de vinagre suave o de piña (en Estados Unidos, mitad
vinagre de arroz y mitad vinagre de vino)
sal al gusto
180 gr. de jitomates pelados y finamente rebanados (véase la nota anterior)
2 cucharadas de aceite de oliva.

Mezcle todos los ingredientes e imprégnelos bien con el vinagre. Menéelos de vez en cuando para que se sazonen parejos. Reserve (véase nota anterior).

Refresco de la tía Mariquita

Bebida de sandía y vino tinto

Señora María Guadalupe de López Lara de Zorrilla, Zacatecas

Rinde de 8 a 10 porciones

Para acentuar el sabor añadí jugo de limón a la receta original.

1.575 kg. de sandía pelada

piloncillo rallado o azúcar morena, al gusto

1 cucharadita de extracto de vainilla

1/4 de taza (63 ml.) de jugo de limón, al gusto

2 tazas (500 ml.) de vino tinto

hielo, al gusto

1/2 taza (125 ml.) de nueces toscamente picadas

Corte la sandía en trozos grandes. Aparte la pulpa que no tiene semillas. Corte en cubos pequeños: debe tener aproximadamente 1 taza (250 ml.). Coloque el resto de la pulpa que sí tiene semillas en la licuadora y licúe muy brevemente para que éstas no se rompan. Cuele el líquido a través de un colador fino: deben quedar unas 2 tazas (500 ml.) del líquido. Añada el azúcar, la vainilla y el jugo de limón. Justo antes de servir agregue el vino tino y los cubos de sandía. Sirva frío o con hielo, y decore cada vaso con nueces picadas.

Salsa mexicana estilo jerezano

Rinde aproximadamente 1 3/4 de taza 438 ml.

Visité el mercado dominical de Jerez casi al final de la cosecha de chiles. Los había por montones, de todos colores y formas, mezclados, a pesar de sus distintos puntos de maduración. ¡Qué diferencia en comparación con los montones uniformes y separados que hay en los mercados populares de la ciudad de México!

Me detuve a tomarles una foto justo cuando un hombre llenaba una bolsa grande a puños. Le pregunté cómo iba a usar los chiles. Mi pregunta lo asombró: "Voy a hacer salsa mexicana, qué más". Imaginé que sería una salsa de apariencia fabulosa por todos los colores de los chiles ¡con distintos sabores y grados de picor! Todos van en crudo para esta salsa.

Si en su mercado no hay chiles de colores, o usted los cultiva, ésta es la salsa perfecta. Puede variarla según lo que encuentre.

1 chile poblano sin venas ni semillas, finamente picado
1 chile jalapeño rojo maduro, sin venas ni semillas,
finamente picado
2 chiles güeros o manzanos sin venas ni semillas, finamente picado
2 chiles serranos finamente picados
3 cucharadas de cebolla blanca finamente picada
115 gr. de jitomate finamente picado: aproximadamente
2/3 de taza (164 ml.)
1/2 taza de agua (125 ml.)
3 cucharadas de jugo de limón
1/2 cucharadita de orégano seco desmenuzado
sal al gusto

Mezcle todos los ingredientes en un recipiente de vidrio. Antes de servir, deje que todo se sazone durante una hora.

Carne con chile güero
Restaurante Bar El Paraíso
Rinde de 4 a 6 porciones

Éste es uno de esos guisados sencillos, pero deliciosos, que se hacen cuando están frescos los pequeños chiles güeros triangulares de Zacatecas. El método para cocinar la carne de cerdo es igual al de Michoacán: después de que está casi cocida, se elimina el caldo y se sigue cociendo la carne, con muy poco caldo, hasta que suelte la grasa. Luego se fríe la carne en su propia grasa y se le añade la salsa. Puede preparar este platillo con anticipación. De hecho, mejora si lo deja reposar antes de servir.

PARA LA CARNE:

900 gr. de maciza de cerdo, con un poco de grasa,

cortada en cubos de 2.5 cm.

4 dientes de ajo

sal al gusto

PARA LA SALSA:

12 chiles güeros

340 gr. de jitomates asados

6 dientes de ajo pelados

Ponga la carne de cerdo en una olla y cúbrala apenas con agua. Agregue el ajo y la sal. Tape la olla. Cocine a fuego medio durante unos 20 minutos. Elimine la mitad del caldo y siga cociendo, destapada, hasta que la carne esté suave: aproximadamente 20 minutos. Siga cocinando hasta que la carne suelte la grasa y se fría ligeramente.

Mientras tanto, hay que asar y pelar los chiles. Elimine las venas y las semillas. Píquelos toscamente. Pele los jitomates si lo desea (en Zacatecas lo hacen, yo no). Tritúrelos con el ajo y los chiles hasta obtener una salsa texturada (puede hacerlo en un procesador de alimentos pero no en una licuadora, que convertiría la mezcla en un puré). Añada la mezcla a la carne que está en la olla y fría. Si es necesario, añada un poco de sal. Siga cocinando hasta que el jugo se haya reducido: unos 5 minutos. Diluya con 1 taza del caldo y siga cocinando durante otros 5 minutos.

Taquitos de cuero

Restaurante Bar El Paraíso, Zacatecas

Rinde aproximadamente 1 3/4 de taza [438 ml.], suficiente para 18 tacos de 8 cm.

Estos taquitos dorados que se rellenan con aguacate frito, y que se enriquecen aún más con el chicharrón, son absolutamente deliciosos y, sospecho, diseñados para escandalizar a quienes se abstienen de comer grasa. Aunque, después de todo, ¡sólo necesita comerse dos!

158

2 cucharadas de aceite vegetal
2 chiles serranos finamente picados
2 cucharadas de cebolla blanca finamente picada
sal al gusto
1 1/2 tazas (375 ml.) de pulpa de aguacate
1 1/2 tazas (375 ml.) de chicharrón en pedacitos muy pequeños
aceite para freír
18 tortillas de 8 cm. (o más grandes) cortadas a la mitad

En una sartén caliente aceite, que alcance más o menos un centímetro de profundidad, agregue los chiles y la cebolla. Espolvoree con sal y fría unos segundos, hasta que la cebolla esté acitronada. Añada el aguacate y macháquelo hasta obtener una pasta texturada. Cocine, mezclando bien, durante 3 minutos. Justo antes de servir los tacos, incorpore el chicharrón: si lo añade demasiado pronto, se suavizará. Debe estar crujiente.

En una sartén, caliente 1 cm. de aceite. Rellene el centro de cada tortilla con 1 cucharada copeteada de la mezcla de aguacate. Enrolle y coloque, con el pliegue hacia abajo, en el aceite caliente. Fría cada tortilla hasta que esté crujiente y dorada. Deje escurrir sobre papel absorbente y sirva de inmediato. ¡Estos taquitos deben ir de la sartén a la boca sin ninguna parada intermedia!

Coahuila

❧

Rumbo al norte: de Zacatecas a Torreón

Cuando partí por la mañana supe que mi viaje a Torreón sería largo, aunque seis horas de camino no son tantas cuando uno recorre un paisaje siempre cambiante y pasa por pintorescos pueblitos, ubicados, en su mayoría, en una zona semiárida. Había cultivos de chile, maíz y frijol, pero se notaba la fatiga y el desgaste de la tierra tras años de sequía. Resulta difícil imaginar que, hasta principios del siglo XX, aquí existían algunas de las fincas ganaderas más grandes y prósperas del país, desde Coahuila hasta Chihuahua. Mucha de la tierra quedó devastada después del auge minero en Zacatecas, no sólo a causa de las minas, sino por la cantidad de grandes edificios coloniales donde aún se aprecian enormes vigas de madera que seguramente provienen de bosques circundantes. Un breve tratado de 1777 arroja una extensa lista de la enorme variedad de árboles que crecían entonces y de los que casi nada queda. Incluso en una fecha tan tardía como las décadas de los veinte y treinta, se llevó a cabo una tala inmoderada para producir carbón. Al parecer lo único que quedó es un pequeño valle, cerca de Zacatecas, que está cubierto de robles enanos.

Me desvié de la carretera principal para ir a Fresnillo, un importante centro para las minas aisladas que hay en las cercanías. Un jardín cuidado, una iglesia de estilo rococó y unas cuantas casas, elegantes mansiones del siglo xix, contaban una historia de pasada opulencia que contrasta con la homogénea escena del presente: la aglomeración vehicular de costumbre, los estridentes anuncios comerciales y una fiebre por correr o por hacer *jogging* al estilo norteamericano en un parque arbolado; actividad que parecía consumir a gran parte de la población de todas edades.

Durante los viajes que he realizado en años recientes a esa región, he visto cantidad de lechos de río que están secos. Esto se debe no sólo a la sequía, sino al uso indiscriminado de los sistemas de irrigación y a prácticas agrícolas insostenibles. A pesar de su nombre, Río Grande —el pueblo siguiente— no era la excepción: el lecho del río que serpenteaba alrededor de parte del pueblo estaba yermo.

No sorprende que los mercados por los que pasé no ofrecieran nada especial, sólo maíz, chile y frijol, pero ninguna de las maravillosas hierbas y verduras que se consiguen al sur del país.

Justo cuando salía de Río Grande y empezaba a sentir los retortijones del hambre, me detuve a desayunar en una moderna gasolinera. Tenía pequeñas tiendas en los que los viajeros pueden detenerse, así como un inmaculado restaurante, aunque, increíblemente, sin nombre. La comida estaba fresquísima y excelentemente bien preparada: frijoles, huevos, tortillas, crema espesa, leche y queso (Dios sabe dónde guardaban a estas vacas y qué comen), y un servicio muy amable y eficiente. La experiencia me recordó que algunos de los mejores platillos que he comido en mis viajes son estos sustanciosos almuerzos que lo dejan a uno satisfecho hasta bien entrada la tarde. ¡En mi pensamiento le di tres estrellas al restaurante!

No pasó mucho tiempo antes de que retomara mi camino, en una costosa carretera de paga sin mucho tráfico. Conforme uno avanza a toda marcha en medio de la soledad, puede ver una fila casi infinita de camiones y tráilers, de lado a lado en la vieja carretera de dos carriles que bordea las faldas montañosas. Poco a poco, la tierra desciende de esta meseta central hacia el amplio valle de Gómez Palacio y Torreón.

Torreón

Me gustaría poder decir algo agradable sobre Gómez Palacio, en Durango, y la gemela ciudad de Torreón. Las personas con quienes hablé fueron muy amables, abiertas y de mucha ayuda, pero ni siquiera eso me convenció a quedarme más de dos noches; preferí llegar el día indicado, a la hora indicada, al rancho de mis amigos, en Chihuahua.

161

Recuerdo que hace más de veinte años visité Torreón y me impresionó su falta de forma y belleza. Entonces me apresuré rumbo a Durango. La importancia de Torreón creció a principios del siglo xx, durante el auge algodonero. Después se convirtió en un valioso productor de lácteos. Pero no hay nada que indique que ha tenido una vida variada y cosmopolita, a pesar de que viven ahí franceses, ingleses, árabes e incluso chinos. Las tiendas son chillonas y los edificios —en su mayoría bloques horrendos— no tienen ninguna característica atractiva. Sólo de vez en cuando uno encuentra alguna elegante mansión o un edificio de arquitectura noble.

Adondequiera que voy, siempre me refugio en los mercados y, en Torreón, eso también fue una sorpresa. Las frutas y las verduras se venden en un gran corredor que está un poco alejado, mientras que el mercado en sí contiene —para empezar— al conjunto de cerrajeros más grande que haya visto en mi vida. Me dio la impresión de que la gente de Torreón cambia sus cerraduras o pierde sus llaves cada día de la semana.

Los modestos restaurantes del mercado están llenos de cocineras con cofia y de meseras suplicantes que invitan a entrar y probar sus especialidades, pero era muy temprano para comer. En una de las entradas un hombre mayor, de muy mal carácter, atendía su tienda, muy interesante: vendía todo tipo de nueces y frutas secas, entre ellas los piñones que acababan de llegar de los bosques de Durango e, increíblemente, dátiles de una datilera que no queda lejos de Torreón. En el otro extremo el mercado tenía un agradable aroma a almizcle, debido a la gran cantidad de hierbas secas que se venden allí. En México todos los mercados tienen puestos de hierbas, pero aquí había docenas: ¿cómo lograban sobrevivir? De pronto me acordé que, a fines del siglo xvi, en su tratado sobre la provincia de Texas, fray Juan Agustín Mori reunió un catálogo de alrededor de 172 plantas medicinales, nativas del norte de Coahuila.

Me atrajo —desde luego— un puesto donde vendían chicharrón de pescado, junto a una impresionante variedad de pescados crudos. ¡Pescado a mitad del territorio de la carne por excelencia y de un público total y absolutamente carnívoro! De inmediato me puse a platicar con el joven que atendía el puesto y pronto se integraron los propietarios. En México toda conversación sobre comida es siempre alegre. No transcurrió mucho tiempo antes de que intercambiáramos recetas. Con gran generosidad, me dieron dos, de su madre (que se dan a continuación), mismas que sirven en su restaurante que está justo frente al puesto.

Después, una mujer muy inteligente que trabaja para la Secretaría de Turismo de

162

Gómez Palacio, me indicó todos los puntos de interés del área y sus alrededores, pero ni siquiera el Valle del Silencio (un fenómeno geográfico y científico adonde no se recibe ninguna señal de radio, no importa cuán potente sea), ni el colorido Festival de las Étnicas, pudieron hacerme volver a Torreón.

Chicharrón de pescado

Señora Aurelia Villera, Torreón

Rinde 6 porciones como entrada

Como su nombre lo indica, el chicharrón de pescado —muy popular en el noreste de México— consiste de pequeños pedazos de pescado, revolcados en harina sazonada con chile y orégano, que luego se fríen muy bien —desde luego— en manteca. Un amigo mío recuerda que en su juventud, que transcurrió en Tamaulipas, siempre ansiaba la visita de uno de sus tíos quien, invariablemente, se presentaba con una gran bolsa llena del grasoso y delicioso chicharrón de pescado.

En realidad se trata de una botana deliciosa, acompañada de tortillas, una salsa de chile seco picosísimo o, simplemente, con limón. Puede preparar este platillo un poco antes y recalentarlo en el horno, sobre un traste forrado de papel absorbente para que elimine el exceso de grasa.

Sirve cualquier tipo de pescado, o desperdicios o sobrantes de pescado.

340 gr. de pescado sin piel ni espinas
3 dientes de ajo machacados
2 cucharadas de jugo de limón
1 cucharadita de pimienta negra machacada
3/4 de taza (188 ml.) de harina
1/2 cucharadita de chile de árbol en polvo, o chile en polvo muy picante, o al gusto
1 cucharada de orégano seco finamente desmenuzado
aceite vegetal para freír

Sazone el pescado con ajo, limón, sal y pimienta. Déjelo en reposo 30 minutos.

Mezcle la harina con el chile y el orégano. Unos momentos antes de freír los pedazos de pescado, revuélquelos en la harina para que se cubran de manera uniforme y fríalos hasta que estén muy bien dorados y crujientes: unos 10 minutos. Déjelos escurrir.

Estofado de raya
Señora Aurelia Villela, Torreón

Cuando yo era niña, en Inglaterra, el *skate*, un pez de la familia de las rayas, era muy abundante y constituía una comida económica. En Campeche son muy populares otras especies de manta, tanto fresca como salada, pero fue toda una sorpresa hallar una receta para hacerla en la parte central del norte de México.

Este platillo puede servirse como plato principal, acompañado de arroz blanco, como adorno para tostadas, o incluso como relleno para empanadas. Si no encuentra raya, use cualquier pescado grasoso cuya carne pueda deshebrarse con facilidad y que aguante un tiempo de cocción más prolongado que el normal. Para esta receta se requiere un buen aceite de oliva.

675 gr. de raya
sal y pimienta recién molida, al gusto
3 cucharadas de jugo de limón
1/3 de taza (83 ml.) de aceite de oliva
1/3 de cebolla blanca finamente picada
2 dientes pequeños de ajo finamente picados
180 gr. de jitomates finamente picados, cerca de 1 taza (250 ml.)
1/2 taza (125 ml.) de cilantro toscamente picado
4 a 6 chiles chipotles en adobo, o al gusto,
toscamente picados, con un poco del jugo de la lata

Sazone el pescado con sal, pimienta y jugo de limón. Déjelo reposar unos 30 minutos volteándolo una vez. En una sartén gruesa no muy honda caliente el aceite. Agregue el pescado con la cebolla y el ajo y fríalo a fuego medio unos 5 minutos o hasta que la cebolla esté acitronada. Déle vuelta una vez y deshébrelo con dos tenedores.

164

Añada los jitomates y el cilantro. Siga cocinando a fuego alto hasta que reduzca: unos 5 minutos. Agregue los chiles y cocine otros 5 minutos. Ajuste la sal.

Parras, Coahuila

Quizá Torreón sea uno de los lugares que menos me gustan de México, pero Parras, que también está en el estado de Coahuila, es uno de mis favoritos. Parras de la Fuente está al sur del estado y se le llama "oasis en el desierto", y en verdad lo es. Está casi a la misma distancia de Torreón, la capital, que de la industrial Saltillo. Una vez unos amigos me invitaron a ir a una paleada en octubre, cuando los nogales se sacuden y se golpean con un palo para que caigan las nueces maduras. Es una de las regiones productoras de nuez más importantes del norte de México.

Al ver la tierra llena de matorrales —aunque produce una gran variedad de hierbas medicinales y un fragante orégano— resulta difícil creer que Francisco de Urdanola, el primer español en llegar a la región en 1572, advirtiera el gran potencial del área para la ganadería, la agricultura y la minería. En 1593 recibió grandes extensiones de tierra con la que formó el latifundio más grande de la Nueva España. Algunos años después, cuando muchos viñedos habían florecido, se le dio el nombre de Santa María de las Parras. Ahí también aparecieron los primeros telares y un molino para grano, que se impulsaba con la fuerza del agua que emana en gran cantidad de manantiales. Desde luego, tiempo después todos los viñedos y los olivos fueron destruidos para que el vino y el aceite americanos no pudieran competir con los de España.

A fines del siglo XIX don Evaristo Madero, abuelo del malogrado presidente Francisco I. Madero, compró vastas extensiones de tierra en los alrededores de Parras. Introdujo viñas de toda Europa y estableció el negocio de vinos más prestigioso de México. Hasta hace como cuarenta años, la vinatería Madero era reconocida sobre todo por sus vinos espumosos y enriquecidos. Sin embargo, la enorme familia se dispersó y el interés por el negocio decayó. Hoy sólo quedan vestigios de los viñedos.

La producción de telas persiste. Algunas fábricas de principios del siglo XX son reconocidas hoy como productoras de la mejor mezclilla para pantalones vaqueros. De hecho, sólo en el último año, se han abierto tres nuevas fábricas. Ojalá que el ambiente del oasis no se pierda del todo.

Empecé a sentirme en armonía con Parras cuando, a unos cuantos kilómetros de distancia, pasé por una amplia avenida flanqueada con olmos gigantescos y árboles de nogal. Casi al lado, un estrecho río hacía rítmicos meandros, bordeados por impresionantes ahuehuetes (*Taxodium mucronatum*), cuyo nombre significa "viejo del agua" en lengua náhuatl.

Esta vez estaba de regreso de mi viaje al norte y sólo podía detenerme unos días. Octubre estaba por llegar a su fin y los campos que flanquean la carretera estaban coloreados con el dorado de las flores al atardecer. Otra vez recorrí los viejos vecindarios con sus sencillas y tradicionales casas: ahí y entonces quise comprarme una. Guarecidas por enormes paredes de adobe grisáceo, se mantienen frescas gracias a los árboles del huerto: higos, granadas, membrillos y nueces. Esas casas tienen un sigiloso aire de paz y aislamiento.

Durante mi primera visita se me invitó a entrar a una de las antiguas casas que pertenecieron a la hacienda del Rosario de la familia Madero. Fue como hacer un viaje al pasado: elegantes muebles europeos, las más delicadas cortinas de encaje, y viejas fotografías de eventos de familia dispuestas holgadamente en habitaciones de techos altos.

Al ingresar al jardín sentí que volvía a Inglaterra, a la Inglaterra de mi niñez. Los inmensos árboles proyectaban su sombra sobre el pasto y proveían una tenue alfombra de hojas doradas. Había cúmulos de otoñales flores a punto de desvanecerse y aroma a rosas. Me llevó un rato volver al presente.

Parras es famoso no sólo por su mezclilla sino por sus apetitosas y atractivas confituras: higos prensados, pasas, cocos y dulces de leche de todas formas y colores, pródigamente adornados con mitades de nuez. Hay discos de las deliciosas palanquetas (un favorito de los dentistas) que están atiborradas de nuez, pepita o una mezcla de nueces: uno va a comprar dos y ¡sale cargando diez! En la escuela técnica local se adquieren quesos, yogurt y mantequilla, todo delicioso. Si compra leche y la escalda puede comerse la nata, la capa cremosa que se forma en la superficie, untada en el pan de levadura que también venden ahí, o incluso con frijoles.

La comida en Parras es fresca y sencilla, y casi toda se produce en la región: carne de res, frijoles parecidos a los pintos americanos, salsas que no son sofisticadas pero sí deliciosas, tortillas de harina —algunas hechas con la excelente harina que se produce en Saltillo— y, desde luego, de postre, frutas en conserva. En aquella primera visita casi siempre comimos afuera, en el jardín, aunque no siempre logramos esquivar las nueces maduras que nos llovían cuando el viento mecía los nogales.

Mi anfitriona sugirió que visitáramos a la señora Georgina Flores, famosa por sus confituras.

Para llegar a su casa caminamos por angostas calles tapizadas de casas. La uniformidad de la fila de viviendas sólo se rompía por alguna alta pared de adobe que protegía a uno de los huertos sobrecrecidos de apariencia misteriosa e invitante: las pesadas ramas, que se arqueaban bajo el peso de las granadas, rebasaban los límites del muro.

Aunque Goyita —como le dicen— tiene más de ochenta años, supervisa la producción de dulces desde su cama o desde su mecedora.

Dos de sus ocho hijos estaban ocupados en las gigantescas tinas alineadas a lo largo de la galería que recorre la parte de atrás de la casa. Nos contó que, después de la muerte de su marido, logró mantener a su familia haciendo tamales y antojitos para los trabajadores de las fábricas cercanas. Uno de los dulces favoritos son unos bollos de color oscuro, hechos de harina integral y piloncillo. Ésta es su receta:

Molletes de Goyita
Señora Georgina Flores, Parras
Rinde para aproximadamente 20 panes de 8 cm.

Estos molletes —panes semidulces con un migajón algo compacto— se hacen con partes iguales de harina blanca y harina integral. Las semillas de anís, que se agregan enteras, dan un toque de sabor delicioso. Pueden comerse solos, con café con leche, con chocolate caliente o queso crema. Si las prefiere más dulces, espolvoréelos con más piloncillo o azúcar morena y algunas nueces antes de hornear.

Se mantienen frescos durante varios días pero deben recalentarse. También puede congelarlos. Yo guardé algunos en el congelador durante dos meses —se me olvidó que los tenía— pero recalentados salieron muy ricos.

300 gr. de piloncillo rallado o 1 3/4 de taza de azúcar morena sin compactar
3 tazas (750 ml.) de agua
1 cucharada de semillas de anís
2 rajas de canela de 2.5 cm.

PARA LA MASA:
450 gr. (4 tazas) de harina

167

450 gr. (3 1/2 tazas) de harina de trigo entero, de ser posible

molida en metate o molcajete

1/2 cucharadita de sal de mar molida

225 gr. (1 1/3 de taza) de manteca vegetal, en pedacitos

60 gr. de levadura de pasta o 1/2 taza

muy rasa, o 30 gr. de levadura seca

1 cucharada de agua tibia

Tenga listas dos charolas grandes para hornear, bien engrasadas, y dos pliegos bien engrasados de envoltura plástica para cubrirlos por completo.

Ponga el azúcar, el agua, el anís y la canela en una olla. Deje que rompa el hervor y menee hasta que el azúcar se disuelva. Mantenga el líquido en el fuego hasta que se reduzca a 2 tazas (500 ml.). Retire del fuego y deje que entibie. Saque la raja de canela y tírela.

Mezcle las harinas con la sal. Incorpore la manteca vegetal hasta que la mezcla se vea como si tuviera migajas gruesas.

Acreme la levadura con el agua, presionando los grumos con una cuchara de madera. Agréguela a la harina e incorpore, poco a poco, el almíbar con las semillas de anís. Mezcle hasta obtener una consistencia rígida y algo pegajosa. Añada un poquito de agua si es necesario para que la masa tenga cohesión.

Vacíe la masa en una superficie enharinada y amásela durante 3 minutos. Haga con ella un cojín redondo. Colóquelo en un recipiente de cristal limpio. Cúbralo con envoltura plástica y una toalla. Deje que la levadura actúe durante unas 6 horas: la masa debe quedar esponjosa al tacto pero no inflarse de manera espectacular.

Vierta la masa sobre una superficie enharinada y extiéndala en forma de una salchicha como de 5 cm. de diámetro. Córtela en 20 piezas. Haga una pelota suave con cada una y presiónela hasta que la masa tenga un espesor aproximado de 2 cm. Colóquelas en una charola grande bien engrasada, con unos 6 cm. entre una pieza y otra. Cubra con envoltura plástica engrasada y deje reposar en un lugar tibio (24 °C) durante 2 horas, hasta que estén esponjosas al tacto y hayan crecido 1 1/2 veces su tamaño original.

Mientras tanto, caliente el horno a 177 °C e introduzca las charolas —una a la vez en la parte superior del horno— hasta que los molletes estén firmes y bien dorados: unos 20 minutos. Retire del horno y déjelos enfriar en una rejilla.

Asado de bodas estilo Parras

Rinde 6 porciones

Esta versión del asado de bodas, como se le prepara en Parras, es muy distinta a otras que conozco. Se trata de un guisado de fuerte sabor que se hace con carne de cerdo y se sirve en bodas y otras ocasiones familiares importantes. Se acompaña con tortillas de harina (o incluso con tortillas de harina integral) y frijoles parecidos a la variedad pinto.

Hay que tallar las especias sobre la carne y dejarla reposar. Esto le da muy buen sabor. Resalta en particular el orégano silvestre que crece en las colinas circundantes.

El platillo puede prepararse con anticipación para que el sabor de la salsa madure. En todo caso, es mejor dejar que se enfríe antes de servirlo, para eliminar la grasa que flota en la superficie. Luego se recalienta y se sirve.

1 kg. generoso de maciza de cerdo con algo de grasa,
cortada en cubos de 2 cm.
1 1/4 de cucharada de orégano seco
1 cucharada de comino
2 hojas de laurel desmenuzadas
2 clavos
5 dientes de ajo pelados
1 cucharada de sal, o al gusto
1 cucharada de vinagre de piña (en Estados Unidos,
mitad vinagre de arroz, mitad vinagre de vino)
3 chiles anchos desvenados y sin semillas
3 chiles guajillo desvenados y sin semillas
aproximadamente 2 tazas (750 ml.) de agua
3 cucharadas de manteca de cerdo o de aceite vegetal
1 cucharada de azúcar
1/2 naranja cortada en rodajas

Coloque la carne en un recipiente de vidrio. Muela el orégano, las semillas de comino, las hojas de laurel y los clavos hasta pulverizarlos. Machaque el ajo junto con la sal y el vinagre. Añada las hierbas pulverizadas hasta formar una pasta. Usando las manos, talle la carne con la pasta y deje que se sazone durante al menos una hora, o toda la noche en el refrigerador.

Cubra los chiles con agua caliente y déjelos en remojo durante unos 20 minutos, o hasta que estén suaves y se hayan reconstituido (no los deje en el agua demasiado tiempo o perderán su sabor). Escúrralos y elimine el agua. Licúelos junto con 1 1/2 tazas (375 ml.) de agua hasta obtener una mezcla tan lisa como sea posible.

Caliente la manteca en una cacerola gruesa y fría la carne sazonada a fuego medio hasta que apenas empiece a dorar (tenga cuidado: si el fuego es demasiado fuerte las especias se quemarán).

Agregue los chiles molidos a la cacerola, colándolos a través de un colador fino para eliminar los fragmentos duros de chile guajillo que tercamente quedan, a pesar de haberlos licuado. Fría la salsa durante unos 5 minutos, meneando y raspando el fondo de la olla para que no se pegue.

Añada la taza y media (375 ml.) de agua restante, cubra la olla, y cocine a fuego medio durante 15 minutos, revolviendo de vez en cuando. Agregue el azúcar y la naranja. Siga cocinando hasta que la carne esté tierna. De ser necesario, agregue un poco más de agua para adelgazar la salsa. Debe tener una consistencia mediana y cubrir el revés de una cuchara de palo.

Chilaquiles de Parras
Señora Bertha González de Morales
Rinde 6 porciones

Para la salsa:
4 chiles anchos sin venas ni semillas
4 chiles guajillo sin venas ni semillas
1 1/4 de taza (313 ml.) de agua
1 jitomate pequeño (60 gr.), asado hasta que esté suave
3 dientes de ajo toscamente picados
2 cucharadas de aceite vegetal
1 cucharadita de orégano seco desmenuzado

sal al gusto

aproximadamente 1/2 taza (125 ml.) de aceite vegetal

8 tortillas de 13 cm., cortadas en cuadrados de 2.5 cm., que deben secarse

de preferencia toda la noche

1/2 taza (125 ml.) de cebolla blanca finamente picada

aproximadamente 1/3 de taza (83 ml.) de queso añejo o Chihuahua

(en Estados Unidos, queso romano o muenster)

Cubra los chiles con agua caliente y remójelos hasta que estén suaves y se hayan reconstituido: unos 20 minutos. Escúrralos y elimine el agua. En la licuadora ponga 1 taza (250 ml.) del agua y vaya agregando unos cuantos chiles a la vez. Licúe bien después de cada adición.

Cuélelos a través de un colador fino para eliminar los pedacitos de chile guajillo. Enjuague la licuadora. Agregue el 1/4 de taza (63 ml.) del agua restante, el jitomate y el ajo: licúe hasta obtener una consistencia lisa.

En una sartén caliente 2 cucharadas de aceite, agregue el puré de tomate y fría durante unos segundos. Añada el puré de chile y fría a fuego medio, revolviendo y raspando el fondo de la olla para que no se pegue. Después de 4 minutos, agregue el orégano y la sal. Cocine un minuto más. La salsa debe tener una consistencia media y cubrir ligeramente el revés de una cuchara de madera. Si está demasiado espesa, añada otro poco de agua. Retire del fuego y mantenga la salsa tibia.

En una cacerola gruesa, caliente 1/2 taza de aceite y fría los pedazos de tortilla —unos cuantos a la vez— hasta que estén crujientes y dorados. Escúrralos sobre papel absorbente. Elimine todo aceite el de la sartén y deje sólo una cucharada. Vuelva a poner los pedazos de tortilla en la sartén. Espolvoréelos con la cebolla. Tape la sartén y cocine a fuego bajo. Menee de vez en cuando, hasta que la cebolla esté acitronada: unos 3 minutos. Incorpore la salsa de chile de modo que las tortillas queden cubiertas de manera uniforme. De nuevo, tape la sartén y cocine a fuego medio aproximadamente 3 minutos. Sacuda la olla de vez en cuando.

Espolvoree con el queso y sirva de inmediato.

Chiles rellenos con salsa verde

Rinde 6 porciones

La señora Bertha de Morales, mi anfitriona en Parras, me dio esta receta que le regaló una excelente cocinera de ascendencia libanesa, cuando doña Bertha se casó, hace casi cuarenta años.

Esta es una variación poco común pero deliciosa del tema de los chiles rellenos: un cambio bienvenido de las recetas más tradicionales. En vez de servir los chiles en un caldillo de jitomate, se pasa la salsa verde por separado, a fin de que el capeado se mantenga más crujiente.

PARA EL RELLENO:

450 gr. de maciza de cerdo con un poco de grasa,

cortada en cubos de unos 2.5 cm.

1/2 cebolla blanca chica toscamente rebanada

2 dientes de ajo pelados

sal al gusto

PARA LA SALSA:

450 gr. de tomates verdes sin cáscara y enjuagados

3 chiles serranos, o al gusto

1/2 cebolla blanca chica toscamente picada

4 dientes de ajo pequeños toscamente picados

1 cucharada rasa de comino

1 1/2 cucharaditas de orégano seco

1 manojo pequeño de cilantro, sin los tallos, toscamente picado

3 cucharadas de manteca de cerdo o de aceite vegetal

LOS CHILES:

6 chiles poblanos grandes, asados, desvenados y sin semillas,
pero enteros y con el tallo
3 huevos, separados
aceite vegetal para freír
harina para enharinar los chiles

En una sartén ponga la carne, la cebolla, el ajo y la sal. Cubra apenas con agua y cocine a fuego medio hasta que la carne esté tierna: unos 35 minutos. Escurra la carne y guarde el caldo. Cuando se haya enfriado suficiente para manejarla, deshébrela toscamente y reserve.

En una olla ponga los tomates verdes con los chiles serranos enteros. Cúbralos apenas con agua y hierva a fuego lento hasta que estén suaves pero no se deshagan: unos 10 minutos. Escúrralos.

En la licuadora ponga 1/2 taza (125 ml.) del caldo que guardó, con la cebolla, el ajo, el comino y el orégano. Licúe hasta obtener una consistencia lo más lisa posible. Añada otra 1/2 taza de caldo junto con los tomates verdes, los chiles serranos y el cilantro. Licúe de nuevo hasta obtener una puré texturado.

En una sartén, caliente una cucharada de manteca, añada la salsa y fríala a fuego relativamente alto hasta que reduzca a 3 1/2 tazas (875 ml.). Retire del fuego y agregue sal al gusto.

En otra cacerola caliente la manteca restante, agregue la carne deshebrada y fríala hasta que apenas empiece a dorar. Añada 1 1/2 tazas (375 ml.) de salsa y fríala a fuego relativamente alto hasta que la mezcla esté húmeda pero no jugosa. Ajuste la sal.

Rellene cada chile con 1/3 de taza rasa (81 ml.) de carne. Bata las claras a punto de turrón. Luego, poco a poco, agregue las yemas y bátalas muy bien para incorporarlas parejo. Añada sal al gusto. Mientras tanto, caliente unos 3 cm. de aceite en una sartén. Enharine la superficie de cada chile antes de freír, cúbralo con el capeado y fría a fuego medio en el aceite caliente. Voltéelos hasta que adquieran un dorado parejo. Escúrralos sobre papel absorbente.

Sirva los chiles calientes. Por separado, pase la salsa restante ya recalentada.

Chihuahua

Rumbo al norte: de Torreón a Chihuahua

Calculé que llegaría al rancho, en Chihuahua, el 7 de octubre a las 13:30 horas, o al menos así se lo informé a mi anfitriona, tres semanas antes, en la ciudad de México. Era una distancia de 400 km. desde Torreón. Como siempre, salí temprano, ansiosa por mantener mi reputación de puntualidad: a los mexicanos la puntualidad inglesa les produce un respeto lleno de asombro. Esta parte del viaje no tuvo ningún contratiempo y se llevó a cabo a través de una carretera de cuota en medio de un paisaje plano. Así que resultó un alivio gozar de otro espléndido desayuno, de nuevo, en un restaurante que podría competir con los más limpios del mundo. El amigable y eficiente mesero estaba orgulloso de su inmaculada apariencia y me mostró sus uñas impecables.

La verdadera llanura comienza al dejar Ciudad Juárez: chaparrales cubiertos con una leve bruma de verdor a causa de una lluvia bienvenida —la primera— tras años de sequía, y se extiende hasta donde alcanza la vista que se topa con la falda de lejanas montañas; montañas que uno nunca parece alcanzar, no importa cuán lejos conduzca. Al virar hacia el norte en Ciudad Camargo, a través de el Llano de los Gigantes casi no hubo ninguna alma humana, sólo grupos de ganado que se reúnen bajo la escasa sombra o alrededor de un pequeño charco de agua. Éste es territorio ganadero; aquí se produce una de las mejores carnes Hereford, la mayoría de la cual se exporta a Estados Unidos.

La luz tiene un fulgor muy especial y el aire está permeado del aroma de la artemisia. Hay muchas casas donde se puede disfrutar de un fastuoso silencio y de los sonidos de la naturaleza sin el ruido intrusivo de la vida moderna: rugientes camiones y carros, y el incesante retumbar de las máquinas que siguen al hombre como si fueran su sombra: ¡una sombra muy ruidosa!

Hacía veinte años que no visitaba Chihuahua. Sólo conocía la capital y la Barranca del Cobre, al oeste, en la Sierra Madre. Volví a esta parte desconocida del país con muchas expectativas y mi insaciable curiosidad de siempre.

Comenzaba a preocuparme. Quizá había pasado de largo por el rancho y no había a quién preguntar. Según mi odómetro, ya habían transcurrido 86 kilómetros cuando de pronto, a mi derecha, apareció una bomba impulsada por un molino de viento y una discreta señal que decía: "Mesteñas". El rancho se llamaba así por los Llanos de los Caballos Mesteños, donde está situado.

Las esposas de los ayudantes del rancho, que llevaban viviendo ahí mucho tiempo, ya me esperaban con sus platillos, recetas y caudales de información.

Era casi la hora de la comida, pero había que hacer algunos preparativos para el día siguiente. Se llamó a uno de los hombres para que rebanara, muy finamente, un trozo de carne de una res sacrificada momentos antes, para hacer tasajo. Pronto la carne se secaba al sol en un tendedero y se mecía al viento. Se envió a dos de los niños a traer trompillos (*Solanum eleagnifolium*): una pequeña baya redonda como de 1 cm. de diámetro, verde pálido con manchas claras, que crece en Chihuahua. Se usa fresca o seca —cuando se torna amarilla— para cuajar la leche y hacer queso asadero. Socorro, la encargada de esa labor, dijo que si el queso se hacía con cualquier otro tipo de cuajo, no era asadero de verdad. Luego me enseñó la leche que se había apartado para agriar: un elemento importante.

En ese momento hacían las tortillas de harina. Me fascinó ver cómo las aplanaban en el comal con un hierro pesado para que no burbujearan. Tostaban largos chiles delgados y verdes: las chilacas, que se parecen a los chiles anaheim, que despedían un aroma inconfundible que despertaba el hambre.

El único asentamiento cercano era una comunidad minera casi desierta. Cuando cerró la mina algunas familias se quedaron, de modo que el pueblo sólo tenía un par de misceláneas y el orgullo del lugar: una panadería que hace pan dos veces al día, algo sorprendente en un sitio tan pequeño y aislado.

El motivo principal por el que estábamos ahí era hablar con una de las cocineras tradicionales más dedicadas de la región: la señora María Luisa Espinoza. Después de

175

ponernos al tanto acerca de los avatares de su numerosa familia —ahora diseminada a lo largo del país—, y de recordar los tiempos buenos y malos de la mina, nos dio a probar un platillo muy simple: un pipián —dijo que sabría mejor con codorniz— y un asado de cerdo (ambas recetas aparecen en este apartado).

El día siguiente no fue más tranquilo. Comenzó con una lección de Socorro sobre cómo hacer queso asadero. La mitad de la leche a emplearse se pone a agriar dos o tres días. La otra mitad acababa de llegar, aún tibia de la ordeña. Socorro machacó los trompillos con un poco de agua caliente. Los coló y agregó el líquido a la leche, que se calentó ligeramente durante unos 15 minutos. Tomó un poco de la cuajada entre los dedos y la estiró para probarla. No estaba lo suficientemente suave o flexible, de modo que la calentó un poco más hasta que el cuajo estaba grueso y se hacían suaves madejas cuando Socorro las sostuvo en el aire con la cuchara que había sumergido en la olla. Tomando esferitas de cuajo, las aplanó en una forma ovalada como de medio centímetro de espesor, 18 cm. de largo y 9 cm. de ancho. Luego les puso sal y las dejó escurrir. A los niños se les prohibió acercarse porque, de lo contrario, la producción entera se habría consumido al instante. A ellos les gusta el queso recién hecho, mientras que los demás lo prefieren maduro, cuando ha desarrollado una agradable acidez, que se alcanza en unas horas.

Antes de freír unos buñuelos de postre, la señora Cruz me enseñó su platillo de carne con fideos, mientras su hija, su nuera y sus amigas compartían conmigo sus conocimientos culinarios.

Desde luego, la carne —especialmente la de res— es el ingrediente principal. Se prepara fresca o seca en distintas maneras: hay carne disco, que evoca la visión de prepararla para una discoteca. De hecho, el disco es una parte de un arado que ya no se usa. Se coloca sobre una fogata de leña, encima de un armazón de fierro. Primero se fríen las cebollas y los chiles jalapeños, toscamente picados. Luego se añade la carne picada. A veces se añaden chorizo, tocino y jitomates. Éste es uno de los platillos favoritos para una taquiza: los invitados se hacen sus propios tacos y calientan sus tortillas en el borde del disco. Es una comida campestre muy sabrosa y de rápida preparación, sobre todo cuando llegan muchos invitados.

Cuando se sacrifica un novillo los hombres prefieren echar las criadillas directo al fuego, para comerlas con salsa y tortillas. Una forma más refinada de prepararlas consiste en hervirlas, quitarles la piel, picarlas y freír esta exquisitez, que también se come con tortillas y salsa picante.

176

A veces una cabra se sazona con pasta de chile y se rostiza; el pollo se cocina con cerveza y un salpicón de carnes deshebradas se mezcla con muchos vegetales, lechuga, chiles y mayonesa, y se come con galletas de sal y manitas de cerdo en vinagre. Muchos de los platillos se acompaña con frijoles borrachos: frijoles que se cocinan con cerveza y se enriquecen con tocino y chorizo. Es comida sencilla y sustanciosa, aparte de ser rica.

Me hubiera gustado quedarme más tiempo pero debía seguir a Ciudad Camargo, una pequeña y próspera ciudad agrícola como a 100 km. de distancia. Una vez más mis amigos habían arreglado un encuentro con algunas cocineras de la región. En cuanto llegué, me llevaron a platicar, escuchar y, más importante quizá, a probar algunos de los platillos regionales.

Al igual que los demás estados del norte mexicano, Chihuahua tiene un clima de extremos: mucho calor, mucho frío y sequedad, y una precipitación mínima. Las cosechas que crecen durante las lluvias de verano se secan bajo el ardiente calor del otoño: frijoles, calabaza, chile y maíz. La calabaza se corta en rebanadas y se seca para hacer orejones, que pueden usarse durante el invierno. Parte de la cosecha de maíz se usa para hacer chacales (chicales en Coahuila y chacuales en Zacatecas). Elotes maduros pero todavía tiernos se cuecen, se secan al sol, y luego se desgranan y muelen hasta obtener una textura quebradiza. Se conservan perfectamente bien durante los meses de invierno, hasta la próxima cosecha (yo he llegado a guardarlos hasta por cinco años). Los chacales se cocinan como un vegetal o en sopa (la receta se da a continuación).

Esta parte de Chihuahua es una importante zona de cultivo de chile. La mayor parte de la cosecha se seca, pero también se usan los chiles frescos: chile de árbol, chile guajillo (que aquí se llama cascabel), jalapeño o chilaca. La chilaca, o chile verde, es un chile largo y delgado, de color verde claro, que puede ser suave o muy picante, y es el más popular en la cocina de Chihuahua. En su estado seco se le llama chile de tierra o chile colorado. Hay otra manera muy interesante de usar este chile: se asa, se pela y se cuelga a secar, entero, semillas y venas incluidas. En esta forma se le conoce como chile pasado. Les advierto que, si lo hacen así, medio kilo quedará reducido a unos cuantos gramos. Pero bien vale la pena porque cuando se rehidrata antes de cocinarlo, este chile tiene un sabor delicioso que da un toque especial a los guisados. Se usa para hacer chile con queso, o se rellenan, o se preparan como en cualquier receta de chiles rellenos. En años recientes se ha introducido el cultivo de champiñones, y ahora el relleno favorito es una mezcla de champiñones guisados con queso.

177

Cuando aún están verdes, la cosecha de jalapeños se destina casi en su totalidad a la industria de conservas. Cuando maduran y se tornan rojos, su valor decrece. Hace no muchos años sencillamente los tiraban a la basura, hasta que don Juventino Santos, un emprendedor hombre de Tulancingo, Hidalgo, que estaba en el negocio de los chiles, decidió ahumarlos para hacer chipotle mora.

Cuando al día siguiente salimos de Camargo para ir al lago Toronto, el aire estaba impregnado del aroma a humo y chiles. Ahí, a unos cuantos metros del camino, había gigantescas estructuras rectangulares de cemento como de 3 metros de altura. En la base el fuego estaba dispuesto a intervalos en cajas con leños ardientes que despedían humo. En la superficie había una delgada capa de jalapeños arrugados de un profundo color rojo: a medida que avanza el proceso de ahumado, el color de los chiles se hace más oscuro. Un hombre les daba vuelta con una pala. Entre más nos alejamos del pueblo, más ejidos vimos dedicados al ahumado de chiles. Y, esa tarde, en el camino de regreso, nos topamos con los camiones que descargan los rojos jalapeños sobre las camas de ahumado recién desocupadas.

El proceso se lleva varios días durante los cuales el peso del chile se reduce a la octava parte. Son tan baratos que es imposible explicarse cómo alguien puede ganar dinero con esto. Nosotros compramos costales enteros para apoyar a la economía del lugar y luego los distribuimos generosamente entre los y las cocineras que encontramos en el camino de regreso a Michoacán.

Estos chiles son extraordinariamente punzantes debido al ardiente y seco verano. En *El arte de la cocina mexicana* hallará una receta para hacerlos en escabeche, y a continuación ofrezco otra para hacerlos en adobo.

Chipotles en adobo
Rinde aproximadamente 3 tazas (750 ml.)

La técnica de conservar la comida mediante el proceso de ahumado data de épocas precolombinas. El mismo proceso, con ligeras variaciones técnicas, se sigue empleando hoy.

Los chiles jalapeños —madurados, ahumados y preparados en adobo, que es una salsa picante— han tomado por asalto al mundo de la gastronomía norteamericana. Se les encuentra en todas partes: en salsas, adobos, sopas, ensaladas, guisos, panes y demás, y ¡ojalá no lleguen a hacer helado de chipotle! Existen dos tipos de chipotles: los más grandes, mecos, de color tabaco, y los chiles moras, de tamaño menor, que tienen el color de esa fruta, tal y como lo indica su nombre, y que no deben confundirse con el chile morita, aún más pequeño. Cuando llegué a México, hace muchos años, eran más accesibles los chipotles grandes de color claro, que podían hallarse en escabeche. Hoy día, la industria parece favorecer el chipotle mora, quizá porque son más pequeños y se prestan para empacarlos en latas más pequeñas.

De entre la gran variedad de marcas de chipotles enlatados que exporta México, mis favoritos son los que vienen en adobo, una salsa de color más oscuro, en vez de los que son más ácidos y vienen en una salsa hecha a base de jitomate. Desde luego, siempre es interesante hacer nuestros propios chipotles, frescos y sin conservadores, para lo cual doy una receta aquí. Esta preparación es picante; se ofrece una versión más ligera en la nota que sigue a la receta.

115 gr. de chipotles moras, unos 60 chiles

3 chiles anchos sin venas ni semillas

1 1/2 tazas (375 ml.) de agua

4 dientes de ajo toscamente picados

2 ramitas de mejorana fresca o 1/8 de cucharadita de mejorana seca

2 ramitas de tomillo fresco o 1/8 de cucharadita de tomillo seco

una pizca de comino machacado

1 hoja de laurel despedazada

2 cucharadas de aceite de oliva

3/4 de taza (188 ml.) de vinagre de piña,

(en Estados Unidos, mitad vinagre de arroz, mitad vinagre de vino)

3/4 de taza (188 ml.) de vinagre fuerte

60 gr. de azúcar morena, alrdedor de 1/3 de taza compactada

1 cucharada de sal de mar

Enjuague los chipotles y escúrralos. Pique cada uno con un tenedor o con una aguja para brocheta. Métalos a la olla de presión con suficiente agua que los cubra, y cocínelos a presión baja durante unos 15 minutos: deben quedar bastante suaves pero no blandos. (Si no utiliza una olla de presión, cocínelos a fuego relativamente bajo en una olla que tenga una tapa firme, de 30 a 40 minutos.)

179

Escurra los chiles, elimine los tallos y cualquier semilla que pueda adherirse a su exterior. Reserve.

Mientras tanto, cubra los chiles anchos con agua caliente y hierva a fuego lento 5 minutos. Escúrralos y páselos a la licuadora. Agregue 1 taza (250 ml.) del agua, el ajo, las hierbas, las semillas y la hoja de laurel, además de 4 de los chipotles cocidos. Licúe hasta obtener una mezcla casi lisa.

En una sartén, caliente el aceite, añada los ingredientes licuados y fríalos durante unos 3 minutos, raspando el fondo de la olla para que no se pegue. Agregue los vinagres, el resto del agua, el azúcar, la sal y cocine otros 5 minutos. Luego agregue el resto de los chiles cocidos y cocínelos a fuego bajo, raspando el fondo de la olla de vez en cuando para que no se pegue, hasta que la salsa se haya reducido y espesado: unos 15 minutos.

Guárdelos en el refrigerador o esterilice un frasco y consérvelo en un lugar fresco.

Nota: si prefiere una versión menos picante de esta receta, cocine los chiles primero durante 5 minutos. Escúrralos. Ábralos por la mitad. Quíteles las semillas y lo que quede de las venas. Elimine el agua y comience al principio de la receta, reduciendo 5 minutos el tiempo de cocción. Si desea una salsa más ligera, añada 180 gr. de jitomates al adobo.

Torrejas de frijol
Señora Socorro García de Sosa, Rancho Mesteñas
Rinde para hacer alrededor de 16 torrejas de 5 cm.

En el rancho este fácil plato vegetariano se prepara para los días de la Cuaresma. Es especialmente delicioso cuando se cocina con los frijoles cosechados en esta zona y en el vecino estado de Zacatecas.

Una advertencia: los frijoles no deben cocerse hasta que estén suaves: deben estar colados y machacados para hacer una pasta seca, porque si está floja, las torrejas se desmoronarán al freírse.

Sobre la cebolla, Socorro comentó que debe estar "exquisitamente" picada.

Como todas las frituras y los chiles rellenos que llevan este ligero capeado de huevo, absorben mucho aceite. Sugiero, como siempre, prepararlos con un poco de anticipación y recalentarlos en el horno en una charola con papel absorbente para eliminar el exceso de grasa antes de meterlos en la salsa.

225 gr. de frijoles bayos, flor de mayo o pintos
sal al gusto
3 cucharadas de manteca de cerdo o de aceite vegetal
1/2 cebolla blanca mediana finamente picada
9 chiles de la tierra (en Estados Unidos, de California o de Nuevo México)
2 dientes de ajo, pelados
1 cucharada de aceite vegetal
aceite vegetal para freír
4 huevos, separados

Enjuague los frijoles (no los deje remojando toda la noche). Cuélelos y cúbralos con agua caliente. Cuézalos a fuego bajo hasta que estén relativamente suaves (véase la nota anterior), durante unas 2 horas, dependiendo de qué tan frescos estén los frijoles. Añada sal y cocine durante otros 5 minutos. Escúrralos bien. Guarde el caldo para la salsa y macháquelos hasta obtener una pasta texturada.

En la sartén caliente la manteca, agregue la pasta de frijol y mezcle bien. Cocine durante aproximadamente 10 minutos, revolviendo y raspando el fondo de la olla para que no se pegue. Retire del fuego y déjelos enfriar. Añádales la cebolla picada y forme como 16 tortitas de unos 5 cm. de diámetro. Abra los chiles por la mitad, retire las semillas y las venas, y cúbralos con agua caliente. Déjelos remojando durante unos 20 minutos.

Ponga 1 taza (250 ml.) del caldo que guardó en la licuadora con el ajo. Poco a poco añada los chiles colados y licúe hasta obtener una mezcla lo más lisa posible.

En una sartén pesada caliente una cucharada de aceite. Agregue el puré de chile, colándolo a través de un tamiz fino para eliminar las partículas duras y extraer la mayor cantidad posible de jugo y pulpa. Cocine a fuego medio, meneando para que no se pegue, unos 5 minutos. Diluya con 1 1/2 tazas (375 ml.) del caldo de frijol y cocine 5 minutos más. Retire del fuego y mantenga tibio mientras prepara las torrejas.

En una cacerola, caliente alrededor de 2 cm. de aceite. Bata las claras con una pizca de sal a punto de turrón y luego incorpore las yemas, una por una, batiéndolas. Capee las tortitas de frijol con el huevo batido como si fueran chiles rellenos. Con cuidado métalas al aceite caliente.

Fríalas hasta que la parte superior esté bien dorada. Luego, deles la vuelta con mucho cuidado (tienden a estar algo suaves), y fría del otro lado. Escúrralas sobre papel absorbente. En una cacerola coloque las torrejas en capas y, entre cada una, ponga un poco de salsa. Recaliente —ya sea en la estufa o, de preferencia, en el horno para que las de abajo no se desintegren— hasta que en la salsa empiece a brotar el hervor y las torrejas estén bien calientes (yo introduzco el dedo para asegurarme). Sirva de inmediato.

Salsa de Lola
Lola, Rancho Mesteñas
Rinde alrededor de 1 1/2 tazas (375 ml.)

En México, cuando de salsas se trata, mi corazón está en el sur, pero debo admitir —y lo hago con gusto— que una simple salsa norteña, que se hace con chiles recién cosechados, resulta fresca e invitante, sobre todo con las carnes que se sirven en las planicies de la región. De hecho, más que salsa es una especie de aderezo. Lola no aspira a ser una gran cocinera, pero nos preparó esta salsa durante nuestra última visita. Desde luego, el resultado depende de la frescura de los ingredientes, que están muy finamente picados, pero no licuados.

6 chilacas o chiles verdes del norte (en Estados Unidos, chiles anaheim),
asados, pelados, sin venas ni semillas,
finamente picados
180 gr. (1 taza) de jitomate finamente picado
1 diente de ajo finamente picado
3 cucharadas de cebolla blanca finamente picada
sal al gusto

Mezcle todos los ingredientes y déjelos sazonar en un lugar fresco, pero no en el refrigerador, durante alrededor de una hora, antes de servir.

Puerco en pipián

Señora Cruz Estela Ramos de Sosa

Rinde aproximadamente 6 porciones

En mi reciente visita al rancho en Chihuahua, tuve oportunidad de probar dos recetas de pipián. La receta original pide maíz tostado y molido, o tortillas de maíz. He optado por esta, que tiene un sabor más definido. Aunque doña Cruz dijo que esta receta puede hacerse con carne de res o de cerdo, ella prefiere codorniz —un lujo en estos días— o lengua de res, cocida y rebanada. Durante la Cuaresma, un omelette bien cocido, cortado en trozos grandes y aderezado con el pipián, funciona como un buen plato vegetariano.

Para quienes no son mexicanos el proceso de la molienda siempre resulta problemático. En el rancho lo hacen en un molino manual para el maíz —que en sí es un trabajo pesado— pero si tiene cerca un molino de nixtamal para tortillas, resulta ideal. Si nada de esto sirve he implementado un sistema a base de aparatos eléctricos para moler que la mayoría de los cocineros tienen en sus cocinas, a fin de reducir el tiempo de preparación.

Esta receta necesita maíz seco, tostado y molido, o de tortillas de maíz. Me pareció más fácil usar las tortillas tostadas que son más fáciles de moler. Use tortillas de Maseca o Minsa sólo como última opción.

En Chihuahua las semillas de calabaza son muy delgadas, ligeramente amarillas y tienen una cáscara delgada —en otras partes de México sirven como botana, una vez que se tuestan y se salan— pero si puede conseguirlas, use las que son más gruesas y sustituya un cuarto de la cantidad con semillas crudas de calabaza. En todos los casos debe usar semillas crudas.

La carne:

900 gr. de maciza de cerdo con un poco de grasa,

cortada en cubos de 2 cm.

1 l. de agua

sal al gusto

1/2 cebolla blanca mediana toscamente picada

1 diente de ajo toscamente picado

183

115 gr. (1 1/3 de taza) de semillas de calabaza peladas (véase nota superior)

4 tortillas de 13 cm. que se dejan secar durante toda la noche anterior

1 chile guajillo

1 chile de la tierra o guajillo (en Estados Unidos, chile pod)

1 chile pasilla

1/4 de cucharadita copeteada de comino

2 dientes de ajo toscamente picados

1 l. de agua

En una olla pesada coloque la carne, pero no en más de dos capas. Añada el agua, la sal, la cebolla y el ajo. Deje que rompa el hervor. Cubra la olla y cocine a fuego lento 30 minutos. La carne debe estar casi tierna. Cuélela y guarde 3/4 de taza (188 ml.) del caldo. Siga cocinando, con la olla todavía cubierta, hasta que la carne haya absorbido el caldo y empiece a soltar la grasa. Debe estar tierna pero no demasiado suave.

En una sartén sin engrasar, tueste las semillas a fuego bajo. Déles vuelta de vez en cuando para que se tuesten de manera uniforme: recuerde que el interior de las semillas oleosas se cocina más aprisa que la cáscara. Retire del fuego y deje enfriar.

Tueste las tortillas secas hasta que estén bien doradas y totalmente crujientes. Despedácelas.

Con un trapo húmedo limpie los chiles, ábralos por la mitad y elimine semillas y venas. Tuéstelos sobre un comal o plancha hasta que el interior adquiera un color café parecido al del tabaco. Cuando se enfríen, los chiles deben estar crujientes. Coloque las tortillas y los chiles en un procesador de alimentos y muélalos tanto como sea posible. Tomando un poquito a la vez, muela de nuevo en un molino de café o de especias y añada el comino al último molido. Deje el polvo a un lado. Ponga las semillas de calabaza en el procesador de alimentos y muélalas hasta que estén lo más lisas posible. Luego, tomando un poquito a la vez, muela de nuevo en un molino de café o de especias, y muela hasta obtener un polvo ligeramente texturado. Cuélelo a través de un tamiz fino. Vuelva a moler lo que haya quedado en el colador. Cuele de nuevo y elimine cualquier residuo que hayan dejado las cáscaras.

Ahora la carne debe estar dorándose en su propia grasa, pero añada un poquito de manteca o de aceite, si es necesario. Agregue los ingredientes que molió y mezcle bien. ¡Cuidado! Raspe con fuerza el fondo de la olla ya que los ingredientes almidonosos se pegan muy aprisa.

En la licuadora vierta 1/2 taza (125 ml.) del caldo que guardó junto con el ajo. Licúe. Luego agregue este líquido a la olla junto con una taza (250 ml.) adicional de caldo. Cocine a fuego lento, sin olvidarse de revolver y raspar el fondo de la olla, durante unos 5 minutos. Añada 4 1/2 tazas (1.125 l.) más de caldo (si es necesario puede añadir agua para completar esta cantidad). Cocine a fuego bajo hasta que la salsa espese un poco: debe cubrir el revés de una cuchara de madera justo cuando el aceite empieza a salir a la superficie. Los sólidos almidonosos tienden a asentarse en el fondo, por eso, no deje de menear la salsa. Ajuste la sal y sirva. Si deja la salsa reposar, se espesará de manera considerable. Diluya con caldo o agua hasta obtener la consistencia indicada.

Papas cuarteleras
Señora María Luisa Espinosa de Rodríguez, La Perla
Rinde 4 porciones

Cuando arrestaron al esposo de la señora Espinoza por no completar su servicio militar, ella lo visitó fielmente todos los día en la cárcel y le llevó de comer. Este es un nutritivo guisado de papas, uno de los platillos que le preparaba y cuyo nombre se basa en el predicamento de su marido.

Yo prefiero cocer las papas con todo y cáscara, pero es cuestión de gustos. Se necesitan chiles amarillos, en vinagre o en salmuera, pero puede sustiuirlos por chiles jalapeños en escabeche que son más fáciles de conseguir. De nuevo, recomiendo que el platillo se deje reposar un poco antes de servirlo: mejora mucho el sabor.

2 ó 3 cucharadas de manteca de cerdo, o de aceite vegetal,
o según sea necesario
450 gr. de papas peladas y cortadas en cubos de 2 cm.
sal al gusto
1/2 cebolla blanca mediana finamente rebanada
180 gr. (1 taza) de jitomates finamente picados
chiles amarillos o chiles jalapeños en escabeche,
al gusto, y cortados en cuartos
aproximadamente 1/2 taza (125 ml.) de agua

Caliente la manteca, agregue las papas y espolvoréelas con sal. Fríalas a fuego medio hasta que apenas comiencen a dorar. Agregue la cebolla y acitrónela. Luego, añada los jitomates y cocine durante unos minutos más para reducir el jugo.

Agregue los chiles y el agua. Cubra y cocine a fuego medio durante unos 15 minutos. Sacuda la sartén de vez en cuando para que no se peguen. Las papas deben estar tiernas y húmedas pero no muy jugosas. Si tienen demasiado líquido destape la olla y reduzca durante unos minutos. Cubra de nuevo. Retire del fuego y déjelas reposar unos 30 minutos antes de servir.

Asado de chile colorado

Señora María Luisa Espinosa de Rodríguez, La Perla

Rinde 4 porciones

Este es uno de esos guisados sencillos pero deliciosos, típicos de la cocina norteña. Puede usar cerdo o res, aunque la carne de cerdo le da más sabor. El chile colorado de Chihuahua equivale a los chiles de California y Nuevo México. Este guisado adquiere más sabor si se prepara con algunas horas de anticipación. Si no tiene chiles de la tierra, puede usar chilacates de Jalisco o guajillos.

675 gr. de maciza de cerdo con un poco de grasa,
cortada en cubos de 2 cm.
sal al gusto
15 chiles colorados de la tierra, de California o de Nuevo México
aproximadamente 2 tazas de agua
1 hoja de laurel
1 cucharada copeteada de orégano seco desmenuzado
2 dientes de ajo toscamente picados
1 raja de canela de 13 mm.

Ponga la carne en una olla grande y gruesa en que quepa la carne en dos capas. Apenas cúbrala con agua. Añada sal, tape y cocine a fuego medio hasta que la carne esté casi tierna: unos 30 minutos. Cuele la mayor parte del caldo y guárdelo. Necesita 2 1/2 tazas y puede agregar agua para completar la cantidad. Siga cocinando, sin tapar, hasta que la carne suelte la grasa y esté ligeramente dorada.

Mientras la carne se sigue cociendo, abra los chiles por la mitad. Elimine venas y semillas, cúbralos con agua caliente y déjelos reposar unos 15 minutos. Escúrralos bien.

Vierta 1/3 de taza del caldo que guardó en la licuadora junto con el laurel, el orégano, el ajo y la canela. Licúe hasta obtener una mezcla lo más lisa posible. Añada esto a la carne que está en la olla y fría todo durante unos segundos.

Agregue 1 taza de caldo a la licuadora y licúe junto con los chiles colados, añadiéndolos poco a poco, hasta obtener un puré liso. Añada los chiles a la carne, colándolos a través de un colador fino para extraer la mayor cantidad posible de la pulpa y el jugo de los chiles. Fría todo durante unos 5 minutos, raspando el fondo de la olla para que no se pegue. Agregue el resto del caldo que guardó y siga cocinando a fuego bajo hasta que la carne esté tierna y la salsa esté bien sazonada. Ajuste la sal. La salsa debe tener una consistencia media y cubrir el revés de una cuchara de madera.

Chile pasado con carne seca
Señora Cruz Estela Ramos de Sosa
Rinde 4 porciones generosas

Este platillo es el epítome de la comida de las tierras secas y semiáridas del norte, que concentran el sabor en la carne de res y el chile. Es fuerte pero no pesado.

Me gusta preparar esta receta con anticipación para dejarla reposar por lo menos media hora antes de servir. Debe estar un poco caldoso, por lo tanto, si queda seco durante la cocción, añada un poco de agua. Sirva con frijoles refritos y tortillas de harina.

180 gr. de carne seca de res (la receta se da a continuación)

2 tazas (500 ml.) de agua caliente

4 chiles pasados (véase pág. 188)

3 cucharadas de aceite vegetal

1/2 cebolla blanca mediana finamente picada (aproximadamente 1/3 de taza copeteada)

2 dientes de ajo finamente picados

225 gr. (1 1/3 de taza) de jitomates finamente picados

Enjuague la carne con agua fría. Cúbrala con agua caliente y déjela remojar durante 10 minutos. Escúrrala y guarde el agua del remojo. Deshebre o parta la carne en pedacitos.

Enjuague los chiles con agua fría. Ábralos por la mitad. Elimine las semillas y las venas. Deshébrelos o córtelos en rajas de 13 mm. de ancho, cúbralos con agua caliente y déjelos remojar 5 minutos. Escúrralos y guarde el agua del remojo.

En una olla gruesa caliente el aceite con el que va a cocinar el guisado. Añada la carne y fríala durante unos 3 minutos. Menee de vez en cuando para que se fría parejo. Agregue la cebolla y el ajo y fría hasta que la cebolla acitrone sin dorar: unos 2 minutos más. Agregue las rajas de chile y fría 2 minutos adicionales. Luego agregue el jitomate y cocine hasta que el jugo se haya absorbido, revolviendo de vez en cuando.

Si es necesario, añada suficiente líquido a las aguas en que se remojaron la res y los chiles para completar un litro. Viértalo en la sartén, revuelva bien y tape. Cocine a fuego lento hasta que la carne esté relativamente suave y bien sazonada: unos 40 minutos. Retire del fuego y deje que se sazone durante media hora.

Carne seca
Rinde aproximadamente 225 gr.

Cuando está bien preparada la carne seca de res (no es "beaf jaki", que es más seca y corriosa) puede ser deliciosa, aunque se requiere un gusto adquirido para apreciarla. En los mercados de México sólo he visto dos marcas comerciales —si es que todavía existen— que puedo recomendar: La Fama y La Parrilla. Si quiere preparar la suya:

675 gr. de carne de res
1 cucharada copeteada de sal de mar fina
1 1/2 cucharadas de jugo de limón

Corte la carne, o pídale a su carnicero que lo haga, en rebanadas tan delgadas como el papel. Espolvoréela por ambos lados con sal y jugo de limón. Cuélguela a secar al sol o en un lugar seco y aireado. Desde luego, según la fuerza del sol y la cantidad de humedad que haya en el aire, el proceso puede llevar 3 o más días. Ya seca, puede almacenarse durante semanas, siempre y cuando se mantenga seca.

Nota: desde luego, los buenos cocineros de Chihuahua no llaman a la línea directa del Departamento de Salubridad para preguntar si no hay problema en colgar la carne cruda en un tendedero a que seque, como lo han venido haciendo por generaciones. Pero si lo hicieran, les informarían que, desde el punto de vista microbiológico, definitivamente no es correcto hacerlo así, a menos que planee cocer la carne durante mucho tiempo, como en la receta anterior. De modo que sólo los intrépidos deben intentar esto en casa.

Chiles pasados

Rinde 115 gr.

Los chiles pasados —poblanos o anaheim—, asados, pelados y secos son típicos del centro y norte de México. Es una forma ideal de conservarlos, además de que se les concentra el sabor.

Aunque se venden de manera comercial en los mercados de Chihuahua y Durango, no es fácil encontrarlos en otro lado, aunque en un par de ocasiones los he visto en Estados Unidos. Pueden reconstituirse y rellenarse para hacer chiles rellenos, o cocinarlos con cebolla, jitomate y queso para hacer chile con queso, entre otros platillos. Son deliciosos y fáciles de preparar.

900 gr. de chiles verdes del norte, poblanos (en Estados Unidos, chiles anaheim)

Hay que asar los chiles enteros, de preferencia directamente sobre la hornilla de la estufa, o bajo un asador eléctrico o de gas. Si recurre a otros métodos, como meterlos al horno hasta que se levante la piel, la carne del chile se sobrecocerá. Inmediatamente después de asarlos, métalos en una bolsa de papel o plástico, y deje que "suden" —para que la piel se afloje— durante unos 15 minutos. Sólo tiene que pasar sus manos por los chiles y la piel se desprenderá.

Colóquelos en una rejilla o cuélguelos, si aún conservan el tallo, al sol o en un lugar muy seco y ventilado hasta que estén completamente secos. El tiempo del proceso depende de la fuerza del sol y del grado de humedad del aire. Para comprobar que ya están listos tire del tallo y vea si la piel de alrededor se ha secado por completo. Esta parte y la placenta que contiene las semillas son las que más tardan en secar porque están

189

encerradas. Déjelos durante una semana o más. Si se secan bien y se almacenan en un lugar seco, pueden durar hasta un año. Siga la receta para rehidratarlos y usarlos.

Caldillo de carne seca con fideo grueso
Señora Cruz Estela Ramos de Sosa

Rinde 6 porciones

El caldillo es un guisado caldoso que se come a diario en Chihuahua como plato principal, acompañado de tortillas de harina. Para mí resulta mejor prepararlo con anticipación para permitir que todo el sabor de la carne permee el caldo. En Chihuahua se utiliza un fideo mediano, no tan delgado como el cabello de ángel, que se desintegraría durante la cocción. Una de las cocineras del lugar me recomendó que, antes de freír la carne seca, la remojara unos minutos en agua caliente, para que no absorba tanta grasa.

225 gr. de carne seca (véase pág. 187)
1/4 de taza (63 ml.) de aceite vegetal
180 gr. de fideo grueso (véase nota anterior)
1/2 cebolla blanca mediana (aproximadamente 1/3 de taza copeteada)
finamente picada
1 diente de ajo finamente picado
1/2 cucharadita de pimienta negra
1/4 de cucharadita de comino
225 gr. (aproximadamente 1 1/3 tazas) de jitomate finamente picado
225 gr. de papas peladas y cortadas en cubos de 13 mm.
1.25 l. de agua o caldo ligero de res (pero por favor, (¡enlatado no!),
incluyendo el agua del remojo
sal, si es necesario
chiles jalapeños en escabeche para servir

Cubra la carne con agua caliente y déjela remojar durante 20 minutos. Escúrrala bien y deshébrela en tiras pequeñas. Guarde el agua del remojo.

190

Caliente el aceite en una cacerola gruesa, añada la mitad de la pasta y fríala, volteándola de vez en cuando para que se dore parejo. Cuélela y fría la pasta restante. En el mismo aceite, fría la carne hasta que apenas empiece a dorar. Agregue la cebolla, el ajo, la pimienta y el comino molidos. Fría unos segundos sin que la cebolla se dore.

Añada los jitomates y siga cocinando a fuego relativamente alto hasta que se haya absorbido un poco de jugo. Agregue la pasta, las papas y agua. Siga cocinando a fuego lento —apenas debe romper el hervor— hasta que las papas estén cocidas: unos 20 minutos. Ajuste la sazón. Retire del fuego y déjelo reposar durante una hora antes de servir, acompañado de chiles jalapeños.

Chacales estilo Ciudad Camargo
Señorita Rosa Hilda Núñez

Se llama chacales a los pedazos de elote secos y quebrados, como los chicos de Estados Unidos. Ésta es una receta muy poco usual pero deliciosa de preparar chacales en forma de sopa, tal y como nos la sirvieron en Ciudad Camargo. Para esta receta puede usar los chicos de Nuevo México.

Los chacales deben remojarse toda la noche, o por lo menos 6 horas antes de preparar esta receta.

1 taza muy copeteada (265 ml.) de chacales o chicos de Nuevo México

7 tazas (1.75 l.) de agua caliente

2 cucharaditas de sal

1 taza (250 ml.) de agua

225 gr. de jitomates toscamente picados (aproximadamente 1 1/2 tazas)

1/2 cebolla mediana toscamente picada (apenas 1/2 taza)

2 ramas grandes de perejil

1 varita de apio toscamente picado

1 cucharada de aceite vegetal

1/2 cucharada de orégano seco desmenuzado

PARA SERVIR:

1/2 taza (125 ml.) de rábanos finamente cortados
3/4 de taza (188 ml.) de queso Chihuahua rallado (en Estados Unidos, queso muenster),
una salsa picante (la receta se da a continuación)

Ponga los chacales en una olla. Cúbralos con agua caliente y añada la sal. Déjelos remojar durante por lo menos 6 horas. Deje que rompa el hervor y continúe hirviendo a fuego bajo, meneando la olla de vez en cuando para que no se peguen, hasta que estén suaves: aproximadamente 1 1/2 horas.

Mientras tanto, ponga 1 taza (250 ml.) del agua en una olla pequeña con los jitomates, la cebolla, el perejil y el apio. Cocine a fuego bajo hasta que los jitomates estén suaves: unos 10 minutos. Transfiera a la licuadora y licúe hasta obtener una mezcla lisa.

En una sartén, caliente el aceite, añada la mezcla que licuó, y fría a fuego bastante alto hasta que se reduzca y sazone: unos 5 minutos. Agréguela a los chacales —si es necesario, cuele— y siga cocinando durante 15 minutos.

Antes de servir verifique la sal y agregue el orégano. Sirva en platos hondos y pase los rábanos y el queso por separado.

Salsa para chacales
Señorita Rosa Hilda Núñez
Rinde aproximadamente 1 1/2 tazas (375 ml)

Ésta es una salsa ligera y picante hecha a base de chiles secos, que se sirve con los chacales.

3 chiles anchos sin venas ni semillas
2 chiles de árbol
2 chipotles mora
1 tomate verde grande sin cáscara, enjuagado y cortado en cuartos
1 diente de ajo finamente picado
orégano seco desmenuzado, al gusto

Limpie los chiles con un trapo húmedo. Elimine los tallos y póngalos en una sartén pequeña. Agregue el tomate y cúbralos apenas con agua. Deje que hiervan a fuego lento 10 minutos o hasta que el tomate esté suave. Escurra y transfiera a la licuadora junto con el ajo y agua suficiente para completar 2 tazas (500 ml.). Licúe hasta obtener una mezcla tan lisa como sea posible. Justo antes de servir, espolvoree con orégano.

Salsa de Lili
Señorita Rosa Hilda Núñez
Rinde aproximadamented 1 taza (250 ml.)

Esta salsa muy picante es más bien un aderezo.

4 chiles jalapeños grandes asados, pelados, sin venas ni semillas
180 gr. de jitomates asados hasta que estén suaves, sin piel
1 cucharada muy copeteada de cebolla blanca finamente picada
aproximadamente 1/3 de taza (83 ml.) de agua
sal al gusto

Pique finamente los chiles y los jitomates. Asegúrese de conservar todo el jugo que sale y mezcle todo con la cebolla. Añada suficiente agua para completar 1 taza (250 ml.) y añada sal al gusto.

Caldo de oso
Señor Jesús, Restaurante Los Cuatro Vientos, Lago Toronto
Rinde aproximadamente 2 l.

El restaurante Cuatro Vientos está cerca del borde de la presa La Boquilla, en el lago Toronto, llamado así porque se abasteció con peces traídos de Toronto; al menos lo estaba, porque desde entonces el nivel del agua ha bajado de manera alarmante tras cinco años de sequía. El dueño del lugar, don Jesús Casa, inventó esta sopa para usar el bagre de la presa. Aunque se le conoce como caldo de oso, su alegre y muy inteligente hija Bertha Alicia —que ahora maneja el restaurante— dice que su nombre original era caldo odioso. Según la historia, un pescador, harto de su dieta de sopa de pescado, la llamó odiosa.

Cuando estuvimos ahí Bertha Alicia la preparó especialmente para nosotros, con "el bagre" que momentos antes nadaba en la presa. Primero se limpian los pescados y se cortan en filetes como de 4 cm. de ancho, cabeza y cola incluidas. Al guisar esta receta decidí añadirle un poco de sabor al caldo: le agregué una cabeza y una espina dorsal.

PARA LA BASE DEL CALDO:

2 cucharadas de aceite de oliva

1 cucharada copeteada de cebolla blanca finamente picada

1 diente pequeño de ajo finamente picado

1 jitomate pequeño finamente picado

1/3 de taza (83 ml.) de harina

1/4 de cucharadita de orégano seco desmenuzado

1/4 de cucharadita copeteada de pimienta negra

1/8 de cucharadita de comino

1/4 de taza (63 ml.) de agua

sal al gusto

2 bagres limpios (aproximadamente 675 gr. en total)

6 tazas (1.5 l.) de agua

1 cabeza y cola de pescado adicionales

sal al gusto

340 gr. de jitomates

4 ramitas de hierbabuena fresca

2 cucharaditas del vinagre de los chiles en escabeche

1 chile ancho limpio, sin venas ni semillas,
cortado en pedacitos

PARA SERVIR:

cilantro toscamente picado

una salsa picante

194

Primero hay que preparar la base del caldo: caliente el aceite de oliva en una sartén pequeña. Añada la cebolla y el ajo, y cocine, sin dorar, hasta que acitronen. Agregue el jitomate y siga cocinando unos segundos. Luego agréguele la harina y fríala hasta que esté dorada, cuidando que no se queme. Agregue el orégano, la pimienta y el comino molidos, junto con el agua. Siga cocinando. No deje de revolver para que no se queme, durante unos 3 minutos, o hasta que espese. Añada sal y retire del fuego.

Enjuague el pescado y córtelo en rebanadas de 4 cm. de grosor, incluyendo la cabeza y la cola. Ponga a hervir las 6 tazas (1.5 l.) de agua. Agregue la cabeza y la cola adicionales, con sal, y deje hervir lentamente. Añada los jitomates enteros y cocine durante unos 10 minutos, o hasta que estén suaves pero no se revienten. Sáquelos del agua, pélelos y licúelos hasta que estén lisos. Déjelos a un lado.

Siga hirviendo el caldo a fuego lento durante otros 10 minutos. Mezcle —o licúe— 2 cucharadas de la base de caldo con 1/2 taza (125 ml.) del caldo de pescado y vierta en la olla. Añada el puré de jitomate con la menta, el vinagre y el chile ancho. Siga cocinando unos 10 minutos. El caldo debe estar ligeramente más espeso; si no es así, añada un poco más de caldo. Justo antes de servir, añada los filetes de pescado y hierva a fuego lento hasta que estén tiernos: unos 5 minutos.

Sirva con el cilantro y la salsa picante al lado.

Nogada
Señora Estela Romo, Ciudad Camargo
Rinde aproximadamente 675 gr.

En el norte de México se llama nogada a un tipo de palanqueta hecha con piloncillo y nuez encarcelada, que a veces se llama nuez de cáscara de papel o pecanera, que aquí crece en abundancia. (En Puebla y sus alrededores, nogada se refiere a una salsa hecha con otro tipo de nuez.)

Siempre busco formas de usar el piloncillo muy oscuro porque me encanta su maravilloso sabor, pero cuando hice esta receta el caramelo salió pegajoso y nunca llegó a su punto. Un amigo de Nuevo León confirmó mis sospechas. Me dijo que su mamá usaba un piloncillo masa de color claro para hacer una nogada. Es adictiva.

565 gr. de piloncillo ligero o de azúcar morena clara,
(aproximadamente 3 1/2 tazas)
3 tazas (750 ml.) de agua
2 rajas de canela de 5 cm.
115 gr. de nueces toscamente picadas (aproximadamente 1 taza muy copeteada)
180 gr. de mitades de nuez enteras (aproximadamente 1 1/2 tazas)

Tenga lista una charola para hornear galletas, ligeramente aceitada, en que pueda acomodar el dulce en una sola capa delgada.

Rompa el piloncillo en pedacitos. Póngalo en un cazo o una cacerola gruesa. Agregue el agua y la canela, y cocine a fuego lento. Revuelva de vez en cuando hasta que el azúcar se haya disuelto.

Aumente el calor y cocine a punto de ebullición hasta que el almíbar llegue a 126 °C en un termómetro para dulces o cuando, al echar una gota del almíbar en agua fría, se forme una bolita compacta. De inmediato retire del fuego e incorpore las nueces. Siga revolviendo hasta que las nueces estén tan cubiertas como sea posible. Extienda la mezcla sobre la charola en una sola capa, lo más delgada posible, dado el grosor de las nueces. Deje que enfríe y se endurezca. Rompa la palanqueta en pedazos grandes y guárdela en un frasco hermético.

Rollo de nuez y dátil
Señora Estela Romo, Ciudad Camargo
Rinde para 3 rollos de 18 cm. de largo y 4 cm. de diámetro

No soy fanática de los dulces pero, en pequeñas cantidades, este rollo me parece exquisito. La señora Romo lo sirvió para darle un toque dulce a una gran comida: ¡yo estaba vencida! Si se guarda en un lugar seco, bien envuelto, en un frasco hermético, se conserva durante muchos meses. Se necesita leche entera, no descremada.

2 tazas (500 ml.) de leche entera
1 1/3 tazas (333 ml.) de azúcar

340 gr. de dátiles picados, aproximadamente 2 tazas muy apretadas

450 gr. de nueces toscamente picadas, aproximadamente 4 tazas muy llenas

Ponga la leche y el azúcar en un cazo o cacerola pesada. Revuelva a fuego lento hasta que el azúcar se haya disuelto. Luego cocine a fuego alto, moviendo y raspando el fondo de la olla para que no se queme, hasta que la leche se haya reducido y alcance 120 ºC en un termómetro para dulce. Poco a poco añada los dátiles y, cuando estén bien incorporados, cocine durante otros 2 minutos.

Retire del fuego e incorpore las nueces también poco a poco. Siga revolviendo la mezcla hasta que las nueces estén bien cubiertas. Luego deje que repose un poco. Cuando esté tibia y manejable, coloque la mezcla sobre una manta de cielo húmeda y forme un rollo de 4 cm. de diámetro. Córtelo al tamaño deseado y almacene.

Rajas en cerveza

Señora Olga B. de Baca, Chihuahua

Rinde 4 porciones como entrada ó 6 como botana

De Michoacán a Chihuahua y de regreso, todas y cada una de las recetas que conozco de chile y queso cuentan con mi aprobación inmediata. Al revisar mis archivos me topé con esta deliciosa variación del tema, que hace muchos años me dio la señora Olga de Baca. Como entrada, me gusta servirlo en platos individuales para gratinar, con tortillas de maíz.

3 cucharadas de aceite vegetal

1 taza (250 ml.) de cebolla blanca finamente rebanada

sal al gusto

450 gr. de chiles poblanos o anaheim, como 6 medianos,

asados, pelados, sin semillas ni venas, y cortados en rajas

1 taza (250 ml.) de cerveza fuerte: ¡nada de esas cervezas ligeras!

180 gr. de rebanadas finas de queso Chihuahua, asadero,

(en Estados Unidos, queso cheddar no muy fuerte o muenster)

Caliente el aceite, añada la cebolla y la sal, y cocine hasta que la cebolla se acitrone: aproximadamente 1 minuto. Agregue las rajas de chile, cubra la sartén y siga cocinando 3 minutos, hasta que los chiles estén tiernos pero no demasiado suaves. Añada la cerveza y siga cocinando, sin tapar, hasta que los chiles la absorban. Ponga el queso encima, tape la sartén y deje que se derrita. Sirva de inmediato.

Chile dulce
Señora Lilia S. de Beck

Rinde aproximadamente 2 tazas [500 ml.]

Al revisar mis archivos, otra receta que me llamó la atención es este "chutney" del norte de México. Tengo la sospecha de que proviene de un recetario local titulado *Cocinemos mejor* (1975). De ser así, espero que la señora Beck me perdone por copiar la receta aquí. El chile dulce sabe muy bien con carnes asadas o frías.

9 jitomates toscamente picados
8 chiles poblanos o anaheim, asados, pelados, sin venas ni semillas,
picados: aproximadamente 1/2 taza
1/2 taza (125 ml.) de vinagre suave
1/2 taza (125 ml.) de azúcar morena o de piloncillo desmenuzado
1/2 cucharadita de clavos machacados
1/2 cucharadita de pimientas gordas machacadas
1 rajita de canela de 13 mm. triturada
1 cebolla blanca mediana finamente picada
sal al gusto

Coloque todos los ingredientes en una gruesa sartén inoxidable y cocine a fuego lento durante unas 3 horas. La mezcla debe quedar húmeda pero ligeramente texturada. Almacénela en el refrigerador.

El Centro

Hidalgo

El estado de Hidalgo está al norte y noreste de la ciudad de México. Su territorio es en gran parte montañoso y, al oriente, se topa con la Sierra Madre Oriental. Las dos únicas carreteras que lo atraviesan rumbo al norte se encuentran entre las más bellas y sinuosas del país. En su mayoría la parte sur tiene un clima seco y semiárido, pródigamente dotado de manantiales y de aguas térmicas que los otomís —los indígenas de la región— frecuentan desde épocas precolombinas.

A Pachuca, la capital del estado, se le conoce como "la bella airosa". Es un centro minero situado en un paisaje rocoso y montañoso. Curiosamente, uno de los alimentos más populares son los pastes, herencia de los mineros ingleses de Cornualles que vinieron a trabajar a la región en el siglo XIX. Aunque en su forma original eran empanadas rellenas de carne y vegetales, en un restaurante regional de Pachuquilla —cerca de Pachuca— encontré pastes rellenos con carne de cerdo molida y chile, desde luego.

Uno de los primeros recuerdos que tengo de mis viajes por México es el que hicimos hasta la frontera con Texas, a través de la vieja carretera Panamericana, que cruzaba Pachuca y luego Tamazunchale, en San Luis Potosí. Siempre era un camino fascinante. Cuando teníamos tiempo, invariablemente parábamos a admirar el hermoso convento agustino del siglo xvi de Actopan; las pinturas rústicas del monasterio de San Andrés, en Ixmiquilpan —que datan de la misma época—, y el refrescante balneario de aguas termales de Tasquillo, nombrado así por Nicte-ha, diosa otomí del agua. El espectacular paisaje nos salía al encuentro a ambos lados del camino en el que prácticamente no había ninguna señal de vida, a no ser por una esporádica y solitaria ranchería.

A medida que el camino descendía, pasaba por una frondosa vegetación tropical que ahora, veinte años después, ha sido arrasada casi en su totalidad en favor del cultivo de cítricos y café sin sombra.

Hace poco una amiga y yo tomamos la carretera a Veracruz para ir a Huejutla. Después de salir de Pachuca el camino asciende y serpentea a través de un árido paisaje salpicado de cactos y agaves. El único verdor es el de los barrancos y cañadas irrigados por el agua de los manantiales. Antes uno siempre veía majestuosos y gigantescos nogales. Ahora la carretera asciende a través de unos cuantos pinos y robles, y atraviesa un pastizal, antes de bajar por la ladera oriental de la sierra. El camino se vuelve angosto y se pliega a la cara de piedra de la montaña, lo que resulta aterrorizante cuando uno ve que un autobús se aproxima en dirección contraria a una velocidad espantosa. Pero es una zona de vegetación exuberante envuelta en bruma y los helechos casi invaden la carretera, mientras el agua brota de las rocas y cruza el pavimento frente a uno.

Muchas veces el viaje en sí resulta más atractivo que el destino mismo; en este caso, Huejutla. Es un pueblito indefinido donde hace calor y el aire es pegajoso. Aun en el mercado —el sitio más socorrido para comer— no había gran variedad de platillos regionales pero pude probar los frijoles negros de la zona. No los conocía y me parecieron deliciosos. Estaban sazonados con una planta rastrera silvestre (de la que ya he hablado en la sección sobre Puebla), que pertenece a la familia de las piperáceas y tiene un fuerte gusto a cilantro (de hecho se llama cilantro de monte). También comí unos huevos guisados con la delicada flor amarilla de otra leguminosa, también rastrera, que se llama *quebrachis* (Dhyphysa robinoides).

Además del viaje, la parte más memorable del trayecto fue una visita a Chililico, un pueblo náhuatl que no queda muy lejos. Las casas de estilo tradicional tenían paredes de tierra y techos de palma. La mayoría estaba rodeada de árboles frutales de la región. No puedo olvidar la fragancia del naranjillo: un arbusto con diminutas flores blancas parecidas al azar.

Los habitantes de Chililico se dedicaban a la alfarería del lugar. Se trata de cazos y garrafas de grácil forma —aunque ninguno se usa para cocinar—, decorados con hojas de tonos terrosos que contrastan.

Sin embargo, casi todas las veces que he estado en Hidalgo lo paso alrededor de Nopala y, esta vez, en Tula. En mi libro *The Essential Cuisines of Mexico* publiqué algunas recetas del lugar. La mayoría las obtuve de la señora María Elena de Lara, pero no puedo resistir contarles el inolvidable día que pasé con la familia Ángeles, cerca de Tula.

De vuelta a Hidalgo

Hace algunos años, cuando aún vivía en la ciudad de México, iba a visitar el rancho de una amiga, en las cercanías de Hidalgo. Me encantaba su comida terrenal (algunas recetas aparecen en *The Essential Cuisines of Mexico*). Luego me mudé a Michoacán y mis viajes me llevaron a otras partes, lo que no es difícil en un país tan variado como este. Hace poco otra amiga vino a visitarme y me trajo unas deliciosas gorditas rellenas de chicharrón prensado. No las conocía. Me dijo que las preparaba su cocinera, que también era de alguna parte de Hidalgo. Cuando le comenté lo mucho que me gustaron, me invitó a probar otros platillos regionales.

Tuvo que pasar un año antes de que encontrara el tiempo para ir a verla. Mi amiga aprovechó la oportunidad y organizó la reunión anual de su familia. Yo debía llegar un poco antes, a fin de presenciar todos los preparativos para la fiesta, excepto la barbacoa de borrego que, para cuando yo llegara, estaría enterrada en su horno de tierra.

Antes de irse a trabajar a la ciudad de México, Juanita —la cocinera de mi amiga— y su hermana vivían con sus padres en Tula, en el valle del Mezquital, al este de Hidalgo. El padre y los hijos que se quedaron cultivan la tierra y, con la ayuda de un sistema de irrigación, todo el año siembran maíz, frijol, chile, calabaza y alfalfa, además de tener unas cuantas vacas y ovejas.

Era un caluroso día de mayo. A la distancia, las colinas del este se veían brumosas y de un color café quemado, producto de los secos meses de invierno. Frente a nosotros el valle irrigado se extendía con una mezcla de tonos verdes.

Al llegar al rancho vimos que había dos cocinas en plena acción: una dentro de la casa —donde se cocían los frijoles y las verduras— y otra, afuera, para hacer tortillas y antojitos a gran escala. El nixtamal preparado la víspera se había llevado al molino para hacer dos tipos de masa: una muy fina para tortillas y quesadillas, y otra, un poco más texturada, para los tlacoyos y las gorditas.

Su estufa improvisada para hacerlas me fascinó: era una gran tina redonda de metal con un quemador de gas en el interior. Una tapadera metálica servía de comal y todo el conjunto estaba asentado sobre unas patas que le daban la altura de una estufa apropiada para el trabajo.

Todos ayudaban. Las nueras hacían quesadillas de flor de calabaza recién cortada; había tlacoyos rellenos de frijol y gorditas de chicharrón prensado. Era una línea de producción, rítmica y constante, en la cual se torteaba la masa, en medio de una deliciosa mezcla de aromas. Adentro, en la cocina, las habas se habían cocido hasta desintegrarse en una especie de puré amarillo, pero reservaron el chile y la cebolla para que yo pudiera ver las cantidades exactas, pero todo era al tanteo. En la siguiente olla se le quitaba la espuma a los frijoles quebrados pero, en atención a mí, apartaron algunos frijoles secos para que pudiera ver cómo se muelen toscamente en el metate antes de echarlos a la olla. Tardan dos o tres horas en cocerse y, durante todo el proceso, se elimina la piel dura que sube a la superficie. Vi el reloj. Tenía mucha hambre y todavía faltaban horas para que los frijoles estuvieran listos: no pude más que añorar mi olla de presión.

Las hijas pusieron la mesa y ayudaron a su madre con la comida. Mientras tanto, sobrinas y sobrinos, vestidos de fiesta con sus mejores ropas, entraban y salían a toda velocidad, llevando y trayendo cosas. Al mismo tiempo, entre juegos y carcajadas le daban de comer a los pollos.

Los hombres llegaron en la tarde, ya liberados de las faenas del campo, muy pulcros y vestidos con sus mejores camisas y pantalones. Cargaban sillas y cajas. Se preguntaban cómo saldría la barbacoa, enterrada desde hacía cinco horas.

Cuando el trabajo llegó a su fin todos teníamos hambre. Empezamos a hablar de comida y de los cambios ocurridos en años recientes. Antes de que las carreteras comunicaran al pueblo con Querétaro y la ciudad de México, a unos kilómetros pasaba el ferrocarril que le daba servicio a la comunidad. Cuando aún no tenían sistema de irrigación, vivían de lo que lograban cultivar durante las lluvias de verano (escasas aún en el mejor de los años) y lo que podían secar para los meses siguientes: maíz, frijol, chile. Rebanaban y secaban jitomates y tomates. Hasta las hierbas que crecían en los maizales y el huauzontle (una planta de la familia del amaranto) —que ahora cultivan— se secaba a la sombra. En los alrededores de la granja quedaban algunas plantas, nopales y árboles frutales que antes los abastecían de productos gratuitos, pero ahora todo estaba devastado por las emisiones de la fábrica de cemento. Sin embargo, inexplicablemente, las higueras cargadas de fruta, aún verde, lograron sobrevivir.

A las tres de la tarde llegó el resto de la familia. Nos ofrecieron limonada y cerveza, y por fin circularon los tan ansiados antojitos. Aunque estaba perfectamente consciente de que aún había mucha comida por delante, era difícil contenerse, pero por fin nos distrajimos cuando se anunció que el hoyo de la barbacoa se iba a destapar.

Todos salimos a ver. Tres hombres con palas comenzaron a quitar la tierra de la cima, lo que siempre parece llevar una eternidad. Luego quitaron las capas protectoras para exponer las hojas de maguey, cuidadosamente sobrepuestas en un diseño como de rayos solares, con que estaba forrado el hoyo en la tierra. Trajeron platones y pinzas para sacar la carne pero los hombres insistieron en usar las manos. Cada vez que sacaban un poco de carne tenían que sacudirlas para aliviar el dolor que les producía el manjar ardiente. Cavaron hasta los rincones del fondo donde estaban dos grandes paquetes cubiertos con hojas de maguey, firmemente atados con alambre. Eran los *ximbones*: nopales con carne de cerdo, cebolla, ajo, chiles serranos y hierbas. Por último, se necesitaron dos hombres para sacar la tina con el consomé: los jugos que el cordero había soltado durante el largo y lento proceso habían enriquecido el agua que ya tenía chiles y verduras.

¡Qué banquete! Había sopa de habas, frijoles quebrados, barbacoa, montañas de tortillas humeantes y una salsa de tunas agrias. Se pasó el consomé a quienes, a esas alturas, sólo podían hacer espacio para una última cucharada. La comida terminó con un postre de guayabas. Pero eso no fue todo: apareció un gigantesco pastel con salsa de limón y, de nuevo, nos obligaron a comer un último bocado.

Cuando terminó la comida, deambulamos al atardecer. El ambiente estapa preñado del aroma de los lejanos montes donde comenzaba a lloviznar. Vimos el gran vado junto al río donde se encierra el ganado en la noche y a las ovejas de rostro negro, que evidentemente seguían en lista para ocupar el hoyo de la barbacoa. Nos paseamos por los campos de cultivos para recoger algunas calabacitas mientras caían los últimos rayos del sol sobre el valle.

Salsa de xoconostle

Señora Paula Cruz de Ángeles

Rinde aproximadamente 2 1/2 tazas [625 ml.]

El xoconostle (*Opuntia joconostle*) es una pequeña tuna (la fruta ácida del nopal) que crece en terreno semiárido y que se usa en el centro de México —sobre todo en Hidalgo, Guanajuato y Aguascalientes— ya sea para hacer una salsa de mesa como la que aparece a continuación, o para darle un toque ácido a guisados como el mole de olla.

Esta fruta tiene una piel delgada de color verde claro con toques rosáceos. Las semillas no están diseminadas como en la tuna más común, sino concentradas en el centro, de una capa de pulpa muy ácida como de 7 mm. de grueso. (No conozco ningún sustituto en Estados Unidos, pero las he visto en los mercados de Texas.)

Puede hacer esta salsa en licuadora o en molcajete. Desde luego, los puristas optarán por lo segundo a fin de obtener una textura y sabor más auténticos.

6 xoconostles (véase texto anterior)
1/3 de taza (83 ml.) de chile morita, o el más grande, de chipotle mora
1 1/4 de taza (313 ml.) de agua
2 dientes de ajo
sal al gusto

Coloque las tunas sobre un comal o plancha a fuego lento y áselas con lentitud. Voltéelas y párelas sobre ambos polos para que se cocinen de manera uniforme y se asen un poco. Si las tunas son grandes y firmes, esto llevará unos 45 minutos. Cuando las retire del fuego, guárdelas en una bolsa de plástico para que "suden" unos 10 minutos, como si fueran chiles. Así podrá pelarlas con más facilidad. Pélelas, ábralas por la mitad y quíteles las semillas. Pique bien la pulpa y elimine cualquier fibra delgada.

Enjuague los chiles brevemente —no deben quedar muy húmedos— y séquelos con un trapo. Quíteles los tallos y ponga los chiles sobre un comal para que se tuesten a fuego lento. Voltéelos con frecuencia para que no se quemen. Deben quedar lo suficientemente tostados como para que se desmoronen fácilmente en la licuadora o en el molcajete.

En licuadora: licúe los chiles con 1 taza (250 ml.) de agua y el ajo. Poco a poco añada las tunas picadas y licúe brevemente. Esta es una salsa rústica texturada. Añada sal y diluya con el resto del agua.

En molcajete: muela el ajo y la sal con los chiles. Poco a poco añada 1/2 taza (125 ml.) de agua y las tunas picadas. Muela hasta obtener una textura gruesa. Añada el resto del agua y diluya al gusto.

Sopa de haba seca
Señora Paula Cruz de Ángeles
Rinde aproximadamente 9 tazas (2.25 l.)

Esta es una versión particularmente deliciosa de la sopa de habas secas que suele servirse en Cuaresma. Compre habas peladas de color amarillo. A menos que sean importadas de México, mucho temo que las que venden en Estados Unidos no tienen el mismo sabor ni el mismo cuerpo; su tiempo de cocción también es más breve.

La señora Paula cuece los nopales en agua hirviendo con bicarbonato de sodio y la cáscara de dos tomates verdes. Yo prefiero cocerlos al vapor, para conservar más nutrientes, la textura, etcétera. Dice que no hay que añadirlos a la sopa sino hasta unos minutos antes de servirlos. De lo contrario estropean el color amarillo; yo le creo.

De 12 a 14 tazas (de 3 a 3.5 l.) de agua
450 gr. de habas secas peladas
sal al gusto
3 cucharadas de aceite vegetal
1/4 de cebolla blanca mediana rebanada
4 chiles serranos abiertos por la mitad
3 dientes de ajo toscamente picados
1/2 cucharadita de comino molido (no el polvo comercial)
8 ramitas de hierbabuena fresca
3 tazas (750 ml.) de nopales cocidos

Caliente el agua. Añada las habas, la sal y el aceite. Cuézalas a fuego lento y revuelva de vez en cuando ya que tienden a caer al fondo de la olla y pueden pegarse y quemarse con facilidad.

Después de una hora, añada la cebolla, los chiles, el ajo y el comino. Cuézalas de hora a hora y media, hasta que las habas estén completamente suaves y la sopa haya espesado un poco: debe tener un poco de textura por las habas que están cocidas pero que no se desintegren parejas. Cinco minutos antes de servir, agregue la hierbabuena y los nopales. Ajuste la sal.

Nota: me gusta preparar la sopa con bastante anticipación y añadir los nopales y la hierbabuena cuando la recaliento. La sopa se espesa después de reposar, de modo que quizá tenga que diluirla con un poquito de agua.

Frijoles quebrados
Señora Paula Cruz de Ángeles
Rinde aproximadamente 2.5 l.

En la región a estos frijoles se les llama "frijoles de floja", pero la verdad es que llevan mucho trabajo. Doña Paula muele los frijoles secos en un metate. No los remoja antes porque dice que eso les quita sabor. Los xoconostles le añaden a este platillo una acidez agradable.

450 gr. de frijoles flor de mayo (o pinto en Estados Unidos)

3 l. de agua

3 xoconostles (véase pág. 205) o 2 nopales, limpios y cortados en cubos

1/2 cebolla blanca toscamente rebanada

11 chiles guajillo (alrededor de 115 gr.)

2 hojas de aguacate

sal al gusto

1 manojo pequeño de cilantro —hojas y tallos— toscamente picado

Muela toscamente los frijoles. Póngalos en una cacerola grande o en una olla de cocción lenta. Añada 10 tazas (2.5 l.) de agua y deje que suelten el hervor. Baje el fuego y siga cociéndolos de dos a tres horas —según la edad de los frijoles—, hasta que estén tiernos, pero no demasiado suaves (tampoco deben estar *al dente*). También puede cocerlos toda la noche a fuego lento en una olla de cocción lenta.

Conforme hiervan los frijoles debe retirar muy meticulosamente las impurezas y las partículas de cáscara que suben a la superficie. A mitad del proceso, añada los xoconostles y la cebolla.

Mientras tanto, abra los chiles por la mitad, quíteles las semillas y las venas, y tuéstelos ligeramente en un comal, cuidando que no se quemen. Póngalos en una sartén pequeña. Cúbralos con agua y hiérvalos a fuego lento unos 5 minutos. Luego déjelos remojando 10 minutos más.

Licúe las 2 tazas (500 ml.) del agua restante con las hojas de aguacate y los chiles ya escurridos hasta obtener una mezcla lo más lisa posible. Cuele el puré de chile y presione los restos a través del colador para obtener la mayor cantidad de pulpa que sea posible. Añada esta salsa a la olla. Agregue sal y siga cocinando 15 minutos o más. Agregue el cilantro 5 minutos antes de apagar el fuego. Sirva con bastante caldo.

Gorditas hidalguenses

Rinde aproximadamente 10 gorditas de 8 cm.

Para mí estas gorditas son completamente adictivas. Las como hasta frías. Saben mejor cuando se dejan reposar un poco para que la manteca tenga tiempo de permear la masa y darle sabor. Pueden recalentarse y, de hecho, saben mejor así. Si quiere, hágalas con varios días de anticipación y hasta puede congelarlas.

450 gr. de masa para tamales un poco texturada (véase pág. 535)
2 cucharadas de manteca de cerdo
2 cucharaditas de anís
sal al gusto
1/2 taza (125 ml.) de relleno, ya sea pasta de
frijol o chicharrón prensado, muy apretado

Mezcle la masa, la manteca, el anís y la sal. Divídala en 10 o más bolitas de unos 4 cm. de diámetro. Cúbralas con un trapo húmedo mientras trabaja.

Con las manos, o con una prensa para tortillas, presione cada esfera hasta hacer una tortilla de unos 9 cm. de diámetro y 7 mm. de ancho. Unte 1 1/2 cucharadas de relleno en el centro, dejando un borde como de 13 mm. Doble la masa a la mitad y extiéndala hasta obtener un círculo de entre 6.5 y 8 cm. de diámetro. Cuide que el relleno no traspase la masa.

Caliente un comal o una plancha sin engrasar y cueza las gorditas a fuego medio de 5 a 7 minutos por lado, cuidando que no se quemen. Deben quedar muy ligeramente doradas en algunas partes.

Frijoles para gorditas
Señora Paula Cruz de Ángeles
Rinde 5 1/2 tazas [1.375 l.]

Éste es un relleno un poco pesado, pero la idea es que la manteca adicional enriquezca la masa de la gordita. Doña Paula insiste en moler, primero el anís y luego los frijoles, en el metate. Bien vale la pena hacer esta cantidad porque estos frijoles son adictivos y puede congelar los que sobren para otras gorditas.

450 gr. de frijol flor de mayo (o pinto en Estados Unidos)
2 cucharadas redondeadas de anís
sal al gusto
11 chiles guajillo
4 cucharadas copeteadas de manteca de cerdo
o 5 cucharadas de aceite vegetal

Enjuague y escurra los frijoles. Cúbralos con agua caliente y cuézalos de tres a cuatro horas —según la edad de los frijoles—, a fuego lento, hasta que estén tiernos, pero no suaves. Escúrralos y reserve el caldo. Machaque los frijoles hasta obtener un puré texturado. Muela el anís con sal en un molino para especias y añádalo a los frijoles.

Abra los chiles por la mitad. Quíteles las venas y semillas. Tuéstelos ligeramente sobre un comal, con cuidado de no quemarlos. Cúbralos con agua caliente y hiérvalos unos 5 minutos a fuego lento. Luego déjelos remojar 10 minutos más.

Licúe 2 tazas (500 ml.) de caldo de frijol con los chiles ya escurridos hasta obtener una consistencia lo más lisa posible.

En una sartén, caliente la manteca. Cuele el puré de chile, presionando el colador para extraer la mayor cantidad de pulpa. Añádalo a la sartén y fríalo durante un minuto, raspando el fondo de la olla para que no se pegue.

Incorpore los frijoles y el anís. Siga cocinando la mezcla unos 8 minutos, revolviendo y raspando el fondo de la sartén, hasta que haya reducido un poco, tenga una apariencia agradable y lustrosa, y apenas caiga de la cuchara.

Mole de olla hidalguense
Señora María Elena Romero de Lara
Rinde 8 porciones

Éste es un guisado generoso y reconfortante que puede servirle a su familia y sus amigos que no esperen el clásico numerito de la pechuga de pollo (sin piel, desde luego) en salsa de cuitlacoche.

Hace muchos años la señora Lara preparó este mole la primera vez que fui al rancho de su familia en Hidalgo. Ella me descubrió los hongos clavito (*Leophyllum decastes*), el anís silvestre (*Tagetes micrantha*) y el pericón (*Tagetes florida*), que crecen en el campo y se cocinan con elotes recién cortados. En algunas regiones se usan xoconostles (*Opuntia joconostle*) en este tipo de guiso para subrayar el sabor de los chiles. También, para hacer salsa, o incluso los xoconostles se comen en almíbar, como postre. Crecen en el centro y norte de México y ya se están importando a Estados Unidos para los mexicanos. Son redondos, de color verde con tonalidades rosas, y no tienen las feroces espinas de otras tunas. Si no encuentra xoconostles puede usar algún tipo de manzana agria, finamente rebanada, o eliminarlo por completo.

Creo que lo ideal es hacer una cantidad considerable de este guiso porque sabe mejor. Si tiene una olla de barro mexicano para frijoles, cocínelo allí, a fuego lento.

1.125 kg. de costillitas de cerdo con un poco de grasa,

cortadas en cubos de 4 cm.

2 cebollas de rabo grandes o varias pequeñas, toscamente picadas con todo y la parte verde

4 dientes de ajo toscamente picados

2 l. de agua

sal al gusto

6 chiles anchos

6 chiles pasilla

1 1/3 de taza (333 ml.) de agua

1/4 de cucharadita copeteada de comino

1/4 de cucharadita copeteada de pimientas negras

2 dientes de ajo toscamente picados

2 elotes cortados en 6 piezas

340 gr. de chayote pelado y cortado en tiras

340 gr. de ejotes limpios y amarrados en manojos de 5 ó 6 piezas

225 gr. de calabacitas en 8 rodajas cada una y con los extremos cortados

3 xoconostles

1 ramita de cilantro

2 ramas grandes de epazote

PARA SERVIR:

cebolla blanca finamente picada

cilantro toscamente picado

orégano seco

limones partidos en cuartos

En una olla grande ponga la carne, las cebollitas, los 4 dientes de ajo, 2 litros de agua y bastante sal. Deje que rompa el hervor y cuézala unos 40 minutos a fuego lento hasta que la carne esté medio cocida.

Mientras tanto, abra los chiles por la mitad. Quíteles las venas y las semillas. Tuéstelos ligeramente en un comal o plancha, cuidando que no se quemen. Luego remójelos durante unos 15 minutos.

Licúe 1/3 de taza (83 ml.) del agua con el comino, las pimientas y dos dientes de ajo hasta obtener una consistencia lisa. Añada la taza (250 ml.) del agua restante y los chiles ya escurridos y licúe de nuevo hasta obtener un puré liso. Agregue esta salsa a la carne y deje que rompa el hervor.

Añada el elote, el chayote y los frijoles. Cocine todo otros 10 minutos. Luego agregue la calabaza, los xoconostles, las hierbas y ajuste la sazón. Cocine a fuego muy lento durante aproximadamente 40 minutos hasta que la carne esté suave y bien sazonada. Sirva este mole de olla en platos hondos grandes con bastantes verduras, carne y por lo menos 1 taza (250 ml.) de caldo. Pase el resto de los ingredientes por separado.

Señorita Antonia Ortiz

Ya sea antes o después de un arduo viaje, desde hace muchos años la señorita Antonia Ortiz amortigua los rigores de mis ires y venires entre Zitácuaro, la ciudad de México y otros puntos. Ella es de Hidalgo y es la invencible ama de llaves de una querida amiga cuya casa constituye un punto de descanso en mis viajes y su cochera sirve para guardar mi confiable camioneta.

Antonia es la sal de la vida, no hay otra manera de describirla. Atiende sus deberes con una eficiencia y un humor que más de un ejecutivo haría bien en imitar. En su calle no hay una sola sirvienta ni una sola cocinera que no dejaría en el acto lo que está haciendo para ir en ayuda de Antonia, prestarle un cuarto de leche o unas cebollas; y no hay un solo jardinero, barrendero o policía local a quien no se invite a tomar un café y un pan dulce, un taco, o lo que haya habido de comer. Para mí ella es la *grande dame* del vecindario.

Los fines de semana la señorita Ortiz hace un largo viaje y toma tres camiones para regresar a Hidalgo a cuidar a su anciana y convaleciente madre. Vuelve cargada de productos para vender: el delicioso queso y mantequilla de una pequeña fábrica local, grandes y gordas gallinas que cría su cuñado, o probaditas del chicharrón y la barbacoa de res que se hicieron el fin de semana para celebrar alguna fiesta familiar.

Siempre me tiene una receta nueva y se chupa los labios con deleite mientras, con ojos llenos de luz, me describe alguna delicia recién descubierta.

Nadie tiene su sazón para hacer una sencilla sopa de verduras, enriquecida con un poco de caldo de pollo, o una sopa de ayocotes con chamberete, verduras y mucho cilantro.

Rebosa de alegría cuando me ayuda a descargar la camioneta, en donde traigo los productos de mi pequeño rancho: chayotes, nopales, huevos frescos y fruta —la que esté de temporada—, y de inmediato se apropia del pan rústico que le traigo del mercado de mi pueblo. Pero primero llena la tetera para hacerme té.

Aquí hay tres recetas que ella recomienda para hacer una taquiza (una fiesta donde se comen tacos). En años recientes, cuando los precios han aumentado y el dinero no abunda, tener invitados muchas veces significa, no un pródigo buffet, sino una serie de cazuelas de arroz, frijoles, guacamole y varias salsas, con una pila de tortillas que se rellenan con unos guisos muy sencillos. Esto puede convertirse en toda una lección sobre economía doméstica y alimenticia: la piel del pollo no se tira; Antonia la fríe con mucha cebolla hasta que está crujiente, para hacer unos tacos deliciosos que se comen con una salsa muy picante. (Sé que hay quienes se estremecerán, pero si usted está en una dieta estricta o es un *snob* de la comida, ¡cierre los ojos y disfrútelo!)

Chicharrón en tomate verde

Señorita Antonia Ortiz

Rinde 2 tazas copeteadas (550 ml.)

Ésta es una receta sencilla y deliciosa para una taquiza. Es mi forma preferida de preparar el chicharrón que, de vez en cuando, me permito comer.

1 cucharada de manteca de cerdo

340 gr. de tomates verdes, unos 14 medianos, sin cáscara, enjuagados y finamente rebanados

1/2 cebolla blanca finamente rebanada

3 dientes de ajo finamente picados

4 chiles serranos finamente picados

115 gr. de chicharrón delgado, en pedacitos de 4 cm.

1 taza (250 ml.) de caldo de cerdo o de pollo

sal al gusto

En una sartén, caliente la manteca y fría suavemente los tomates, la cebolla, el ajo y los chiles durante unos 15 minutos, revolviendo y raspando el fondo de la olla para que no se peguen. Añada el chicharrón y el caldo. Cubra la sartén y siga cocinando a fuego lento alrededor de 20 minutos: el chicharrón debe quedar suave. Ajuste la sazón.

CHICHARRÓN

En este libro hay muchas recetas deliciosas para guisar el chicharrón (quizás a algunos les parezca que hay demasiadas). El chicharrón es la piel del cerdo. Primero se seca, se cuece en manteca caliente y luego se fríe en manteca hirviendo. Esto hace que se esponje y se haga crujiente. Es un alimento muy popular en todo México. En Estados Unidos hay muchos mercados mexicanos que hacen su propio chicharrón. La calidad varía, pero hay algunas marcas comerciales excelentes de "cuero de cerdo frito" que, de hecho, es chicharrón. Hay que evitar los que estén duros y correosos pues no están bien preparados. Aunque la sola idea del chicharrón parece inevitablemente engordante, si se cocina hasta que está muy crujiente, es casi pura proteína.

Chicharrón en guajillo

Señorita Antonia Cruz

Rinde 2 1/2 tazas [625 ml.]

Sí, otra receta de Antonia para los aficionados al chicharrón. Quienes lo desconocen deben saber que el chicharrón siempre se vuelve suave en la salsa y, de hecho, a medida que se cocina, la absorbe. Sabe incluso mejor si se deja reposar unas cuantas horas o se come al día siguiente. A mí me gusta espolvorearlo con cebolla blanca, finamente picada, y cilantro, toscamente picado, antes de enrollar el taco.

6 chiles guajillo

6 chiles puya

1 taza (250 ml.) de agua

1/4 de cebolla blanca toscamente picada

3 dientes de ajo toscamente picado

2 cucharadas de manteca de cerdo

115 gr. de chicharrón en pedacitos de 4 cm.

2 tazas (500 ml.) de caldo de cerdo o pollo

sal, si es necesario

214

Abra los chiles por la mitad, quíteles los tallos, las venas y las semillas. Tuéstelos ligeramente por ambos lados sobre un comal o plancha no muy caliente, con cuidado de no quemarlos o la salsa se amargará. Cúbralos con agua caliente y déjelos hervir a fuego lento durante 5 minutos. Luego déjelos remojando 10 minutos más.

Licúe bien el agua, la cebolla y el ajo. Poco a poco añada los chiles ya colados y licúe de nuevo hasta obtener una mezcla lo más lisa posible.

Caliente la manteca en una sartén grande. Cuele la salsa, presionando bien el colador para eliminar los diminutos fragmentos de la piel del chile guajillo que parecen no licuarse jamás. Añada esta salsa a la sartén y fríala unos 5 minutos, raspando el fondo de la olla para que no se queme.

Agregue el *chicharrón* y el caldo (en efecto, la olla se verá atestada). Tape la sartén y cocine a fuego lento aproximadamente 20 minutos, revolviendo de vez en cuando y raspando el fondo de la olla para que no se pegue. Luego deje que el chicharrón se sazone por lo menos 10 minutos antes de servir.

Agregue sal sólo si es necesario. El chicharrón a veces ya está salado y el caldo también tiene sal.

Longaniza con papas y nopales
Señorita Antonia Ortiz
Rinde 2 1/2 tazas (625 ml.)

Ésta es una de las recetas favoritas de Antonia. La longaniza es un tipo más económico de chorizo que por lo general se elabora con los recortes de carne de cerdo, res, o ambas (cada carnicero tiene su propia receta), con los que se rellena la tripa de cerdo. La receta no tiene cebolla, ni ajo, ni chiles porque el *chorizo* —que puede usarse como sustituto— le da la sazón necesaria. No agregue sal sino hasta después de probarlo porque muchos chorizos tienen ya un exceso.

Me gusta ponerle la salsa verde cruda a estos tacos de longaniza.

1 cucharada de manteca de cerdo

225 gr. de nopales limpios y cortados en tiras delgadas

225 gr. de papas cortadas en rebanadas medianas

115 gr. de longaniza o de chorizo, en rebanadas

sal, si es necesario

En una sartén, caliente la manteca y fría ligeramente los nopales, sin tapar, durante unos 30 segundos, hasta que suelten su jugo. Agregue las papas y la longaniza. Tape la sartén y cocine a fuego lento alrededor de 30 minutos, pero revuelva bien y raspe el fondo de la olla de vez en cuando para que no se pegue. La mezcla debe quedar bastante seca.

Nota (Estados Unidos): si los nopales no están muy frescos, es posible que tenga que añadir 1/3 de taza (83 ml.) de agua a la sartén.

Me gusta escurrir el exceso de grasa del relleno e incluso usar papel absorbente.

Tamales de nopalitos

Rinde 4 porciones

Antonia obtuvo esta receta de la cocinera de un vecino. Es una forma deliciosa, poco común y saludable de preparar nopales (a no ser por la manteca... pero le da un sabor maravilloso y la hoja de maíz la absorbe casi toda). Resulta asombroso que, con este método, la viscosidad del nopal se seca pero se retienen los nutrientes.

Aunque no llevan masa se les llama tamales porque van envueltos en hoja de maíz. También llevan chile morita o mora (en Estados Unidos a veces son difíciles de encontrar pero puede substituirlos por chipotles enlatados). Debe usar dos hojas de maíz, una dentro de la otra, porque se cuecen directamente sobre la superficie caliente de un comal o plancha. Salen mejor si humedece las hojas —no las remoje— antes de usarlas.

Sirva estos tamales como una verdura sorpresa o incluso como entrada.

4 cucharadas rasas de manteca de cerdo o de aceite vegetal
3 nopales medianos, limpios y cortados en tiras delgadas
1/4 de taza (63 ml.) de epazote toscamente picado, hojas y tallos incluidos
4 chiles morita o mora (véase el texto anterior), limpios y en trozos pequeños
1/4 de taza (63 ml.) de cebollitas de rabo finamente picadas,
con un poco de la parte verde
sal al gusto

Tenga listas 8 hojas de maíz grandes y secas, y 8 tiritas hechas con la misma hoja, finamente deshebrada.

Divida las hojas en pares y coloque una dentro de la otra. Unte el interior con manteca. Mezcle todos los ingredientes y divídalos en cuatro partes.

Rellene las hojas preparadas. Dóblelas de modo que el relleno esté completamente cubierto y seguro en ambos extremos.

Coloque los tamales sobre una plancha o comal no muy caliente y cocine a fuego medio. Debe darles vuelta cada 15 minutos para que se cocinen parejo. Las hojas se chamuscarán un poco: no importa, se ve bien y sabe aún mejor.

Estado de México

El Estado de México circunda a la ciudad de México casi en su totalidad hasta que se funde con Morelos al sur. Gran parte de su territorio está densamente poblado hasta que uno abandona la zona urbana y se dirige al oeste, al magnífico parque del Desierto de los Leones, y al sur y al oeste hacia Toluca, la capital.

Los alrededores de Toluca me parecen irreconocibles. La primera vez que fui era una pequeña ciudad rodeada de milpas donde todos los viernes se ponía un mercado, auténtico reflejo de la comida, el arte y las artesanías de los alrededores. Ahora, está convertido en una masa urbana que prácticamente inunda a pueblos vecinos como Metepec y San Felipe Tlalmimilolpan, donde por muchos años disfrutamos de dos restaurantes muy típicos: El Caballo Blanco y la Posada de San Felipe.

A pesar de todo ese desarrollo, uno de los grandes mercados de México, el de Santiago Tianguistenco, apenas ha logrado defenderse de la influencia homogenizadora del México urbano. Los invito a recorrerlo juntos.

Los mercados de Santiago Tianguistenco y Metepec

Estos dos mercados están entre los más antiguos de que se tenga noticia en México y datan de épocas precolombinas. Quedan apenas a una hora en coche de la ciudad de México, pero visitarlos es transportarse a un mundo de inmenso colorido que bulle con la actividad de la vida rural, a la vez que constituyen toda una aventura culinaria.

El nombre Tianguistenco viene del náhuatl *tianquiztli* que significa "el lugar del mercado", y de *tentli*, "a orillas de". Metepec quiere decir "la colina de los magueyes". Hoy ambos son pueblos satélites de Toluca, la capital del estado, que alguna vez tuvo un pintoresco mercado. Cuando el mercado de Toluca creció demasiado y se trasladó a orillas de la ciudad, perdió su identidad y dejó de ser una meca para los turistas. Santiago y Metepec también se han expandido pero, de alguna manera, hasta cierto punto han logrado conservar las características que los hacen únicos.

Si usted está en la ciudad de México y tiene un martes libre, le sugiero que visite el mercado de Santiago. Es fácil llegar en coche: debe tomar la carretera 15 que va al oeste y que serpentea y asciende a orillas del Desierto de los Leones, un parque nacional densamente poblado de coníferas. De una altura de 3 mil metros el camino desciende bruscamente hasta el valle de Toluca, dominado por el Nevado de Toluca, un volcán extinto cuyas laderas de vez en cuando están cubiertas de nieve. Abajo, en La Marquesa, uno se desvía de la carretera principal y toma un camino pequeño rumbo al sur, que atraviesa ondulantes pastizales donde el tradicional pastoreo ha cedido a una gigantesca zona recreativa. Entre las docenas de campos de futbol y las pistas para go-karts, en cientos de rústicas cabañas se sirve comida regional a los miles de capitalinos que salen disparados de la ciudad cada fin de semana.

Sólo hay un camino a Santiago que, alternadamente, dice Santiago, Chalma o Mercedes Benz. Casi exactamente a 22 kilómetros hay que virar a la derecha y, a unos minutos de distancia, podrá ver las calles de Santiago. Deje su auto en las afueras del pueblo o se verá atrapado por los camiones. Lo mejor es llegar temprano en la mañana, pero recuerde que la altura de casi 3000 metros hace que las mañanas sean frías. Sobre todo, vaya con hambre y con un espíritu de aventura para probar algunas de las interesantes especialidades del lugar.

Al entrar al pueblo casi no hay espacio para caminar en las aceras, flanqueadas en ambos lados con improvisados puestos cubiertos con una mezcla de ondulantes toldos de lona —ahora poco a poco reemplazados por plásticos de colores chillantes—, amarrados en ángulos distintos, en frágiles postes que se mantienen más o menos

219

firmes con un apretado cordón. Estas lonas refugian del fuerte sol de estas elevadas planicies o de las pesadas lluvias de verano.

La actividad del mercado comienza la noche anterior con la llegada de camiones cargados de productos de los estados vecinos y que quieren reclamar un buen sitio para descargar sus mercancías al amanecer. El martes, muy temprano por la mañana, empieza a llegar la gente de los alrededores, en camiones atestados de cajas y costales e incluso con guajolotes, pollos y cerdos vivos. La policía local se despliega en su totalidad; los agentes lanzan silbidos desenfrenados o se colocan en puntos estratégicos a lo largo del camino, en espera de las cuotas —sobornos— de los camioneros. A estos agentes se les conoce como "mordelones".

Conforme avance hacia el centro quedará maravillado por las pilas de productos frescos: brillantes jitomates rojos; chiles de muchos tipos y distintos tonos de verde, y una variedad particularmente interesante de tomatillo verde y amarillo, de tamaño grande y forma irregular, conocido como tomate verde manzano. No lo he visto en ninguna otra parte.

Pero no olvide bajar la vista a las indígenas sentadas en la acera. Venden ramos de hierbas, cultivadas y silvestres: zacate de limón, una vinagrera larga y delgada que se llama lengua de vaca, verdolagas, o chivato (*Calandrina micrantha*), una planta silvestre de hojas pequeñas que crece en las lomas de los campos y que se come cruda, en forma de ensalada o guisada con carne de cerdo. Hay papaloquelites de hojas redondas y pepichas de hojas largas, ambas fuertes hierbas que se comen crudas en tacos, sobre todo con guacamole. Durante la época de lluvias también hay una variedad impresionante de hongos silvestres.

En ningún otro mercado de México, o del mundo, he visto tantas pilas de hongos multicolores recolectados en los altos bosques de pinos y en los pastizales de otras regiones del estado. Las tan apreciadas morillas y cetas pronto desaparecen en manos de los restauranteros que llegan de la ciudad de México. Pero quién puede quejarse cuando hay cúmulos de hongos clavitos (*Leophyllum decastes*) de tenue color café; delicados duraznillos color naranja; esponjosos hongos codorniz o paloma (*Macrolepiota procera*) con sus sombreretes moteados, y los espectaculares hongos azules (*Lactarius indigo*), por nombrar sólo algunos. Todos son jugosos y exquisitos, guisados con un poco de epazote —la más mexicana de las hierbas—, cebolla y chile, o añadidos a un caldo para hacer sopa o guisados con carne de cerdo.

Un poco más adelante verá una enorme pila de piedras y polvo blancos. Es cal (óxido de calcio), listo para desmoronarse o diluirse en el maíz para hacer tortillas. El puesto ha estado allí desde que recuerdo, junto a un vendedor que tiene una gran variedad de chiles secos, arroz, frijoles de todas clases, garbanzos y lentejas.

Para cuando usted llegue a la entrada del mercado cubierto casi con seguridad tendrá hambre. Justo en ese sitio hay una mujer que vende atole con tamales. Quizá no son los mejores tamales del mundo, pero van bien con el atole caliente y constituyen una buena base para todo lo demás que se sienta tentado a probar. Más adelante se topará con filas de fonditas —pequeños lugares para comer— con rústicas bancas y tablas a manera de mesa, cubiertas con hules de colores brillantes para tentar al comensal. En los braceros de carbón se calientan grandes cazuelas de guisados burbujeantes: chicharrón en salsa verde o roja, carne de cerdo en salsa verde con habas y calabaza, pollo con mole. El aroma más suculento viene del menudo de profundo color rojo: una sopa de tripa de res, sazonada con largas ramas de epazote.

Luego siguen las comidas frías: ensaladas de habas y nopales; aderezos de chile manzano picantísimo, en jugo de limón y cebolla; y manitas de cerdo en vinagre. Al dar la vuelta en la esquina, vuelva a mirar hacia abajo, porque por lo general hay una joven sentada en el piso que intenta persuadir, sin mucho éxito, a unas ranas hiperactivas para que vuelvan a meterse a su canasta forrada de plástico. Las ranas se limpian y se guisan con chile y jitomate. Sus embriones, los *atepocates*, se sazonan con cebolla, chile, nopales y jitomates cocidos sobre un comal, bien envueltos en varias hojas de maíz. Se preguntará qué son esos animalitos color naranja que parecen camarones y que se venden en pilas. Son acociles (*Cambarellus montesumae*), pequeños crustáceos que se encuentran en corrientes y pequeños lagos libres de contaminación, que aún existen. Ya están cocidos y pueden comerse como botana con un poco de limón.

Todo esto y los pequeños patos acuáticos, guisados con todo y cabeza, representan la comida indígena del área desde tiempos precolombinos. Apenas hasta principios del siglo xx el valle de Toluca, o más precisamente, la cuenca del río Lerma, era una zona de lagos y calzadas, llena de vegetación y rica en fauna silvestre. Según el historiador Javier Romero Quiroz, a la gente que recorría estos canales en pequeñas embarcaciones se les llamaba los "venecianos de México".

Casi todo el corredor principal del mercado está dedicado a las carnicerías, tanto de Santiago como de zonas aledañas, donde se vende carne de cerdo recién sacrificado y los productos que se preparan a partir de él: moronga o rellena hecha con hierbabuena y cebollas de rabo; manteca; chicharrón poroso o con grasa, y claro, dorado o muy

221

dorado, según el gusto; pequeñas ruedas aplanadas de queso de puerco en canastitas especiales que se llaman tompiates, y cecina: carne aplanada, sazonada con vinagre y chiles molidos. Al caminar uno advierte el delicioso aroma a especias y vinagre de los chorizos rojos y verdes, recién hechos.

El chorizo es prácticamente sinónimo del área de Toluca. Hernán Cortés trajo ganado y cerdos al valle que era famoso por la calidad de su maíz a principios de la Colonia. Los españoles trajeron también las técnicas para hacer embutidos y para curar la carne de cerdo, pero desde entonces, todo eso ha adquirido un carácter eminentemente mexicano que emplea ingredientes de la región. Hay muchos tipos de chorizo, desde los fastuosos que tienen almendras y piñones para clientes especiales, hasta la longaniza, que no está atada en forma de salchicha y, por lo general, se hace con carne más barata de cerdo y res.

Hace como 25 años apareció el chorizo verde. Algunos son excelentes, pero como por lo general se hacen en pequeñas cantidades, son más difíciles de encontrar. Están sazonados con hierbas, hortalizas, chiles y, a veces, tomates verdes. Muchos otros llevan semillas de calabaza y especias molidas comercialmente. Los que hay que evitar a toda costa son los que se preparan por montón en empacadoras, tienen colorante artificial y envoltura plástica (véase la receta en *El arte de la cocina mexicana*).

Toda la mañana hay una animada venta de tacos de barbacoa. El fuerte sabor y textura del carnero se presta al método tradicional de cocción en un hoyo para barbacoa. La carne sin sazonar se envuelve en gruesas y puntiagudas pencas de maguey, que primero se suavizan asándolas al calor de las brasas. Después, la carne envuelta se coloca en una charola de metal en la que se recolectan los jugos. Se cubre con tierra y se deja cocer toda la noche. Suculenta y deliciosa, la carne toscamente picada se come envuelta en una tortilla, con una salsa verde o roja que lleva cebolla picada y cilantro. Para acompañar los tacos se sirve una taza de consomé, que son los jugos diluidos de la carne con chile picante, cilantro, cebolla y jitomates. Sin importar la hora del día, este caldo constituye un estimulante fabuloso.

Si nada de esto le apetece o está a dieta, no pasará mucho tiempo antes de que escuche el grito de "jugo de naranja", en voz del vendedor que empuja su carrito por entre el gentío. Nada puede ser más fresco. Con gran destreza corta la naranjas, las exprime en una prensa de metal y, en cuestión de segundos, uno tiene un vaso de jugo espumeante. Él guarda la basura en una bolsa de plástico limpia que cuelga de uno de los manubrios de su carrito. O, si prefiere desayunar cereal —a últimas fechas también puede encontrarse hasta esto en el mercado— una joven empuja otro carrito atestado de cajas de todo tipo imaginable de cereal, con leche, miel, azúcar o pasas.

El aroma de fermentación que prevalece anuncia la venta de pulque. Llega al mercado en sus contenedores de plástico, pero hasta hace poco se llevaba en cueros, infladas pieles de cerdo, que rebotaban al viento como enormes globos con patas: era todo un espectáculo.

En los pueblitos cercanos se elaboran panes especialmente para este día de mercado. Un joven trae toda una variedad de panes semidulces, aderezados con naranja, piloncillo o enriquecidos con nata. Su abuela le enseñó el oficio y nunca falta los martes al mercado. Otro vende elaborados panes para ocasiones especiales, entre los que hay grandes corazones de pan glaseado, adornados con remolinos y garigoles.

Los calurosos y secos meses del invierno son la temporada de los capulines, que tienen un sabor dulce e intenso. Pueden comerse crudos, pero también se hacen en atole y en tamales, cocidos y mezclados con almidón de maíz para hacerlos más espesos y luego envueltos en hojas secas de maíz. Pero hay que tener cuidado: ¡los tamales tienen todas las semillas de la fruta! También pueden encontrar bolsas de tortitas de habas secas, mezcladas en crudo hasta formar una pasta que se sazona con cebolla, sal y epazote. Estos nutritivos pastelitos fritos son más comunes en Cuaresma, cuando se agregan a los guisados o a las salsas de chile y jitomate para añadirle proteína a la comida en los días en que no se come carne. Las habas se cultivan todo el año y son uno de los principales alimentos de la región, donde se comen frescas o secas.

De toda la comida que se vende en el mercado, los tlacoyos son mis favoritos. Afuera, en la calle, podrá ver a las mujeres que tortean la masa de maíz azul para hacer grandes tlacoyos rellenos de pasta de haba seca de un intenso y contrastante color amarillo. Luego se cuecen sobre un comal hasta que la masa está un poco crujiente y salpicada de motas cafés. Algunos se fríen brevemente en manteca. Vi a unas mujeres que, alejadas de la tradición, rellenaron los tlacoyos con chicharrón desmenuzado o requesón (me da hambre sólo de acordarme). Uno siente ganas de olvidarse para siempre de las aburridas dietas de moda, como ésas sin grasa y sin gracia.

Si escucha los gritos de "¡Golpe! ¡Golpe!", quítese del camino de inmediato. Los dueños de los carritos que transportan mercancías por todo el mercado constituyen un grupo impaciente y agresivo. Uno de ellos llevaba un claxon de coche, y con razón: en su carrito llevaba apilada una cocina entera: estufa, tanque de gas y, para colmo, ¡hasta mesas y sillas!

Si no comparten mi apasionado interés por la comida regional, aventúrense unas cuantas calles abajo donde se apersogan burros, mulas y caballos de carga. Observe el silencioso trueque de atados de leña por un kilo de harina o azúcar. O dé un pequeño paseo por las afueras del pueblo a la feria de animales. La encontrará de inmediato por la cantidad de lustrosos camiones y camionetas estacionados en una loma. Ahí el negocio adquiere gran seriedad cuando se regatean las vacas de ubres más grandes, los más prometedores becerros con *pedigree*, o los bueyes más fuertes para arar, al lado de mulas y caballos. Los grupos de corderos y de cerdos que tiemblan de miedo se amontonan en una esquina en espera de compradores de menos recursos. En el cercano pueblo de Atenco se descargan montones de pieles de oveja. Ahí se fabrica calzado y esas pieles se usan como forro de zapatos o para el interior de un chaleco. También hay coloridos puestos que venden botas, cinturones, sillas de montar y otros productos de piel. Pero no olviden detenerse a comer los mejores tamales y el mejor atole que vende la mujer que está a la entrada.

Estas escenas del mercado de Santiago Tianguistenco cuentan la extraordinaria historia de cómo estas personas, en su mayoría habitantes de zonas rurales, se las ingenian para sobrevivir con tan poco. Me pregunto cuánto durará todo esto, ante el inevitable embate de la Toluca que cada vez se expande más para invadirlo y abrumarlo todo.

Metepec

Huevos en cobija

Virginia Barrios

Para 1 porción

Durante el largo trayecto desde la ciudad de México hasta mi casa, siempre me reconforta detenerme a platicar con amigos para amortiguar el pequeño, pero constante, *shock* cultural que existe entre la vida social y urbana de la capital, y la rusticidad de mi refugio campestre.

El tramo de la ciudad de México a Metepec es sencillo. Ésta es una ciudad alfarera, famosa por sus caprichosas y coloridas figuras multiformes, de todos temas y tamaños, así como por sus primorosas ollas y cazuelas, las más bonitas de todo México (el lunes es el día de mercado).

Antes Metepec quedaba a 5 kilómetros de Toluca, la expansiva capital del Estado de México, pero ahora prácticamente quedó devorada. El pueblo se extiende alrededor de la base de un monte cónico y escarpado. En el otro extremo se encuentra el irregular y sombreado rancho de mis amigos Virginia y Carlos Barrios. Es un oasis verde y fresco, paralelo a la carretera y al perpetuo rugir del tráfico.

Además de publicar una serie de libritos deliciosos sobre temas mexicanos, *Minutiae Mexicana*, Virginia —nacida en los Estados Unidos— es una apasionada cocinera. Muchas mañanas, mientras filtro mi café en su cocina, me asombra la cantidad y variedad de exquisitos platillos y guisos que le da de desayunar a Carlos: frijoles, elotes, quelites, chorizo y huevos, cocinados en una u otra forma de entre su extenso repertorio de posibilidades.

Un día en especial me fascinó ver cómo formaba una "pared" de frijoles alrededor de una tortilla, a la que le puso un huevo en el centro y luego la roció con cilantro, queso y salsa. Virginia me explicó que esa era su versión de los huevos en cobija, un delicioso y nutritivo desayuno que se sirve en Mi Ranchito, el conocido hotel que está en la sierra norte de Puebla. Aunque muchas veces me he alojado ahí, nunca he visto ese platillo en el menú.

Esta receta es para hacerla a unos cuantos amigos especiales —muy pocos—, a familiares cercanos o a un amante, pero no a un grupo. Los huevos pueden freírse en una sartén muy pequeña o pasarse por agua.

aceite vegetal para freír
2 tortillas de 10 cm., que se han dejado secar durante unas horas
1/3 de taza (83 ml.) de frijoles negros refritos (bastante secos y maleables), tibios
1 huevo frito o pasado por agua
sal al gusto
1/4 de taza copeteada (70 ml.) de cilantro toscamente picado
de 1/3 a 1/2 taza (70 ml.) de salsa de tomate tibia
2 cucharadas de queso Chihuahua, Oaxaca (o muenster en Estados Unidos) rallado
1 cucharada de cebolla blanca finamente picada

225

Caliente aceite suficiente para recubrir una sartén con una capa muy delgada de grasa. Fría las tortillas por ambos lados hasta que estén doradas pero no crujientes, agregando un poco más de aceite, si es necesario. Escurra el exceso de grasa con toallas de papel.

Ponga una de las tortillas en un plato tibio. Con la pasta de frijol haga una "pared" como de 13 mm. de alto alrededor de la orilla. Coloque el huevo dentro, rocíelo con sal y cúbralo, primero con el cilantro, y luego con una segunda tortilla. Báñela con salsa. Espolvoréela con queso y cebolla, y colóquela bajo del asador hasta que el queso se derrita.

Sirva de inmediato.

Pastel de zapote negro
Virginia Barrios
Para 2 pasteles

La última vez que visité a Virginia Barrios estaba por terminar la temporada de zapote negro (*Diospyros ebenaster*), que en tierra caliente se da en invierno. La cocina se iba llenando de un aroma delicioso conforme los pasteles salían del horno. Mientras se enfriaban, Virginia y yo empezamos a platicar y me despachó con mi itacate: una rebanada de pastel de zapote negro para acompañar mi te.

Esta receta es invento suyo: un pastel verdaderamente mexicano que utiliza ingredientes de la región con mucho éxito. Debido al tremendo interés que han suscitado las nuevas frutas y verduras, estoy segura que pronto crecerá el mercado del zapote negro. En anticipación, incluyo esta receta.

2 1/2 tazas (625 ml.) de puré de zapote negro (véase la página siguiente),
de unos 900 gr. de fruta
1/4 de taza (63 ml.) de piloncillo rallado
1/3 de taza (83 ml.) de jugo de naranja
2 cucharadas de jugo de limón
1 plátano maduro machacado
1 1/2 tazas (375 ml.) de azúcar granulada

3 tazas (750 ml.) de harina

1/4 de cucharadita de sal

1 1/2 cucharaditas de bicarbonato de sodio

1 1/2 cuaraditas de canela molida

4 huevos bien batidos

3/4 de taza (188 ml.) de aceite vegetal

3/4 de taza (188 ml.) de pasas (amarillas si es posible)

2/3 de taza (164 ml.) de pepitas de calabaza peladas, ligeramente tostadas

Tenga preparados dos moldes para pastel —lo ideal es que midan 23 por 13 por 8 cm.—, forrados con papel encerado bien engrasado y enharinado. Caliente el horno a 177 ºC (350 ºF).

Mezcle el puré de zapote con el azúcar morena y los jugos. Incorpore el plátano y el azúcar granulada. En otro recipiente, mezcle la harina, la sal, el bicarbonato y la canela. Agréguela a la mezcla de zapote. Poco a poco incorpore los huevos, el aceite y luego las pepitas y las pasas.

Divida la pasta entre los dos moldes y hornee alrededor de una hora hasta que los pasteles estén firmes y esponjosos al tacto. Enfríelos en una parrilla.

ZAPOTE NEGRO

El zapote negro (*Diospyros ebenaster*) o zapote prieto es un fruta invernal nativa de los trópicos americanos. Aunque se le llama zapote, no todas las clases pertenecen a la misma familia botánica. Es una fruta redonda y regordeta: en general tiene como 12 cm. de diámetro y 9 cm. de alto. Tiene una piel verde y delgada, y, cuando está madura, la pulpa tiene un brillante color achocolatado, con 3 u 8 semillas brillantes y redondas distribuidas en la carne. Tiene un sabor dulce y delicado que no se parece a ninguna otra cosa que conozca. Debe usarse cuando está maduro y muy suave. Puede comprar los zapotes verdes y duros y madurarlos en casa.

Pepeto
Doctor Alfredo Garduño

Rinde 6 porciones

Le pregunté a mi amiga Virginia, que vive en Metepec, si sabía algo sobre un tipo de salchicha llamada obispo. Me respondió que sí, que la venden en el mercado de Tenancingo. Como nos quedaba cerca, fuimos a buscarla.

Las carnicerías de los alrededores del mercado de Tenancingo estaban festonadas con chorizos verdes y rojos, longaniza, y una salchicha pequeña y muy gorda que se llama obispo. Se trata de la panza del cerdo que se rellena con las entrañas molidas del animal, sazonadas con chiles y hierbas, de las cuales el epazote es la más importante. Está fuertemente amarrada al centro, de modo que le salen dos protuberancias en cada extremo. Yo pensé que el nombre provenía de su semejanza con los obispos, tan generosamente proporcionados de otras épocas (y de algunos de la nuestra). Sin embargo, Alfonso Sánchez García —apodado el "profesor Mosquito"—, es un experto en las comidas del valle de Toluca, y autor de *Toluca del chorizo*, y me dijo que se llama salchicha obispo porque, después de cocinarla, adquiere un color rojizo.

Los carniceros de Tenancingo se mostraron renuentes a revelarme sus secretos culinarios. No quise presionarlos. Compré parte de esta enorme salchicha y me la llevé a casa. Es triste decir que me parecieron poco interesantes. Mi amiga y yo seguimos nuestro camino para explorar otras cosas y tomamos la pequeña carretera a Ixtapan de la Sal. Se hacía tarde y empezábamos a sentir hambre cuando vimos un letrero que decía "Comidas" y una flecha que apuntaba a una gran palapa construida en una loma. Enfrente había un huerto de limas.

Éramos los únicos comensales en todo el restaurante. El platillo del día era pepeto con una jarra de jugo de lima para beber. El pepeto resultó ser un guisado ligero y caldoso hecho con carne de cerdo y muchas de las verduras frescas de la estación, que se sirve con tortillas de maíz recién hechas. No fue difícil descifrar la receta.

El nombre pepeto resulta curioso y traté de encontrar su significado. A través de Virginia me puse en contacto con el doctor Alfredo Garduño, un gran *gourmet* y conocedor de la cocina regional. Me dijo que el platillo es exclusivo de un área muy pequeña del Estado de México, cerca de Ixtapan de la Sal y Villa de Allende, aunque hay una versión completamente distinta —que de hecho es una sopa— más lejos, en el área de Zacualpan, en un sitio que ya he mencionado: Coatepec de Harenas.

Para hacer el pepeto se usan cortes baratos de carne: chamorro y alas de pollo. Ofrezco esta receta a sabiendas de que este tipo de carne pude sustituirse con maciza de cerdo y otras piezas de pollo. El chile manzano amarillo, verde o rojo (que en otras partes de América Latina se conoce como rocoto). Puede usar calabacitas en vez del chilacayote. No escatime en las habas, aún si están harinosas y un poco pasadas: le dan un sabor distintivo a este guisado. Para un mejor sabor, prepárelo con anticipación y desgráselo.

675 gr. de chamorro de cerdo, cortado en 6 rebanadas como de 2 cm. de ancho,
o 450 gr. de maciza de cerdo (véase el texto anterior)
1 cebolla blanca mediana toscamente rebanada
2 l. de agua
sal al gusto
675 gr. de alas y rabadillas de pollo, u otras piezas de su elección
450 gr. de chilacayote o calabacitas, en cubos grandes
450 gr. de habas frescas peladas
3 elotes: uno cortado en rodajas y los otros dos desgranados
2 chiles manzanos sin semillas, cortados en cuartos
3 ramitas de epazote

En una olla grande ponga el chamorro de cerdo con la cebolla, agua y sal al gusto. Deje que suelte el hervor y cuézalas a fuego lento unos 40 minutos hasta que estén parcialmente cocidas. Añada las piezas de pollo y cuézalas 30 minutos, o más. Agregue el chilacayote y las habas. Deje en la lumbre otros 10 minutos y luego agregue el elote entero y los granos de elote. Cocine todo otros 10 minutos.

Añada el epazote, ajuste la sazón y siga cociendo a fuego lento 5 minutos, o hasta que las carnes y las verduras estén tiernas.

Salsa de aguacate y tomate verde

Rinde 2 tazas (500 ml.)

De camino a Zitácuaro, a 20 kilómetros de Toluca, en una curva ancha que está en la carretera, hay un letrero que anuncia el Yukon Restauran (sic): alguna vez tengo que preguntar de dónde sacaron semejante nombre para un sitio tan inverosímil. Hace años me detuve allí para disfrutar de un abundante desayuno de huevos con un delicioso chorizo que hacen en el restaurante. Pasó algún tiempo y, por algún motivo —probablemente dietético—, dejé de ir. Cada vez que pasaba por ahí me seguía de largo en un intento por olvidarme del chorizo. Hace poco volví a pasar en dos ocasiones distintas, como a las tres de la tarde. Tenía hambre y decidí hacer un alto. Exteriormente el lugar seguía igual, con su bandada de camiones y carros semioficiales estacionados al frente, mientras que en el interior, los propietarios de los vehículos —policías de caminos, reparadores de teléfono y algunos vendedores itinerantes— comían, entusiastas, los guisos recién hechos y olorosos a carne y chile. Era evidente que los dueños originales del lugar seguían siendo los mismos.

Una de esas veces ordené un mole de olla: un guisado caldoso hecho con carne de cerdo, la más suculenta que hubiera probado en mucho tiempo. Mientras esperaba, me llevaron un queso delicioso hecho en casa y unas verduras en escabeche a manera de botana gratis, con algunas tortillas hechas a mano. La segunda vez estaba lista para comerme todo un plato de carnero en salsa de chile pasilla cuando me llevaron una salsa verde recién hecha, muy picante, con algunas tortillas calientes.

No pude resistir la infinidad de tacos de salsa que fulminaron mi apetito y acabaron con cualquier consideración de comerme el carnero.

Los ingredientes, crudos y básicos, de esta salsa estaban licuados. Luego se habían mezclado con un poco de aguacate machacado (pero no mucho). No era un guacamole, pero había suficiente aguacate para darle a la salsa cuerpo y textura. Es una receta especialmente útil para cuando los aguacates no están en su mejor punto, algo que por desgracia suele ocurrir cada vez con más frecuencia en Estados Unidos.

225 gr. de tomates verdes, unos 10 medianos

1/2 taza (125 ml.) de agua

4 chiles serranos, o al gusto, toscamente picados

1/2 taza copeteada (135 ml.) de cilantro toscamente picado

1/2 taza (125 ml.) de aguacate machacado

sal al gusto

Pele los tomates verdes, enjuáguelos bien y píquelos toscamente.

Licúe los chiles y la cebolla hasta que estén bastante lisos. Agregue los tomates verdes y el cilantro, y licúe nuevamente hasta obtener una consistencia texturada. Incorpore (no licúe o la textura se perderá) el aguacate machacado y la sal. La salsa puede prepararse con una hora o dos de anticipación pero debe consumirse el mismo día. Sirva con tortillas de maíz.

Mole de olla con tamales de elote

Señora Yolanda de Suárez

Rinde 4 porciones

La amiga con la que fui a Zacaluapan, en el Estado de México, me había hablado de este extraño platillo: un mole caldoso que se sirve sobre tamales de elote recién hechos, muy diferentes y deliciosos.

Con tan pocos ingredientes este plato requiere de un excelente caldo de pollo como base y del epazote más fresco que pueda conseguir.

A veces el caldo se cocina con carne, pollo y/o verduras, o se sirve con tamales. Yo combiné las dos recetas añadiéndole al caldo 1 1/2 tazas (375 ml.) de verduras cocidas (calabacitas, frijoles, chícharos o casi cualquier cosa que tenga a mano).

Necesitará como 1 1/2 tazas (375 ml.) de caldo y 2 tamales por ración. Puede congelar los tamales que sobren para después.

6 chiles guajillo

1 taza (250 ml.) de agua

1 diente de ajo toscamente picado

1/8 de cucharadita de comino

1 cucharada de aceite vegetal (yo uso grasa de pollo)

5 tazas (1.25 l.) de caldo fuerte de pollo

sal al gusto

1 rama grande de epazote

Abra los chiles por la mitad. Quíteles las venas y las semillas. Cúbralos con agua caliente y hiérvalos 5 minutos a fuego lento. Luego déjelos remojando otros 10 minutos.

Licúe bien 1/4 de taza (63 ml.) de agua con el ajo y el comino. Añada los 3/4 de taza restantes y los chiles ya escurridos y vuelva a licuar hasta obtener una mezcla lo más lisa posible.

Caliente el aceite y fría el puré de chile colado, presionando firmemente contra el colador para extraer los fragmentos de piel dura, que nunca logran licuarse. Fría 5 minutos, raspando el fondo de la olla para que no se queme. Agregue el caldo de pollo y hierva 5 minutos a fuego lento. Verifique la sal. Añada el epazote y hierva a fuego lento 5 minutos más.

Ponga 2 tamales calientes en los platos hondos para sopa y vierta el caldo caliente encima.

Tamales de elote

Señora Yolanda de Suárez

Rinde 16 tamales de 8 cm.

Estos tamales de elote son muy sencillos y no deben compararse con los uchepos de Michoacán que son más ricos. En Estados Unidos, desde luego necesita elotes que no estén dulces, con un contenido apropiado de almidón, como los que se cultivan en México. Un mercado de granjeros o un puesto de granja son su mejor opción. Los elotes tienen que estar maduros pero no muy sazones. Entiérreles una uña: los granos deben estar jugosos.

En Zacualpan estos tamales se cortan y se echan al mole de olla (véase receta anterior). Allá las cocineras le añaden unos pedazos de tequesquite al agua de la vaporera y hacen la parrilla con los olotes. Afirman que estos dos pasos mejoran el sabor de los tamales. Yo sigo ciegamente estas instrucciones pero, desde luego, puede suprimir el tequesquite.

Cuando deshoje los elotes cuide de cortarlos tan cerca a la base como sea posible. Como usará las hojas para envolver los tamales hay que conservar la forma de su cavidad, que servirá para proteger el extremo del tamal. Luego desdoble las hojas, sin romperlas, si es posible. (Vea las instrucciones ilustradas en mi libro *El arte de la cocina mexicana.*

6 tazas (1.5 l.) de granos de elote
1 1/2 cucharaditas de polvos para hornear
2 cucharadas de azúcar
1 cucharadita de sal

Tenga listas por lo menos 20 hojas grandes de elote (puede usar las que sobren para forrar la vaporera).

Prepare su vaporera para tamales (pág. 23). No olvide ponerle monedas al fondo para que oiga cuando deje de hervir el agua. (Puede encontrar instrucciones detalladas sobre vaporeras en *El arte de la cocina mexicana.*

Muela los granos de elote en un procesador para alimentos hasta que obtenga un puré con texturado y agregue los demás ingredientes. No empiece a llenar las hojas hasta que escuche el tintinear de las monedas en la vaporera.

Ponga 2 cucharadas de la mezcla en el centro de cada hoja de elote. Doble firmemente pero no aplane el tamal: la mezcla necesita espacio para expanderse. Doble a la mitad el extremo puntiagudo de la hoja, del lado opuesto de la costura. Acomode los tamales en la vaporera en capas horizontales sucesivas. Cúbralos con más hojas de elote o con un paño. Tape la vaporera firmemente usando un peso si es necesario: yo usé el molcajete. Cuézalos una hora y cuarto. Cuando estén listos, los tamales deben desprenderse fácilmente de la hoja.

Puede congelar los que sobren cuando se hayan enfriado. Al recalentarlos, recuerde que no debe descongelarlos primero.

Pollo en salsa de cacahuate

Señora Yolanda de Suárez, Zacualpan

Rinde 6 porciones

Esta receta, y la que sigue para hacer cacahuates garapiñados, me la dio una alegre ama de casa que también es maestra. A ella le encanta cocinar en las horas que le quedan libres después de trabajar, escribir su tesis doctoral sobre la historia de este legendario pueblo minero, y atender la casa, a su esposo (que es el panadero del lugar), y a sus dos hijos.

13 chiles guajillo, o 10 chiles guajillo y 6 chiles puya para que pique más

3 cucharadas de manteca de cerdo o de grasa de pollo

6 piezas grandes de pollo con piel

1 1/2 tazas (375 ml.) de cacahuates crudos con todo y su piel rojiza como de papel

1 diente de ajo sin pelar

aproximadamente 1 l. de agua

1 diente de ajo toscamente picado

1/4 de cucharadita de comino machacado

sal al gusto

Quíteles los tallos a los chiles, si los tienen. Ábralos por la mitad y elimine las semillas y las venas. Cúbralos con agua caliente y remójelos aproximadamente 20 minutos. En una sartén, caliente la manteca y ponga las piezas de pollo, en una sola capa para que no se toquen dentro de la sartén (es probable que tenga que hacer esto en dos tandas). Fría las piezas de pollo a fuego medio, volteándolas de vez en cuando, hasta que queden bien doradas. Sáquelas con una cuchara perforada y déjelas a un lado.

Añada a la sartén los cacahuates y el diente de ajo sin pelar. Fría lentamente hasta que se hayan tostado de una manera pareja. Déjelos a un lado.

Ponga 1 taza (250 ml.) de agua en la licuadora y añada poco a poco los chiles ya escurridos, licuándolos bien tras cada adición. Recaliente la grasa y vierta el puré de chile colado, presionando el colador con fuerza para extraer la mayor cantidad posible del jugo y la pulpa de los chiles. Fría la salsa 5 minutos a fuego medio, raspando el fondo de la olla para que no se pegue.

Licúe bien 1/2 taza (125 ml.) de agua el ajo picado y el comino. Poco a poco añada el ajo y los cacahuates tostados. Lentamente vierta 1/2 taza (125 ml.) de agua adicional y licúe hasta obtener una pasta de textura lisa, agregando un poco más de agua si necesita soltar las aspas de la licuadora.

Añada la mezcla al puré de chiles y cocine 5 minutos en la sartén. Incorpore las piezas de pollo, el agua restante y sal, si es necesario. Cocine 20 minutos, sin tapar, a fuego lento, raspando el fondo de la olla de vez en cuando para que no se pegue, hasta que el pollo esté tierno y se formen pequeños charcos de aceite en la superficie.

Cuando el plato esté listo, la salsa deberá tener un color rojo ladrillo, una consistencia mediana, y cubrir ligeramente el revés de una cuchara de palo.

Puede prepararse con bastante anticipación, incluso un día antes de servirlo.

Cacahuates garapiñados
Señora Yolanda de Suárez, Zacualpan
Rinde 2 tazas [500 ml.]

Cuando entramos a la pequeña cocina de la señora Yolanda había una gran canasta de cacahuates recién cosechados. Le pregunté que por qué prefería usarlos con todo y la cáscara rojiza y delgada como papel. Respondió que la cáscara no sólo ayuda a que el azúcar se adhiera mejor, sino que proporciona un colorante natural (los cacahuates garapiñados comerciales llevan un colorante químico) y contribuye a enriquecer la dieta con hierro.

No vale la pena hacer menos cantidad que ésta; es más, ya que va a hacerlos, haga más. Debe guardarlos en un frasco hermético en un lugar seco porque la más mínima humedad hace que el caramelo se haga pegajoso.

Advertencia a los amantes del dulce: estos cacahuates garapiñados tienden a volverse adictivos.

2 tazas (500 ml.) de cacahuates crudos con todo y piel

2 tazas (500 ml.) de azúcar

2 tazas (500 ml.) de agua

una pizca grande de sal, opcional (la añadidura es mía)

En una sartén gruesa mezcle bien todos los ingredientes y caliéntelos a fuego medio. Revuelva hasta que el azúcar se haya derretido. Suba el fuego y siga revolviendo. Cuando el agua se haya evaporado, el azúcar de pronto cubrirá los cacahuates con una capa gruesa e irregular. Transcurridos unos 10 minutos, baje la flama y siga revolviendo. El azúcar comenzará a derretirse, volverse transparente y, poco a poco, irá adquiriendo un tono color caramelo. Siga revolviendo y raspando el fondo de la olla. Transcurridos unos 20 minutos, el azúcar, ahora debe de estar convertida en jarabe, se tornará café oscuro y formará una capa dura, desigual y transparente alrededor de los cacahuates (buenos, unos cuantos pueden permanecer expuestos). Rápidamente saque los cacahuates de la sartén con la punta de una cuchara y colóquelos en una sola capa (irregular) sobre una charola para hornear galletas. Deje que se enfríen.

Nota: no permita que el caramelo entre en contacto con su piel en ningún punto del proceso porque se pega y produce una quemadura feroz.

236

Morelos

❧

Guajes

E l estado de Morelos y Cuernavaca, su capital, están al sur de la ciudad de México. Aún recuerdo vivamente esos primeros paseos en coche a Cuernavaca, a fines de los cincuenta, con mi esposo Paul. Conforme la carretera descendía hacia el valle de Morelos al caer la tarde, nos salía al encuentro uno de los paisajes más hermosos del mundo. El sol poniente lanzaba un resplandor sobre el pico nevado del Popocatépetl y transformaba al valle entero, y a las montañas que estaban en la lejanía, en un diáfano espectro de colores. Invariablemente nos deteníamos a admirar semejante belleza, sin entender por qué los demás conductores pasaban veloces, sin prestarle atención ni conmoverse ante la escena que se revelaba ante ellos.

El recorrido en coche todavía es muy bonito, sobre todo cuando uno desciende de las montañas que rodean México. Sin embargo, la belleza del paisaje se ha marchitado —quizá para no volver jamás—, disminuida por el humo de las industrias, de los anuncios espectaculares que contaminan con su fealdad y el crecimiento desmedido, exacerbado en invierno por la quema de los cañaverales.

Para llegar a Zacualpan de Amilpas hay que desviarse de la carretera principal y manejar por un dramático valle a través de las monumentales paredes de roca volcánica roja del Tepozteco. En primavera el valle está lleno de árboles en flor y, en verano, está salpicado con la brillantez de las flores silvestres que lo inundan después de las lluvias de verano. Luego, se extiende hacia un paisaje más plano, donde se siembran jitomates y chiles, entre otras cosas, que poco a poco ceden terreno a los maizales. Hay que pasar por Cuautla. Antes era un atractivo centro recreativo de aguas minerales y casas de fin de semana rodeadas de huertos, pero ahora está asolada por el crecimiento urbano y la total ausencia de orgullo cívico. Luego hay que seguir por la transitada carretera a Izúcar de Matamoros. A partir de ese punto Zacualpan está como a 30 kilómetros.

Incluí este recuento de mi viaje a Zacualpan de Amilpas, y las recetas para hacer guajes, porque la experiencia me pareció fascinante. En México hay muchos alimentos silvestres, gratuitos, que son apreciados en las áreas en donde crecen, a pesar de los fuertes sabores que parecerían repugnantes a los fuereños: jumiles (*Atzies taxcoensis*), cuetlas (*Erebus odoratus*) con apariencia de orugas, chimicuiles (*Cossus redtenbachi*), hierba de mariposa, papaloquelite (*Porophyllum macrocephallum*), y pepicha o pipitza (*Porophyllum tagetoides*). Estas recetas también aportan nuevas ideas para platillos vegetarianos, (en Estados Unidos puede sustituir los guajes con habas no muy grandes).

El enorme interés que hoy goza la comida regional mexicana, y el hecho de que los mexicanos se están desplegando a lo largo y ancho de Estados Unidos, exige la presencia en el extranjero de sus ingredientes nacionales. Por eso, no es de extrañar que, hace poco, uno de mis lectores encontró guajes en una tienda de comida mexicana en Brooklyn.

Un encuentro fortuito y un comentario al viento me llevaron a casa del artista y artesano ya difunto Roberto Falfán y su esposa, Theresa Niño, en Zacualpan, en Morelos. Ahí, Elpidia Tlacolta, su cocinera, me enseñó a preparar los platillos regionales que se hacen con guajes. Poco antes nos habíamos conocido en casa de un amigo mutuo. Era media mañana, así que salió el tema de la comida y, en particular, el uso de los guajes (*Leucaena esculenta* spp): como habitas blancas contenidas en vainas largas, planas y de color morado que crecen en un árbol nativo de las áridas tierras del centro y sur de México. Hay otra especie que produce una vaina verde y comestible, pero las cocineras del área de Zacualpan prefieren las rojas por considerarlas más sápidas.

El día en que llegamos, los árboles (que por lo general son silvestres, pero que aquí están plantados como en un huerto) estaban festoneados con cúmulos de vainas brillosas, pero a la tarde siguiente no quedaba una sola. Las habían empacado en sacos que, apilados a orillas de la carretera, esperaban su transportación a los mercados de Cuernavaca, México e Izúcar de Matamoros. Algunos lugareños me dijeron que una parte de las vainas se enviaría a la industria farmacéutica japonesa, pero no pude corroborar esto ni averiguar cómo iban a emplearlas en Japón.

Cuando las vainas aún están tiernas, se abren y las semillas que parecen habitas sin madurar se comen como botana. El fuerte sabor de sus penetrantes aceites inundan la boca y despiden un aroma un poco repugnante (por eso dicen que sirven para curar los parásitos del intestino). Sin embargo, los guajes proveen un importante suplemento de minerales, proteínas y vitaminas a la dieta bastante pobre y deficiente de quienes viven en la regiones semiáridas en las que crece.

Uno de mis vecinos en Michoacán me dijo que también oxigenan los pulmones. Yo soy una ferviente seguidora de la medicina popular, pero no he encontrado a ningún experto en homeopatía que pueda confirmarlo.

Las semillas no sólo se comen crudas sino que también se usan en guisados, asadas y machacadas para hacer salsa, o secas y tostadas en una botana que se llama cacalas.

Muchas veces he comido los guajes en el guaxmole, un platillo típico del estado de Puebla en el mes de octubre, cuando el chito —la carne seca y salada de la cabra (véase pág. 187)— se produce a partir de la matanza anual. Un ahorrativo vecino que tiene una familia muy numerosa seca las vainas, las muele y usa el polvo para hacer tortitas de Cuaresma que, por lo general, se hacen con camarón.

Tortitas de guajes en salsa de jitomate

Rinde de 4 a 6 porciones

LA SALSA:

1 rebanada de cebolla blanca pequeña toscamente picada

1 diente de ajo toscamente picado

1/4 de cucharadita de comino

1/4 (63 ml.) de agua

285 gr. (aproximadamente 1 1/2 tazas) de jitomates toscamente picados

1 cucharada de aceite vegetal

2 ó 3 tazas (500 a 750 ml.) de agua o caldo de pollo

sal al gusto

LAS TORTITAS:

1 taza (250 ml.) de guajes crudos

1/4 de cebolla blanca mediana finamente picada

75 gr. (aproximadamente 2/3 de taza) de queso añejo

(o romano en Esados Unidos) finamente rallado

3 huevos bien batidos

sal al gusto

aceite vegetal para freír

Licúe la cebolla, el ajo y el comino con el agua hasta obtener una mezcla lisa. Poco a poco agregue los jitomates y licúe hasta que la mezcla esté lisa. En una sartén gruesa caliente el aceite y fría la salsa unos 8 minutos, hasta que reduzca y se sazone.

Agregue el agua o el caldo de pollo junto con la sal y cocine otros 5 minutos. Manténgala caliente mientras prepara las tortitas.

Ponga todos los guajes en un recipiente, incorpore la cebolla, el queso y los huevos; sal, sólo si es necesario, dependiendo de qué tan salado esté el queso. En una sartén, caliente aceite suficiente que alcance 2 cm. de profundidad. Fría cucharadas grandes de la mezcla, a fuego alto, hasta que las tortitas estén doradas por ambos lados. Escúrralas bien. Ponga las tortitas en la salsa caliente y cocine a fuego lento durante unos 30 minutos. Voltéelas una sola vez, hasta que los guajes estén cocidos por dentro.

Guaxmole

Rinde 4 porciones

675 kg. de maciza y costillas de cerdo, cortadas en trozos pequeños

1/3 de cebolla blanca chica, toscamente picada

sal al gusto

450 gr. de jitomates, toscamente picados

4 dientes de ajo, toscamente picados

1/3 de cebolla blanca, toscamente picada

2 cucharadas de manteca de cerdo

375 ml. de guajes

6 chiles serranos, o al gusto

6 ramas grandes de cilantro

En una olla cubra apenas la carne con agua. Agregue la cebolla y la sal, y cuézala a fuego lento unos 3 minutos hasta que esté medio cocida. Escurra la carne y guarde el caldo.

Licúe los jitomates con el ajo y la cebolla. En una sartén, caliente la manteca y fría la carne ligeramente. Agréguele la salsa de tomate y cocine a fuego bastante alto unos 10 minutos, hasta que se sazone y reduzca un poco.

Licúe los chiles con 1 taza (250 ml.) del caldo que guardó hasta obtener una mezcla lisa. Poco a poco, agregue los guajes y licúe hasta obtener una mezcla texturada. Añádala a la sartén, junto con otra taza de caldo, el cilantro y la sal al gusto, y cocine a fuego lento, revolviendo y raspando el fondo de la olla para que no se pegue, más o menos durante 45 minutos. La salsa debe tener una consistencia mediana: añada más caldo o agua si necesita diluirla.

Salsa de guajes

Rinde aproximadamente 1 1/2 tazas [375 ml]

Ésta es una salsa rústica de mesa así que, desde luego, sale mejor si se hace en el molcajete. Debe tener una consistencia texturada, no lisa. Se sirve con tacos o tostadas.

3 dientes de ajo pelados
4 chiles serranos, o al gusto, asados en el comal
hasta que estén suaves
1 taza (250 ml.) de guajes
aproximadamente 1/2 taza (125 ml.) de agua
sal al gusto

Muela los chiles y el ajo hasta formar una pasta. Poco a poco, añada los guajes y un poquito de agua hasta obtener una consistencia texturada y un tanto espesa. Agregue sal y sirva de inmediato.

Cacalas

Rinde 1 taza

Las cacalas son los guajes secos de las vainas del guaje. A primera vista, parecen grandes lentejas de color café. La primera vez que vi guajes fue en el mercado de Izúcar de Matamoros, donde me dijeron que se comen como botana, sazonadas con un poco de limón y sal. Me parecieron muy duras y poco interesantes, así es que las guardé y me olvidé de ellas. No fue sino hasta que fui a Zacualpan de Amilpas que aprendí a prepararlas y a preciar su textura crujiente y su fuerte sabor.

Me temo que no tienen sustituto, pero creo que en Estados Unidos ya pueden encontrarse en las tiendas de comida mexicana.

1 taza (250 ml.) de cacalas
1 cucharada de jugo de limón
1 cucharadita de sal de mar molida

Tueste las cacalas en una sartén sin engrasar a fuego muy lento, de 15 a 20 minutos, moviéndolas constantemente para que se tuesten de manera uniforme, sin quemarse. Cuando se enfríen deben estar bastante crujientes.

Ponga las cacalas tostadas en un recipiente pequeño. Añada el jugo de limón y la sal y vuélvalas a poner en la sartén caliente. Caliéntelas una vez más, de 5 a 10 minutos, revolviendo constantemente hasta que absorban el jugo de limón y la sal forme una ligera capa.

Tlacoyos

La familia Falfán me sugirió que probara los tlacoyos de la señora Gosafat. Son deliciosos antojitos ovalados de masa de maíz rellenos. Todas las mañanas, ella pone su puesto afuera de la secundaria local y la actividad no cesa sino hasta el mediodía, cuando ya no queda nada de comer. Aunque la señora Gosafat tenía diversos rellenos para los tlacoyos —papas con rajas de jalapeño y chacales (los pedacitos que quedan al fondo de la olla donde se fríe el chicharrón) en salsa de chile guajillo: mis favoritos eran los de requesón con gallitos (pág. 245).

Cuando algo es tan sencillo resulta esencial que la masa de maíz y el requesón —que no esté descremado y tenga una ligera acidez— sean de la mejor calidad.

(Si vive en Estados Unidos el requesón varía mucho. Trate de conseguirlo en una tienda italiana o busque el que sea lo más natural posible: estará un poco grumoso. Si no está húmedo y cremoso, cuélguelo toda la noche en una manta de cielo para que escurra.)

La señora Gosafat sirve sus tlacoyos directo del comal: levanta la delgada capa superior de masa, pone unos gallitos sobre el requesón, y vuelve a tapar el relleno con la solapa de masa. Claro que a ella le parecería totalmente ridículo tener que dictar instrucciones aritméticas como éstas, pero son necesarias cuando uno no ha visto cómo se hacen. Estos tlacoyos son más delgados y más grandes que la mayoría, pero usted puede hacerlos más pequeños, lo que hace más fácil comerlos a la hora de servirlos como botana.

Tlacoyos de requesón
Señora Gosafat Palacios de Coot

Para 8 tlacoyos

225 gr. de masa para tortillas
225 gr. de requesón, con sal al gusto
un poco de aceite vegetal
gallitos (la receta se da a continuación)

Divida la masa en 8 esferas como de 4.5 cm. de diámetro. Tome una y forme un cilindro. Aplánela un poco en una prensa para tortillas hasta que tenga un óvalo como de 14.5 cm. de largo y 10 cm. de ancho.

En el centro ponga una cucharada muy copeteada de requesón. Cierre los lados para que cubran el queso por completo. Con las manos déle forma de bolillo de 14.5 por 4 cm. Colóquelo de nuevo en la prensa para tortillas, o aplánelo con las manos para formar un óvalo plano de 15.5 por 10 cm. Engrase ligeramente un comal o plancha caliente y cueza los tlacoyos unos 10 minutos, a fuego medio, hasta que la masa esté totalmente cocida, pero suave, y tenga algunos parches de color café. Levante con cuidado la tapa superior de la masa. Unte el interior del tlacoyo con el requesón y unos cuantos gallitos. Vuelva a tapar el tlacoyo y sirva de inmediato: deben comerse directo del comal a la boca.

Nota: en la mayoría de las prensas para tortilla la masa se aplana más del lado de la manivela, sobre todo cuando utiliza un tipo de masa más espeso para hacer antojitos como los tlacoyos. Por eso es necesario que presione ligeramente de un lado, le dé la vuelta a la masa, y vuelva a presionar para obtener un grosor parejo.

"Gallitos" de chile jalapeño

Rinde aproximadamente 3 tazas (750 ml.)

225 gr. de chiles jalapeños
1 taza (250 ml.) de cebolla blanca finamente picada
3/4 de taza (188 ml.) de jugo de limón
1/2 taza de agua
sal al gusto

Quítele los tallos a los chiles. Córtelos en rebanadas diagonales como de 3 mm. de grueso. Cúbralos bien con agua y hiérvalos a fuego lento durante 2 minutos. Escúrralos y quíteles sólo las semillas sueltas.

Ponga los chiles en un recipiente de cristal, añada el resto de los ingredientes, y déjelos reposar por lo menos 1 hora antes de servir.

Zacualpan de Amilpas

Aunque se suponía que el objetivo del viaje a Zacualpan era hacer una investigación sobre los guajes para una revista mexicana, la mamá de mi anfitriona se enteró de nuestra llegada. Como es una cocinera apasionada, preparó los ingredientes para otras recetas. Nos dijo que teníamos que probar el mole de olla que se hace con cecina —rebanadas muy finas de carne de res seca— traída de las cercanas poblaciones de Tetela y Yecapixtla, famosas por producir la mejor cecina de la región. En efecto, era una carne muy magra con un sabor y una textura estupendos. Estaba cocida con muchas verduras, en un caldo sazonado con chile pasilla —un gran favorito de la zona— lo que hacía de éste un platillo muy satisfactorio y sabroso. Nos hizo tortitas con epazote, rellenas de queso, capeadas y fritas, guisadas en una sencilla salsa de chile pasilla. (En ese mismo lugar un amigo botánico se topó con un platillo similar pero, en vez de epazote, usan vinagrera o lengua de vaca.)

La señora Falfán había vivido en varias partes de México y me contó de las chalupas que se comen en el Bajío. Una receta se hacía con pepino sin semillas relleno de queso añejo, cebolla finamente picada, y sazonado con vinagre y chile de árbol. Otras recetas eran la sopa de chilladora —como se le dice allá a la moronga—, y lágrimas y risas, cueritos de cerdo en salsa de tomate con chile. Recordó los platillos de Cuaresma que hacía su madre cuando la familia no tenía mucho dinero para gastar: entre ellos, sopa de avena y estas tortas de arroz.

Tortas de arroz en chile pasilla
Señora Carmen Vivanco de Falfán
Rinde 6 porciones de 3 tortitas de 5 cm. cada una

Adapté ligeramente la receta de doña Carmen para hacer las tortitas un poco más ligeras. Claro que ahora absorben más salsa... pero no importa. Yo las sirvo con un poco de jugo de limón y cebolla picada, o licúo unos cuantos tomates verdes cocidos con los chiles. El toque de acidez subraya la salsa.

Comience esta receta un día antes.

LAS TORTAS:

3/4 de taza (188 ml.) de arroz

3/4 de taza (188 ml.) de queso añejo (o romano en Estados Unidos) finamente picado

1 cucharada rasa de sal

aceite vegetal para freír

3 huevos, separados

LA SALSA:

10 chiles pasilla

aproximadamente 7 tazas (1.75 l.) de agua

1/2 cebolla blanca mediana toscamente picada

2 dientes de ajo toscamente picados

4 tomates verdes, apenas cubiertos con agua y hervidos a fuego lento

de 8 a 10 minutos (opcional)

1 1/2 cucharadas de aceite vegetal

sal al gusto

El día anterior: cubra el arroz con agua y déjelo remojar toda la noche. Al día siguiente escurra el arroz y muélalo en el procesador de alimentos o en la licuadora hasta obtener una mezcla de textura lisa.

Mezcle el arroz, el queso y la sal. En una sartén, caliente 2 cm. de profundidad de aceite, a fuego lento. Bata las claras a punto de turrón, pero cuidando que no se sequen. Siga batiendo y, poco a poco, añada las yemas y luego incorpore la mezcla de arroz. Cuando el aceite esté caliente, fría cucharadas copeteadas de la mezcla para formar tortitas como de 6 cm. de diámetro, hasta que la superficie esté apenas firme: unos 3 minutos. Escurra bien sobre toallas de papel.

La salsa: abra los chiles por la mitad y quíteles las venas y las semillas. Tuéstelos ligeramente en un comal o plancha. Cúbralos con agua caliente y hiérvalos a fuego lento unos 3 minutos. Retire del fuego y déjelos reposar otros 10 minutos.

Licúe 2 taza (125 ml.) de agua con la cebolla, el ajo y los tomates verdes hasta que estén lisos. Añada otra taza (250 ml.) de agua y los chiles que escurrió. Licúe hasta que la mezcla esté lisa.

En una sartén gruesa caliente 1 1/2 cucharadas de aceite y fría la salsa 5 minutos, revolviendo y raspando el fondo de la olla para que no se pegue. Añada el agua restante, sal al gusto, y cueza a fuego lento 5 minutos más.

Ponga las tortitas en la salsa y cocínelas a fuego lento, sin tapar, aproximadamente 20 minutos. Con cuidado, voltee las tortitas y cocínelas 20 minutos más hasta que queden completamente cocidas (si abre una por la mitad, el arroz tiene que estar esponjoso). La salsa debe tener una consistencia media. Si es necesario, agregue un poquito de agua para diluir.

Palpan

Palpan es un pueblo pequeño que está en la parte remota y menos poblada del estado de Morelos —donde hace frontera con Guerrero—, en medio de un seco paisaje semitropical de rocas majestuosas. Parece un lugar olvidado. El camino que lo recorre no es más que una serie de baches. No hay gran actividad. La mayoría de las familias tiene algunas cabezas de ganado que pastan en sus terrenos, donde también siembran maíz y frijol. Uno de los productos favoritos es el mezcal que, en esta región, es particularmente fuerte y adictivo, como puede atestiguarlo un amigo mío.

Llegué ahí para probar un platillo nuevo y extraordinario —pollo en natas (la receta se da a continuación)— en casa de la señorita Noemí Tello. Puedo decir que es un guisado absolutamente delicioso. La tarde transcurrió en calma hasta que alguien sugirió que fuéramos a un jaripeo que se llevaba a cabo a unos cuantos kilómetros de distancia.

Tomamos un precario y angosto camino que se elevaba de manera dramática al borde de un precipicio. Un jaripeo es la máxima expresión del machismo: los hombres platican orgullosos sobre sus monturas; beben cerveza y mezcal hasta que sueltan al siguiente novillo en la arena. Aquella noche unos treinta hombres compitieron para ver quién de ellos podía someter con su lazo al asustado e inquieto animal. Alguien lo sometía, luego alguien más lo montaba y se aferraba a él mientras el animal corcoveaba y trataba desesperadamente de deshacerse del jinete. Fue una escena fascinante. Se desarrolló contra una puesta de sol con rayos de tonos rosáceos y rojos que se disolvieron sólo cuando cayó la oscuridad.

En un coche descubierto y con la música mexicana a todo volumen el conductor hacía gestos y cantaba con un vigor que disentía con el suave y rítmico sonido de las pezuñas sobre la tierra, el silencio del campo y el cielo estrellado.

Transcurrido un mes volvieron a invitarme a Palapan a probar las celosas, especialidad de otra de las cocineras del lugar. Llegamos un domingo a mediodía, tiempo después de la hora acordada, y ahí estaba la señora María Arriaga, cocinando alegremente ante un agradecido grupo de hombres hambrientos que saciaban su sed con innumerables cervezas y mezcal.

Doña María trabajaba con la mejor masa de maíz que he visto, excepto en Oaxaca. Según ella, el secreto es no ponerle demasiada cal; lavar los granos muy bien después de remojarlos toda la noche y, otra vez, antes de llevarlos al molino. Hizo unas gorditas de frijol, de la misma forma ovalada que los tlacoyos. Estaban deliciosas, sobre todo cuando las untaron generosamente con una crema espesa y un poco ácida. Tuvimos que contenernos para dejarles lugar a las celosas, un nombre con el que Manuel Tello, un vecino, acaba de bautizar a estos sencillos antojitos.

María untó una tortilla delgada con una espesa capa de crema. Luego la puso sobre una plancha para que la masa se volviera crujiente y la crema se derritiera. Sirvió la celosa con salsa verde. Es absurdamente sencillo, pero cada ingrediente era perfecto.

María creció en un rancho cercano y recordaba este alimento de su niñez. Para entonces los hombres sentados alrededor habían bebido bastante y empezaron a recordar lo que comían de niños. En aquel entonces no había comida chatarra. Todo era fresco y hecho a diario, en casa, a partir de los ingredientes que arrojaban las cosechas de sus padres: maíz, frijol y pequeños chiles silvestres; leche todavía tibia de la ordeña, queso, crema, requesón.

En medio de la plática nos tentaron a comer más. Otro grupo de hombres se reunieron a beber mientras varias mujeres preparaban más alimentos y una botana de habas frescas. Sin vaina, pero con piel, las habas se pusieron en una plancha a fuego bastante alto y, de vez en cuando, se agitaban hasta que se doraron un poco y la piel se abrió. Luego se pusieron en un recipiente de plástico con jugo de limón y sal. El recipiente se tapó bien. Las habas se agitaron y se les dejó reposar 10 minutos antes de servir.

Omitimos el mole que nos ofrecieron y nos comimos una última celosa.

Pollo ahogado en natas
Señorita Noemí Tello, Palpan
Rinde 6 porciones

Este platillo es poco común en el sentido de que, a diferencia de muchas otras recetas mexicanas, lleva una cantidad muy grande de ajo y especias que, sorprendentemente, se balancean con los chiles y la crema. Noemí usó muchísima crema. Yo la he reducido casi a la mitad.

En muchas partes de México *natas* se refiere a la espesa capa que se forma en la superficie de la leche cruda escaldada, pero allí en Palpan éstas se llaman natitas y las natas se refieren a una crema ácida.

Ella recomienda usar un pollo criollo que tiene mucho sabor en la carne y que hace que el caldo también tenga un sabor pronunciado. Pero, como para la mayoría de las cocineras esto no es posible, sugiero que cueza un pollo grande en un caldo fuerte de pollo hecho con anterioridad.

La salsa queda relativamente ligera, de modo que quizás quiera servir el pollo en platos hondos con muchas tortillas para sopearla. Yo uso la grasa que le quito al caldo para freír el puré de chile.

5 tazas (1.25 l.) de caldo de pollo fuerte y muy bien sazonado

1 cebolla blanca pequeña toscamente rebanada

3 dientes de ajo toscamente picados

1 pollo como de 1.8 kg., cortado en piezas

3 ramas grandes de hierbabuena fresca

LA SALSA:

140 gr. de chile guajillo o, si quiere que pique más, mitad guajillo y mitad chile puya,

abiertos por la mitad, sin venas ni semillas

14 dientes de ajo toscamente picados

20 pimientas gordas

20 clavos

340 gr. de jitomates

2 tazas (500 ml.) de crema

sal al gusto

Hierva el caldo 5 minutos a fuego lento con la cebolla y el ajo. Agregue las piezas de pollo y la hierbabuena, y cuézalo a fuego lento unos 25 minutos —o según la calidad del pollo— , hasta que esté casi tierno. Cuele el caldo, desgráselo y conserve ambos.

La salsa: cubra los chiles con agua caliente y hierva a fuego lento durante 5 minutos. Déjelos remojando 10 minutos más. Escúrralos y licúelos con 1 1/2 tazas (375 ml.) del caldo de pollo hasta obtener una mezcla tan lisa como sea posible. Cuélela, presionando el colador para extraer todo el jugo y la pulpa de los chiles. Elimine el bagazo.

Licúe 1/2 taza (125 ml.) del caldo con el ajo y las especias hasta que estén lisos. Poco a poco, añada los jitomates y licúe hasta que la mezcla esté lisa.

En una sartén gruesa caliente 2 cucharadas de grasa de pollo. Fría el puré de chile y cocine a fuego lento durante 10 minutos, raspando el fondo de la olla para que no se pegue. Agregue el puré de tomate y siga cocinando unos 15 minutos a fuego medio hasta que el líquido se sazone y reduzca. Añada 2 1/2 tazas (625 ml.) del caldo de pollo y cocínelo 5 minutos más a fuego bastante alto.

Agregue las piezas de pollo y cocínelas unos 5 minutos. Poco a poco incorpore la crema y cocine a fuego muy lento, aproximadamente 10 minutos. Ajuste la sal.

Chilacas rellenas en natas

Rinde 4 porciones

La salsa de chile y crema de la receta anterior es tan deliciosa que querrá usarla en otros platillos. La señorita Noemí, de Palapan, dice que a menudo la usa con chilacas rellenas de picadillo. A veces relleno la mitad de los chiles con queso y el resto con picadillo. Pero cerciórese de hacer la salsa únicamente con chile guajillo, no con chile puya porque, aunado a las chilacas, se volvería demasiado picante.

Estoy segura de que en un futuro cercano las chilacas, que es el nombre que se le da al chile pasilla cuando está fresco, ya se puede conseguir en Estados Unidos. De hecho yo las he visto cultivadas en Nuevo México. Si usted vive allá, hasta que eso suceda, puede usar los chiles pasilla secos. Asegúrese de retirar todas las venas y las semillas que, desde luego, son la parte más picante.

8 chilacas o chiles pasilla (véase el texto anterior)
1 taza copeteada (275 ml.) de picadillo o 340 gr. de queso fresco
(o muenster, en Estados Unidos) cortado en tiras delgadas
1/2 receta de la salsa para el pollo ahogado en natas (receta anterior)

Tenga listo un refractario en el que pueda colocar los chiles en una sola capa. Caliente el horno a 190 °C (375 °F). Si usa chilacas: áselas, pélelas y quíteles las venas y las semillas, pero deje el tallo intacto. Si usa chile pasilla: ábralos por la mitad y quíteles las venas y semillas. Cubra con agua hirviendo y déjelos remojando alrededor de 15 minutos hasta que se reconstituyan. No los deje demasiado tiempo en el agua o el sabor del chile disminuye.

Escurra bien los chiles y séquelos con un trapo. Rellene cada chile generosamente con 2 cucharadas de picadillo o algunas tiras de queso. No importa si están tan rellenos que las dos orillas del chile no puedan cerrar.

Coloque los chiles rellenos en el refractario, en una sola capa. Viértales la salsa encima, cubra con papel aluminio y hornéelos unos 10 minutos, hasta que estén bien calientes y la salsa empiece a burbujear. Sirva de inmediato con tortillas de maíz.

Gordas de requesón
Señora María Arriaga, Palpan
Rinde para rellenar 10 gordas

La señora Arriaga nos hizo unas gordas con masa de maíz (véase pág. 535) en la forma oval del tlacoyo y les puso este relleno, que también puede usarse para tacos y quesadillas.

A veces, pero no siempre, el requesón comercial está demasiado húmedo (especialmente en Estados Unidos). Para esta receta es mejor dejarlo escurrir toda la noche, colgado en una manta de cielo.

1 1/2 tazas (375 ml.) de requesón escurrido
2 cucharadas de epazote toscamente picado
1 cucharada copeteada de cebolla blanca finamente picada
2 chiles serranos finamente picados
sal al gusto

Mezcle bien todos los ingredientes.

El estado de Puebla

Cuando me senté a escribir sobre Puebla, saqué un mapa gastado y un poco estropeado que ocupa un lugar casi permanente en mi camioneta. Muchos de mis viajes al sur de México me han llevado a recorrer parte de Puebla. Además, muchas veces lo he atravesado, en todas direcciones, en busca de una cocinera interesante o de alimentos especiales. Reviví mi estancia en algunos de mis sitios favoritos: Xicotepec de Juárez, en la Sierra Norte, y Cuetzalan, que está al otro lado de una barranca intransitable donde la Sierra se bifurca en un lugar al que puede accederse por distintas carreteras.

Cada vez que voy a Oaxaca paso por el suroeste de Puebla: una región cálida y baja que, en las cercanías de Izúcar de Matamoros, está sembrada de caña. Ahí se produce alguna de la cerámica más colorida de México. De camino a Santa Ana me detuve en Tepejí de Rodríguez, al este de Izúcar, para visitar el pequeño museo donde se exhibe una colección de fósiles rosados que son de una belleza espectacular. Hace muchos años fui a Tehuacán, en la región semiárida del sur, a presenciar la escena casi medieval de la matanza de cabras. Años después probé el mole miahuateco (pág. 280), que se hace con unos chiles deliciosos y muy especiales que sólo crecen en la región. Recordé el viaje a un pueblo que está en las faldas del Popocatépetl cuando fui allá a buscar unos molcajetes muy especiales, decorados y adornados con elaborados diseños, o grabados con el nombre de su propietario. Era un Sábado de Gloria y, como era la costumbre del lugar, los niños nos empaparon. De ahí nos fuimos a Puebla a comer los primeros escamoles —los huevos blancos de las hormigas— de la temporada. Deliciosos y nutritivos, se fríen ligeramente y se sirven en una salsa de chile.

En otra ocasión un amigo y yo viajamos a Huaquechula, entre Atlixco e Izúcar, para ver los barrocos altares de satín blanco que, en noviembre, se preparan para Día de Muertos, cuando el campo está festonado con guirnaldas de flores de un intenso color azul que se llaman Manto de la Virgen. En agosto, fui a Tezuitlán en busca de los gigantescos hongos anaranjados que no he visto en otra parte. Éste es el mejor mes para visitar los mercados de Puebla. Un buen ejemplo es Cholula, en las afueras de Puebla de los Ángeles. Además de la abundancia de hierbas silvestres, flores de calabaza, y pequeñas peras y manzanas coloradas, había inmensos montones de chiles poblanos, de brillante color rojo o de oscuro color verde. Afuera, en las aceras, los vendedores ofrecían bolsas de nueces enteras o sin cáscara, pues esta es la temporada de los famosos chiles en nogada (véase *The Essential Cuisines of Mexico*). Sin duda alguna la ciudad de Puebla es uno de los centros gastronómicos más importantes de México. En tiempos coloniales las cocinas de los conventos eran la cuna de platillos criollos: mole poblano, chiles en nogada y dulces como camotes, palanquetas de azúcar caramelizada y semillas de calabaza, entre muchas otras cosas. Esos elaborados platillos, a menudo muy sofisticados, surgieron de la integración de dos continentes: el americano y el europeo. Cuando los españoles introdujeron el queso y la crema, se hallaron nuevas formas de preparar los chiles y los vegetales indígenas. Otras novedades fueron la carne de cerdo y la manteca.

Hay un tipo de pan de levadura que se asocia particularmente con Puebla: un pan redondo y aplanado que se llama semita o cemita. Tiene una costra crujiente y ligera y un nudo aplanado (que se hace cuando la masa se dobla en la parte superior) adornado con ajonjolí. La primera vez que las probé eran más rústicas y la costra era más gruesa. Ahora las hacen con harina blanca, traicionando su nombre que proviene de acemita, harina con salvado. A través de los años en algunos recetarios míos he publicado algunas de las recetas más conocidas de Puebla. Ahora es tiempo de explorar las más raras, pero tradicionales, que se preparan en lugares remotos. Es la primera vez que muchas de estas recetas aparecen en forma impresa.

Xicotepec de Juárez

Durante mis primeros días en México mis amigos, coleccionistas de orquídeas, no dejaban de hablar de la exuberancia de Xicotepec de Juárez, en la Sierra Norte de Puebla, adonde iban a recolectarlas, pero nunca mencionaron la comida. En 1965 hice mi primer viaje a Xicotepec, de camino a las pirámides de El Tajín y la costa de Veracruz. Lo que más recuerdo es haber recorrido un trecho de carretera que descendía en curvas por el este de las montañas hacia Papantla, a través de un magnífico bosque de niebla, de intenso color verde, gracias al aire húmedo y fresco que llegaba desde el golfo de México. Hoy el bosque está casi extinto y, en su lugar, se siembra café sin sombra.

Una amiga y yo pasamos la noche en Mi Ranchito, un conocido e impecable hotel, propiedad de una familia de origen alemán. En un pequeño restaurante, casi escondido entre los árboles, probamos el tasajo de puerco enchilado: una carne de cerdo finamente rebanada y sazonada con una pasta de chile, que luego se fríe y se sirve con salsa de tomate verde y una crema espesa; hongos con chile y epazote, y un chorizo delicioso. Pero incluso entonces no tenía idea del conjunto de comidas del que después me habló Hortensia Cabrera, una amiga de Zitácuaro, quien nació y creció en Xicotepec.

He vuelto una y otra vez. Adoro el camino que va del noreste de la ciudad de México hasta Pachuquilla, un pequeño pueblo en las afueras de Pachuca, y al restaurante Mary Christy, donde se sirve comida en abundancia. Siempre hay pastes de carne recién hechos, una reliquia que dejaron los mineros ingleses de Cornualles a su paso por el lugar, a principios del siglo xx. También se pueden comer mixiotes de carnero— sazonado con chiles secos y envueltos en hojas de maguey. Hay que probar los chimicuiles: gusanos rosáceos que le salen al maguey después de las lluvias de verano.

Hace poco cambié de ruta. Después de salir de Pachuca me dirijí a las pirámides de Teotihuacan y crucé la extensa planicie dominada por esporádicas haciendas, rodeadas de plantaciones de maguey, en todas las etapas de crecimiento. Las plantas más grandes estaban listas para la recolección del aguamiel que se convertirá en pulque. Y, durante kilómetros y kilómetros, a lo largo de la carretera hay filas y filas de nopales que todo el año se cultivan para satisfacer la demanda en los mercados de la ciudad de México. Así, pude llegar al restaurante La Fuente, en las afueras de Tulancingo, para un desayuno tardío. Aún sueño con esas tortillas de maíz blanco, hechas en ese mismo instante; el jugo de naranja que se prepara mientras uno espera, y una leche espesa y llena de espuma con el café. Fue donde probé por primera vez la tinga de pollo (véase pág. 263) y estaba deliciosa.

255

Al dejar los campos agrícolas de Tulancingo el paisaje se transforma en pastizales donde a diario se alimentan los rebaños y crecen los manzanos. Me encanta ir a fines del verano, cuando los árboles están cargados con manzanas de un rojo profundo. Se venden en cajas, al igual que las peras, los duraznos y las ciruelas en conserva, además de licores de fruta y miel de la localidad.

La tierra es accidentada. Conforme uno se acerca al pueblito semitropical de Huauchinango, pasa por agudas subidas y profundas cañadas. Hay plantíos de plátano y de café, así como una inundación de flores brillantes. De ahí el camino bordea la gigantesca presa de Necaxa, ahora deforestada por la tala de árboles, y antes de descender, una vez más, gozamos el exuberante paisaje de los alrededores de Xicotepec.

Xicotepec ha perdido su atractivo. La armonía de la arquitectura tradicional de sus calles principales se rompe con la presencia de horribles estructuras de cemento que se repiten en todo México y, sospecho, en el mundo entero.

Nunca he estado ahí durante la Semana Santa, pero en esas fechas el zócalo se llena con puestos de antojitos: molotes, tlacoyos, pintos, enchiladas de Santa Clara (puede encontrar las recetas en *El arte de la cocina mexicana*) y atoles. Hay dos muy especiales: el chileatole —que se sirve frío o caliente, con granos de elote y chile ancho, epazote y piloncillo—; y otro *atole*, de nuevo con una base de masa, con flores de azahar y bolitas de masa enriquecidas con manteca, rellenas de queso seco finamente rallado, y también endulzado con piloncillo.

Los miltomates —jitomates diminutos— crecen silvestres y se usan, molidos con ajo y chile verde, para hacer una salsa fuerte y picante. Las guías de los chayotes alargados que crecen ahí se usan para hacer sopa, o con huevos revueltos. En noviembre hay hongos silvestres que crecen bajos los robles. Se les conoce como totolcozatl (*Rhodophyllus abortivus*), una especie de bolita blanca muy buscada que se conserva en vinagre. Éste es sólo un ejemplo de la comida silvestre que recolecta la gente del campo allá y que se comen en hogares más afluentes por quienes lo aprecian.

Además de la receta más común para hacer adobo, voy a narrar la experiencia de mis viajes al área de Xicotepec en busca de dos platillos únicos y, hasta donde sé, nunca antes publicados.

MAMEY (*POUTERIA SAPOTA*)

Esta fruta es nativa de los trópicos centroamericanos. Tiene forma oval, color acanelado, y una cáscara protectora de textura áspera.

Aunque el mamey puede variar en tamaño, en promedio mide alrededor de 13 cm. de largo, 8 cm. de diámetro en la parte más gruesa y pesa alrededor de 450 gr. El color de su carne, fresca y compacta, puede variar del damasco claro al salmón profundo. El hueso suave y brillante de intenso color café es largo y delgado. Esta semilla con cierto gusto a almendra es la que se usa en la receta de enchiladas de pixtli.

Enchiladas de pixtli
Para hacer 12 enchiladas

Quienes visiten el mercado de Xicotepec de Juárez, en la Sierra Norte de Puebla, quizá se sorprendan al encontrar a una mujer sentada en la acera vendiendo collares, frente a sus montoncitos de frijol, calabaza y hierbas. Si observan con cuidado verán una serie de piezas amontonadas, cuneiformes y de un color café negruzco —algunas brillantes y otras opacas— con algunos parches blancos en la superficie. Son collares de pixtli (el nombre náhuatl para la semilla del mamey) engarzadas. Se someten a un proceso bastante elaborado en el que se hierven y ahuman, para luego tostarse y molerse a fin de hacer la salsa de este platillo regional que es único: enchiladas de pixtli.

Hortensia Cabrera de Fagoaga, una de mis más preciadas informantes, creció en esa región y me contó sobre esta curiosidad culinaria. Ella, en sí, es una excelente cocinera y tiene una sazón muy especial: logra hacer del platillo más simple algo delicioso. Su hermana, que aún vive en el área de Xicotepec, me puso en contacto con una experta en pixtli, la señora Evelina Olvera, para que yo pudiera enterarme, de primera mano, de este extraordinario uso que se le da a la semilla del mamey.

La señora Evelina es una mujer impactante. Alta, robusta, de pelo blanco, tiene un rostro y una sonrisa extraordinarios. Trabaja arduamente para mantener a su familia haciendo pan, conservas y pixtlis. Insiste en usar su rústica cocina tradicional, que se encuentra adosada a una casa grande y moderna; y en cocinar en su primitivo pero funcional bracero de leña (un tipo de estufa) hecho con adobes.

Esta región de la Sierra de Puebla es semitropical. Aquí la temporada del mamey va de febrero a mayo. Deben recolectarse cuando están perfectamente maduros para que las semillas estén en su punto. La cáscara de la fruta —que tiene un color canela y forma casi una concha protectora— se elimina y la pulpa, roja y fragante, se corta para liberar a la semilla elíptica, de lustroso color café.

La señora Olvera acumuló docenas de semillas —en los distintos pasos de su preparación— para que yo pudiera ver el proceso completo. Tras enjuagarlas bien, se ponen en una olla de barro con agua hasta el tope. Se les añade un puño de ceniza y se ponen a hervir sobre un fuego de leña muy vivo. Cuando el agua empieza a hervir suavemente, los pixtlis se mantuvieron lo más cerca a esa temperatura durante los siguientes dos días y sus noches.

Tras años de experiencia la señora Olvera sabe exactamente cuánta leña ponerle al fuego, para que dure desde la medianoche hasta las seis de la mañana, cuando se despierta. "Están listos cuando ya no tienen babita", me dijo. En ese punto se enjuagan con agua fresca y se les quita la delgada capa babosa que se forma en su superficie. Es un proceso lento; aunque a algunas semillas se les puede quitar la baba con facilidad, a otras hay que rasparsela con las uñas (lo que significa que uno acaba con los dedos manchados).

Las semillas se enjuagan una vez más y se vuelven a poner en la olla con agua y en vez de ceniza, 13 tipos de hierbas y hojas distintas. De nuevo, se cuecen durante otros dos días y noches. Ahora las semillas deben estar lo suficientemente suaves como para cortarlas en piezas cuneiformes como de 5 cm. de largo y 2 cm. de ancho. Cada pieza se engarza por la mitad y el hilo se cierra para colgarlo a que se ahume y seque al fuego. Este proceso lleva otros dos días. El calor hace que broten los aceites naturales y, conforme se enfrían los pedazos de semilla, aparecen manchas irregulares de color blanco sobre la superficie.

Algunas cocineras fríen la salsa en un poco de aceite antes de sumergir las tortillas, pero los tradicionalistas dicen que esto le resta el verdadero sabor del pixtli y de las hierbas en las que se cocinó. Otras agregan un poco de ajonjolí tostado, ante la airada protesta de los puristas.

La salsa es untuosa y sabe un poco a nuez tostada.

Por lo general las enchiladas de pixtli se sirven a la hora del almuerzo —el abundante desayuno de media mañana que se come en México— y a veces se sirven acompañados de tasajo o cecina (carne cortada en rebanadas muy delgadas que se seca parcialmente y luego se ahuma, típica de la región).

5 chipotles mora o al gusto

sal al gusto

aproximadamente 2 tazas (500 ml.) de agua

115 gr. de pixtlis

12 tortillas de maíz recién hechas y tibias

Quítele las semillas a los chiles y tuéstelos ligeramente sobre un comal o una plancha durante unos 2 minutos, con cuidado de no quemarlos. Desmenúcelos con las manos y licúelos, junto con la sal y el agua, hasta obtener una salsa ligeramente texturada (si va a moler los chiles en el metate, mezcle los pixtlis con los chiles y una pequeña cantidad de agua, añadiendo más líquido conforme sea necesario; luego transfiera a un recipiente no corrosivo y diluya con el agua restante).

Ponga la salsa en una sartén o en una cazuela no muy honda hasta que hierva ligeramente. La salsa espesará un poco, y quizá necesite diluirla con un agua. Una a una sumerja las tortillas en la salsa (que debe cubrirlas por completo), dóblelas por la mitad y sírvalas así, sin nada más.

Tamales de vigilia

Rinde para hacer aproximadamente 30 tamales de 10 por 8 cm.

Hace como dos años y medio Hortensia Fagoaga, vecina y amiga mía, me sirvió un tamal que se convirtió en uno de mis favoritos. Estaba envuelto en una hoja de plátano y relleno de frijol negro con mucho chile serrano, cilantro y chayote. En su tierra, Xicotepec de Juárez, en la Sierra Norte de Puebla, estos tamales son típicos de la temporada de Cuaresma.

El otoño pasado fui a Xicotepec a anotar esta extraordinaria receta. Yolanda Cabrera, hermana de Hortensia, hizo arreglos para que visitáramos a su vecina, la señora Concha López de Garrido, famosa por sus tamales y otros platillos de la región. La señora López es una vigorosa mujer de cabello negro y más de ochenta años (o al menos eso piensa, porque todos los registros de ese tiempo se destruyeron durante la Revolución). Ella recuerda con claridad las privaciones de aquellos años cuando familias enteras se ocultaron en la sierra. Sus casas fueron saqueadas y perdieron todas sus pertenencias.

Todavía hoy cocina a diario para sus amistades y hace tamales sobre pedido para ocasiones especiales. Su hija Eva es su ayudante. Cuando llegamos del mercado con los ingredientes Eva molía el maíz que había preparado la noche anterior para hacer los tamales.

Para esta receta se usan los ayacotes maduros, pero aún tiernos o frijoles negros que crecen en vainas muy largas llamadas tapatlaxtlis. Mientras se cocían fuimos al jardín a recoger chayotes de piel lisa, color verde oscuro, y carne muy compacta. (Las guías, o las puntas de las viñas, se llaman espinosas y se hacen en sopa o con huevos.) Doña Concha también cortó las papatlas, las hojas que usaríamos para envolver los tamales. Esta planta de pequeñas flores rojas pertenece a la familia *canna*, *Canna indica*. La frutilla (*Renealmia sp.*) es otra hoja que se usa comúnmente y que le da un sabor fresco y afrutado a la masa del tamal. Aunque en el mercado habíamos comprado montones de *causasa*, doña Concha nos enseñó la misma planta rastrera en la base de un árbol. Las hojas y los tallos son gruesos y cerúleos, y tienen un agradable sabor a cilantro. Se usan para darle sabor a los frijoles.

Para rellenar los tamales ella prefiere pepitas de calabaza, aunque muy a menudo se usa una nuez del lugar que se llama chota (*Jatropha curcas*).

Volvimos a la cocina, donde el espacioso bracero de tierra compactada estaba cubierto de ollas, algunas de las cuales hervían sobre las cenizas encendidas. En el cuarto de junto había una estufa de gas, pero las cocineras insistieron en que las tortillas y los tamales tienen que cocerse sobre un fuego de leña. Los frijoles y los chayotes ya estaban cocidos; la manteca, derretida, y la olla de agua en la que se había remojado el tequesquite toda la noche reposaba a un lado.

El nixtamal de maíz blanco se había preparado desde la noche anterior. Se habían eliminado las cáscaras amarillas, teñidas por la cal del remojo. Para entonces Eva terminó de moler el maíz en un molino de metal hasta formar una masa medio seca. Doña Concha estaba ocupada cortando la base de las hojas de papatla en forma triangular.

Las preparaciones para hacer el relleno comenzaron con seriedad. En un metate se molieron las pepitas tostadas, el ajo y los chiles hasta formar una pasta texturada. Esta mezcla y el chayote se añadieron a los frijoles y se cocinó durante más o menos 15 minutos. La manteca se batió con el agua de tequesquite hasta que estuvo espesa y cremosa, y luego se le añadieron, poco a poco, la masa y el caldo de pollo. Todo esto se batió a mano hasta que la mezcla se volvió ligera y aireada, y un pedacito de la masa flotara en la superficie de un vaso de agua fría. La masa se persignó antes de untar cucharadas muy grandes, en una capa delgada, en el interior de las hojas. Se añadió una cantidad igual de relleno sobre la masa y luego las hojas se doblaron de modo que cubrieran la masa y el relleno por completo.

El agua de la olla de barro, con su parrilla improvisada, ya estaba hirviendo y los tamales se colocaron en capas transversales para que el vapor pudiera penetrarlos fácil y uniformemente. Transcurridos unos 50 minutos los primeros tamales se sacaron de la olla: estaban muy tiernos y jugosos. En cuanto doña Concha dictó que estaban listos, comenzó la feliz labor de consumirlos. ¡Estaban deliciosos!

La siguiente receta es una adaptación de la de doña Tencha y resulta más accesible. La preparación de la masa no es tan complicada y el relleno se hace con ingredientes que son más fáciles de encontrar.

Ella sirve estos tamales solos o con crema espesa.

EL RELLENO:

1 taza de agua (250 ml.)

180 gr. de chayotes (aproximadamente 1 1/4 de taza copeteada)

pelados y cortados en cubos como de 7 mm.

sal al gusto

225 gr. de calabacitas en cubos como de 7 mm. (aproximadamente 1 1/4 de taza)

3 cucharadas de manteca de cerdo

225 gr. de frijol negro, cocidos hasta que estén muy suaves, y escurridos

3 dientes de ajo pelados y toscamente picados

14 chiles serranos tostados y toscamente picados

180 gr. (alrededor de 1 1/4 de taza) de cacahuates tostados y toscamente picados

2 tazas (500 ml.) de cilantro toscamente picado y muy apretado

LA MASA:

225 gr. (1 taza copeteada) de manteca de cerdo

900 gr. de masa para tortillas o masa para tamales (véase pág. 535)

1 cucharada de sal, o al gusto

Tenga lista una vaporera para tamales (véase pág. 23); 30 piezas (o más para no correr riesgos) de hojas de plátano de 20 por 18 cm., suavizadas en la flama, o 60 hojas de maíz, remojadas y secas (2 para cada tamal).

El relleno: en una olla deje que el agua rompa el hervor. Agregue los chayotes y sal al gusto. Tape y cocine a fuego medio unos 5 minutos. Añada las calabacitas, tape, y cué-zalos de 5 a 7 minutos hasta que los vegetales estén tiernos y suaves. Escúrralos y guar-de el caldo.

En una sartén gruesa, caliente la manteca y agregue los frijoles escurridos. Ma-cháquelos toscamente junto con los chiles, a fuego lento, durante unos 5 minutos. Agre-gue los vegetales cocidos y los cacahuates, y cocine 5 minutos más. La mezcla debe estar húmeda, pero no jugosa. Si, al contrario, está demasiado seca, agréguele un poquito del caldo de verduras que guardó. Incorpore el cilantro, ajuste la sal y retire del fuego para que enfríe.

La masa: bata la manteca hasta que esté blanca y esponjada y, poco a poco, incor-pore la masa con bastante sal al gusto. Si la mezcla está muy seca, añada otro poquito de agua o de caldo de verduras. Debe tener una consistencia adecuada para untar.

Unte 2 cucharadas rasas de la masa, de 7 mm. de espesor, sobre un rectángulo de hoja, de unos 10 por 8 cm. Ponga una cucharada copeteada del relleno sobre uno de los lados de la masa. Doble la hoja para que la masa restante cubra el relleno y doble los lados para hacer un paquete a prueba de agua. Si usa hojas de maíz, ponga dos de ellas de manera que los bordes cortados se sobrepongan.

Coloque los tamales de forma horizontal en capas sobrepuestas dentro de la vaporera y cuézalos durante una hora, o hasta que la masa se separe fácilmente de su envoltura.

TEQUESQUITE

El tequesquite es un tipo de sal mineral que combina el cloro con el carbonato de sodio. Forma una delgada capa grisácea y rompediza en el terreno circun-dante a los lagos de las tierras altas del centro de México, particularmente en Texcoco y las salinas de Puebla.

El tequesquite se utiliza desde tiempos precolombinos para esponjar los tamales y para cocer maíz, frijol y nopales. En los mercados de México se vende en forma de copos grises que se desmoronan fácilmente. Las cocineras del Méxi-co urbano lo han sustiuido por bicarbonato de sodio.

Para hacer agua "asentada" de tequesquite:

1 taza de agua

1 cucharadita redondeada de tequesquite en polvo

Coloque los ingredientes en un recipiente no corrosivo o que no sea de aluminio, y deje que rompa el hervor. Retire del fuego y deje que se enfríe hasta que el tequesquite se haya asentado al fondo de la olla. Cuele el agua clara de la superficie y utilícela como se indica en la receta.

Algunas cocineras cuecen hojas de tomate verde con el tequesquite para levar la masa que se usa en tamales o buñuelos.

Tinga de pollo

Restaurante La Fuente, Tulancingo, Hidalgo

Rinde 3 tazas copeteadas [780 ml.]

Esta receta es una versión de la conocida tinga de Puebla. Cuando paso por Tulancingo, de camino a la Sierra de Puebla, siempre la ordeno para el desayuno. En ese restaurante la sirven con excelentes tortillas de maíz acabadas de hacer, pero también se usa para tostadas, o como relleno de tacos o empanadas, o incluso como platillo principal, acompañado de arroz blanco.

180 gr. de chorizo: aproximadamente 3 piezas

1/4 de taza (63 ml.) de cebolla blanca finamente picada

2 dientes de ajo finamente picados

2 tazas (500 ml.) de col finamente cortada

4 jitomates pequeños (aproximadamente 1 taza) finamente picados

3 chiles chipotles adobados, o al gusto, de lata

2 cucharadas de la salsa de los chiles enlatados

2 tazas rasas (475 ml.) de pollo cocido y deshebrado

1/3 de taza (83 ml.) de caldo de pollo

1 aguacate rebanado, opcional

sal al gusto

Quítele la piel a los chorizos y desmorónelos en una sartén grande. Cocínelos a fuego lento para que les escurra la grasa, pero no deje que la carne se dore. Retire toda la grasa excepto 3 cucharadas. Añada la cebolla, el ajo y la col. Fría a fuego lento, revolviendo de vez en cuando, hasta que el recaudo esté suave. Agregue los jitomates y siga cocinando a fuego medio hasta que casi todo el jugo se haya absorbido y la mezcla esté casi seca. Incorpore el pollo deshebrado y el caldo. Cocine durante otros 5 minutos, o hasta que la mezcla esté húmeda, pero no jugosa. Ajuste la sal.

Adobo
Señora Hortensia Cabrera de Fagoaga, Xicotepec de Juárez, Puebla
Rinde 2 1/2 tazas (625 ml.)

Este sencillo adobo o pasta de chile ancho es típica de Xicotepec de Juárez y sus alrededores. Puede emplearse de varios modos: como salsa con carne de cerdo cocida, como pasta untada sobre tasajo de cerdo (carne cortada muy delgada) que luego se seca o se ahuma, y se fríe, o se asa, a las brasas. Este adobo, rebajado con un poco de vinagre, puede usarse para sazonar chorizo.

Lo mejor es no agregarle sal hasta no saber cómo lo va a emplear. Si, por ejemplo, la carne de cerdo se cuece en un caldo con sal y los chiles están salados, resultará demasiado fuerte. Cualquier cantidad de adobo que sobre puede congelarse.

10 chiles anchos sin venas ni semillas
1 taza (250 ml.) de agua
6 dientes de ajo pelados y ligeramente machacados
6 pimientas negras toscamente machacadas
1/2 cucharadita de comino toscamente machacado

Aplane lo más que pueda los chiles limpios y tuéstelos unos segundos sobre una plancha o comal, a fuego medio, hasta que el interior del chile adquiera un color café tabaco. Cuide no quemarlos o la salsa tendrá un gusto amargo. Cubra los chiles con agua caliente y déjelos remojar 15 minutos, o más, si los chiles estaban muy tiesos y secos. Escúrralos y elimine el agua del remojo.

En la licuadora ponga 1/3 de taza (83 ml.) de agua con el ajo machacado, la pimienta y el comino y licúe bien. Luego, poco a poco añada los chiles y licúe hasta que estén lisos. Agregue más agua sólo si necesita liberar las aspas de la licuadora. Recuerde que quiere una pasta, no una salsa.

Tasajo de cerdo

Rinde 4 porciones

aproximadamente 3/4 de taza (188 ml.) de adobo (véase receta anterior)
sal al gusto
450 gr. de lomo de cerdo, u otro corte de la espalda o la pierna,
cortado como si fuera tasajo a un espesor de 7 mm.
manteca de cerdo derretida o aceite vegetal

Mezcle la sal y el adobo. Unte ambos lados de la carne con una espesa capa del adobo. Para mejores resultados, deje la carne en una parrilla por lo menos 6 horas, o toda la noche para que se sazone. Con una brocha unte la carne con un poco de manteca o aceite y ásela lentamente o, para que tenga mejor sabor, ásela al carbón hasta que esté cocida: unos 20 minutos de cada lado.

Sirva con salsa verde y un poquito de crema, si la aguanta. ¡Deliciosísimo!

Chuletas de cerdo adobadas

Rinde 4 porciones

Use costillas de cerdo sólo si tienen mucha carne y un poco de grasa. De lo contrario, use chuletas.

2 tazas rasas (475 ml.) de adobo
sal al gusto
900 gr. de chuletas de cerdo, de 13 mm. de grueso,
o 1.125 kg. de costillas de cerdo cortadas en piezas de 5 cm.,
(véase el texto anterior)
aproximadamente 2/3 de taza (164 ml.) de agua

Mezcle el adobo con sal al gusto. Unte la carne con una espesa capa de la mezcla. Déjela sazonar varias horas o toda la noche.

Coloque la carne en no más de dos capas en una olla gruesa, agregue agua y tape bien. Cocine en la estufa a fuego muy lento, raspando el fondo de la olla de vez en cuando para que no se pegue, o bien hornee la carne 1 1/2 horas, sin tapar, a 120 °C (250 °F) hasta que la carne esté tierna y la salsa se haya reducido y espesado.

Sirva con arroz blanco y ruedas de cebolla blanca si desea.

Cerdo en adobo

Rinde 4 porciones

900 gr. de maciza de cerdo que tenga un poco de grasa, cortada en tiras de 8 cm.
1/4 de cebolla blanca mediana
2 dientes de ajo toscamente picados
sal al gusto
2 cucharadas de manteca de cerdo o de aceite vegetal
2 tazas (500 ml.) de adobo (véase pág. 264)

En una olla ponga la carne de cerdo con la cebolla y el ajo. Cúbralos apenas con agua, añada sal al gusto y deje que apenas rompa el hervor. Siga cociendo a fuego lento unos 20 minutos hasta que la carne esté suave. Escúrrala y guarde el caldo. Reduzca o añada agua al caldo para completar 2 1/2 tazas (625 ml.).

Derrita la manteca en una sartén gruesa, añada el adobo y cocine a fuego medio 8 minutos, revolviendo y raspando el fondo de la olla de vez en cuando para que no se pegue. Añada sal al gusto y la carne, y deje que hierva a fuego lento 10 minutos más. La salsa debe ser lo suficientemente espesa para cubrir el revés de una cuchara de madera sin que escurra.

Cuetzalan, Puebla

Aún en el peor de los climas Cuetzalan es un lugar mágico. A medida que la niebla casi perpetua se arremolina en los picos de la sierra, envuelve al pueblo y se asienta en el valle, revela uno de los paisajes más espectaculares de todo México.

Situada en la bifurcación de la Sierra Norte de Puebla, Cuetzalan está a cinco horas de camino a partir de la ciudad de México, en una ruta que da muchas vueltas por lo escarpado del camino. Ésta es una región montañosa un poco sombría cuya arquitectura colonial y ambiente histórico se ha conservado, en gran medida, porque la carretera termina ahí y unos carriles empinados, y a veces intransitables, la conectan con las planicies costeras de Veracruz.

Las angostas calles empedradas serpentean por entre los declives del pueblo a partir del zócalo, donde se encuentra el palacio municipal, la iglesia, y unas cuantas casas formales, construidas a principios del siglo xx.

Casi todo el comercio está en manos de familias mexicanas de ascendencia española, pero los jueves y los domingos —los días de mercado— los indígenas, en su mayoría nahuas y totonacas, bajan de las pequeñas comunidades circundantes y llenan las gradas de la plaza —que parecen estantes— con un colorido despliegue. El pintoresco mercado del domingo en particular atrae a visitantes de todos lados. Ojalá logre resistir la acostumbrada embestida —que ya comenzó— de los vendedores ambulantes que traen mercancías baratas y de mala calidad: zapatos, ropa y, lo peor de todo, el incesante estruendo de los casetes que ahogan los sonidos más benignos que se escuchan en este tipo de mercados.

Siempre me parece fascinante el espectáculo de los vendedores que provienen de las comunidades circundantes y que ofrecen montoncitos de los productos que siembran o recolectan en sus pequeñas parcelas de tierra: café tostado y molido, piloncillo de sabor rico y ligeramente ahumado, manojos de vainas muy grandes que contienen tiernos frijoles negros; plátanos y semillas de calabaza o pequeños chiles silvestres. Otros vendedores, sobre todo mujeres, deambulan entre el gentío ofreciendo mantelitos y blusas bordadas, pequeños tejidos, cestería muy simple, o rústicas ollas de barro para cocinar. En esta región son típicas las figuras caninas de cerámica, sin vidriar, que se venden en conjuntos de tres, en juegos de distintos tamaños. Se usan para sostener el comal sobre un ardiente fuego de leña en la cocina.

El quiosco que está en el centro del jardín es el lugar designado para la venta de flores, hierbas y otras hortalizas silvestres. Fue ahí donde encontré lo que estaba buscando: manojos de los carnosos pecíolos de *Begonia plebeja*, llamados xocoyoles, que se usa como verdura.

Una de las últimas veces que fui a Cuetzalan me acompañó el fotógrafo Alain Giberstein para ilustrar los usos de esa planta en mi artículo para la revista *México Desconocido*, sobre una serie de recetas olvidadas. Aunque las vendedoras me dieron consejos para usar este *xocoyol*—el nombre proviene del náhuatl y significa tallo agrio, entre otras interpretaciones— estaba ansiosa por ver cómo se prepara y en qué tipo de platillo se usa. La delegada de turismo del lugar llegó al rescate. Su madre, quien atiende un negocio y tiene fama de buena cocinera, accedió a enseñarme cómo usar el xocoyol.

Pero yo aún quería ver dónde y cómo crece la begoña, así que esa tarde recorrimos unos 9 kilómetros hasta un pueblito que habíamos pasado de camino y que tenía un nombre muy prometedor: Xocoloyo. En la desviación, marcada con un letrero casi invisible, preguntamos en una modesta cabaña en dónde podríamos encontrar plantas de begoña. Doña Bernarda, la dueña de un changarrito, era una mujer de poca estatura, regordeta y de mejillas sonrosadas. Se envolvió en un pesado rebozo de lana y la seguimos a través de campos lodosos, entre vacas de apariencia feroz, durante más de un kilómetro. Luego bajamos a gatas por un escarpado borde. Al fondo había un río angosto de fuerte corriente. Doña Bernarda señaló hacia la otra orilla y, escondida entre la espesura, allí estaban las plantas de xocoyol aunque, para mi decepción, no estaban en flor. Aunque se trata de una planta nativa que se recolecta silvestre, la gente ha empezado a sembrarla para dotar al mercado con una cantidad pequeña pero regular.

Para cocinar las begoñas hay que eliminar las hojas de los tallos o pecíolos, así como la correosa capa exterior. Se cortan en varitas y se cuecen en una solución de cal para quitarles algo de la acidez, y luego se cocinan en una ligera salsa de chile seco con huevos revueltos, o se le añade a los frijoles tiernos en una salsa de ajonjolí y cilantro.

Doña Bernarda estaba sorprendida ante mi interés en la comida rústica y se ofreció a hacernos unos tamales con las brillantes flores rojas de la guía del acayote (un frijol grande y carnoso que se parece un poco a las habas) que estaba diseminada sobre los arbustos frente a la casa (en Oaxaca también se usan las flores rojas de un frijol similar para cocinar).

Estos simples platillos tienen una originalidad deliciosa y constituyen un buen plato vegetariano. Desde luego, la parte frustrante de estas recetas es que nadie parece saber de dónde salieron, cómo es que se popularizaron, y cuál es su valor nutricional.

En tanto que el xocoyol no tiene un sabor predominante, en la siguiente receta sí tiene un sabor agudo y definido. Puede sustituirse con nopal.

Frijoles gordos en xocoyol
Señora Raquel Robles de Manzano
Como platillo principal rinde 4 porciones, y 6 como sopa

En Cuetzalan esta receta se hace con el frijol fesco y grande del acoyote, y con xocoyol saboreado con tequelite, una planta rastrera, silvestre, que tiene hojas carnosas en forma de corazón y sabe a cilantro (*Piper pseudoalpino*), pero estos sustitutos funcionan muy bien.

565 gr. de acayotes o habas

6 tazas (1.5 l.) de agua hirviendo

sal al gusto

3 tazas (750 ml.) de xocoyol cocido o tiras de nopal cocido

1/2 taza rasa (120 ml.) de ajonjolí

6 chiles de árbol

1 cucharada de aceite vegetal

1 taza (250 ml.) de agua

1/2 taza (125 ml.) de cilantro toscamente picado

En una olla ponga los acayotes con agua hirviendo y sal. Deje que rompa el hervor otra vez y cuézalos unos 10 minutos, hasta que estén tiernos. Agregue los nopales. Consérvelas calientes.

En una sartén pequeña tueste el ajonjolí hasta que esté dorado. Retire del fuego y deje que se enfríe.

En una plancha o comal no muy caliente tueste los chiles, volteándolos de vez en cuando para que no se quemen. Despedace los chiles y añádalos al ajonjolí. En un molino eléctrico para café o especias, muélalos hasta obtener un polvo texturado.

Caliente el aceite en una olla pequeña y profunda. Fría la mezcla que molió, revolviendo bien, durante unos 10 segundos. Añada el agua fría y hierva dos minutos. Agregue esto a los acayotes. Cocínelos a fuego moderado unos 10 minutos, revolviendo de vez en cuando, porque tienden a asentarse en el fondo de la olla, hasta que la mezcla espese un poco. Ahora debe verse como una sopa de consistencia mediana. Añada el cilantro y cocine 3 minutos más. Sirva en platos hondos con tortillas de maíz.

Xocoyol tipo chorizo
Señora Raquel Robles de Manzano
Rinde 4 porciones

En vez del xocoyol puede usar tiras de nopal. Este platillo constituye un delicioso almuerzo.

2 chiles anchos sin venas ni semillas

2 chiles guajillo sin venas ni semillas

1 3/4 tazas (438 ml.) de agua

2 dientes de ajo toscamente picados

3 clavos ligeramente machacados

2 cucharadas de aceite vegetal o de manteca de cerdo

1 1/2 tazas (375 ml.) de tiras de xocoyol cocido

1 ramita de tomillo fresco o 1/8 de cucharadita de tomillo seco

1/8 de cucharadita de orégano seco desmenuzado

sal al gusto

3 huevos

En un comal o plancha no muy caliente tueste los chiles ligeramente, con cuidado de no quemarlos. Cúbralos con agua caliente y déjelos remojar 15 minutos. Escurra y guarde.

Licúe 1/4 de taza (63 ml.) de agua con el ajo y los clavos hasta obtener una mezcla tan lisa como sea posible. Poco a poco, añada los chiles y 3/4 de taza (188 ml.) de agua adicional. Licúe hasta que esté liso.

En una cazuela pequeña (en la que pueda servir el platillo) caliente el aceite o la manteca. Cuele la salsa, presionando con fuerza a través del colador para extraer la mayor cantidad de carne de los chiles, y agréguela al aceite caliente. Cocínela a fuego medio unos 5 minutos, revolviendo de vez en cuando para que no se pegue, hasta que reduzca y se sazone. Agregue los nopales, el tomillo, el orégano y los 3/4 de taza (188 ml.) de agua con sal. Cocine a fuego medio durante unos 8 minutos o más.

Poco a poco, incorpore los huevos —ligeramente batidos y con sal al gusto— y siga revolviendo a fuego lento hasta que cuajen: unos 5 minutos. La mezcla estará concentrada. Sirva en platos no muy hondos con tortillas de maíz y frijoles de la olla.

Después de almorzar los platillos que habíamos preparado, no sin antes comer los muy solicitados hongos sopitzas (*Armillariella mellea*), que se parecen a los hongos shiitake en forma y textura, doña Raquel nos ofreció un vaso de la bebida local que se llama yolispa. Es un líquido verde y fragante muy parecido al Verde de Xico, hecho a base de hierbas y alcohol endulzado. Mientras que en el área de Cuetzalan los platillos son sencillos y frescos —muchos de ellos basados en recetas indígenas— no hay una variedad tan extensa como en Xicotepec, en la parte norte de la Sierra.

Manejamos de regreso en medio de un diluvio que se había iniciado la noche anterior y que había dejado el camino —que serpentea de bajada desde el punto más alto en La Cumbre— en condiciones peligrosas. Parte del camino se había deslavado hacia la barranca.

Cuando llegamos a Zacapoaxtla —el pueblo siguiente— estaba envuelto en nubes. Me recordó mi primerísimo viaje en México a las comunidades que bordean Zacapoaxtla, en compañía de Mary Elmendorf, quien había ido a distribuir un equipo donado por CARE. Nos llevaron hasta allá en un camión que atravesó el lodoso lecho de un río y el espeso bosque de coníferas (ahora prácticamente desaparecido a causa de la tala indiscriminada). Ella era la invitada de honor y nos agasajaron con mole, arroz, frijoles y tortillas. Ésta fue mi primera experiencia gastronómica real afuera de la ciudad. Nunca olvidaré el sabor de aquellos sencillos alimentos. Estaban guisados en enormes cazuelas sobre un fuego de leña en el piso lodoso en una "cocina" con un gran techo de paja. Eso fue en 1957 y todavía atesoro el recuerdo.

Chiltatis
Cuetzalan
Rinde 1 1/2 tazas (375 ml.)

Al polvo texturado de semillas tostadas y molidas, sazonadas con chile y sal, se le llama chiltatis. Se espolvorea sobre una tortilla de maíz recién hecha o sobre un plato de frijoles. Yo incluso la uso en ensaladas. Es deliciosa, nutritiva, crujiente y adictiva.

1/3 de taza (83 ml.) de cacahuates pelados
1/2 taza (125 ml.) de ajonjolí
1/2 taza (125 ml.) de pepitas peladas
1/8 de chile de árbol seco y molido
(no chile en polvo con otros condimentos)
1/2 cucharadita de sal de mar mediana, o al gusto

Tueste cada una de las semillas por separado en una sartén gruesa, cuidando que no se doren demasiado. Deje que enfríen. En un molino eléctrico para café o especias muela cada ingrediente por separado hasta obtener una consistencia texturada. Mezcle con el chile y la sal. Guarde la chilata en un lugar seco, dentro de un recipiente hermético. Dura muchos meses.

Xocoastole: atole de masa agria

En noviembre de hace seis años por fin pude aceptar la invitación que desde hacía mucho me había hecho mi amiga, la arqueóloga Evelyn Rattray, para que la acompañara a una aldea remota en el estado de Puebla. En mi opinión ahí puede encontrarse alguna de la cerámica más elegante que se hace en México. No podía adivinar entonces que el viaje resultaría tan valioso, pues encontré una receta que había estado buscando.

Después de visitar un museo en Tepejí de Rodríguez para ver una pequeña, pero espectacular, colección de fósiles, nos dirigimos a Santa Ana siguiendo el curso del río Atoyac. Después de varios caminos el sendero (pues no era más que eso), se bifurcaba y parecía serpentear incesantemente a través de una maleza rocosa, y pasaba por esporádicos asentamientos conformados por unas cuantas viviendas de techo de paja que recibían la sombra de los árboles de guaje (*Leucaena esculenta*), festonados con vainas color morado.

Nos detuvimos brevemente en uno de estos asentamientos para comprar unos comales extraordinarios, con figuras de animales salvajes en bajorrelieve bajo la parte inferior. En una visita posterior encontramos que las artesanas habían desaparecido sin dejar huella. Durante gran parte del trayecto parecía que estábamos recorriendo un solo huerto, no de árboles frutales, sino de cazahuates cubiertos con grandes flores blancas.

Después de un difícil trayecto de cuatro horas llegamos a Santa Ana, guiadas por un amigo. Santa Ana es un pequeño pueblo a orillas de un angosto río bordeado de angostas parcelas a cada lado. A medida que nos acercamos en el coche las mujeres reconocieron a mi amiga y de inmediato salieron a ofrecerle las artesanías de barro que acababan de terminar: urnas, jarrones de agua, y platos hondos que se llaman cajetes. De inmediato entendí por qué había venido Evelyn. La cerámica del lugar no se parecía a nada que hubiese visto antes: bellamente moldeado, era un barro anaranjado con manchas negras con un bruñido muy fino. Las piezas no estaban esmaltadas, pero parecía como si la superficie estuviera barnizada con una capa suave.

Una de las mujeres, menos tímida que las demás, nos invitó a su casa, donde un grupo de ellas bebían un líquido caliente en sus cajetes. Se nos invitó a compartir su almuerzo: era un atole de masa agriada, o xocoastole, como lo llamaron.

Ya me había topado con varias recetas regionales para hacer tamales de masa negra agriada, pero sólo había oído hablar del atole y ¡ahí estaba! El humeante líquido, ligeramente agrio, estaba adornado con unos cuantos frijoles y un poco de salsa. Me sorprendió lo refrescante que resultó beberlo a mitad de un día caluroso.

Mi amiga se decepcionó mucho al enterarse de que ya nadie hacía cerámica, a no ser por dos viejitas que bruñían ollas mientras el resto de las mujeres cosechaban maíz y calabaza al lado de los hombres en sus parcelas.

En aquella aldea remota los utensilios de barro se hacían casi exclusivamente para cubrir las necesidades del pueblo, y sólo había algunas piezas adicionales que se vendían en las ferias de los escasos y lejanos pueblos vecinos. No podíamos contenernos y compramos utensilios de todas formas y tamaños: extraños morteros en una delicada decoración el relieve, hermosas jarras, y botellas de tres asas de cuello largo usadas para llevarle a los hombres que trabajan en el campo bebidas calientes. Muy a regañadientes enviamos algunas de las piezas en el camión de un vecino y, por desgracia, tal y como lo temíamos, jamás volvimos a ver algunas de ellas. Curiosamente las que vimos se usaban a diario en las cocinas, pero la comida se hacía en las cazuelas más comunes, muy esmaltadas y de enormes asas, que se elaboran en la ciudad de Puebla y los alrededores.

Mucha gente nos ofreció su hospitalidad cuando recorrimos la aldea que se extendía más o menos un kilómetro a lo largo de la orilla del río. Pero en cuanto nos topamos con la casa de Fausta Hernández y su familia, supimos que ese era el lugar ideal. Traspasar la primitiva reja de tablas de madera fue como entrar al pasado. El diseño y la construcción de la casa principal, en yuxtaposición a la cocina y al granero de techo de paja (cuescomate), formaban una entidad de la que emanaba un sentido de calma y seguridad, mientras que el patio daba la sensación de un sencillo botín que exponía los productos recién cosechados: maíz, frijol y calabazas de todos colores.

Amablemente declinamos el ofrecimiento de nuestra anfitriona de ocupar su casa moderna, hecha de cemento. Preferimos quedarnos allí y pusimos nuestros catres (sí, catres: después de años de acampar cerca de sus excavaciones Evelyn había aprendido a ponerse lo más cómoda posible bajo circunstancias difíciles) en la habitación de techo de paja. Era una casa típica del lugar: una vivienda campesina de dos aguas, cuyo techo casi tocaba el suelo de tan inclinado y también servía para proteger las paredes de pajareque.

Poco después de asentarnos empecé a interrogarla sobre las comidas del lugar. ¡Había alguna posibilidad de que nos preparara un xocoastole? Doña Fausta aceptó, pero dijo que el sol de la tarde carecía de fuerza suficiente —un requisito indispensable para preparar el maíz— y se dispuso a recoger algunos de los elotes negros que se secaban en el patio. Después de desgranarlo, empezó a moler toscamente el maíz en el metate —una pasada nomás—, rociándolo con agua en el proceso. Luego lo dejó entibiar bajo el sol que se consumía.

Cuando el sol perdió fuerza, Fausta recogió el maíz en un cazo de barro, lo llenó con agua y lo colocó en el suelo terregoso de la cocina. Luego lo rodeó con las cenizas aún incandescentes del fuego que usa para cocinar. Nos aseguró que arderían toda la noche y despedirían suficiente calor para fermentar y agriar el maíz. Por último, cubrió la olla con un trapo bordado.

¡Vaya noche resultó ser! Un viento frío penetraba por entre los resquicios de la madera y resultaba imposible calentarse, así que recordé el cojín eléctrico que había empacado para el viaje. Por fortuna, en medio del cuarto colgaba un enchufe solitario. Milagrosamente tenía corriente. Empujé mi catre hasta el centro del cuarto y logré dormir con el reconfortante pensamiento de que, por la mañana, tenía asegurada una sabrosa taza del café que siempre llevo conmigo, porque podría enchufar mi hervidor eléctrico.

Cuando al día siguiente nos levantamos temprano, las cenizas todavía ardían y el maíz ya se había agriado. Otra vez se pasó por un colador y se añadió al líquido en que se remojó y que, a estas alturas, se había transferido a una larga olla esmaltada.

El fuego se avivó con otro leño. El atole se coció, se espesó, se le agregó sal y se diluyó con otro poco de agua. La lenta cocción siguió hasta que la señora Hernández estuvo satisfecha: el atole tenía la consistencia delgada.

En el piso de la cocina había otras pequeñas fogatas y, sobre una de ellas, una gran olla de frijoles, llamados acayotes (*Phasoleus cocineus*), se cocían con sal y nada más.

La salsa que acompaña al atole estaba hecha con unos chiles secos largos y de color rojizo con piel delgada que se llaman serranos (muy diferentes a los que conozco con ese nombre), molidos con sal y agua solamente.

Para cuando el atole estuvo listo a la hora del almuerzo nosotras ya teníamos hambre. Fausta llenó cada plato hondo con el líquido humeante y le añadió una cucharada de frijoles con caldo y una espiral de salsa. De vez en cuando le añadía un poco de salsa a la olla de atole que seguía en el fuego. Fue un desayuno caliente y bienvenido después de una fría noche, tal y como había sido refrescante bajo el sol de la tarde. Doña Fausta se quejó de que el atole no estaba lo suficientemente agrio y afirmó que, de haber empezado más temprano, cuando el sol calienta más, le habría salido mejor; claro que a esas horas todavía no sabíamos que íbamos a quedarnos. Seguimos platicando de la comida del lugar que se elabora con lo que se tenga a mano, se siembra o se recolecta. El pueblo más cercano queda a varias horas de camino, en terreno agreste. Y, sin embargo, hacían un viaje semanal a comprar provisiones. Con razón los platillos que nos preparó luego no tenían ni ajo ni cebolla.

Todos estuvimos de acuerdo en que la comida principal debía ser un pipián, hecho a base de pepitas recién cosechadas. Fausta envió a tres niños a recoger hoja santa y hojas de aguacate para los tamales; por fortuna, tenía algunos chiles jalapeños a mano. Atrapó a un pollo indignado que deambulaba cerca de la mesa y se me hundió el corazón. Juro que después de tantos años en México estoy harta de todos esos pollitos y guajolotes de carne correosa. Desde luego, estaba equivocada. El pollo resultó tierno y delicioso. Para entonces el menú ya se había ampliado para incluir los tamales de frijol que se hacen ahí. En muchas ocasiones anteriores había probado los tamales de frijol, sobre todo en el estado de Puebla, pero estos eran muy distintos: capas de masa y de frijoles, enrolladas y cortadas en forma de una salchicha pequeña, cada una envuelta y cocida en una hoja de aguacate.

La comida en sí fue una revelación en simplicidad, pero deliciosa. No podíamos creer que, llegada la hora de la cena, ya teníamos hambre otra vez. Fausta hizo un atole de masa con epazote y chile verde para acompañar los tlaxcales: triangulitos de maíz azul, cocidos sobre un comal.

Muy a nuestro pesar, con la ayuda de un guía dejamos el pueblo muy temprano al amanecer. Debíamos iniciar otro largo recorrido a través de un angosto camino de terracería donde apenas podía discernirse el sendero entre los matorrales y los lechos pedregosos de los ríos. Por desgracia, muchos de nuestros comales se rompieron, pero quedaban suficientes piezas de la elegante alfarería para exhibirlos con orgullo en la casa. Su belleza siempre me recuerda a Santa Ana y a la gente que mantiene viva esta bella y única tradición.

Pollo en pipián verde
Señora Fausta Hernández

Rinde 6 porciones

Como es natural, doña Fausta tiene instrucciones muy específicas sobre los ingredientes y la forma de prepararlos para este platillo. Las pepitas de calabaza, con todo y cáscara, que usa son delgadas y tienen un angosto borde de color verde. Dijo que hay que tostarlas sobre un comal de cerámica, y no de metal, porque éste las quema y no alcanzan a tostarse bien... así que tuéstenlas muy despacio en el tipo de comal o plancha que tengan en casa. No hay sustitutos para este sencillo mole.

1 cucharada copeteada de sal de mar

aproximadamente 7 1/2 tazas (1.75 l.) de agua

250 gr. (aproximadamente 2 tazas redondeadas) de pepitas

crudas de calabaza, con todo y cáscara:

1/4 de taza (63 ml.) de manteca de cerdo derretida o de aceite vegetal

1 pollo grande, cortado en piezas, más una pechuga chica, cortada por la mitad

6 chiles jalapeños toscamente picados

60 gr. de tomates verdes toscamente picados

12 hojas santas, sin tallo, toscamente picadas

4 tallos grandes de epazote toscamente picado

Disuelva la sal en 2 tazas (500 ml.) de agua. Vierta el agua salada sobre las pepitas y tállelas con las manos para que se impregnen. Escurra bien y tire el agua del remojo. Extienda las semillas en una capa delgada sobre una charola para hornear galletas a que se sequen. Tuéstelas ligeramente en el horno a 177 °C (350 °F), o póngalas en una sartén de metal, ancha y gruesa, a fuego muy lento. Las semillas deben inflarse, apenas empezar a adquirir color y tronar: cuide que no se doren demasiado; de lo contrario, tendrán un sabor amargo y echarán a perder el color de la salsa.

Retire las semillas del fuego y deje que se enfríen. Muélalas en un molino eléctrico para café o especias o en un molcajete, hasta obtener un polvo de textura lisa. Mézclelo con 1/2 taza (125 ml.) de agua para hacer una pasta espesa.

Caliente la manteca en una cacerola gruesa, añada la pasta de pepita y fríala alrededor de 3 minutos a fuego lento, raspando constantemente el fondo de la olla, porque la pasta se pega con gran facilidad. Agregue 4 tazas de agua y revuelva bien. Añada las piezas de pollo y sal. Tape la olla y déjela a fuego lento unos 15 minutos.

Mientras tanto, licúe los chiles, los tomates verdes, la hoja santa y el epazote con el resto del agua, añadiendo más agua si es necesario liberar las aspas de la licuadora, hasta obtener una mezcla lisa. Incorpore esto a la olla y cocine entre 45 y 50 minutos, sin tapar, a fuego lento, hasta que el pollo esté tierno, verificando la sal a mitad del tiempo de cocción. La salsa debe tener una consistencia media y cubrir ligeramente el revés de una cuchara de madera. Diluya, si es necesario, con otro poco de agua.

Este platillo puede hacerse con anticipación, pero preferiblemente el mismo día que va a consumirse. Sirva con tortillas de maíz y tamales de frijol (la receta se da enseguida).

HOJAS DE AGUACATE

En algunas partes de México estas hojas de sabor ligeramente anisado se usan enteras, o en pedazos, para sazonar, y quizá las encuentre también en polvo. Como ha habido cierta preocupación sobre su toxicidad entre ciertos aficionados de California, creo que es hora de aclarar las cosas.

Los reportes de toxicidad se remontan a un estudio de 1984 en que la Universidad de California en Davis mostró que las cabras de granjas lecheras se intoxicaron por haber consumido una gran cantidad de hojas de aguacate (aunque el agente tóxico aún se desconoce). Según el doctor Arthur L. Craigmill, toxicólogo experto de esa universidad, y uno de los autores del estudio, el punto crucial es que los efectos tóxicos se encontraron en el aguacate de Guatemala (*Persea americana*). Cuando las cabras se alimentaron con hojas de aguacate mexicano (*Persea drymifolia*) —una variedad distinta—, no hubo ningún problema.

El aguacate Haas —el que tiene mejor sabor de los que se cultivan en Estados Unidos— es un híbrido de origen indeterminado, aunque en pruebas de ADN se manifiesta su antecesor guatemalteco y de ahí la sospecha. Nunca nadie ha comprobado la toxicidad de las hojas del aguacate Haas, pero parece poco probable que las pequeñas cantidades que se usan al cocinar puedan causar algún problema.

Si tiene dudas, elija según su gusto, y eso lo llevará a las aromáticas hojas del aguacate mexicano (aunque no todos los aguacates de México tienen la misma fragancia), que ahora pueden conseguirse en Estados Unidos por correo (vea la sección de Fuentes).

Tamales de frijol

Rinde aproximadamente 40 tamales de 8 cm.

PARA EL RELLENO DE FRIJOL:

2 cucharadas de manteca

225 gr. de frijoles cocidos flor de mayo, canarios (o pinto, en Estados Unidos):

aproximadamente 3 tazas de frijoles (750 ml.) sin caldo

sal al gusto

LA MASA:

675 gr. de masa para tortillas, relativamente seca

180 gr. (aproximadamente 1 taza rasa) de manteca de cerdo

1 cucharada de sal, o al gusto

45 hojas de aguacate, enjuagadas y secas

TENGA LISTO:

palillos, si es necesario

un pedazo de manta tiesa o un plástico delgado

una vaporera para tamales (véase pág. 23)

El relleno: derrita la manteca en una sartén, añada los frijoles y macháquelos hasta obtener un puré texturado. Cocínelos a fuego medio, raspando el fondo de la olla de vez en cuando para que no se peguen, hasta que toda la humedad se haya absorbido y la mezcla apenas caiga pesadamente de la cuchara. Luego deje que se enfríen. Verifique la sal.

La masa: mezcle la masa, la manteca y la sal con las manos. Extienda la masa sobre una tela u hoja de plástico rectangular, en una capa delgada de más o menos 7 mm. de espesor. Divídala en cuatro partes iguales.

Divida la pasta de frijol en cuatro partes iguales y unte cada una sobre un pedazo de masa, dejando un margen como de 7 mm. sin cubrir. Enrolle cada pieza cuidadosamente, desprendiéndola de la tela o del plástico para hacer un rollo de unos 3 cm. de diámetro. Tome uno de los rollos y extiéndalo ligeramente para que se adelgace a un diámetro de entre 13 mm. y 2 cm. Corte en piezas de 8 cm. y envuelva cada una en una hoja de aguacate, asegurándola con un palillo, o como lo hizo Fausta, engarzando el duro tallo en la punta de la hoja. Repita lo mismo con las otras piezas. Colóquelas en la vaporera, en capas horizontales intercaladas.

Cuézalos alrededor de una hora. Transcurrido ese tiempo, saque uno para verificar que la masa se haya cocido por completo.

Sírvalos con pipián o solos, con una salsa de jitomate.

Mole miahuateco
Rinde unas 12 porciones

Hace algunos años mi viaje de Xalapa a Oaxaca me llevó por Tehuacán, Puebla. Unos vecinos de San Pancho se habían mudado allá y les avisé que tenía planeado pasar por ahí. Me hablaron maravillas sobre el mole de un pueblo cercano, elaborado a base de unos chiles muy especiales de la región llamados miahuatecos. La sola mención de esos chiles me transportó a un mercado que visité años atrás cuando estaba haciendo mis investigaciones para mi libro *Cocina regional mexicana*. Recuerdo los montones de brillosos chiles verdes, algunos de los cuales habían madurado al rojo, que se vendían en las aceras: eran chiles miahuatecos. Se parecían a los grandes chiles mulatos frescos o a los poblanos, pero se me aseguró que eran distintos: decían haber sembrado semillas de estos miahuatecos en otros lados, pero nunca salieron igual. Había algo muy particular en el sabor y textura de estos chiles que crecen en la calidez de las tierras semiáridas. (También recuerdo ese mercado porque, justo cuando estaba a punto de comprar un molcajete que se veía muy bueno, una señora que pasaba me susurró: "póngale agua". Lo hice: el agua se filtró y el vendedor se molestó mucho).

En aquella visita me pareció que Tehuacán no había cambiado nada en 25 años: es un pueblito polvoriento y casi olvidado, con calles flanqueadas por árboles casuarines. Era famoso únicamente por su gran hotel-spa y sus excelentes aguas minerales. Pero esta vez no me pareció que fuera el mismo lugar. Había crecido más de la cuenta y ahora se me hizo una ciudad chillona y ruidosa.

Mis amigos me aseguraron que habían hecho arreglos para tener listos los ingredientes de este famoso mole, a fin de que pudiera ver la elaborada preparación y que, al día siguiente, podríamos empezar a comer a una hora más o menos razonable.

280

Al día siguiente llegamos para encontrar que la familia todavía estaba sentada en la mesa del desayuno, y enviaron a uno de los niños a comprar un guajolote. Regresó con un ave gigantesca casi tan grande como él, que graznaba y se retorcía bajo su brazo. La verdadera acción empezó cuando se iniciaron las fogatas para calentar el agua con la que se despluma y limpia al animal, y otra en el piso de la cocina donde un tripié de metal sostenía una gran cazuela o molera, típica de Puebla, que tiene grandes asas que sobresalen como aros de la olla. Otra fogata se improvisó con algunos ladrillos de concreto y una hornilla con dos quemadores en los que se tostaron y limpiaron los chiles.

Mientras la cocinera principal, la señora Sara de Jesús Robledo, freía el guajolote —ahora cortado en grandes trozos—, junto con las menudencias, las patas y la carne gelatinosa del buche, las hijas mayores se dedicaron a freír cada uno de los ingredientes por separado en lo que parecía una cantidad infinita de manteca. Conforme el ritmo de trabajo aumentó y los chiles se tostaron, entendí por qué se le llama a este mole muy escandaloso: el aroma que nos envolvía se esparció por todo el pueblo, como si de un chisme se tratara. No había ningún secreto: doña Sara estaba preparando mole miahuateco.

Los ingredientes suaves se machacaron en el metate para formar una pasta con un poquito de agua, mientras que los chiles crujientes se pulverizaron en un molino manual, que por lo general se usa para moler maíz.

Cuando por fin estuvo listo en la tarde, el platillo era un poco dulce, pero no empalagoso; no muy espeso, de color café muy oscuro, con grandes charcos de grasa. Así es como se prefiere. Sin embargo, me apresuro a decir que estaba delicioso y que puede duplicarse fácilmente sin tanta grasa —si no soporta la manteca, use grasa de pollo o de guajolote— y sustituya los chiles miahuatecos por mulatos.

Cuando haga moles o salsas que necesiten que los ingredientes se frían, siempre cuélelos para remover cualquier exceso de grasa. Pero asegúrese de usar suficiente grasa para freír bien los ingredientes. Siempre puede quitar los charcos de aceite que se forman en la superficie del mole: yo uso esa grasa para freír las tortillas de las enchiladas de mole.

565 gr. de chile mulato

2 guajolotes de 2.7 kg., o preferiblemente, uno de 5.4 kg., con todo y menudencias

aproximadamente 450 gr. (2 tazas) de manteca de cerdo o de grasa de pollo o de guajolote

sal al gusto

900 gr. de plátano macho pelado y cortado en rodajas de 13 mm.

340 gr. de pasitas (aproximadamente 2 1/2 tazas)

pan de huevo no muy dulce, rebanado

115 gr. de almendras (aproximadamente 3/4 de taza)

de 12 a 14 tazas (3 a 3.5 l.) de agua

340 gr. (aproximadamente 2 1/3 tazas) de ajonjolí

8 dientes de ajo sin pelar

1 rebanada gruesa de cebolla blanca

2 hojas grandes de aguacate

1/2 cucharadita de anís

1 cucharadita de semillas de cilantro

10 clavos

1 rajita de canela de 2.5 cm.

60 gr. de chocolate mexicano

Con un trapo húmedo limpie los chiles para quitarles cualquier suciedad. Quíteles los tallos, ábralos por la mitad y quíteles las venas y las semillas. Guarde las semillas. Tueste los chiles —unos cuantos a la vez— sobre un comal o plancha no muy caliente, presionándolos para que se tuesten de manera uniforme, pero con cuidado de que no se quemen. Deben adquirir un color tabaco por dentro. Deje que se enfríen (ahora deben estar crujientes). Muélalos en un molino para café o especias hasta obtener un polvo texturado y déjelo a un lado.

Corte el guajolote en piezas, enjuáguelo y séquelo con un trapo. Derrita 1 taza (250 ml.) de manteca en una cazuela grande y profunda en la que pueda preparar el mole. Agregue la mitad de las piezas de guajolote. Espolvoree con sal y dórelas lentamente, hasta que la carne esté parcialmente cocida y siga con las demás: unos 45 minutos.

Saque las piezas de carne.

Mientras tanto, en una sartén grande, caliente 1 taza (250 ml.) de manteca y fría por separado los plátanos, las pasas y las almendras, escurriendo cada ingrediente bien para eliminar el exceso de grasa. Transfiéralos a un procesador de alimentos, agregue 1 taza (250 ml.) de agua y procese hasta obtener una pasta espesa, añadiendo más agua si es necesario. Deje esto a un lado.

Perfore la piel de los ajos con la punta de un cuchillo para que los dientes no exploten y póngalos sobre un comal o plancha sin engrasar junto con la cebolla. Áselos lentamente hasta que el interior esté suave y el exterior un poco chamuscado. Pele el ajo. En el mismo comal tueste las hojas de aguacate hasta que estén crujientes, cuidando no quemarlas. Déjelas a un lado.

Ponga la manteca restante en la sartén, añada las especias y fríalas unos segundos. Escúrralas y licúelas con el ajo, la cebolla, las hojas de aguacate desmenuzadas y 1/2 taza (125 ml.) de agua, hasta obtener una consistencia lo más lisa posible.

Primero fría en la grasa los chiles pulverizados con 1 taza (250 ml.) de agua y los jugos de la carne que están en la olla, revolviendo constantemente unos 10 minutos para que no se queme. Agregue la mezcla de los plátanos, las pasas y el ajonjolí molido y revuelva otros 10 minutos. Agregue las especias molidas y cocine 20 minutos más. Por último, añada el chocolate en pedacitos, el guajolote y 10 tazas (2 l.) de agua: las piezas del guajolote apenas deben quedar cubiertas.

Cocine el mole a fuego medio durante una hora, revolviendo de vez en cuando y raspando el fondo de la olla para que no se pegue. Agregue más sal si es necesario y siga cocinando otros 45 minutos hasta que la salsa espese, la grasa forme charcos en la superficie y la carne esté tierna.

Sin embargo, el clima por lo general benigno, con su humedad constante a causa de la niebla, está sufriendo un cambio debido a la despiadada devastación de la ecología, a fin de plantar un tipo de café que no requiere de la sombra de su acostumbrada bóveda protectora de árboles.

El Golfo

Veracruz

Veracruz es el estado más rico de México. Su costa se extiende a más de 800 kilómetros a lo largo del golfo de México. La mayor parte de su territorio está compuesto de planicies costeras. Incursiona en las laderas orientales de la masa montañosa del centro de México y, al norte, en el sendero de la Sierra Madre Oriental. Tiene caudalosos ríos, bosques tropicales y fértiles tierras que producen caña de azúcar, cítricos, piñas y mangos, entre otras muchas frutas, además de un excelente café en las alturas. Hay petróleo en el sur y se practica la ganadería de manera intensiva. Debido a su diversidad topográfica y a su gran riqueza histórica y cultural —españoles, totonacas al norte, popolucas al sur, y grupos de ascendencia negra cerca del puerto, entre otros grupos étnicos—, la cocina, o mejor dicho, las cocinas de Veracruz están consideradas, y con justicia, entre las más ricas y variadas de México.

Por desgracia, su misma riqueza ha sido causa de su saqueo: los bosques han sido despojados de sus maderas preciosas; sus ríos, contaminados por los molinos de papel y azúcar principalmente. Los ganaderos han deforestado gravemente la zona y sólo ahora empiezan a aceptar (claro, no los viejos machos de ideas conservadoras) que el ganado y los árboles no son incompatibles.

El último viaje que realicé al Istmo, a través del sur de Veracruz —Acayucan, Catemaco y Orizaba—, fue en mayo, sin duda el mes más caluroso y seco del año. A lo largo de casi todo el camino la tierra se veía calcinada. A principios de año la quema de los cañaverales produce una negra nube sobre el campo. Luego los agricultores incendian los restos de la cosecha de maíz como fuente gratuita de potasa para la próxima siembra. Además de eso hay que agregar los incendios que inician los indolentes trabajadores de caminos para limpiar la carretera; a menudo los descuidan y se vuelven incontrolables a causa de los vientos de primavera.

Conocí Catemaco hace 25 años. Era un lugar fresco y arbolado con un aire de misterio muy particular: con razón se considera tierra de brujos. Ahora los montes circundantes están desnudos, sin rastro de vegetación, para sembrar maíz o alimentar al ganado. El valioso bosque tropical que rodea a los Tuxtlas —se supone que, por ley, se trata de una reserva ecológica protegida— se erosiona paulatinamente por la acción de los madereros. Ahora hasta la famosa Isla de los Monos está en peligro.

Me gustaría gritarle a los poderes divinos y al público en general: "¿A alguien le importa lo que está pasando?" Y me gustaría preguntarle a todos los responsables de este desastre: "¿Qué herencia piensan dejarle a sus nietos?" (Ciertamente no mucha, o muy poca, pues la belleza y la riqueza naturales de Veracruz se han sustituida por disneylandias, centros comerciales y estacionamientos cada vez más enormes.) Desde luego que hay que aprovechar los recursos naturales, pero puede hacerse sin causar daño y destrucción. Tenemos que aprender a vivir en armonía con nuestro ambiente.

Triste como es todo esto, aún me encanta ir a Xalapa —y a Catemaco—, saliendo de la ciudad de México y remontando los magníficos bosques de coníferas de la carretera a Puebla. Luego me desvío por Tlaxcala y Huamantla, y atravieso las salinas de la laguna de Totolcingo. Es un área increíble: totalmente plana hasta donde la vista alcanza a ver, constituye un gigantesco pastizal sin un solo árbol, donde se alimentan ovejas y algunos caballos. Nunca olvidaré la última vez que pasé por esa carretera, temprano en una mañana de julio. Me maravilló el brillo de la luz y los colores de la tierra: gris y café en invierno, pero en primavera las lluvias habían producido listones de todos los tonos imaginables de verde y amarillo. La sombra que proyectaban las nubes ondulantes acentuaba los colores y definía el contorno y las hendiduras de las montañas a lo lejos. Los choferes de los camiones se pegaban a mi auto sin piedad cuando me atrevía a disminuir el paso para admirar esa escena inolvidable.

Pronto quedan atrás las colinas que están al pie de las montañas, donde la tierra es blanca y gredosa —una escena bastante dramática— salpicada de yucas, nopales y pequeños pinos negros. Una vez más, uno se encuentra ante un amplio valle que se extiende hasta Perote y más allá, con laderas desoladas y estériles, despojadas en años recientes de sus espléndidos pinos, y no hay señales de reforestación. La tierra está tristemente empobrecida a causa de los excesos de la agricultura. No pude sino pensar que en vez de usar todos esos químicos, deberían haber usado la composta que puede hacerse con las increíbles cantidades de basura orgánica que se generan solamente en los mercados de México y Puebla.

Este viaje ofrece un paisaje maravilloso y siempre cambiante, pues ahora estoy en una zona de sobria roca volcánica negra, salpicada de altos pastos, matorrales espinosos y pinos enanos. También tiene un atractivo y una fragancia propios. Siempre quiero detenerme pero, desde luego, nunca lo hago porque la carretera tiene su magnetismo particular y conmina a seguir. Al fin la carretera empieza a descender por empinadas colinas llenas de protuberancias, cubiertas con una frondosa alfombra de pasto donde sólo hay algunos árboles. Siempre resulta sorprendente ver pastar al ganado holandés, con pie seguro, en ángulos increíbles; una visión que, por lo general, se asocia con la pintura rupestre. Como siempre, hay pequeños puestos y granjas a lo largo del camino donde se vende crema y queso.

Xalapa es un sitio muy especial. Ciertamente no es tan hermoso como el paisaje que lo circunda, pero es uno de los centros culturales, políticos y ecológicos más animados de México, con su orquesta y su espléndido museo arqueológico, su universidad e, incluso, un ejército de árboles.

Como muchas otras ciudades de México, o del mundo, Xalapa ha rebasado sus límites originales. Cuando uno entra desde el norte, encuentra la plétora de talleres pequeños y sucios de los mecánicos, las vulcanizadoras, donde hay coches abandonados y barriles de aceite. Las angostas calles del centro están inundadas con gente y coches. Xalapa siempre tiene aroma a café recién tostado y uno puede comprar exquisitos cacahuates, también recién tostados, en los mismos establecimientos.

Sin embargo, aún quedan suficientes rincones callados y pintorescas casas viejas para imaginar cómo era antes. La gente es amigable y servicial. No sólo proporcionan instrucciones muy explícitas cuando uno les pregunta cómo llegar a algún sitio —yo siempre me pierdo— sino que se toman el tiempo de dibujar un mapita. En cierto punto encontré que ya tenía toda una colección de ellos. Debo mencionar la estación de

Michael Calderwood

Diana Kennedy en las montañas de Michoacán.

Terraza de la cocina de la Quinta Diana.

Terraza de la cocina de la Quinta Diana.

Alacena de la Quinta Diana.

Fotografías: Diana Kennedy

Puesto de mandarinas. San Cristóbal de las Casas, Chiapas.

Flor fresca de jamaica. Tapachula, Chiapas.

Shutes. Tuxtla Gutiérrez, Chiapas.

Pacaya. Tapachula, Chiapas.

Achiote. Mercado del pueblo de Huautla de Jiménez, Oaxaca.

En busca de cherimole. Sierra de Juárez, Oaxaca.

Vista de la sierra de Juárez de Oaxaca.

Cherimole. Sierra de Juárez, Oaxaca.

Tacos de pochicuiles con pulque. Sierra Mazateca, Oaxaca.

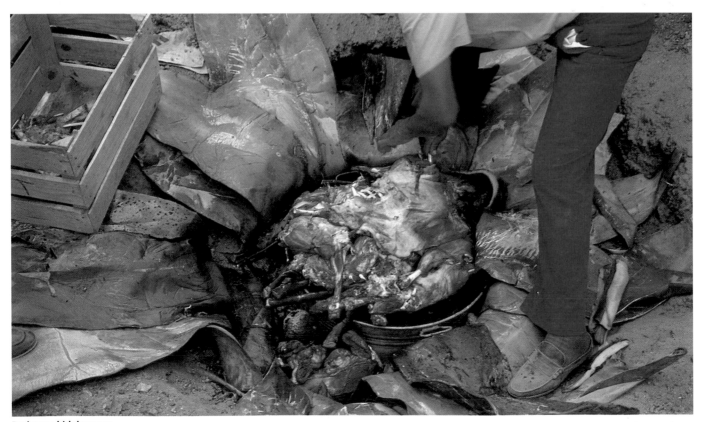

Barbacoa hidalguense.

Chiles de Campeche, Campeche.

Coxhales. Mercado de Zitácuaro, Michoacán.

Chilhuacales frescos de Cuicatlán, Oaxaca.

Chiles morelianos y chilacas secándose. Queréndaro, Michoacán.

Cebollas moradas. Mercado de Villahermosa, Tabasco.

Chiles secándose. Usila, Oaxaca.

Vendedora de pescado seco. Jamiltepec, Oaxaca.

Doña Josefat en una ranchería oaxaqueña.

La "Abuela" haciendo tlacoyos. Zacualpan, Morelos.

Guitlacoches de Cholula, Puebla.

Olla de tamales. Sierra de Cuetzalán, Puebla.

Elote rojo de Cholula, Puebla.

Panes pomuch. Campeche, Campeche.

Pipián de acamaya de Doña Inés. Veracruz.

Camarones secos de Tuxtla Gutiérrez, Chiapas.

Compras de Diana Kennedy. Chilapa, Guerrero.

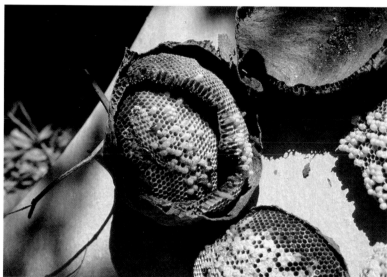
Panal de avispas para salsa. Puerto Escondido, Oaxaca.

Huevos. Chilapa, Guerrero.

Cacao.

Yaca. Nayarit.

Nopales de Jerez, Zacatecas.

Mole miahuatleco.

Señora Fausta haciendo xocoastole.

Guiso de hongos azules.

Juchiteca vendiendo comizcales.

Chiles manzanos o perón. Mercado de Zitácuaro, Michoacán.

Preparación para la salsa de xoconostle.

Flor de calabaza. Mercado de Zitácuaro, Michoacán.

Espiga para tamales. San Pancho, Michoacán.

Pitayas. Quinta Diana.

Quesadillas de San Pancho, Michoacán.

Pahuatlán, Puebla.

autobuses, pues creo que retrata mucho de lo que es Xalapa: se trata de una de las estaciones más coloridas y amigables en el mundo, quizá gracias al talento de un arquitecto del lugar.

La comida también refleja la sensación muy personal que uno percibe en Xalapa. En las pequeñas fondas y restaurantes familiares, e incluso en los restaurantes de los hoteles como el hotel Salmones (la receta de pollo al ajillo es de ellos), uno encuentra comida casera, donde siempre pueden hallarse platillos regionales muy bien hechos. Yo vuelvo una y otra vez a los dos restaurantes que resumen esto: La Fonda, ubicada en el céntrico callejón del Diamante, y La Churrería, junto al hotel Xalapa. Ambos pertenecen a la antropóloga Raquel Torres, cuya dedicación a conservar la cocina y la cultura regionales resulta extraordinaria. Otras veces he mencionado el desayuno en La Fonda, y a veces recuerdo con deleite las tostadas de La Churrería, colmadas con una deliciosa mezcla de carnes deshebradas, generosamente rociadas de queso rallado; los suculentos tamales rancheros, el chocolate y los atoles. Además es un lugar muy alegre.

A mediodía, a la hora de la comida principal, los restaurantes sirven guisados de carne y verduras, nutritivas sopas, y siempre frijoles negros. El chileatole —no un atole picante como el que encontraría en otras partes del país— es un guiso que se espesa ligeramente con masa y se sazona con chile ancho y seco (chipotle mora). En Cuaresma se hace con verduras, pero casi siempre lleva distintas carnes. El mole verde (la receta se encuentra en *Las cocinas de México*) distingue a Xalapa: es una salsa de tomate verde con muchos tipos de verduras y carne, enriquecido con bolitas de masa y manteca. Durante una comida que Raquel preparó especialmente para nosotros, el énfasis estuvo en las verduras: chayotes capeados, un pipián de grandes frijoles frescos con xocotamales, es decir, tamales hechos de masa agria de maíz negro, envueltos en una hoja que se llama xoco o caballero (*Oreopanax échinops*). Cuando en Xapala habla de frijoles siempre se refiere a los negros. Se usan en todas las formas posibles: en tamales, sopas, guisados, antojitos, refritos —para acompañar los huevos del desayuno—, o como salsa para hacer enfrijoladas.

En este clima húmedo y benigno siempre hay hierbas silvestres, quelites de muchos tipos que a menudo toman el lugar de la carne en las comunidades indígenas y constituyen una comida saludable y nutritiva. La variedad parece ser infinita. Las recetas que aquí se dan son sólo un ejemplo de la riqueza de esta cocina.

Debo confesar que siempre ansío alejarme del bullicio de Xalapa para ir a uno de mis lugares favoritos en todo México: Coatepec. Coatepec y Xico, su vecino, están en el corazón de la zona cafetera. Un comerciante español introdujo el café en el siglo XVIII y su cosecha ha tenido aquí un historial estable que ha logrado sobrevivir a las fluctuaciones mundiales del precio y a las intromisiones del ahora difunto Instituto Mexicano del Café, que dependía del gobierno. Me deleitó leer en *La cocina veracruzana* —experta investigación de María Stoopen— que, con motivo de una visita a Coatepec, Guillermo Prieto escribió en 1875: "...en Xalapa probamos y saboreamos el café más sensual de la tierra".

Coatepec y Xico están a unos kilómetros al sureste de Xalapa y, de milagro, han logrado mantener gran parte de su pintoresca arquitectura: casas de una sola planta con gruesos techos de teja; amplios pórticos a través de los cuales uno puede asomarse a patios llenos de flores y orquídeas que, en este clima húmedo se dan, multicolores, todo el año. En verano las lluvias son intensas —aunque en años recientes hubo una sequía severa y casi impensable— y durante gran parte de los meses restantes una neblina húmeda, a la que los lugareños llaman chipi-chipi, envuelve la tierra y mantiene la humedad que hace florecer a las orquídeas y al café.

Aquí todavía existen los pequeños negocios de familia: cremerías donde en las mañanas se vende leche fresca y espumosa en grandes mantequeras, queso fresco y yogurt. Aún quedan algunas panaderías donde puede verse al panadero amasando y formando las piezas de masa durante casi todo el día, en las complicadas formas que tiene el pan dulce mexicano. No necesita instrucciones para llegar: sólo siga su sentido del olfato. Hay talabarteros que confeccionan intrincadas monturas sobre pedido —en el negocio de junto puede componer cualquier tipo de maleta vieja que todo el mundo desprecia— y, desde luego, cafeterías donde se venden los granos de café recién tostados. Las más coloridas son las vinaterías. No venden ginebra ni whisky, sino la más fabulosa selección de licores de fruta dispuestos en las vitrinas con la precisión de un desfile. Supongo que podría llamarse una "artesanía", que usa el licor que producen los molinos de azúcar de la región mezclado con las frutas nativas, tropicales y subtropicales, muchas de las cuales crecen entre las plantas del café: limón, plátano, fruta de la pasión, zapotes y muchas otras. Los hay también de mora, cacahuate y café.

En Xico la bebida más popular es el verde, hecho a base de zacate de limón, verbena e hinojo, entre otras cosas, con cáscara de limón macerada en el alcohol. Hay un dicho local: "Si vas a Xico y no tomas verde, no conoces Xico".

Xico está muy cerca de Coatepec y hay que recorrer un túnel de árboles a lo largo de las plantaciones de café. A través de los años, se ha vuelto famoso no sólo por su licor verde, sino por otros dos platillos: el xonequi (pág. 294), sopa de frijoles negros con una especie de campanilla que se llama xonequi (*Ipomea dumosa*); y por un mole negro muy ligero y afrutado.

Mole de Xico
Señora Rosario Flores, Xico
Para 10 personas

Cuando uno habla de Xico la pregunta invariable es si ya probó su mole. Es muy famoso, a pesar de que es algo dulce y muy suave, y ciertamente no para quienes prefieren su comida picante.

En Xico he probado varias recetas y me han dado otras tantas, pero por fin mi amiga Carmen Ramírez Degollado y yo coincidimos en que la más representativa para hacer mole de Xico es la que aparece en *La cocina veracruzana* (que, por desgracia, está agotado, pues sólo se hizo una edición privada bajo el auspicio de un exgobernador de Veracruz). Carmen lo sirve en su restaurante El Bajío, en la ciudad de México.

Desde luego, es un mole refinado y sólo para quienes pueden costear ingredientes caros como piñones y avellanas. Los que no, pueden sustituirlos por cacahuate.

Cuando uno se toma el trabajo de hacer mole, es mejor hacer más del que se va a usar. En el refrigerador dura por lo menos un mes y, en el congelador, mucho más.

12 chiles mulatos (250 gr.)
8 chiles pasilla (75 gr.)
manteca de cerdo o aceite vegetal para freír
1 cebolla blanca pequeña, rebanada
6 dientes de ajo pelados
aproximadamente 3 l. de caldo de pollo o de guajolote
1/3 de taza (83 ml.) de almendras
1/4 de taza (63 ml.) de avellanas
1/4 de taza (63 ml.) de piñones
1/3 de taza (83 ml.) de nuez encarcelada
3 cucharadas de ajonjolí

291

1/4 de taza (63 ml.) de pasas

1/2 plátano macho rebanado

8 ciruelas pasas sin semilla

2 rebanadas pequeñas de pan francés

1 tortilla chica, seca

1 jitomate grande, asado

4 pimientas negras tostadas y machacadas

4 clavos tostados y machacados

1 raja de canela de 13 mm., machacada

1/4 de taza (63 ml.) de piloncillo molido

30 gr. de tableta de chocolate

10 porciones grandes de pavo tierno o pollos grandes

sal, según sea necesario

Quítele las semillas y las venas a los chiles. Cúbralos apenas con agua y póngalos a hervir durante 5 minutos. Déjelos remojando otros 10 minutos. Escúrralos bien.

Caliente 2 cucharadas de manteca y acitrone la cebolla y el ajo. Escúrralos y licúelos con 1/2 taza (125 ml.) de caldo, hasta que estén lisos. Agregue otra taza de caldo (250 ml.) a la licuadora y licúe los chiles, poco a poco, hasta obtener un puré ligeramente texturado. Quizá necesite hacer esto en dos tandas, usando sólo el caldo necesario para liberar las aspas de la licuadora.

Ponga 1/4 de taza (63 ml.) de manteca a una cazuela gruesa en la que vaya a cocinar el mole. Añada el puré de chile y fríalo ligeramente 10 minutos, raspando el fondo de la olla de vez en cuando porque puede pegarse y quemarse con facilidad.

En una sartén ponga un poquito de manteca y, por separado, fría cada uno de los ingredientes hasta la tortilla, añadiendo sólo suficiente manteca para cubrir el fondo de la sartén. Escurra cada uno de los ingredientes en un colador para eliminar el exceso de grasa. Machaque las nueces, el pan y la tortilla fritos una sola vez para evitar que la licuadora se sobrecargue. Licúe 2 tazas (500 ml.) de caldo junto con los ingredientes fritos que añadirá poco a poco, agregando un poco más de caldo si necesita liberar las aspas de la licuadora. Añada los ingredientes que acaba de licuar al puré de chile.

Licúe el jitomate y las especias, agregue esto a la mezcla de la olla junto con el azúcar y el chocolate, y siga cocinando a fuego lento durante 10 minutos. Añada 1 l. de caldo y siga cocinando 30 minutos más, pero asegúrese de que el mole no se pegue al fondo de la olla. Para entonces el mole debe estar espeso, bien sazonado y con charcos de grasa en la superficie. Deje que se enfríe y guárdelo o proceda como se indica a continuación.

Caliente 1/4 de taza (63 ml.) en una sartén gruesa y dore las piezas de pollo o pavo. Escurra el exceso de grasa y agregue la carne al mole. Siga cocinando a fuego muy lento durante 40 minutos, diluyendo con más caldo y ajustando la sal.

Huevos al comal
Señora Carmen Ramírez Degollado
Para una porción

Entre las distinguidas cocineras, una de mis amigas en México es Carmen Ramírez, la energética propietaria de El Bajío, un gran restaurante en el noreste de la Ciudad de México. Carmen nació y creció en Xalapa, Veracruz, y me encanta oírla hablar de las recetas de su madre.

Entre ellas, hay una forma deliciosa y única de preparar un huevo, que Carmen incluye casi siempre en su restaurante cuando prepara su espectacular desayuno veracruzano en ocasiones especiales.

Como lo implica su nombre, se trata de huevos guisados en un comal, preferiblemente de barro sin vidriar, sobre una hoja santa, y se sirven con salsa verde o roja y tortillas de maíz calientes.

A menos que cuente con huevos muy frescos que mantengan su forma cuando se rompen en un plato, sugiero que use una sartén pequeña en vez del comal o la plancha.

2 hojas santas, lo suficientemente grandes para cubrir una sartén de 15.5 cm.
1 cucharada de manteca suave o 1 1/2 cucharadas de aceite vegetal
sal gruesa de mar, al gusto
2 huevos

Caliente bien la sartén. Engrase ligeramente las hojas por las dos caras y colóquelas en dos capas sobre la sartén muy caliente. Las hojas deben casi forrar la sartén. Rocíelas con sal y, con mucho cuidado, rompa dos huevos, uno al lado del otro, sobre las hojas.

Dóblelas ligeramente, tape la sartén y cocine los huevos unos 5 minutos, o según el gusto de cada quien.

Sírvalos de inmediato, todavía envueltos en las hojas, y sirva con salsa de tomate verde.

Xonequi

Receta publicada por primera vez en *México Desconocido*, en febrero de 1992.

Para 6 personas

Siempre me emociona ver el nombre de un platillo desconocido para mí en un menú, sobre todo cuando es tan exótico como éste. Hace muchos años fui a comer a un pequeño restaurante regional en Xico, cerca de Xalapa, Veracruz, cuando vi la palabra XONEQUI, impresa en mayúsculas y a doble espacio, supongo que para que uno no se lo perdiera. Lo ordené y me trajeron un plato hondo de frijoles negros muy caldosos con un sabor ligeramente ahumado y picante, al que habían agregado algún tipo de verdura y enriquecido con bolitas de masa de maíz y epazote. A partir de entonces lo ordené varias veces en distintos lugares dentro de la misma área. (Cuando pregunté por él en Xalapa y en el cercano Coatepec, me respondieron con desdén que "ésa es otra clase de comida", (¡queriendo decir que se trataba de un platillo muy por debajo de lo que ellos acostumbran servir!)

Pregunté entre algunos cocineros y hallé una mínima variación entre una receta y otra: el chile puede licuarse y freírse; las bolitas de masa pueden contener o no cebolla picada: minucias que no cambian el sabor de manera sustancial. Por fin me decidí por la receta que me dio la señora Dolores Guavichi de Galván (aunque ella no le pone cebolla a las bolitas de masa y yo sí, porque me gusta el sabor).

Cuando le pregunté cómo crece el xonequi, amablemente se ofreció a llevarme a casa de sus padres. Viven en una modesta casita en las afueras del pueblo, atrás de la cual hay un pequeño jardín: una auténtica "jungla" de plantas silvestres, árboles de limón, café y aguacate, chiles y calabazas, todo mezclado y floreciente en la fértil tierra y el benigno clima húmedo de la región. Aquella mañana de noviembre la espesa planta de xonequi brillaba con sus flores magenta. (Con gran gentileza los padres de Dolores me regalaron un brote con raíz para que la plantara en mi casa y ahora ya casi se adueñó del marco de una ventana que estaba destinado a una indecisa enredadera de kiwi.)

Pregunté si sabían de cuándo data la receta. Respondieron que sus abuelos preparaban xonequi a mediodía, cuando no podían comprar carne ni pescado: por lo menos cuatro días a la semana. También hablé con Raquel Torres, experta en comida regional y antropóloga de Xalapa. Me contó que un platillo similar se prepara en otros pueblos, pero sazonado con una hierba silvestre, una especie de *Piper pseudo-alpino* que tiene un fuerte sabor a cilantro.

Como muy poca gente podrá conseguir hojas de xonequi, sugiero sustituirla con 2 tazas de acelgas, sin la costilla ni el tallo, toscamente picadas.

225 gr. de frijoles negros enjuagados y espulgados, pero no remojados
aproximadamente 3 l. de agua caliente
2 dientes de ajo pelados
1 rebanada delgada de cebolla blanca
1 cucharada de manteca de cerdo (opcional)
sal al gusto
1 rama grande de epazote
2 chiles chipotle mora

PARA LAS BOLITAS DE MASA DE MAÍZ:
1 taza (250 ml.) de masa para tortillas
sal al gusto
1 1/2 cucharadas de manteca de cerdo
2 cucharadas de cebolla blanca finamente picada (opcional)
3 cucharadas copeteadas de hojas de epazote finamente picadas
2 tazas (500 ml.) de hojas enteras de xonequi o de acelgas, toscamente picadas

Ponga los frijoles en una olla. Cúbralos con agua caliente, agregue el ajo, la cebolla y la manteca, y cuézalos a fuego lento durante alrededor de 4 horas hasta que los frijoles estén tiernos, pero no demasiado suaves. Agregue la sal y el epazote y cuézalos 20 minutos más.

Cubra los chiles con agua caliente y déjelos remojando unos 30 minutos hasta que estén suaves. Escúrralos y licúelos con 1/2 taza (125 ml.) de caldo de frijol hasta que estén lisos. Añada esta salsa a los frijoles.

Mezcle los ingredientes de las bolitas de masa y forme esferitas como de 2 cm. de diámetro.

Agregue las hojas de xonequi a los frijoles y cocínelos a fuego medio 15 minutos más. Añada las bolitas de masa y cocine a fuego lento alrededor de 15 minutos. Parta una bolita a la mitad para comprobar que se hayan cocido.

Sirva el xonequi en platos hondos con bastante caldo.

Salsa de chile seco
Xico, Veracruz
Rinde aproximadamente 1 3/4 de taza [438 ml.]

Hallará esta salsa, muy picante y de sabor ahumado, sobre todo en los hogares del centro y norte de Veracruz. Se hace con chipotle mora, que en la región se llama chile seco: chiles jalapeños más chicos, maduros y secados al humo.

Incluyo esta receta tanto para quienes viven en México como en Estados Unidos porque he encontrado una abundante provisión de estos chiles en las tiendas mexicanas, sobre todo del suroeste norteamericano. Por lo general, son más baratos que otras variedades, quizá debido a la gran cantidad que de estos chiles se produce en Chihuahua.

A últimas fechas, tal vez por el calor y la sequía, la cosecha de chiles ha salido muy picante, y cuando está seco, este chile pica tanto como el habanero: el más picante del mundo. En los mercados de Puebla y Veracruz puede encontrarlo bajo el nombre de capón, porque la placenta y las semillas se le quitan, supuestamente para la siembra de la siguiente temporada.

En el noreste de Veracruz esta salsa se mezcla con mayonesa y se sirve con mariscos. Muchas de las recetas que me han dado requieren que los chiles se frían, luego se muelan con ajo y agua, y se vuelvan a freírse ya en salsa otra vez. Así la salsa tiene mucho sabor, aunque puede resultar demasiado picante. Prefiero hacer la salsa con esta receta y añadirle un par de chiles anchos, tal y como lo hacen en un pequeño restaurante de Xico.

2 chiles anchos sin venas ni semillas
115 gr. (unas 40 piezas) de chipotles mora
aproximadamente 2 tazas (500 ml.) de agua
5 dientes de ajo toscamente picados
1/4 de taza (63 ml.) de aceite vegetal
sal al gusto

Tueste los chiles muy ligeramente en un comal o plancha que no esté muy caliente, cuidando de no quemarlos. Cúbralos con agua, deje que rompa el hervor y hiérvalos 5 minutos. Déjelos remojando 10 minutos, o más, hasta que estén suaves y carnosos. Escúrralos, ábralos por la mitad y quíteles las semillas y las venas.

Licúe bien 1/4 de taza (63 ml.) de agua con el ajo y, poco a poco, agregue los chiles, 3/4 de taza (188 ml.) más de agua hasta obtener una consistencia texturada, añadiendo más agua sólo si necesita liberar las aspas de la licuadora.

En una sartén mediana caliente el aceite. Fría los chiles licuados con sal al gusto unos 8 minutos, revolviendo y raspando continuamente el fondo de la olla para que no se queme. Diluya con un poco más de agua para obtener una salsa bastante espesa. Déjela enfriar. Yo prefiero no usar la salsa de inmediato, sino hasta después de varias horas.

Camarones verdes
Rinde 3 porciones como plato principal o 4 como entrada

Esta irresistible receta de la señora Carmela del Valle que aparece en *La cocina veracruzana* es la misma que prepara en su restaurante de Córdoba, Veracruz.

Esta es una de las formas más deliciosas de guisar camarones pues refleja los intensos sabores típicos de la costa veracruzana. Es mejor usar camarones muy grandes, sin pelar, con todo y cabeza, si es posible, porque esto le añade mucho sabor al platillo.

No se trata de una comida refinada: hay que usar los dedos y chupar los deliciosos jugos de la cáscara y la cabeza. Puede servir los camarones con arroz blanco, aunque yo prefiero servir el arroz primero y los camarones aparte. Este plato no tiene mucha salsa pero debe tener textura.

565 gr. de camarones grandes con cabeza (o 675 gr., sin cabeza)
5 dientes de ajo toscamente picados
sal al gusto
115 gr. de tomates verdes sin cáscara, enjuagados y cortados en cuartos
1 chile jalapeño grande, cortado a la mitad, a lo largo
3 hojas santas sin tallo y sin las venas gruesas, en trozos
1 hoja de aguacate grande, sin tallo, en trozos
1/4 de taza (63 ml.) de aceite de oliva afrutado, además de otro poco
para la etapa final

Quítele las patas y las barbas a los camarones. Hágales un corte longitudinal en el lomo a través de la cáscara y saque el tracto digestivo, o la "vena". Déjelos a un lado.

Muela el ajo con la sal y mézclelo con el agua para formar una pasta. Déjela a un lado.

Ponga los tomates verdes, el chile y las hojas en una olla pequeña. Apenas cúbralos con agua, tape la olla y cuézalos unos 5 minutos a fuego lento. Escurra toda el agua excepto 1/2 taza (125 ml.). Licúe estos ingredientes hasta que tengan una consistencia texturada. Deje esta salsa a un lado.

Caliente el aceite en una sartén grande donde quepan todos los camarones en no más de dos capas. Agregue los camarones y sofríalos a fuego muy alto durante un minuto. Añada la pasta de ajo y sofríalos, un minuto, otra vez. Agregue la mezcla de la licuadora y siga cocinando unos 3 minutos, volteando los camarones constantemente en la salsa.

Luego deje que los camarones se enfríen ligeramente para que absorban los sabores de la salsa.

Como paso opcional: vierta un poco más de aceite de oliva sobre los camarones justo antes de servir.

Gorditas de frijol

Rinde para aproximadamente 20 gorditas de 6.5 cm.

En Xalapa, Veracruz, desayunar es sinónimo de un plato de gorditas de frijol con salsa de tomate del restaurante La Fonda, en el callejón del Diamante, justo en el centro de la ciudad. Su dueña se ha dedicado a conservar las comidas y las costumbres de la región. La Fonda es un lugar animado e invitante por la mañana. El maravilloso aroma de los guisados que se preparan en las cazuelas, y el de los atoles en sus jarrones de barro, sale al encuentro del visitante en el callejón, incluso antes de entrar al lugar. La cocinera encargada de hacer las gorditas las hace rápida y expeditamente, con una uniformidad que por lo general sólo se le imputa a las máquinas. Sin embargo, en otros restaurantes como El Parador Real, cerca de Xico, la masa se corta con un cortador de galletas. Aquí hay dos métodos para hacerlas, pero lo más probable es que ustedes inventen el suyo propio.

450 gr. de masa para tortillas
3 cucharadas rasas de manteca de cerdo
sal al gusto
2 1/2 tazas (625 ml.) de pasta de frijol (la receta se da a continuación)
manteca o aceite para freír

Tenga lista una prensa para tortillas (por lo común las de metal tienen 16 cm. de diámetro), dos bolsitas o pliegos de plástico, y un cortador de galletas de 6.5 cm.

Mezcle la masa, la manteca y la sal. La masa resultante quedará un poco pegajosa y puede ser algo difícil de manejar.

Primer método: con la masa haga 16 esferitas de unos 4 cm. de diámetro. Ponga una esfera en la prensa para formar un círculo de unos 13 cm. de diámetro. Con mucho cuidado levante el plástico de la hoja superior de la prensa. Tome el segundo plástico y, con cuidado, desprenda la masa. No le quite el plástico. Asiente el segundo plástico y, con el cortador de galletas, haga dos círculos de 6.5 cm. de diámetro. Ponga 2 cucharaditas de la pasta de frijol en uno de los círculos y doble el plástico a la mitad para que el segundo círculo de masa cubra perfectamente el primero con el relleno. Presione la orilla ligeramente para sellar.

Repita la misma operación con el resto de las esferitas y utilice los recortes de masa para hacer 4 esferitas más.

Segundo método: divida la masa en esferitas de unos 3 cm. En una prensa para tortillas, o con las manos, forme un círculo de unos 9 cm. de diámetro con cada una. Ponga una cucharada rasa de pasta de frijol en el centro y doble la masa sobre el relleno. Con las manos vuelva a darle una forma circular a la masa hasta que tenga unos 6.5 cm. de diámetro, y entre 7 y 13 mm. de espesor.

Para cocer las gorditas: con cuidado coloque las gorditas en aceite caliente. Fríalas hasta que la parte inferior esté firme y dorada. Voltee la gordita y fríala del otro lado: unos 4 minutos por lado.

Escúrralas bien y sirva. Estas gorditas deben ir de la sartén a la boca porque la masa se pone correosa si se recalienta o si se deja reposar.

Frijoles negros para gorditas
Rinde aproximadamente 2 1/2 tazas (625 ml.)

Hace muchos años, durante mi primera visita a Xalapa, me sorprendió ver que afuera del mercado se vendía un polvo verde: eran hojas de aguacate tostadas y molidas. Tienen cierto sabor anisado y son un saborizante típico para los frijoles negros. En esta receta uno tiene que moler las hojas. La pasta de frijol para las gorditas debe estar bastante seca; reducida, no frita como en muchas otras recetas parecidas. Cualquier sobrante puede congelarse para hacer más gorditas o tamales.

225 gr. de frijoles negros
1/4 de cebolla blanca mediana toscamente picada
1 diente de ajo pelado
agua caliente
sal al gusto
8 hojas de aguacate tostadas hasta que estén crujientes

Limpie los frijoles para que no tengan ninguna impureza. Enjuáguelos, escúrralos y póngalos en una olla con la cebolla, el ajo, y agua caliente que rebase varios centímetros el nivel de los frijoles. Deje que rompa el hervor. Cuézalos a fuego lento hasta que los frijoles estén tiernos, pero no desmoronándose (ni *al dente*). Agregue sal y cuézalos 5 minutos más. Escúrralos y use el caldo para una sopa de verduras.

Desmenuce las hojas de aguacate sin el tallo y muélalas en un molino eléctrico para café hasta obtener un polvo fino.

Ponga los frijoles sin caldo en un procesador de alimentos y tritúrelos hasta que tenga una pasta texturada. Añada el polvo de aguacate. La pasta debe quedar algo seca.

Pollo al ajillo
Hotel Salmones
Rinde de 4 a 6 porciones

Éste es un plato robusto y lleno de color, pero sólo para quienes aman el ajo y no les sorprende la textura un poco dura de los anillos de chile guajillo. Para este tipo de receta funciona mejor un pollo grande y firme, que no se desmorone en la primera parte de la receta. Para esta receta también puede usar carne de cerdo, camarones o pescado.

El aceite de oliva debe ser ligero o mediano: el extra virgen es muy fuerte de sabor para este guiso.

La salsa debe reducirse bastante y cubrir las piezas de pollo con una capa espesa.

Aunque tradicionalmente el pollo al ajillo se sirve con tortillas de maíz, me parece que el sabor se balancea más si se sirve sobre una cama de arroz blanco o con el arroz como acompañamiento.

1 pollo de 1.35 kg., en piezas
sal al gusto
agua o un caldo ligero de pollo
4 chiles anchos
14 dientes de ajo toscamente picados
6 chiles guajillo
1/3 de taza (83 ml.) de aceite de oliva (véase el texto anterior)

Ponga el pollo en una cacerola ancha en la que quepan todas las piezas en una sola capa. Rocíelas con sal y cúbralas apenas con agua o con el caldo ligero de pollo (sin salar). Deje que rompa el hervor y cuézalo a fuego lento unos 20 minutos, volteando las piezas una vez, hasta que estén apenas tiernas, pero no totalmente cocidas. Escurra el caldo y devuelva el pollo a la cacerola. Reduzca el caldo o añádale agua para completar 2 tazas (500 ml.) y déjelo a un lado.

Mientras tanto, abra los chiles anchos por la mitad y quíteles las venas y las semillas. Cúbralos con agua caliente y déjelos remojando unos 15 minutos hasta que estén suaves. Escúrralos y tire el agua del remojo.

Licúe los chiles con 1 taza (250 ml.) de agua hasta que casi estén lisos. Deje esta salsa a un lado.

Licúe el ajo con 1/3 de taza (83 ml.) de agua y déjelo a un lado.

Limpie los chiles guajillo con un trapo húmedo. Ábralos por la mitad y quíteles las semillas y las venas. Córtelos en anillos delgados de unos 7 mm. de ancho.

Caliente el aceite en una sartén, agregue los anillos de guajillo y fríalos unos segundos, volteándolos constantemente hasta que estén crujientes, pero tenga cuidado de no quemarlos. Añada el puré de ajo y fríalo a fuego alto durante unos 10 segundos o hasta que el líquido se haya evaporado. De inmediato agregue el puré de chile ancho y fríalo una vez más, revolviendo y raspando el fondo de la olla constantemente hasta que reduzca un poco: unos 5 minutos. Agregue el caldo, ajuste la sazón y deje que se caliente bien.

Vierta la salsa sobre las piezas de pollo, tape las olla y cocine todo a fuego medio alrededor de 25 minutos, volteando las piezas de pollo de vez en cuando.

Nota: ésta receta puede hacerse con anticipación; aguanta hasta el día siguiente pero no congela bien.

Tamal de cazuela
Señora María Elena Romero

Rinde 4 porciones

En muchas regiones de México un tamal de cazuela está compuesto de dos capas de masa de maíz con un relleno de pollo o cerdo deshebrado y sazonado con mole, o alguna otra salsa en medio.

En esta región de Veracruz un tamal de cazuela es un platillo a base de masa de maíz gruesa, que se sirve como una polenta, con carne en mole o con pescado en salsa, encima. Sin embargo, en esta receta, el pollo, el chile y la hoja santa se mezclan con la masa.

4 porciones grandes de pollo: 2 piernas, 2 muslos
y una pechuga grande cortada a la mitad
agua o caldo de pollo
sal al gusto
1 cebolla blanca mediana toscamente rebanada (opcional)
2 dientes de ajo pelados (opcional)
1 chile ancho
450 gr. de masa para tortillas
1 taza de agua
140 gr. (1 1/4 de taza) de manteca de cerdo derretida
4 hojas santas sin tallos, despedazadas

Ponga el pollo en una cacerola. Cúbralo con agua, el caldo, sal al gusto, el ajo y la cebolla. Deje que hierva a fuego lento y cuézalo alrededor de 20 minutos hasta que esté apenas tierno. Escurra el pollo y guarde el caldo. Si es necesario, añádale agua para completar 3 tazas (750 ml.) de líquido.

Abra el chile por la mitad y quítele las venas y las semillas. Cúbralo con agua caliente y déjelo remojando 15 minutos, o hasta que esté suave y carnoso. Escúrralo y licúelo con 1/2 taza del caldo que guardó hasta que esté liso.

Mezcle la masa para tortillas con casi toda la taza (250 ml.) de agua, guardando un poco hasta que vea cuánta absorbe la masa que debe tener una consistencia floja y suave. Transfiérala a una olla gruesa y cuézala a fuego lento, incorporando poco a poco la manteca y la mitad del caldo que guardó. Revuelva y raspe el fondo de la olla para que no se pegue.

Cuando la manteca se haya absorbido por completo, incorpore el chile, la hoja santa y el resto del caldo, para que la mezcla tenga una consistencia delgada. Cocine la masa a fuego medio, raspando el fondo de la olla continuamente hasta que la mezcla espese y cubra el revés de una cuchara de madera con una gruesa capa de la mezcla. Ajuste la sal, agregue las piezas de pollo, y cocine alrededor de 20 minutos todo hasta que la mezcla esté suficientemente espesa y la masa de los bordes empiece a encogerse. Sirva de inmediato.

Plátanos rellenos
Señora María Elena Romero, Tlacotalpan
Rinde para hacer aproximadamente 9 plátanos de 13 cm.

En la costa de Veracruz y, sobre todo, en Tlacotalpan, que está en los márgenes del río Papaloapan, los plátanos rellenos, o mejor dicho la pulpa cocida del plátano macho, que se rellena y a la que se le vuelve a dar forma de plátano, es uno de los bocadillos favoritos. Es importante escoger plátanos machos amarillos, pero aún firmes. También pueden rellenarse con picadillo (carne molida, sazonada con jitomate y otros ingredientes), pero yo prefiero el queso seco y salado que se usa tradicionalmente en la región y que constituye un buen contraste para la masa suave y dulzona que lo envuelve.

675 gr. de plátanos machos maduros, pero no firmes
3 cucharadas de harina
sal al gusto
2 taza (125 ml.) de queso añejo, cotija (en Estados Unidos, queso romano o pecorino),
finamente rallado
aceite para freír

Corte ambos extremos de los plátanos pero no los pele. Luego, hágales un corte a lo largo. Póngalos en una olla, cúbralos con agua y deje que rompa el hervor. Baje la flama y cuézalos muy lentamente alrededor de 1 hora hasta que estén bastante suaves.

Escúrralos bien. Pélelos y machaque la pulpa hasta obtener una consistencia texturada. Poco a poco, añada la harina y la sal. Amase la pasta en esferitas de unos 5 cm. de diámetro.

Con las manos presione una de las esferitas sobre una hoja de plástico (es un asunto algo pegajoso, de modo que engrase sus manos un poco), para formar un círculo de unos 12 cm. de diámetro y 2 mm. de grosor. Espolvoree una cucharada de queso a lo largo del centro y, con cuidado, separe la mezcla del plástico. Con las palmas de las manos déle forma de plátano, sellando el relleno de queso por completo. Repita lo mismo con el resto de la pasta de plátano.

En una sartén caliente aceite de 2.5 cm. de profundidad (apenas debe cubrir a los "plátanos") a unos 135 °C (275 °F): si el aceite está demasiado caliente, los "plátanos" se dorarán por fuera demasiado pronto y el centro quedará crudo. Ponga los "plátanos" en el aceite. Hágalos rodar en el aceite caliente para que se cuezan de manera uniforme, hasta que se doren bien: de 10 a 12 minutos. Sáquelos cuidadosamente con dos espátulas y escúrralos sobre toallas de papel. Sírvalos calientes.

Aunque pueden recalentarse (de preferencia sobre una lámina para galletas forrada de papel para que absorba el exceso de grasa), saben mejor si se comen frescos.

Arroz verde
Señora María Elena Romero, Tlacotalpan
Rinde 6 porciones

Aunque el arroz no adquiere un color verdaderamente verde, sabe muy bien.

1 taza (250 ml.) de arroz
1/4 de taza (63 ml.) de aceite vegetal
1 rebanada de cebolla blanca toscamente picada
3 dientes de ajo toscamente picados
4 chiles jalapeños

4 tomates verdes

1 1/4 de taza (313 ml.) de agua

sal al gusto

1/2 taza (125 ml.) de chícharos o ejotes picados

2 ramitas de cilantro

2 cucharadas de jugo de limón

Cubra el arroz con agua caliente y déjelo remojar 10 minutos (véase la nota al final de la receta). En una cacerola, caliente el aceite. Escurra el arroz, enjuáguelo y vuélvalo a escurrir, sacudiéndolo con fuerza para eliminar el exceso de agua. Añada al aceite caliente.

Fría el arroz durante 5 minutos, o hasta que apenas comience a cambiar de color o "baile en la cacerola". Luego agregue la cebolla y un diente de ajo. Fríalos unos minutos más, cuidando que no se quemen la cebolla y el ajo.

En la licuadora haga un puré con los chiles, los tomates verdes, 2 dientes de ajo y 1/4 de taza (63 ml.) de agua. Añada la mezcla al arroz frito y fría todo unos minutos más, o hasta que la mezcla este casi seca. Añada el resto del agua, sal, los chícharos y el cilantro. Cocínelo a fuego medio alrededor de 15 minutos, hasta que todo el líquido se haya absorbido. Justo antes de llegar al final del tiempo de cocción incorpore el jugo de limón, tape la cacerola y siga cocinando a fuego lento unos 10 minutos, hasta que al arroz se esponje. Antes de servir, déjelo reposar alrededor de 15 minutos para que el arroz absorba cualquier resto de líquido y termine de esponjarse.

Nota: cada tipo de arroz tiene un punto de absorción distinto, de modo que la cantidad de líquido puede tener que ajustarse según la marca de arroz que utilice.

Buñuelos de almendra

Rinde aproximadamente 30 buñuelos de 4 cm.

Me topé con esta receta mientras revisaba mis cuadernos. La recogí en Tlacotalpan en 1976, pero, por desgracia, no anoté el nombre de la cocinera... espero que pueda perdonarme. Siempre es mejor usar 30 gr. de almendras amargas para mayor sabor, pero si no puede conseguirlas, le sugiero una cucharadita de extracto de almendra. También me gusta agregar una pequeña cantidad de jugo de naranja y de ralladura de limón.

Es mejor freír los buñuelos en dos o tres tandas, colando el aceite después de terminar cada grupo. Yo los pongo en una bandeja forrada de papel y los caliento en el horno a 177 °C (350 °F) durante 10 minutos para eliminar el exceso de aceite que absorbe el papel.

Comience la noche anterior.

115 gr. de almendras, u 85 gr. de almendras y 30 gr. de almendras amargas

1/2 taza (125 ml.) de natas o crema espesa

1/3 de taza (83 ml.) de azúcar granulada

5 yemas ligeramente batidas

aproximadamente 1/2 taza (125 ml.) de harina

una pizca de sal

1 cucharadita de extracto de almendra (véase nota superior)

2 cucharadas de jugo de naranja (opcional)

la ralladura de 1/2 naranja y 1/2 limón (opcional)

2 claras de huevo

aceite vegetal para freír

azúcar glass para espolvorear

La víspera cubra las almendras con agua caliente y déjelas remojando hasta que estén listas para usarse. Quíteles la piel y, en un molino eléctrico para café o especias, muélalas hasta obtener una textura gruesa.

Mezcle las almendras, la nata y el azúcar granulada. Poco a poco incorpore las yemas, la harina, la sal y, si quiere, la ralladura de limón y naranja. Bata las claras hasta que estén a punto de turrón e incorpórelas a la mezcla. Ahora debe tener una pasta suave pero maleable. Añada un poco más de harina si es necesario para darle más cuerpo a la mezcla.

En una cacerola honda caliente aceite que tenga 5 cm. de profundidad y añada la mezcla a cucharaditas. Fría los buñuelos hasta que estén completamente dorados —unos 4 minutos por lado— y escúrralos en toallas de papel (vea el texto superior). Cuando estén bien escurridos y se hayan enfriado, espolvoréelos con azúcar glass.

Minilla veracruzana

Rinde aproximadamente 3 1/2 tazas [875 ml.]

Ricardo Muñoz es un joven chef amigo mío, dedicado a la comida mexicana, tradicional e innovadora. Un día Ricardo me comentó que la receta de minilla que di para un libro de cocina mexicana no lo había impresionado. "La mía me gusta mucho más y creo que a ti también va a gustarte", dijo. En efecto, así fue y obtuve permiso para publicar la receta.

Minilla es una palabra veracruzana que no he podido encontrar en ningún diccionario. En esencia se trata de un "picadillo" de pescado para el que se utilizan las sobras, el recorte y, en el caso de un restaurante de la zona norte de Veracruz, la carne de la cabeza de un pescado grande.

Dice Ricardo que puede servirse a temperatura ambiente o caliente. También sirve para tostadas, como relleno de tacos, empanadas y chiles, o con arroz blanco como platillo principal.

Puede usarse cualquier tipo de pescado fresco, pero si el precio se lo impide (como suele suceder con el pescado fresco en México) puede usar una lata de atún en agua —que es lo que hace Ricardo— desmenuzando finamente y escurriéndolo en una manta de cielo para eliminar toda el agua.

Gracias, Ricardo: ¡es delicioso!

63 ml. de aceite de oliva que no sea extra-virgen

1/2 cebolla blanca, finamente picada

1 cucharadita de ajo finamente picado

2 tazas copeteadas (550 ml.) de jitomates finamente picados

1 cucharada de azúcar

2 hojas de laurel desmenuzadas finamente

2 1/2 tazas (625 ml.) de atún enlatado en agua, drenado

2 cucharadas de perejil finamente picado

1/4 de taza (63 ml.) de pasas picadas

3 cucharadas de aceitunas verdes sin hueso picadas

1 cucharada de alcaparras grandes picadas

1/2 cucharadita de orégano seco desmenuzado

sal al gusto

Caliente el aceite en una sartén. Acitrone la cebolla y el ajo. Agregue los jitomates y cocínelos a fuego alto durante 10 minutos, hasta que se reduzcan y formen una salsa bastante espesa. Añada el azúcar, las hojas de laurel y el atún, y cocine 3 minutos más. Añada el resto de los ingredientes y cocínelos a fuego medio, revolviendo y raspando el fondo de la olla para que no se queme, hasta que la mezcla esté bastante seca. Rectifique la sal.

La cocina de doña Iris

En las diversas ocasiones en las que he dado clases en Veracruz a los grupos de visitantes que Marilyn Tausend trae a México para sus recorridos gastronómicos, siempre incluyo una visita a mi amigo, el entomólogo Martín Aluja, que vive en Coatepec, cerca de Xalapa. Entre sus múltiples talentos está el saber cocinar y, lo que es más, el saber ser un comensal agradecido. Se me hacía agua la boca cada vez que me contaba sobre los platillos que le preparaba doña Iris, de Apazapan, mientras él estaba en práctica de campo, recolectando insectos en los huertos cercanos. Me hablaba de su exquisito pollo ahumado, del pipián de acamayas y de su pintoresca cocina de humo. Así es que, desde luego, tenía que ir a conocerla.

Tardamos algo de tiempo en arreglar la visita. Tenía que ser cuando las dos estuviéramos libres entre semana porque, sábado y domingo, la enorme familia de doña

309

Iris va a visitarla y habría demasiado ruido y confusión. Y, claro, tenía que ser cuando las acamayas (*Atya scabra*) no estuvieran en veda.

Se hicieron muchas llamadas entre Coatepec, Michoacán, donde vivo, y entre Coatepec, Veracruz. Le envié numerosos recados a doña Iris que le hacían llegar otros entomólogos que trabajaban en el área —no había teléfono en Apazapan— hasta que, por fin, pareció que todo estaba listo. Entonces, Martín me llamó a último minuto para disculparse porque el hijo de doña Iris, que vive con ella, acababa de ser elegido presidente municipal, y una de sus primeras acciones había sido renovar la fachada de la casa y modernizar la cocina: instaló una estufa de gas como prueba de su nueva posición. Era una lástima, pero no algo crucial: ¡lo más importante era la comida!

Apazapan es un pueblo que está como a una hora al sureste de Coatepec, en el margen norte del Río de los Pescados. Para llegar es necesario recorrer un camino largo y angosto que serpentea y desciende entre los cafetales de Coatepec. Luego desemboca en un lujuriante valle donde la vegetación natural se ve alterada, de vez en cuando, por parches de caña, campos de cacahuate, maizales con sus plantas de frijol y calabaza, o huertos de mango, limón, ciruelas y, desde luego, plátanos.

Resultó fácil distinguir la casa de doña Iris: tenía una fachada de cemento recién estrenada y sobresalía entre otras más tradicionales que flanqueaban la calle paralela al río. Doña Iris nos esperaba con una gran sonrisa, rodeada de un séquito de niños curiosos y de algunos ayudantes de la familia. Todo estaba preparado y listo, excepto el pollo. A las últimas acamayas de la temporada se les había quitado la única parte no comible: el saco negro que tienen detrás de la cabeza, y las pepitas se habían pelado a mano ("nunca las tueste para abrir la cáscara", dijo doña Iris, "porque perjudica su sabor"). Una vez limpias, se tuestan en un comal y se muelen en un molino de mano para obtener un polvo texturado.

El pipián de acamayas que iba a preparar me resultaba de especial interés. Las pepitas se molieron por segunda vez con el metate con los chiles que estaban remojados. La pasta resultante se espolvoreó con el caldo en el que se habían cocido las acamayas. Poco a poco se exprimió un aceite verdoso y se apartó. Esto es lo que después le da al platillo su sabor distintivo.

En Yucatán había visto un método similar para extraer el aceite con que se decoran los papadzules (véase la receta en *El arte de la cocina mexicana*) o al pipián de venado justo antes de servirlo, para darle un brillante tono verde a la superficie.

Doña Iris se disculpó porque no había podido ahumar el pollo —realmente eso requería muchas horas de lenta cocción— y, mientras lo tallaba con una mezcla de ajo, vinagre y sal, fuimos a un huerto cercano a cortar la verde leña del jobo —el nombre que se le da en Veracruz a la ciruela mexicana, *Spondia mombin*—. Cuando volvimos ya habían prendido el bracero en el patio trasero de la casa, único vestigio de la antigua cocina tradicional.

Ahora el trabajo comenzó en serio. El pipián hervía en una olla, el pollo se volteaba de vez en vez sobre la leña y empezábamos a sentir mucha hambre. Doña Iris se dio cuenta y de inmediato le pidió a su hija que hiciera unas tortillas y sacara un plato hondo de pinole: aquí este nombre se aplica al polvo texturado de las pepitas tostadas, molidas con chile piquín o la chilpaya seca que crece silvestre en los huertos de los alrededores. Sobre la ceniza incandescente de la hoguera asó unos jitomates, chiles jalapeños y otras acamayas más pequeñas, como del tamaño de camarones grandes. Molió todo en el molcajete para obtener una pasta. Y, aún había algo más para probar con las tortillas: salsa de cacahuate, que también se usa con arroz blanco o diluida en caldo o con pollo. Estaba deliciosa, pero muy picante.

Por fin todo estaba listo. La familia se multiplicó por arte de magia cuando nos sentamos a comer la fragante y colorida comida. Al servir el pipián, doña Iris lamentó no haber ahumado las acamayas por falta de tiempo y no haber encontrado cruzeta (un cactus que tiene una hoja en forma de cruz), para rebanarla e integrarla al pipián. No importó, la comida estaba extraordinaria de todos modos. La conversación cesó cuando nos detuvimos a chupar las acamayas y los huesos de pollo; el silencio se rompió sólo para pedir más tortillas o aún otra cucharada de frijoles negros.

Cuando al tardecer partimos a través de un valle silencioso, nos vino a la mente el inolvidable día que habíamos pasado con esta gente alegre y generosa, siempre dispuesta a compartir sus conocimientos sobre estos sencillas alimentos con los que subsisten a diario: peces del río, alimentos cultivados o silvestres.

Pipián de acamayas

Rinde de 4 a 6 porciones

Sé bien que esto es sumamente esotérico, pero sin duda habrá quienes sientan curiosidad, quieran probar la receta y conservarla para que no desaparezca.

La salsa estará un poco grumosa y tendrá una apariencia cuajada cortada, pero es exquisita. Que no los espante el aceite que flota en la superficie: es aceite vegetal y, además, tiene un alto contenido de vitamina E.

Doña Iris usa pepitas de la región: alargadas con un borde verde oscuro.

Para la receta puede usar camarones grandes o langostinos, en vez de acamallas.

2 chiles anchos sin venas ni semillas

2 chiles piquín o de árbol

675 gr. de camarones muy grandes o langostinos, pelados y sin vena

10 tazas (2.5 l.) de agua

sal al gusto

225 gr. (aproximadamente 1 2/3 tazas) de pepitas peladas

3 ramas grandes de epazote con tallos y hojas

2 tazas (500 ml.) de nopales cocidos en cuadritos

Tueste ligeramente los chiles anchos sobre un comal o plancha sin engrasar. Póngalos, junto con los chiles piquín enteros, y sin tostar, en un plato hondo. Cúbralos con agua caliente y déjelos remojar 10 minutos. Escúrralos.

Cubra los caparazones de los camarones o de los langostinos con agua, agregue sal al gusto y hiérvalos unos 15 minutos. Escúrralos, reserve el caldo y lo demás.

En una cacerola gruesa tueste las pepitas a fuego lento, revolviéndolas y meneándolas para que se tuesten parejo, hasta que comiencen a inflarse y a tronar. Déjelas a un lado para que se enfríen y luego muélalas en un molino eléctrico para café o especias hasta obtener un polvo fino. Transfiéralo a un plato con borde.

Poco a poco incorpore 1/4 de taza (63 ml.) del caldo caliente —esperando a ver cuánto líquido absorbe el polvo de pepita— y exprímalo para formar una pasta. El aceite empezará a salir lentamente: recójalo en un tazón pequeño. Siga exprimiendo y recogiendo el aceite todo el tiempo que aguante: debe tener alrededor de 1/4 de taza (63 ml.) de aceite.

Ponga la pasta de pepita en la licuadora con 1 1/2 tazas (375 ml.) del caldo, los chiles ya escurridos y licúelos hasta obtener una consistencia lisa. Vierta la mezcla en el caldo restante y cocínelo a fuego alto aproximadamente 15 minutos, raspando el fondo de la olla para que no se pegue, hasta que las semillas empiecen a coagularse para formar grumos. Añada los camarones, el epazote, los nopales y el aceite que guardó. Ajuste la sal y cocínelos 10 minutos más. Sirva el pipián en platos hondos con bastante caldo y tortillas de maíz.

Frijoles negros con pepitas y hoja santa
Rinde aproximadamente 6 tazas (1.5 l.)

En Apazapan ésta es una comida nutritiva preparada a base de lo que se tenga a la mano o, de hecho, con lo que se cultiva en cada hogar. He agregado un poco de chile serrano, pero allá usarían un chile silvestre muy pequeño que se llama chilpaya, ya sea fresco o seco.

225 gr. de frijoles negros
aproximadamente 7 tazas (1.75 l.) de agua
1/4 de cebolla blanca mediana toscamente picada
1 rama grande de epazote
sal al gusto
1 1/3 de taza (333 ml.) de pepitas peladas
2 hojas santas o de aguacate, sin tallo, en trozos grandes
2 chiles serranos tostados

Limpie los frijoles para eliminar cualquier impureza. Enjuáguelos y escúrralos. Póngalos en una olla con agua, la cebolla y el epazote. Cuézalos de 3 a 4 horas —según la edad de los frijoles— a fuego muy lento, hasta que estén tiernos pero no deshechos. Añada sal.

Ponga las pepitas en una sartén gruesa a fuego lento y revuélvalas o agítelas de vez en cuando para que se tuesten parejo, empiecen a inflarse y a tronar. Déjelas a un lado a que enfríen y luego muélalas en un molino eléctrico para café o especias, hasta obtener un polvo texturado. Añádalo a los frijoles.

Cuézalos a fuego lento otros 15 minutos, revolviendo de vez en cuando ya que las pepitas tienden a hundirse en el fondo de la olla. Agregue la hoja santa y los chiles y cocine 5 minutos más.

Salsa de camarón

Para 1 taza rasa (240 ml.)

Cuando es temporada de acamallas, se usan en todas las formas imaginables y constituyen un alimento gratuito para quienes viven en los pueblitos ribereños. Pueden sustituirse por camarones pelados. A mí me gusta añadirles un poco de aceite de oliva y servir esta salsa como pasta para untar, ya sea con tortillitas de maíz, tostadas, etcétera.

4 camarones grandes
2 jitomates medianos asados
2 chiles jalapeños asados
sal al gusto
2 cucharadas de aceite de oliva (opcional)

Ase los camarones hasta que estén cocidos por dentro. Pélelos, quíteles la vena y píquelos toscamente.

Muela bien todos los ingredientes, añadiendo la sal y el aceite de oliva al molcajete o a la licuadora.

Sirva a temperatura ambiente.

Salsa de cacahuate

Rinde 2 tazas (500 ml.)

Ésta es una salsa picante que se come con tortillas, arroz blanco, o diluida en caldo para un guisado con pollo. De nuevo, en Apazapan, los cacahuates provendrían directamente de la parcela familiar. Se usarían chipotles moras, que son chiles jalapeños más pequeños, maduros y secados al humo. En esa región, y más al norte, en la sierra de Puebla, estos chiles abiertos y sin semillas se compran con el nombre de chiles capones. Si no encuentra chipotles moras, use chipotles enlatados, en adobo.

La salsa tendrá una consistencia bastante espesa, pero untable.

225 gr. (aproximadamente 1 1/2 tazas) de cacahuates crudos y pelados
2 1/2 cucharadas de manteca de cerdo o de aceite vegetal
4 chipotles mora ligeramente enjuagados (no remojados) y secados
2 tazas (500 ml.) de agua
2 dientes de ajo toscamente picados
2 pimientas negras
2 clavos
sal al gusto

En una sartén gruesa o en un horno tostador, tueste los cacahuates a fuego lento hasta que adquieran un color dorado pálido, aproximadamente 15 minutos. Déjelos enfriar y muélalos en un molino para café o especias hasta obtener una textura media fina.

Caliente la manteca y fría los chiles, volteándolos de vez en cuando, durante un minuto y medio, cuidando de no quemarlos. Cuando se enfríen y pueda manejarlos, despedácelos. Licúe 1/2 taza (125 ml.) del agua, el ajo y las especias. Añada los chiles y licúe de nuevo hasta obtener un puré.

En la misma grasa, fría los ingredientes licuados durante unos 4 minutos, revolviendo constantemente para que no se peguen. Poco a poco incorpore los cacahuates molidos, cocínelos 2 minutos más. Añada el resto del agua con sal y cocínelos otros 8 minutos, revolviendo y raspando el fondo de la olla para que la salsa no se pegue.

Catemaco

Una de las experiencias gastronómicas más extraordinarias que pueden tenerse en México es comer en uno de los restaurantes que están a orillas del lago Catemaco. Rodeado de montañas volcánicas, hasta hace poco también lo estaba de una densa vegetación tropical. Sin embargo, la tala inmoderada y la contaminación que genera la creciente ciudad de Catemaco han minado su belleza natural. En vacaciones, y los fines de semana, este sitio atrae a miles de visitantes. Por eso, si quiere disfrutar de la tranquilidad natural del lugar, evite ir en esas fechas.

Lo que resulta extraordinario es que en Catemaco pueden probarse platillos desconocidos en otras partes de Veracruz, por no decir en el resto de México.

Voy con frecuencia al restaurante Los Sauces, donde pido varias botanas: togogolos, anguila deshebrada y topotes. Los togololos son grandes caracoles del fondo lodoso del lago: se purgan, se cuecen y se preparan en ensalada, con jitomate picado, cebolla y chile, o se sirven calientes, en salsa de tomate. En este lugar preparan la anguila de una manera deliciosa y por eso incluyo aquí la receta.

Los topotes son peces pequeños, planos y ovalados, absolutamente deliciosos cuando se fríen hasta estar crujientes. Me parecen mucho mejores que los charales (pequeños peces secos) que, en muchas partes de México, se sirven como botana con las bebidas. Siempre parece que los charales tienen demasiadas espinas y escamas para ser animalitos tan pequeños. Los topotes abundan en el lago a principios de la primavera, cuando se cocinan frescos. Se secan y se ahuman en hornos especiales al aire libre a fin de conservarlos para el resto del año y abastecer a los mercados de la zona pues son uno de los ingredientes de los platillos de Cuaresma. Los hornos son largas construcciones rectangulares con lugar para encender una fogata y con una sencilla estructura que sostiene el pabellón de tablas de madera sobre las cuales se distribuye el pescado para secarlo al humo, a fuego muy lento.

Sin duda el platillo más popular de Catemaco es la mojarra en tacho-gobi: es una tilapia entera, sin entrañas y limpia, que se asa sobre un fuego de leña o carbón. Después se le vierte encima una brillante salsa roja texturada, hecha a base de pequeños jitomates silvestres. Estos jitomatitos tienen varios nombres: menudo, Zitlali, ojo de venado y tomate de monte (*Lycopersicum pimpinellifolicum*). También los hay en la sierra de Puebla y, por lo general, se emplean para hacer una salsa rústica de mesa cuya textura se debe a la piel algo dura del jitomate. En esta receta se machacan y se fríen

316

con ajo y chile chilpaya seco. Son bastante ácidos y tienen un sabor concentrado y delicioso: ¡justo a lo que sabían los jitomates de antes!

Desde luego hay muchos platillos en el menú: camarones, pulpo, ostiones y muchos otros tipos de pescado, pero, por lo general, yo me limito a mis favoritos locales de siempre.

La comida se sirve con tortillas de maíz o, si lo solicita, con pelliscadas: tortillas de maíz más gruesas, como de 10 cm. de diámetro. La masa de la superficie se pellizca o a veces se levanta en "olas" con el revés de una cuchara. Esta superficie rugosa se unta con la oscura manteca del fondo de la tina en que se fríe el chicharrón. En Catemaco se les llama mosmochos a las migajas del chicharrón que se asientan al fondo.

Otras pelliscadas se untan con pasta de frijol negro y se adornan generosamente con tiras de carne asada, sazonada y seca, de cerdo o de res.

Para terminar la comida, en vez de flan o la fruta en almíbar de siempre, prefiero comprar los empalagosos dulces de coco que ofrecen los niñitos de mesa en mesa y que, con bastante frecuencia, meten la mano dentro de mi enorme bolsa (que a estas alturas del viaje ya está algo sucia) para tomar un mango maduro.

Siempre me hospedo en el hotel que está a orillas del lago, en las afueras del pueblo, para admirar la puesta de sol y las luces del pueblo que, poco a poco, se van encendiendo al otro lado de la bahía.

Chile pastor

Señora María Antonia Rábago de Bustamante, Santiago Tuxtla

Rinde 1 taza (250 ml.)

Esta receta aparece en *La cocina veracruzana*. Es una salsa típica de la región y se pone en la mesa —más que como salsa— como condimento o aderezo. Aunque sabe particularmente bien con pescado, también puede usarse con carnes asadas, en sopas, etcétera. Recuerdo que en Tapachula, Chiapas, me sirvieron una salsa muy parecida que se usaba para remojar rebanadas fritas de malanga (una raíz deliciosa que crece en los climas húmedos y tropicales).

Para esta receta necesita usar cebolla roja. En el mercado de Tuxtla vi unas cebollitas moradas bastante grandes, así que sugiero que use cebollitas de rabo o echalotes y cebollín, en vez del cebollín de hoja plana que se usa en Veracruz.

1/3 de taza (83 ml.) de echalotes o cebollitas de rabo, finamente picadas
1/4 de taza (63 ml.) de jugo de limón
sal al gusto
10 chiles serranos tostados hasta que estén suaves
2 dientes de ajo toscamente picados
1/3 de taza (83 ml.) de agua
1/3 de taza (83 ml.) de cebollín finamente picado

Mezcle las cebollitas de rabo con el jugo de limón y sal.

Pique los chiles serranos asados y muélalos con el ajo para hacer una pasta (o licúelos con el ajo y el agua hasta obtener una consistencia lisa).

Mezcle todos los ingredientes en un tazón no corrosivo y deje que se sazonen 30 minutos antes de servir la salsa.

Anguila guisada
Los Sauces, Catemaco, Veracruz
Rinde 2 tazas

Aunque esta receta es con anguila, puede usar cualquier pescado o marisco. Se sirve como botana, con tostadas o tortillas.

1 1/3 tazas (333 ml.) de pescado, cangrejo, anguila o cazón,
cocido, sin piel ni espinas y deshebrado
1/4 de taza (63 ml.) de aceite de oliva ligero, no extra virgen
2 cucharadas de cebolla finamente picada
2 dientes de ajo muy finamente picados
4 pimientas negras
2 clavos
1 hoja de laurel
1/4 de cucharadita copeteada de orégano seco
1 cucharada copeteada de alcaparras grandes finamente picadas
1 cucharada copeteada de aceitunas verdes deshuesadas, finamente picadas
2 chiles jalapeños en escabeche muy finamente picados
180 gr. de jitomate toscamente picado
1/8 de cucharadita de puré de achiote o 1/2 cucharadita de pasta de achiote
sal al gusto

Exprima toda la humedad posible del pescado.

En una sartén gruesa caliente el aceite y acitrone el ajo y la cebolla. Agregue el pescado y mezcle bien. En un molino de café, muela la pimienta, el clavo y el orégano. Añada las especias molidas al pescado y mezcle bien. Poco a poco, incorpore las alcaparras, las aceitunas y el chile.

Licúe los jitomates con el achiote y añádalos a la sartén, revolviéndolo a fuego medio alto para que reduzca la salsa. Añada sal y cocine todo 3 minutos más, o hasta que la mezcla este bien sazonada y casi seca.

Chile-Limón

Catemaco, Veracruz

Rinde aproximadamente 1 taza [250 ml.]

En Catemaco este chile-limón se usa sobre la tilapia asada. Es ácido y picante, y se hace con un pequeño chile silvestre que se llama chilpaya. Mucha gente prefiere usar chile serrano. Los pequeños limones criollos que se usan aquí son muy fragantes y no tan ácidos como los otros más grandes que, por lo general, se usan en Estados Unidos. Allá se puede utilizar limones mexicanos importados o "key limes".

8 chiles serranos finamente picados
1/3 de taza (83 ml.) de jugo de limón
1/3 de taza (83 ml.) de agua
1/3 de taza (83 ml.) de cebolla blanca finamente picada
sal al gusto
una pizca de azúcar (opcional)

Mezcle todos los ingredientes en un recipiente no corrosivo y deje que se sazonen 10 minutos.

Tabasco

Carlos Pellicer, uno de los poetas más distinguidos de México, describió así a su natal Tabasco, "más agua que tierra": "Con el agua a la rodilla vivie Tabasco". Muchos de sus poemas elogian la exuberante vegetación y la belleza natural del estado.

Tabasco está en la curva inferior del golfo de México. Colinda con Veracruz al noreste y con Campeche al noroeste. Tiene una extraña geografía cuyo territorio se adentra en Veracruz y en Chiapas, e incluso llega a hacer frontera con Guatemala. La costa tabasqueña fue uno de los primeros sitios a donde llegó la expedición del español Juan Grijalva en 1518. El gigantesco río que fluye desde los altos de Chiapas hasta las planicies costeras de Tabasco, y desemboca en el mar, lleva su nombre. El recuento de Grijalva sobre esta fértil tierra —donde recibió oro e información de los indios a cambio de algunas cuentas de cristal— impulsó a la expedición de Hernán Cortés que se llevó a cabo un año más tarde. Entonces las tierras bajas tenían una población densamente poblada por los chontales, un grupo indígena que se relaciona con los mayas, quienes cultivaban cacao desde siglos atrás. En aquella época, cuando el cacao tenía un gran valor en Mesoamérica, por lo que se advierte en los recuentos históricos de entonces, ¡Tabasco era un sitio muy animado! Pero a principios del siglo xx se le marginó de todos los planes de desarrollo del gobierno para construir caminos y puentes, y luego Villahermosa —y Teapa en particular— quedó devastada por la Revolución.

La primera vez que fui a Tabasco fue en los años cincuenta. Paul —mi difunto marido— y yo volvíamos de Yucatán. El avión que nos llevaría a la ciudad de México se detuvo en Villahermosa y, sin mayor explicación, nos hicieron bajar ahí. Paul estaba furioso porque tenía una cita de trabajo en México para el *New York Times*, el periódico para el que escribía. No se lo dije pero yo estaba feliz ante la oportunidad de conocer un sitio que era nuevo para mí. La aerolínea nos aseguró que otro avión nos recogería en seis horas (cosa que nunca sucedió), lo que nos daba tiempo para turistear.

Recorrimos la pequeña y tranquila ciudad de Villahermosa; su museo y las gigantescas cabezas olmecas que están en el parque de La Venta y que veíamos por primera vez. Recuerdo que miré la ribera del río Grijalva —entonces salpicada de chozas de palma entre la densa vegetación tropical— y me pregunté a dónde demonios habíamos ido a parar. Era un México que nunca había visto, muy distinto al altiplano que rodea a la ciudad de México y, ciertamente, muy diferente a Yucatán. Hace poco leí en *Terry's Guide to Mexico* de James Norman, una guía publicada en 1963, cinco años después de que estuvimos ahí: "...el estado de Tabasco es un sitio de densas junglas, de vastas extensiones con animales salvajes, poco poblado y mal comunicado (aquella vez tuvimos que manejar toda la noche para volver a la ciudad de México)... tiene poco que ofrecer desde el punto de vista turístico".

Las cosas han cambiado. Casi toda la jungla ha desaparecido por la explotación maderera y petrolífera, o para dejar lugar a las infinitas plantaciones bananeras. La lluvia ácida está afectando a los peces y a la vida silvestre, por no mencionar a los seres humanos, e incluso varias de las ancestrales plantaciones de cacao se están secando. Cada vez que paso por ahí están a la orden del día los incendios a la orilla del camino, pero aún hay tranquilos y hermosos lugares que permanecen intactos.

No volví a Villahermosa sino hasta siete años después. Pase la noche allí porque a la mañana siguiente tenía que tomar una avioneta a Palenque. En esos días la carretera no estaba pavimentada y era muy difícil transitarla. Sobrevolamos lagunas, ríos y extensos pastizales donde pastaban los cebúes con su invariable séquito de garzas blancas.

Aunque el sitio arqueológico de Palenque no está en Tabasco sino en Chiapas, queda muy cerca de la frontera con aquél, de modo que nuestro viaje ulterior a Bonampak, Yaxchilán y Tenosique nos mantuvo dentro de esa misma zona geográfica. Por primera vez probamos el pejelagarto, un pez prehistórico de gruesa piel y pico alargado. El pejelagarto estaba asado lentamente a la leña. Su carne era muy blanca y de sabor delicado, y allí la sazonaron con un poco de achiote y epazote.

También comimos caracoles de río en un caldo de hoja santa, que allá se llama momo, espesado con masa. A la orilla del río almorzamos los brotes tostados de una especie de palmera de la región que, con el calor del fuego, se abren en varias hebras crujientes y un poco amargas. A lo largo de nuestro recorrido por el río Usumacinta las comidas del campamento eran muy sencillas: gruesos plátanos triangulares cocidos con todo y piel sobre una fogata; tortillas de textura gruesa y unos pollitos muy chicos y tiesos en un caldo con achiote. No había nada más para sazonar y me parece que el mercado más cercano estaba por lo menos a 50 kilómetros de distancia. El jugo de las naranjas agrias y de los limones que crecen en los claros de selva nos refrescaban del sofocante calor húmedo. Estábamos encaramados sobre las ruinas de Yaxchilán cuando, de pronto, nuestro guía cortó unos bejucos llenos de exquisita agua fresca. Fue una experiencia inolvidable.

Transcurrieron otros cinco años antes de que pudiera volver a Villahermosa. Para entonces ya había enviudado. Vivía y trabajaba en Nueva York dando mis primeras clases de cocina mexicana. Durante varios meses al año recorría México reuniendo el material para *The Cuisines of Mexico*. Villahermosa apenas comenzaba a crecer y la vida aún tenía un aire provinciano. La gente se sentaba en sus mecedoras a platicar largamente en el porche y les encantaba hablarme horas y horas sobre la comida y las costumbres del lugar. Llené cuadernos enteros con comentarios sobre chiles, hierbas y alimentos que encontré en los mercados de Villahermosa, pero en aquella época todo era demasiado extravagante para publicarlo.

Probé el pozol, una refrescante bebida a base de maíz; comí carne de tortuga y de cangrejo en caldos de sabor pronunciado; chirmoles; desayuné frijoles negros; el rico y fuerte queso de la región, y carne asada, sazonada con ajo y naranja agria. A la hora de la merienda había una asombrosa variedad de tamales, e incluso los que se vendían en la calle eran, en aquella época, de altísima calidad. Uno de los platillos más asombrosos fue una tortuguita, aún en su caparazón y de espaldas, bañada en una salsa verde, aderezada con hoja santa. Era un *pochitoque*, gelatinoso y exquisito. Había nutritivos guisados de carne —del ganado que se alimenta de pasto—, con toda una variedad de tubérculos de la región de inmenso sabor natural: yucas, camotes, macales o malangas, acompañados de la omnipresente salsa de chile, ácida y picante (véase pág. 355). Fue todo un descubrimiento aprender que alimentos tan sencillos pudieran ser tan deliciosos.

Tabasco se ha convertido en mi fascinación y, en años recientes, lo he recorrido de cabo a rabo. Uno de mis viajes más memorables fue a Tapijulapa, que está en una sierra que comparte con Chiapas y que, de hecho, queda muy cerca de su frontera. En el camino me detuve en Teapa a visitar sus dramáticas grutas y cascadas pero, sobre todo, el jardín botánico y su colección de plantas comestibles y de árboles de fruta tropical, que proveen de alimento gratuito a las comunidades más aisladas de la montaña. Tapijulapa es un pueblito encantador. Milagrosamente ha conservado su encanto y su arquitectura coloniales (según me han dicho, gracias a los esfuerzos de una arquitecta del lugar).

No muy lejos, casi en la frontera con Chiapas, está Oxolotán, con sus espectaculares ruinas de un monasterio del siglo XVI. Es un Tabasco completamente distinto al de las planicies del norte de Villahermosa y al de la costa. Ahí la tierra es una ciénaga salpicada de lagos y los pueblitos están rodeados de plantaciones de cacao. La mayoría de las casas tiene sus propio platanar y otros árboles de frutas tropicales de brillantes flores, presentes todo el año. Me gusta comprar mantelitos de carrizo en los puestos que están en las afueras de Nacajuca, o cositas de piel de pescado y armadillo que se producen en los esporádicos talleres artesanales. Todas estas comunidades indígenas están de camino a Comalcalco, un sitio arqueológico muy especial de pirmámides maya-chontales. Como en las inmediaciones no había pedregales, están hechas de ladrillo. ¡Pero debo confesar que todo el tiempo pensaba en chocolate!

Conozco dos atractivas fincas de cacao que están en la región, ambas en manos de descendientes de familias alemanas que las fundaron hace varias generaciones. Tienen las casas grandes que son típicas del clima tropical: techos altos, frescos corredores y grandes cuartos aireados llenos de plantas brillantes y rodeados de viejos árboles. En ambas, las plantaciones de cacao están en la parte posterior. No creo que haya una fruta más exótica que ésta. Las flores —en todas las etapas de desarrollo— brotan de la resistente madera de los árboles y, poco a poco, se transforman en las abultadas vainas que contienen los granos de cacao. En las dos fincas la producción no es muy grande pero los discos de chocolate para beber, dulce o amargo, tienen el maravilloso sabor intenso del cacao puro. También puede comprarse chocolate en polvo, y hasta un licor que se hace con la carne blanca que tapiza la vaina del cacao.

Un poco más adelante, en la carretera que lleva a la costa, hay una gran palapa que alberga un restaurante de comida regional. Probé el chirmol de pato y resultó ser el pato más correoso que hubiera probado, pero la salsa que lo bañaba estaba deliciosa y me la comí con una gran tortilla de maíz al mojo de ajo: esa tortilla se recalentaba, en vez de freírse en aceite o en mantequilla de rancho, y se le ponía bastante ajo picado.

A partir de ese punto es imprescindible seguir a Paraíso y a Puerto Ceiba. Aquí en San Pancho mi vecina tabasqueña y su marido —quien hace muchos años comandó un batallón del ejército en esa zona— insistieron en que fuera a Puerto Ceiba a probar los famosos ostiones en escabeche de don Tacho, el reconocido experto en la materia.

Carlos Franco, gerente general del hotel Hyatt Villahermosa, es un fiel seguidor no sólo de mis libros, sino también de las comidas de Tabasco, y me facilitó todo. Llamó a don Tacho con anticipación para asegurarse de que estaría ahí cuando llegara a verlo.

Puerto Ceiba es una pequeña comunidad pesquera a orillas de la Laguna de Coapa que se abre al mar. Los manglares que la rodean constituyen un criadero ideal para los pequeños ostiones. A juzgar por la montaña de conchas que está afuera del cobertizo a donde los pescadores llevan su captura, es evidente que se recoge una cantidad fabulosa de ellos. Hace tiempo, cuando don Tacho ya era conocido por sus ostiones, decidió enlatarlos y contrató a un experto traído del Japón para que lo asesorara. Ahora sus ostiones, tanto en escabeche como ahumados, se distribuyen en México y en el extranjero. Mientras me contaba la historia del lugar, su hija me ofreció un puntal (una botana), un refrescante vaso de pozol frío, y unas frutitas en almíbar de intenso color naranja que se llaman jicacos (*Chrysobalanus icaco*), una especialidad regional que, al igual que muchas frutas tropicales silvestres, no tenía ningún sabor distintivo.

Recorrimos la pequeña pero eficiente fábrica, extensión de la casa, y luego nos sentamos a la mesa, enorme para acomodar a la numerosa familia de don Tacho. Por fin probamos los famosos ostiones que tanto lo enorgullecían. Primero, los ostiones en escabeche, con cebolla y zanahoria en un curtido muy ligero —apenas podía distinguirse la presencia del vinagre— y luego, más a mi gusto, los ostiones ahumados, que tenían más carácter. Después de enjuagarlos varias veces, pues todos los ríos que desembocan en la laguna están contaminados por la falta de plantas tratadoras de aguas negras en la región, los ostiones en sí no tenían tanto sabor. Sin embargo, sigue siendo una de las especialidades más comentadas del estado.

Si usted pregunta, cualquiera en Villahermosa le dirá que el mejor lugar para comer ostiones tapescos es El Gran Ostión, el restaurante del hijo de don Tacho. Al ordenar una bebida le traen a uno los famosos ostiones en escabeche a manera de botana, como siempre que se trata de una botana, sin ningún costo adicional. En un principio los ostiones tapescos se cocinaban en Puerto Ceiba sobre un bastidor con leña blanca de manglar. Luego se les colocaban encima varias capas de ostiones en su concha, cubiertos con hojas de plátano. Supongo que podría decirse que se "ahumaban al vapor"; tenían un sabor muy especial. En el restaurante se cocinan con un método ligeramente distinto, pero los ostiones son ligeros y deliciosos, sobre todo cuando se sirven con salsa de chile.

En la mayoría de los hogares tabasqueños, ya sea en las ciudades o en el campo, esta salsa sigue siendo muy tradicional. Lo confirmé cuando leí una edición de 1993 del *Libro de la cocina de la mujer tabasqueña*, editado por Edith V. Matus de Sumohano (no hay ninguna seña del impresor). Aunque apareció por primera vez en 1968, lleva varias ediciones. Hay un capítulo titulado "Pescados, Mariscos, Quelonios y Reptiles". La página inicial tiene el dibujo de una tortuga tratando de salir de una olla hirviendo y a una serpiente de gran sonrisa sobre un platón. Entre otras, había recetas para cocinar mono araña, tres tipos distintos de tortuga (la carne de ambos —el mono y la tortuga— ahora está prohibida por encontrarse estos animales al borde de la extinción), masacua —una serpiente larga y gruesa— y armadillo.

En efecto, en la mayoría de los ranchos hay una pequeña pileta para la despistada tortuga que se aventure a salir del estanque o a cruzar el campo. Los habitantes del lugar todavía recolectan la oscura miel líquida que depositan las abejas silvestres en los huecos o en las ramas de los árboles. Los hay de naranja agria y de achiote. También recogen su propio perejil que, a pesar de su nombre, es una planta de hojas puntiagudas y algo duras (*Eryngium foetidum*), con sabor a cilantro (de hecho, en las tiendas caribeñas de Nueva York a esta hierba se le llama "cilantro"). Hay arbustos de hoja santa; de matali (*Tradescantia pendula*), una planta rastrera de hojas ralladas de cuya infusión se obtiene una refrescante bebida; y de hoja blanca (*Calathea lutea*), una planta de grandes hojas cuyo envés está tapizado de un vello blancuzco que se utiliza para envolver tamales y, desde hace algunos años, también los alimentos que se compran en el mercado. Hay árboles del pan y de pimienta gorda (*Pimenta dioica*); tubérculos comestibles y frutas tropicales silvestres, en abundancia. Difícilmente alguien podría morirse de hambre en un medio ambiente tan extraordinario.

Como ya he mencionado, a lo largo de los años el chef Ricardo Muñoz me ha puesto en contacto con varios miembros de la familia de su madre para que yo pruebe los platillos de la cocina tabasqueña de primera mano. Me había hablado maravillas sobre las habilidades culinarias de una tía abuela que vive en circunstancias muy estrechas, a pesar de que tiene grandes extensiones en Tierra Colorada, un pueblito a orillas de la larga y esbelta Laguna Matillas. Al salir de Villahermosa rumbo al oeste, uno deja la carretera principal y toma una terracería muy angosta. La vista de los pantanos es muy especial y ese día, los árboles de cocohite (*Gliricidia sepium*) que formaban una cerca viviente, aún mostraban sus pálidas flores de color rosa. Nos detuvimos a recoger los capulines que empezaban a madurar y a adquirir un profundo color púrpura (los capulines son pequeñas frutas parecidas a las cerezas que crecen en un árbol tropical —*Muntingia calabura*—, y no en el árbol de capulín —*Prunus capuli*— que crece en las planicies del centro de México).

El pueblo se dispersa a lo largo de un trecho sin pavimentar, y cada casa está rodeada de pequeños huertos familiares que a veces no son más que unos cuantos árboles frutales y algunas plantas comestibles. Desde el pequeño jardín principal puede vislumbrarse el lago que casi envuelve al pueblo. Aquella mañana, antes de partir, compramos una sarta de mojarras que todavía se retorcían de lo frescas y un trozo de carne de res, alimentada con pasto. Ricardo insistió en que su Mamayé, es decir, su tía abuela, asaba la carne y el pescado de una manera incomparable, y ella accedió de buena gana a enseñarnos cómo hacerlo.

Los pescados se descamaron, se limpiaron y se untaron con sal. Convenientemente se colocaron de manera vertical sobre el cofre de mi coche para que se secaran al sol. Eso llevó dos horas. Mientras tanto, Patricia —la madre de Ricardo— y yo recorrimos el pueblo. Era como si ella volviera a casa porque se detuvo a saludar a todo el mundo hasta que fue hora de volver para cocinar el pescado.

Mamayé preparó un aderezo de ajo sin pelar, molido en el molcajete con sal y naranja agria. Luego untó los pescados abundantemente con esto y los asó, muy cerca de la leña ardiente, por ambos lados, untándolos de vez en cuando con la manteca líquida y oscura que se usa prácticamente para todo en Tabasco. Cortó la carne de res en rebanadas gruesas y la puso a asar por ambos lados brevemente —de nuevo muy cerca del fuego— para sellar los jugos. Luego la sazonó con una pasta de ajo y sal, la untó con manteca y volvió a asarla otra vez. En una gran sartén puso a calentar otro poco de aderezo para subrayar el sabor de las tiras de carne que echó dentro. Todo estaba delicioso. Cuando tenga una parrilla afuera de mi casa quiero ensayar ambos métodos (En vez de naranja agria puede usar jugo de limón o un sustituto)..

La forma más dramática de llegar a Tabasco es desde el este, por el magnífico y recién construido puente que conecta Isla del Carmen con el resto de Campeche. Luego pasa por pequeñas comunidades pesqueras que bordean la Laguna de Pom. Una vez que se atraviesa el puente sobre los ríos San Pedro y San Pablo, uno se encuentra en el extremo noreste de Tabasco. La primera vez que recorrí el puente acababa de abrirse la circulación hacia Campeche. El viaje resultó todo un descubrimiento. Primero manejé cuatro kilómetros con el mar de un lado y luego con la Laguna de Términos del otro. Después pasé sobre los dos grandes ríos, el San Pedro y el San Pablo, y también el Grijalva, que delinea la frontera entre Campeche y Tabasco.

El río Grijalva se ensancha al entrar al Golfo. Era una vista tan espectacular que decidí dar media vuelta y volver a cruzar el puente. El viaje desde Campeche había sido caluroso, me sentía pegajosa y tenía hambre, de modo que, antes de seguir a Villahermosa, decidí comer algo rápido en Frontera, un pequeño puerto, triste e indefinido. El recuerdo de la descripción que en un viaje anterior me había hecho Carlos Franco de una gran tortilla gruesa rellena de mariscos, frijoles negros y queso, que luego se sumerge en aceite al mojo de ajo, hizo que se me aguara la boca (de hecho, la que él había probado estaba hecha con deliciosa mantequilla ranchera). Tomé el menú en el restaurante Palapa de Frontera y el primer platillo de la lista llamó mi atención. Cuando apareció frente a mí parecía una cantidad enorme de comida: dos tortillas de 15 cm., ligeramente pintadas con achiote, y rellenas de camarón, pasta de frijol negro, y un queso local bastante fuerte que se derretía. Era tarde, así que no puede detenerme a ver cómo se preparaba. Regresé al mismo sitio poco más de un año después a tomar la lección y a asegurarme de que sabía tan bien como en mis recuerdos: en efecto, ¡estaba delicioso!

La cocina de Tabasco es única y poco conocida, supongo que porque muchos de los ingredientes son inconseguibles en otra parte, pero he seleccionado algunas de mis recetas favoritas.

A pesar del clima cálido y bochornoso que es tan debilitante sé que volveré muchas veces, sobre todo en primavera, cuando el campo está salpicado con las pálidas flores rosas del árbol de cocohite —estacas que han formado raíz alrededor de las parcelas de pasto— y las calles se embellecen brevemente cuando los árboles de maculi (*Tabebuia rosea*) están cargados de lujuriantes flores rosadas.

Ixguá

Rinde un pastel de 23 cm. y entre 2.4 y 4 cm. de grueso

El nombre ixguá (se pronuncia "iswá") es en sí intrigante. Según el *Diccionario de mexicanismos*, es una expresión maya que se refiere a un pastel hecho con manteca y elote, aunque, claro, en épocas precolombinas los mayas no conocían la manteca.

Hoy en día resulta muy difícil encontrar este platillo en restaurantes o incluso en casas, pero logré hallar a la señora Evangelina, una mujer que todas las mañanas llega del campo, cargada con los deliciosos y dulces ixguás que vende afuera del Ayuntamiento, en Emiliano Zapata. Al día siguiente me llevó a su casa para enseñarme el proceso exacto de preparación.

El camino era angosto, flanqueado por árboles, que bordeaba el amplio e impresionante río Usumacinta. Pasamos por unas diminutas y pacíficas comunidades ribereñas. Las únicas señales de vida eran algunos niños que, sentados calladamente a la orilla del río, mecían sus cañas de pescar. Dejamos a un vecino cuidando el coche y atravesamos grandes maizales. Hacía mucho calor y la humedad era insoportable, así que me pareció que tardamos horas en llegar a un grupo de guayabos y platanares frente a la casa de doña Evangelina. Su vivienda era típica de la región: un gran cuarto con hamacas, piso de tierra, paredes de ramas angostas y rectas, y techo de palma. En la estufa quedaban restos de una fogata y su esposo, inválido, tejía calladamente una red de pescar para venderla. Doña Evangelina le avisó a su hija que íbamos a tomar su machete y su honda para ir a recoger elotes, y eso hicimos.

Evangelina desechó muchas mazorcas por considerar que no servían. Por fin escogió 12 elotes muy grandes, maduros y firmes pero aún un poco jugosos: los elotes muy tiernos no sirven para hacer ixguá. De vuelta a la casa, empezó a desgranar y a rasurar los elotes mientras su hija cortaba grandes hojas de plátano y las suavizaba asándolas sobre el fuego que había revivido con unos cuantos maderos de guayaba. Luego doña Evangelina molió los elotes en un molino manual de metal y mezcló la pasta texturada con la manteca líquida y muy oscura que se usa en Tabasco, y un poco de sal. (A algunas cocineras les gusta moler los picantes chiles amashitos o chiles paloma junto con el elote para darle sabor, más que picor.)

Luego forró una olla honda y gruesa con las hojas suavizadas de plátano, virtió la

329

mezcla y la cubrió con otra capa de hojas. Después le puso aún otra capa de hojas y tapó la olla con una tapadera invertida sobre la que colocó unos cuantos carbones incandescentes para acelerar el proceso de cocción. Me dijeron que, tradicionalmente, el ixguá se envuelve muy bien en hojas de plátano y luego se cuece sobre un comal cóncavo de barro, pero supongo que resulta más sencillo controlar el proceso de cocción en una olla honda. Doña Evangelina puso la olla sobre una parrilla, encima de una fogata de leña, como a 10 cm. del fuego y la sacudió de vez en cuando para cerciorarse de que el ixguá no se pegara ni se quemara el fondo.

A la mitad del tiempo total de cocción, quitó las hojas de plátano de la superficie —que ahora ya estaban secas— y las reemplazó con otras nuevas, invirtió el pastel y lo coció por el otro lado. El aroma que emanaba mientras se cocía y después, cuando por fin estuvo listo y se desenvolvió, era maravilloso. El ixguá tenía una costra bien doradita por ambos lados y aproximadamente 4 cm. de espesor. Suele comerse como un bocadillo por la tarde, así solo, pero a una vecina a quien ya he mencionado antes, la señora Hilda Gómez, le gusta empapar la parte superior de la torta con ajo, picado y frito en aceite de oliva.

La manteca, y sobre todo esta manteca oscurecida, siempre le da al maíz un sabor y una textura rica y maravillosa, pero para quienes no soportan la manteca, ésta puede sustituirse por grasa de pollo o hasta de pato.

Si puede encontrar buenos elotes y tiene un asador de carbón éste es un gran platillo.

1.375 l. de granos de elote (aproximadamente 5 elotes o más),
rasurados lo más cerca que sea posible de la mazorca
de 1/3 a 1/2 taza (83 a 125 ml.) de manteca derretida
1 chile habanero o cualquier otro chile verde pequeño muy picante
toscamente picado
sal al gusto

Tenga lista una sartén gruesa (25 cm.) bien forrada con hojas suavizadas de plátano que rebasen el borde y puedan cubrir la parte superior de la sartén, sobre una fogata de leña o carbón, en donde la parrilla esté como a 10 cm. de los carbones calientes.

En un procesador de alimentos muela los granos de elote con la manteca y el chile hasta obtener una consistencia texturada. (O puede usar un molino de mano, y añadir la manteca después.) Incorpore la sal y vierta en la sartén preparada.

Cubra la mezcla completamente con las hojas de plátano que se traslapan, tape y cueza la torta durante alrededor de 45 minutos, sacudiendo la olla de vez en cuando para asegurarse de que no se pegue al fondo. La costra inferior debe quedar gruesa y muy dorada. Quite las hojas superiores y sustitúyalas con una capa nueva. Invierta la sartén sobre un plato y deslice el ixguá de vuelta a la sartén. Cueza el otro lado, de nuevo, bien tapado, durante otros 45 minutos. Sirva caliente, solo o con carne asada.

*Para instrucciones detalladas de cómo usar un molino de mano, vea *El arte de la cocina mexicana.*

Arroz blanco tabasqueño
Rinde 4 porciones

No me es fácil decidir cuál de todas las recetas mexicanas de arroz me gusta más, pero creo que mi favorito es el arroz que cocinan en Tabasco. Tiene un sabor muy especial, no sólo por la fragancia del chile dulce (véase pág. 197) y el ajo, sino por el arroz mismo. Es una variedad delgada, de grano corto, que crece en el sur: en Veracruz, Tabasco y Campeche.

En casi todo México el arroz se sirve como un primer plato que se llama sopa seca, y Tabasco no es la excepción. Ahí se adorna con rebanadas de plátano macho frito y se sirve con la omnipresente salsa de chile (véase pág. 355).

La mayoría de las cocineras fríen el ajo y luego lo sacan, o lo fríen con el arroz. Yo prefiero el método que se da aquí, para que el sabor se impregne de manera uniforme en el arroz.

1 taza (250 ml.) de arroz blanco (como el Texmati, en Estados Unidos)
1/4 de taza (63 ml.) de aceite vegetal
aproximadamente 2 tazas (500 ml.) de agua
2 dientes pequeños de ajo toscamente picados
1/2 pimiento verde sin semillas, y muy finamente rebanado
sal al gusto

Enjuague bien y escurra el arroz, agitando el colador para eliminar el exceso de agua.

En una sartén gruesa caliente aceite de 8 cm. de profundidad. Agregue el arroz y revuélvalo bien para que todos los granos se impregnen de aceite.

En la licuadora vierta 1/4 de taza (63 ml.) del agua con el ajo y licúe hasta que obtenga una mezcla lisa.

Mientras el arroz se dora y suena quebradizo, añada el ajo que licuó, el pimiento y no deje de freírlo, revolviendo de vez en cuando para que no se pegue. Añada el resto del agua con sal, tape la olla y cocínelo a fuego medio hasta que toda el agua se haya absorbido y el arroz esté suave. Déjelo a fuego muy lento 5 minutos más. Sin destaparlo déjelo reposar en un lugar cálido para que termine de cocerse en su propio vapor.

CHAYA

En la península de Yucatán, Tabasco y Chiapas, las hojas de la mata de chaya (*Cnidoscolus chayamansa y spp.*) se usan para cocinar, a menudo mezcladas con masa, para envolver distintos tipos de tamales, en guisados o con huevos.

A veces la chaya sustituye a la carne en la dieta indígena y, de hecho, posee cualidades nutricionales superiores, incluyendo proteínas, grandes cantidades de calcio, y una dosis significativa de fósforo y hierro, entre otros nutrientes.

Las hojas de chaya tienden a ser ligeramente duras. Son de un verde oscuro, con tres lóbulos puntiagudos y, en promedio, miden 13 cm. de ancho y 10 cm. de largo.

Las hojas de algunas especies, sobre todo las silvestres, están cubiertas de un diminuto vello espinoso que puede irritar la piel varios días. Sin embargo, el látex del tallo puede ayudar a aliviar la irritación.

Aunque en muchas recetas se sugiere sustituir la chaya por espinacas, yo prefiero usar acelgas, que tienen más consistencia después de cocidas.

Tamales de chaya de tía Toña

Rinde 36 tamales

La tía Toña —tía abuela de Ricardo Muñoz, que mencioné antes— vive con parte de la familia Zurita en Emiliano Zapata, Tabasco. Gracias a Ricardo la familia muy amablemente me hospedó y me dejó compartir su vida durante una semana. Me ayudaron a abrir las puertas para que conociera a las cocineras locales, a aprender y a comer. ¡Fue una experiencia culinaria maravillosa!

Ricardo me había hecho una lista de las cosas que no podía dejar pasar, entre ellas los tamales de chaya de la tía Toña. Son pequeños y rectangulares, firmemente envueltos en un trozo de hoja de plátano y se hierven. Quedé boquiabierta cuando la tía Toña virtió agua fría encima de los tamales después de colocarlos en capas sobrepuestas dentro de una olla honda. Se cocieron perfectamente en una hora. Estaban deliciosos y húmedos, no aguados como pensé que estarían.

La preparación de la masa para estos tamales es bastante especial, y doy todos los detalles en la receta que sigue. La masa, cuando se prepara con la chaya (véase el recuadro anterior) más bien se vuelve una pasta. La tía Toña me dijo que para comprobar que la consistencia sea correcta hay que colocar la palma de la mano sobre la superficie de la masa: ninguna partícula dura debe adherirse. Eso significa una cantidad considerable de manteca, pero la he reducido un poco.

Como ya lo he mencionado en otras recetas, la manteca que se usa en Emiliano Zapata proviene directamente de la tina del chicharrón, aún caliente y es de un color café oscuro: ¡le da a la masa un sabor maravilloso!

(Estoy segura de que pronto habrá chaya en Estados Unidos, y que es probable que, a la larga, se cultive en Miami o en Puerto Rico, pues la demanda de ingredientes exóticos es cada vez mayor. Mientras tanto, uso acelgas cuya hoja es más parecida en textura a la de la chaya.)

450 gr. de hojas de chaya sin tallo o
900 gr. de acelgas sin tallo ni la parte gruesa de la costilla
agua hirviendo
sal al gusto
1 kg. generoso de masa para tamal (la receta se da a continuación),
o de masa para tortillas
315 gr. de manteca: 1 1/2 tazas, más 2 cucharadas
las adiciones de Ricardo (opcionales, véase pág. 335)
36 piezas de hoja de plátano de aproximadamente 20 por 25 cm.

Cubra la chaya con agua caliente y sal y cuézala a fuego alto hasta que esté casi suave: unos 30 minutos (las acelgas necesitarán la mitad del tiempo, dependiendo de su dureza). Escúrralas, guarde el agua de la cocción, y píquelas bien. Déjelas enfriar.

Ponga la masa en un tazón grande, incorpore y bata la manteca (es mejor hacerlo con las manos, pero si la sola idea le produce estertores, hágalo con una batidora eléctrica), y siga batiendo unos 5 minutos. Añada aproximadamente 3 tazas (750 ml.) del agua de la cocción —1/2 taza (125 ml.) a la vez— hasta que tenga una masa floja. Incorpore la chaya y el resto de los ingredientes opcionales. Ajuste la sal.

Agregue 2 cucharadas de masa en forma rectangular sobre la mitad de una hoja de plátano, lejos de los bordes. Doble el segundo lado para que cubra la masa por completo. Haga un doblez doble en las dos orillas, de unos 7 mm. Vuelva a darle forma a la masa antes de doblar los lados angostos en la parte de atrás del paquete, para que se vuelva completamente hermético. Coloque los tamales de forma horizontal en capas intercaladas dentro de una olla honda y gruesa, cúbralos con agua caliente. Deje que rompa el hervor y cuézalos, tapados, aproximadamente 11/4 horas a fuego medio hasta que la masa cuaje y no se pegue a la hoja de plátano.

Sirva los tamales en su hoja con un poco de la salsa de tomate.

Tamales de chaya de Ricardo

188 ml. del agua en que se coció la chaya
2 dientes de ajo toscamente picados
1/2 cebolla blanca chica toscamente picada
2 chiles serranos toscamente picados
1/3 de taza (83 ml.) de cilantro toscamente picado

Licúe el ajo, la cebolla, los chiles y el agua hasta obtener una mezcla lisa. Añádala a la masa de la receta anterior junto con la chaya y el cilantro. Mezcle bien.

Masa para tamales de chaya
Rinde aproximadamente 1.25 kg. de masa

En Tabasco el maíz para hacer masa de tortillas, o masa para este tipo de tamales, difiere un poco de la forma en que se hace en Michoacán o en otras partes del centro de México. El maíz se pone en agua con cal hasta que brota el hervor y se apaga, no se cocina parcialmente. Conocí a una mujer —profesional de las tortillas— quien me dijo que ella ni siquiera remoja el maíz para sus tortillas, sino que lo muele mientras se enfría. Para estos tamales, después de remojar los granos de maíz hay que tallarlos muy fuerte para que se les salga la piel antes de molerlos casi en seco, hasta obtener una consistencia texturada.

900 gr. de maíz seco
aproximadamente 6 tazas (1.5 l.) de agua
2 cucharadas de cal en polvo (véase pág. 535)

Enjuague el maíz y remueva cualquier impureza que flote en la superficie. Escúrralo. Ponga a hervir el agua, incorpore la cal y luego el maíz, y deje que brote el hervor. Tape la olla y retírela del fuego. Deje reposar el maíz toda la noche.

Enjuáguelo en varios cambios de agua y talle los granos entre las palmas de la mano para eliminar la piel lamosa. Escurra y muela el maíz hasta que esté casi seco y tenga una masa de consistencia mediana.

Chile frito

Rinde para hacer 2/3 de taza (164 ml.), o 1/2 taza (125 ml.) si se fríe

Las cocineras tradicionales insisten en hacer la salsa en un molcajete, pero si usted usa una licuadora, primero licúe dos jitomates con los chiles, el ajo y la cebolla, y luego agregue el resto de los jitomates.

En Tabasco se usa el chile amashito, un chile pequeño que crece silvestre en la región, pero sirve cualquier chile verde pequeño y muy picante.

Ésta es la salsa omnipresente de Tabasco que se usa con todo: en antojitos como tostadas, tacos, tamales de chaya (*Cnidoscolus chayamansa*) y de chipilín (*Crotolaria maypurensis*) —ambas hierbas tropicales—, o con manaitas, unos tamales típicos de la región que se hacen con carne de cerdo y/o col deshebrada, mezclada con la masa.

Aunque su nombre sugiere que el chile se fríe, muchas cocinera, sólo los muelen en molcajete como se hace en la península de Yucatán con el chiltomate. Para freír la salsa, vea la nota inferior.

225 gr. de jitomates
3 ó 4 chiles verdes pequeños y muy picantes, o al gusto
1 rebanada pequeña de cebolla blanca
2 dientes de ajo toscamente picados
sal al gusto
1 cucharada de aceite vegetal o de manteca para freír

En un comal o plancha caliente ase los jitomates enteros a fuego medio. Voltéelos de vez en cuando hasta que la piel se tueste y estén bastante suaves. Píquelos toscamente, cuidando de guardar todo el jugo que exudan.

Ase los chiles de igual manera a fuego medio hasta que la piel reviente y la carne esté suave. Ase la rebanada de cebolla de igual forma. Pique ambos toscamente.

336

Muela el ajo con el chile, la cebolla y la sal. Poco a poco añada los jitomates, moliéndolos o licuándolos hasta obtener una salsa texturada.

Para freír la salsa (opcional): caliente el aceite un una sartén pequeña, añada la salsa, y fríala a fuego medio alto hasta que se haya reducido a 1/2 taza (125 ml.).

Longaniza

Sentía curiosidad por probar la longaniza de la región. Me pareció que su sabor era completamente distinto al de la longaniza de otras partes de México, porque ésta estaba muy condimentada con achiote y jugo de naranja agria. Sin embargo, la encontré deliciosa y quise saber cómo se elabora.

Hilda, mi anfitriona en Emiliano Zapata, llamó a la señora Yudelia, su amiga y vecina experta en longaniza que accedió a enseñarme cómo hacerla. Las dos mujeres, y muchas de sus amigas, crecieron en ranchos lejanos donde todo tiene que hacerse a mano. Lo que se come depende de lo que se cultive o pueda encontrarse en el campo: maíz, frijol, calabaza, hierbas y plantas silvestres, animales de granja o aves silvestres, carne de venado, peces del río, o tortugas de muchos tipos de los campos y pantanos circundantes.

Aunque el árbol de achiote es nativo del sur de México, también se cultiva. Cada invierno se inicia la ardua tarea de hervir las semillas hasta que todo el pigmento rojo queda diluido en el agua. Luego el líquido se hierve en grandes tinas hasta que se evapora y deja la roja pasta concentrada. Ahora sé por qué la verdadera pasta de achiote es tan cara.

Los árboles de naranja agria, un tipo de naranja de Sevilla que trajeron los españoles siglos atrás, ahora también crecen silvestres, y su jugo se usa abundantemente para aderezar carnes, pescados y salsas frescas a todo lo largo del sureste mexicano. Siempre hay que quitarles la cáscara antes de usarlas para evitar lo amargo del aceite de su piel. Doña Hilda recordó que su madre usaba la gruesa hoja de la naranja para abrir la boca de las tripas para salchicha porque no tenía un embudo con qué rellenarlas.

Me intrigó la apariencia del embudo de doña Hilda y, cuando le comenté lo difícil que es encontrar embudos para rellenar salchichas —sobre todo en Estados Unidos, ahora que las máquinas lo hacen todo— inmediatamente me llevó por un caminito lodoso en las afueras del pueblo que conducía a la casa del maestro: el hombre que le había hecho su embudo. Bajo una rústica construcción de palma, entre una plétora de chácharas de metal, el maestro trabajaba ante una fogata en el piso de tierra. Yo quería que me hiciera un embudo, pero rápido, porque me iba al día siguiente. Desde luego, el precio subió según el grado de urgencia, y así obtuve el que sin duda debe ser el embudo para rellenar salchichas más caro del mundo.

Tanto doña Yudelia como doña Hilda pasan toda clase de trabajos para preparar las tripas de cerdo. Primero las lavan en agua jabonosa, luego las tallan fuertemente con cáscara de naranja agria y las dejan remojar toda la noche en una solución de jugo de naranja con mucha agua. Al otro día se raspan con el lado chato del cuchillo y luego se enjuagan una vez más. Cortaron cada tripa en pedazos como de 50 cm. de longitud, la amarraron firmemente de un extremo y la inflaron con la boca. Amarraron el otro lado y la dejaron secar al sol.

La longaniza en sí se deja al sol durante tres días antes de guardarse. Por lo general se asa entera.

Longaniza tabasqueña
Señora Yudelia Abreu de Lara
Rinde para hacer 3 longanizas grandes, como de 28 cm., cada una

Si le avisa con anticipación, su carnicero puede conseguirle tripas para longaniza.

900 gr. de maciza de cerdo con algo de grasa
14 dientes de ajo toscamente picados
1 cucharada de sal
1 cucharadita de pimientas negras
1/4 de cucharadita copeteada de comino
1 cucharadita de achiote puro o 1 cucharada de pasta de achiote yucateco
1/2 taza (125 ml.) más 2 cucharadas de jugo de naranja agria
unas tripas de cerdo para longaniza de 1.2 m.,
limpia y cortada en 2 ó 3 trozos

Limpie la carne, córtela en cubos pequeños. Use el disco mediano del molino de metal para molerla (o que el carnicero lo haga, pero asegúrese de que primero limpie la carne). Transfiera la carne a un tazón grande.

Muela el ajo hasta formar una pasta. Muela la sal, la pimienta y el comino. Añádalos al ajo con el achiote. Diluya con 2 cucharadas de jugo de naranja agria. Frote bien la carne con esta pasta (va a mancharse las manos, pero el color se quita en uno o dos días), añadiendo, poco a poco, el resto del jugo de naranja. Tape la carne y déjela reposar toda la noche en el refrigerador.

Mientras tanto, haga un nudo doble en uno de los extremos de las tripas. Llénelas con agua para que se inflen y esté segura de que no tienen fugas. Enjuáguelas bien y remójelas en agua acidulada durante por lo menos 30 minutos. Escúrralas.

Al día siguiente, revuelva bien la carne para integrar los jugos que se asentaron en el fondo del tazón durante la noche. Rellene las tripas sin apretar mucho la carne, amárrelas bien y cuélguelas a que sequen durante unas tres semanas. Después del secado inicial es mejor cubrirlas con una ligera capa de manteca y guardarlas en el congelador.

Chilaquil de chicharrón

Rinde aproximadamente 5 1/2 tazas (1.375 l.)

Mientras cocinaba y comía con la señora Yudelia, generosamente me prestó el recetario manuscrito de su madre, que es su biblia culinaria. Entre otras, me llamó la atención esta receta. Si usted se permite comer chicharrón de vez en cuando vale la pena probar este delicioso platillo.

Cuando se habla de chilaquiles, por lo general se hace referencia a tortillas secas que se cortan en pedazos y se cocinan en salsa. En vez de tortillas este plato lleva trozos de chicharrón. La salsa en sí podría usarse con otras carnes o con pescado.

Este platillo es bastante llenador, así que 1 taza rinde para una botana o como entrada para una persona.

2 cucharadas de manteca o de aceite

675 gr. de jitomates toscamente picados (aproximadamente 4 tazas)

1/2 cebolla blanca mediana toscamente picada

3 dientes de ajo asados y pelados

3 ó 4 chiles amashitos, o cualquier chile verde pequeño y picante, al gusto

1/2 cucharadita de pimientas

1/8 de cucharadita de comino

1/2 cucharadita de orégano seco

1 cucharada copeteada de cebollines o cebollitas, toscamente picadas

2 cucharadas copeteadas de epazote toscamente picado

2 ramas de cilantro

450 gr. de chicharrón: la mitad delgado y la mitad grasoso,

cortado en trozos como de 4 cm.

1/4 de cucharadita de achiote puro o 1 cucharadita de pasta de achiote yucateco

1/4 de taza de jugo de naranja agria o sustituto

1 1/2 a 2 tazas (375 a 500 ml.) de agua

sal al gusto

Caliente la manteca en una cacerola ancha. Licúe los jitomates, la cebolla, el ajo y los chiles. Añada a la cacerola y fríala 2 minutos. Muela la pimienta, el comino y el orégano en un molino para café o para especias. Agréguelas a la cacerola y cocine la mezcla 1 minuto más. Añada los cebollines picados, el epazote, el cilantro y cocine otro minuto. Agregue el chicharrón. Diluya el achiote en el jugo de naranja y agréguelo, junto con el agua, a la cacerola. Verifique la sal (con frecuencia el chicharrón ya tiene sal), y cocine el chicharrón hasta que esté bien sazonado: de 10 a 15 minutos. La salsa debe tener una consistencia media.

Sirva con tortillas de maíz.

Tostones de plátano

Restaurante Los Tulipanes, Villahermosa

Rinde 6 tostones de 13 cm.

Los Tulipanes y El Guaraguao son dos restaurantes típicos de Villahermosa, la capital del estado de Tabasco, que sirven los mejores platillos regionales. El menú de estos dos sitios que están emparentados tiene un útil glosario de terminología indígena.

Uno de los platillos más impresionantes es una ensalada de pescado que se hace con la blanca carne del pejelagarto. Se sirve el pescado relleno con todo y cabeza.

En vez de pan aparece en la mesa una canasta de tostones de plátano: discos de plátano macho aplanado que se fríen hasta dorar. Su sabor es ligeramente dulce y miden como 18 cm. de diámetro. Los tostones son adictivos. Para hacerlos en casa uso una prensa para tortillas de 15 cm. de diámetro, pero si usted tiene una prensa más grande puede hacer tostones más impresionantes, como los de Tabasco.

Cuando escoja los plátanos machos es muy importante que la cáscara esté verde pero la carne esté un poco madura y tenga un sabor ligeramente dulce.

Algunas cocineras remojan los tostones crudos en agua salada antes de freírlos. Pero esto perjudica el aceite, de modo que opté por usar el método de Los Tulipanes: justo después de aplanarlos, los plátanos machos se espolvorean con sal.

La prensa debe estar forrada con hojas de plástico grueso, no el plástico delgado que se recomienda para hacer tortillas. Yo uso un wok para freírlos porque se obtiene la profundidad necesaria de aceite sin usar tanta grasa.

Puede recalentar los tostones y hacer que vuelvan a estar crujientes hay que hornearlos a 205 ºC (400 ºF) en una charola forrada de papel de estraza que absorberá el exceso de aceite. (Recomiendo el mismo método para recalentar los chiles rellenos.)

1.125 kg. de plátanos machos (véase el texto anterior),
ya pelados deben pesar unos 675 gr.
aceite vegetal para freír
sal al gusto

Corte los plátanos machos en piezas como de 6.5 cm. de largo. Caliente el aceite —que debe alcanzar por lo menos 4 cm. de profundidad en la olla— y coloque algunas piezas de plátano, cuidando de no poner demasiadas a la vez. Fríalos a fuego medio durante unos 10 minutos, volteándolos de vez en cuando, hasta que doren. Sáquelos y escúrralos.

Cubra cada una de las planchas de la prensa con un pedazo de plástico. Ponga una pieza de plátano frito verticalmente en la plancha inferior y aplástelo con su mano para aplanarlo un poco. Cierre la prensa y aplánelo, girando el plástico (porque las planchas no siempre están parejas) hasta que tenga un disco casi transparente como de 13 cm. La orilla no va a quedar pareja pero no hay de qué preocuparse. Despegue el plástico superior y espolvoree el plátano con sal; vuelva a colocar el plástico, voltéelo (esto facilita que el plátano se desprenda), luego quite el plástico cuidadosamente y deslice el plátano prensado en el aceite caliente. Fríalo por ambos lados hasta que esté crujiente y dorado. Escurra sobre papel de estraza y sirva de inmediato.

Pollo en chirmol
Señora Patricia Zurita de Muñoz
Rinde 6 generosas prociones

La palabra chirmol, o chirmole, proviene del náhuatl *chilli* (chile) y *molli* (mezcla). Según el *Diccionario de mejicanismos*, significa un guisado de chile muy ordinario o inferior. No creo que a los devotos de la cocina tabasqueña les haga gracia semejante desprecio, y tienen razón: el chirmol me parece un platillo delicioso.

Doña Patricia me dio la receta y, según ella, es importante tener un ave de sabor fuerte: un pato silvestre, o un gallo o gallina criolla, para darle autoridad al caldo y, por lo tanto, a la salsa. Como esto resulta poco práctico, si no es que imposible, a la mayoría de las cocineras les sugiero sustituirlo ya sea por pato o, incluso, por un pavo pequeño, aunque el tiempo de cocción variará. Éste es un platillo perfecto para hacerlo en una parrilla al aire libre, pero la carne y los otros ingredientes deben asarse sobre leña o carbón, no sobre briquetas de carbón.

El chirmol se sirve con esferitas de masa de maíz.

342

1 pollo como de 1.8 kg.

sal al gusto

340 gr. de jitomates

1 cabeza pequeña de ajo sin la cáscara externa

1 1/2 cebollas blancas medianas cortadas en 6 pedazos

5 tortillas de maíz de 10 cm.

1 chile ancho grande

225 gr. (aproximadamente 2 1/3 tazas) de pepitas de calabaza con todo y cáscara

2 tazas (500 ml.) de agua

2 l. de caldo de pollo

1/2 cucharadita de achiote puro o 1 cucharada de pasta de achiote yucateco

2 chiles amashitos secos o 1 chile de árbol desmenuzado

1 cucharadita copeteada de orégano seco desmenuzado

24 esferitas de masa (la receta se da a continuación)

2 ramas grandes de epazote

Abra el pollo por la mitad y aplánelo un poco. Espolvoréelo por ambos lados con sal. Áselo por los dos lados hasta que esté dorado, pero apenas cocido: de 15 a 20 minutos por lado. Deje que se enfríe y córtelo en piezas. Ase los tomates hasta que estén suaves y ligeramente chamuscados. Ase la cabeza de ajo junto con los cuartos de cebolla. Tueste las tortillas hasta que estén crujientes y muy ligeramente carbonizadas.

Abra el chile ancho por la mitad, quítele las venas y las semillas y tuéstelo ligeramente. Cúbralo con agua caliente y déjelo remojar unos 15 minutos. Tueste las pepitas de calabaza justo hasta que empiecen a cambiar de color, inflarse y tronar. Enfríelas un poco y muélalas en un molino para café o para especias hasta obtener un polvo lo más fino posible. Diluya con el agua y revuelva bien.

En la licuadora vierta 1 1/2 tazas (375 ml.) del caldo y, poco a poco, añada el ajo sin pelar, la cebolla, los jitomates, el achiote y el chile ancho. Licúe bien. Despedace las tortillas y añádalas poco a poco a la licuadora, licuando bien tras cada adición. Si es necesario, agregue un poco más del caldo para obtener una salsa ligeramente texturada.

En una cacerola se calienta el resto del caldo y añada los ingredientes licuados. Cuele las pepitas molidas en un colador fino, presionando con fuerza para extraer la mayor cantidad de líquido posible y agréguelo a la cacerola. Añada los chiles secos, el orégano y las piezas de pollo. Cocínelas a fuego lento unos 20 minutos, hasta que el pollo esté tierno y la salsa haya espesado un poco, raspando el fondo de la olla de vez en cuando para que no se pegue. Añada las esferitas de masa 10 minutos antes de que termine el tiempo de cocción. Agregue sal al gusto y luego el epazote. Cocine todo 2 minutos más. Este platillo puede prepararse con anticipación justo hasta el punto en que se añade el pollo.

Esferitas de masa

Rinde 24 esferitas para 6 porciones

1 taza (250 ml.) de masa para tortillas
1 1/2 cucharadas de manteca
sal al gusto

Mezcle bien los ingredientes. Divida la masa en 24 piezas y amáselas hasta que cada una forme una bolita como de 2 cm. de diámetro. Amase cada una en la palma de la mano y hágale un hoyito con el dedo índice.

Pescado al vapor

Tomado de *65 recetas para saborear pescado*, Gobierno de Tabasco

Rinde de 4 a 6 porciones

De nuevo, ésta es una de mis recetas favoritas de pescado que no es al vapor, en el sentido común de la palabra, sino más bien, guisado.

Sé que muchos se desmayan sólo de ver manteca, y sobre todo manteca oscura, recién salida de la tina del chicharrón, pero le añade un sabor delicioso al pescado. Para quienes no soportan la sola mención de usar manteca pueden usar aceite de oliva.

Por lo general sirvo este platillo a manera de entrada, pero si quiere servirlo como plato principal, debe acompañarlo con arroz blanco y/o con plátano macho frito.

El pescado tiene que estar muy, muy fresco, no congelado ni acabado de descongelar. Suele usarse robalo, pero puede sustituirlo por huachinango.

344

6 postas chicas de pescado o 4 grandes, como de 2 cm. de grosor, con todo y piel

sal al gusto

2 cucharadas de manteca de cerdo

2 cucharadas de aceite de oliva

1 cebolla blanca mediana finamente picada

3 dientes de ajo, finamente picados

2 chiles dulces verdes o 1 pimiento verde, grande, sin venas ni semillas,

cortado en tiras delgadas

1 chile habanero o cualquier otro chile verde pequeño y picoso, sin venas ni semillas,

cortado en tiras delgadas

3 hojas de laurel cortadas en tiras

4 ramas de perejil finamente picado

1 manojo pequeño de cilantro toscamente picado

Enjuague el pescado, séquelo bien y sazónelo con sal. Caliente la manteca y el aceite en una sartén gruesa en donde quepa el pescado en una sola capa. Agregue la cebolla, el ajo, los chiles, las hojas de laurel, el perejil y espolvoree con sal. Fría todo unos 3 minutos o hasta que la cebolla acitrone, sin dorar.

Coloque los filetes de pescado en la sartén, en una sola capa, espolvoréelos con cilantro, tape la olla y cuézalos a fuego lento unos 5 minutos. Destape, voltee cuidadosamente el pescado y cocínelo así 5 minutos más. El pescado debe estar tierno pero cocido, y el jugo debe tener una consistencia como de jarabe ligero.

Mone de pescado I
Señora Hilda de Gómez Taglie
Rinde de 4 a 6 porciones

Éste es el platillo ideal para quienes aprecian el sabor de la hoja santa (véase pág. 531), que en Tabasco se llama momo o mone. Sé que de acuerdo a los parámetros modernos el pescado estará un poco sobrecocido, pero es un sacrificio que debe hacerse a fin de que se mezclen todos los elementos, los sabores y las texturas. Si es necesario, agregue un poco más de aceite para que la superficie del pescado esté brillante y apetitosa. Aunque en Tabasco este platillo suele cocinarse sobre la estufa, yo prefiero hornearlo para mejorar el sabor y la textura. La hoja santa no tiene sustituto.

5 postas de robalo o de huachinango como de 180 gr. y 2 cm. de grueso cada uno
sal y pimienta recién molida, al gusto
1/4 de taza (63 ml.) de jugo de limón
8 hojas santas
1/4 de taza (63 ml.) de aceite de oliva
1 cebolla blanca mediana finamente rebanada
4 dientes de ajo finamente rebanados
3 chiles dulces o 1 pimiento verde grande, limpios, en rebanadas delgadas
900 gr. de jitomates finamente picados (aproximadamente 4 tazas)
3 zanahorias grandes, rebanadas en diagonal y cocidas al dente
3 calabacitas medianas en cubos y cocidas al dente

Tenga listo un refractario como de 6.5 cm. de profundidad en el que quepa el pescado en una sola capa. Caliente el horno a 177 °C. Sazone el pescado con sal, pimienta y jugo de limón y coloque cada posta encima de una hoja santa. Envuelva el pescado con la hoja. Si no lo cubre completamente, use más hojas. Coloque las rebanadas envueltas en el refractario, en una sola capa.

En una sartén, caliente 2 cucharadas de aceite de oliva y fría, sin dorar, la cebolla, el ajo, el pimiento durante unos 3 minutos. Añada los jitomates y cocínelos a fuego medio alto, raspando el fondo de la olla para que no se peguen, hasta que se reduzca un poco del jugo: de 5 a 8 minutos. Vierta las verduras cocidas sobre el pescado, también el resto de la salsa y del aceite de oliva. Cubra con otra capa de hoja santa y luego tápelo con aluminio. Hornee una hora.

Mone de pescado II
Ricardo Muñoz Zurita

Rinde 6 porciones

Ricardo Zurita, un joven y talentoso chef, generosamente compartió esta receta familiar conmigo. Me parece una manera fabulosa de preparar el pescado por su variedad de sabores y texturas. Creo que prefiero hacer esta receta al vapor en vez de horneada. Es una de mis favoritas y la cocino de ambas maneras. Para este platillo resulta mejor usar robalo —el pescado más delicioso del Golfo—, pero puede usar cualquier tipo de pescado no graso, en postas y con piel.

En esta receta no hay sustituto para la hoja santa.

6 hojas santas grandes o 12 pequeñas
6 postas de pescado no graso, de aproximadamente 180 gr. y 2.5 cm. de grueso cada uno
sal y pimienta recién molida, al gusto
1/4 de taza de manteca de cerdo derretida o de aceite de oliva
aceite vegetal para freír
675 gr. de plátano macho maduro, pelado y cortado longitudinalmente en rebanadas delgadas
340 gr. de jitomates en rebanadas delgadas
1 1/2 cebollas blancas medianas en rebanadas delgadas
3 dientes de ajo rebanados
2 chiles x-cat-ik * o 1 chile dulce rojo y 1/2 pimiento verde, sin semillas, finamente rebanado
1/3 de taza (83 ml.) de cilantro toscamente picado

Tenga listas 6 piezas de hoja de plátano como de 30 por 30 cm., suavizadas sobre la flama, y 6 tiras de hoja para amarrar.

Coloque una hoja santa en el centro de una hoja de plátano. Sazone el pescado con sal y pimienta y úntele un poco de manteca derretida.

En una sartén, caliente un poco de aceite vegetal, coloque unas rebanadas de plátano macho en una sola capa y fríalas hasta que doren por ambos lados: unos 8 minutos. Escúrralas bien y agregue la siguiente capa, con más aceite si es necesario.

En una vaporera, caliente agua a fuego lento o encienda el horno a 177 °C.

Divida las rebanadas de plátano en 6 porciones y ponga una capa de plátano en cada una de las hojas santas. Luego ponga otra capa de rebanadas de jitomate. Coloque una rebanada de pescado sobre cada porción.

Caliente 2 cucharadas de manteca en una sartén, agregue la cebolla, el ajo y los chiles, y fría todo, sin dorar, unos 3 minutos. Espolvoree con sal e incorpore el cilantro. Vierta esto sobre cada filete. Doble la hoja santa sobre el pescado; si no lo cubre totalmente use 2 hojas santas. Luego doble la hoja de plátano para hacer un paquete impermeable. Amárrelo con firmeza pero no lo apriete demasiado.

Coloque los paquetes en la vaporera y cocine a fuego medio de 20 a 25 minutos. Transcurrido ese tiempo deje que los paquetes se asienten 10 minutos antes de servir para que se concentren los jugos y los sabores.

Véase El arte de la cocina mexicana.

Tamales colados
Señora Hilda Zurita, Emiliano Zapata
Rinde aproximadamente 25 tamales de unos 9 por 6.5 cm

Durante años insistí en que los tamales colados que hace la cocinera maya de una de mis amigas eran los mejores de México, pero de pronto, de la noche a la mañana, mi lealtad cambió hacia los que se hacen en el sur de Tabasco. La masa casi transparente tiene un color blanquecino que casi tiembla al tacto: uno de los requisitos para las cocineras más exigentes. En Yucatán la masa que ahora usan muchas de ellas para hacer los tamales colados es de maíz cocido con cal, pero en Tabasco y en Campeche todavía se usa el maíz criollo —delgado y de un color amarillo— que crece en la región, sin cal. El maíz se pone en una olla de agua hirviendo a que apenas de un hervor y luego se deja remojando toda la noche. Al día siguiente se enjuaga y se muele para obtener una masa textura.

348

Llamé a mi anfitriona con anticipación para avisarle el día de mi llegada y también para decirle que había decidido aceptar su oferta de hacerme tamales colados a fin de iniciarme en esa mística culinaria. La tarde en que llegué hizo a un lado su trabajo —confecciona maravillosos vestidos de novia con aplicaciones de encaje y perlas cosidos a mano— y nos apresuramos a reunir los ingredientes: primero fuimos con una vecina que cultiva el maíz, luego a la tienda de la esquina —que estaba a punto de cerrar— por las pepitas. A la mañana siguiente su sirvienta, una mujer de apariencia algo severa, la regañó por no haber comprado el tipo de pepita requerida, y enviamos al hijito de un vecino a traer las indicadas (unas pepitas pequeñas y gordas que se llaman menudos). Una vez más se envió al niño por manteca, que llegó aún caliente y de color café, directo de la tina del chicharrón de un carnicero vecino. Como por arte de magia aparecieron en la mesa del desayuno unos pollos criollos del lugar —y no los insípidos del supermercado— para mejor sabor y textura, pues ninguna cocinera que se respete a sí misma soñaría con usar pollo comercial para hacer estos tamales.

Sospecho que la tía Tona, la abuela se había levantado desde el amanecer para desplumar, destripar y cortar los pollos. Cada porción de carne volvió a cortarse, con todo y hueso, en piezas más pequeñas que cupieran dentro del tamal, junto con las patas, las menudencias y los hígados (a veces los tamales se hacen sólo con eso, sin ningún otro tipo de carne). También había achiote puro y brillante de la estación. Muchos de los más antiguos residentes de Emiliano Zapata viven y trabajan allí pero tienen pequeños ranchos ganaderos donde plantan el achiote (*Bixa orellana*) —a pesar de que es un árbol nativo silvestre— para tener una provisión todo el año, pues se usa con abundancia en muchos platillos.

Esa mañana se molieron los 3 kilos de maíz que se habían preparado la noche anterior. Comenzó entonces el arduo trabajo de colar la masa, primero a través de un colador normal de metal y luego a través de una doble capa de manta de cielo. Se necesitan dos personas para tomar cada uno de los extremos de la manta y "columpiarla" de lado a lado hasta extraer la mayor cantidad posible del líquido lechoso. Luego hay que cocer largamente ese líquido con mucha manteca hasta que espese. Cuando se enfría cuaja para formar una especie de gelatina opaca. Bajo el calor me pareció que había transcurrido toda una eternidad antes de llegar a la etapa en que se rellenan, se envuelven y se cuecen en la olla. Luego comenzamos a hacer los socucos (véase pág. 353). Fue una lección que nunca olvidaré.

En la tarde, cuando por fin probamos los tamales, honestamente puedo decir que fueron los mejores tamales colados que he probado en mi vida: para mi sorpresa, la salsa que se veía tan fuerte resultó tener un delicado sabor a pepita, ajo y chile habanero (que crece en abundancia como a 30 kilómetros de ahí).

Me parece innecesario mencionar que esta receta es sólo para los más acérrimos aficionados a la cocina. Comiencen el día anterior.

PARA LA MASA:

1 kg. de maíz seco, aproximadamente 5 1/2 tazas

11 tazas de agua fría (2.75 l.)

1 1/4 tazas (313 ml.) de manteca derretida

sal al gusto

relleno para los tamales colados (la receta se da a continuación)

Tenga listas aproximadamente 50 piezas de hoja de plátano de unos 25 por 20 cm., y unos 30 pedazos de cuerda (aunque es mejor tener más), de unos 38 cm.

Si va a hacer la masa, enjuague bien el maíz con agua fría y elimine cualquier impureza que flote en la superficie. Cúbralo con agua hirviendo, deje que suelte el hervor y hiérvalo un minuto nada más. Retire del fuego y déjelo reposar toda la noche. A la mañana siguiente, muela el maíz hasta obtener una masa fina pero casi seca o no muy aguada. Deben quedarle como 1.24 kg. de masa.

Llene una olla grande con agua. Poco a poco añada la masa, y con las manos dispérsela y desmenuce los grumos. Cuélela y pásela a otra olla, presionando los residuos contra el colador o escurriéndola en un pedazo de manta de cielo para extraer la mayor cantidad posible del líquido opaco. Guarde los residuos que quedan en el colador para hacer el socuco, cuya receta se da a continuación.

Forme una doble capa de manta de cielo con dos lienzos de tela, cuele el líquido otra vez para que no haya ningún sólido en el líquido final. Caliente la manteca en una cacerola ancha y gruesa. Justo cuando empiece a burbujear, añada el líquido colado, la sal, y empiece a revolver y a raspar el fondo de la olla para que los almidones no se peguen ni se quemen. ¡Ahora necesita mucha paciencia! Siga revolviendo y raspando el fondo de la olla hasta que la mezcla espese al punto en que usted pueda ver el fondo de la cacerola y el contenido empiece a chisporrotear en las orillas. Esto llevará entre 45 minutos y una hora.

Vierta la mezcla en un molde en donde ésta no alcance más de 2 cm. de espesor (yo uso una cacerola para rostizar de 33 por 21.5 cm.) y deje que enfríe. Debe verse como un manjar blanco.

Mientras, prepare las hojas de plátano pasándolas sobre la flama o una parrilla eléctrica hasta que se suavicen. Déjelas enfriar en una doble capa. (Cada tamal estará envuelto en una doble capa.)

Divida la masa en aproximadamente 25 piezas de 6.5 por 6.5 cm. Coloque cada una en una doble capa de hojas de plátano: encima de la masa ponga una pieza del pollo y 1/4 de taza (63 ml.) de la salsa preparada para el relleno (véase la receta de la siguiente página). Selle el tamal juntando los dos extremos largos de la hoja y haciéndoles un doblez doble. Presione los lados de la hoja ligeramente para cerciorarse de que la salsa no escape y dóblelos debajo del tamal. Amárrelo con firmeza pero no lo apriete demasiado: recuerde que la masa que está adentro es muy delicada.

Coloque los tamales en capas horizontales dentro de una cacerola gruesa, vierta el agua fría con una cucharada de sal y, una vez que rompa el hervor, cuézalos a fuego medio durante unas 2 horas. Si tiene dudas, saque un tamal, no lo desenvuelva, déjelo en un lugar fresco o en el refrigerador durante 15 minutos para ver si la masa está cuajada. Las cocineras tabasqueñas lo saben con sólo tocar la hoja.

Nota: ésta es la forma tabasqueña de hacer los tamales, pero deben envolverse bien. Si tiene dudas, cuézalos al vapor de la manera tradicional, tapando la vaporera con plástico para que no escape el vapor. Algunas cocineras insisten en que los tamales hervidos de esta forma deben envolverse en hoja de to (Calathea lutea), que es completamente impermeable. Por lo general estos tamales se sirven con una salsa de chile (véase pág. 355), pero es cuestión de gustos. Los tamales colados no pueden hacerse con Maseca u otro sustituto de harina industrial. No los sirva de inmediato. En Tabasco las cocineras tradicionales los cuelgan en una gran canasta a que se enfríen para que la masa se asiente. Se pueden guardar estos tamales hasta 3 días en el refrigerador, pero no se congelan bien como otros tamales.

Relleno para tamales colados

Rinde para 25 tamales

El pollo:

1.35 kg. de pollo cortado en piezas

1.5 l. de caldo de pollo o agua

3 dientes de ajo sin pelar y machacados

sal al gusto

La salsa:

5 dientes de ajo toscamente picados

3 chiles habaneros, u otro chile verde muy picante, toscamente picado

2 cucharaditas de achiote puro o 1 1/2 cucharadas de pasta de achiote yucateco

1 1/4 de taza (313 ml.) de masa para tortillas

180 gr. de pepitas enteras pequeñas (1 1/2 tazas)

2 tazas (500 ml.) de agua fría

1 cucharada rasa de orégano, de Yucatán si es posible, desmenuzado

sal al gusto

3 ramas grandes de epazote

Corte el pollo hasta tener 25 piezas pequeñas. Caliente el caldo, añada el ajo, sal al gusto y el pollo. Cuézalo aproximadamente 20 minutos a fuego lento: no debe quedar completamente cocido. Escúrralo y guarde el caldo. Déjelo a un lado.

Vierta 1 1/2 tazas (375 ml.) del caldo en la licuadora y, poco a poco, añada el ajo, los chiles, el achiote y la masa. Licúe hasta obtener una textura lisa. Incorpore esto al caldo tibio. Tueste las pepitas a fuego lento, revolviéndolas de vez en cuando hasta que empiecen a cambiar de color, se inflen y truenen. Deje que se enfríen un poco y luego muélalas lo más finamente posible en un molino para café o para especias.

Diluya el polvo de pepita con el agua y añádalo, a través de un colador fino, a la mezcla de caldo. (O ponga el agua en la licuadora y añada las semillas, poco a poco, y licúelas lo más finamente posible, pero no obtendrá una textura tan fina como con el método anterior.)

Caliente la mezcla, añada las piezas de pollo y el orégano. Déjelo hervir suavemente de 10 a 15 minutos, raspando el fondo de la olla de vez en cuando para que no se pegue, hasta que la salsa empiece a espesar. Añada sal, según sea necesario, y el epazote. Cueza suavemente 3 minutos más. La salsa debe tener un espesor ligero que cubra apenas el revés de una cuchara de madera y ser de un rojo intenso. Déjela enfriar un poco.

Socuco

Señora Hilda Captedon, Emiliano Zapata

Rinde 6 porciones o más

Típico de la zona de Emiliano Zapata, el socuco es el tamal que "acompaña" a los tamales colados, pues para hacerlo se utiliza el residuo —el *shish*— que queda tras moler y colar el maíz.

Por lo general el socuco tiene forma alargada, como de tamal gigante, pero también puede hacerse en tamales más pequeños. Tradicionalmente se envuelve en una hoja larga y acanalada, que se llama hoja blanca por la película blancuzca que cubre el revés. (En realidad es hoja de to o hoja blanca (*Calathea lutea*), una planta nativa de las áreas pantanosas de Tabasco.)

Antes de la era del plástico, la hoja de to se usaba —y en algunas partes se sigue usando— para envolver las bolitas de masa que se usan en el pozol, una bebida regional; para envolver carne en el mercado, o para llevarle la comida a los trabajadores del campo. En maya *to* significa "envolver".

Para el socuco doña Hilda forró la hoja de to con una de plátano. Cuando yo lo hago en mi casa, donde es imposible encontrar la hoja de to, uso una doble capa de hoja de plátano.

Como otros tamales de la región, se cuecen tapados en agua fría, pero he modificado el proceso de cocción: pongo el socuco dentro de una olla gruesa, apoyado sobre una rejilla. Luego vierto suficiente agua hirviendo que llegue como a la mitad del tamal.

Comimos el socuco en rebanadas gruesas, asadas sobre un comal sin engrasar —literalmente se asa en su propia grasa— con salsa de chile. Su masa texturada era exquisita y, para mi sorpresa, no demasiado grasosa.

353

2 tazas (500 ml.) de masa para tortillas (véase pág. 535)

1 1/4 de taza (313 ml.) de residuos de maíz (véase la receta anterior)

1 1/2 tazas (375 ml.) de caldo de pollo ligero

2 chiles habaneros, pico de paloma, o cualquier chile verde picante, o al gusto

1 cucharadita de achiote puro o 1 cucharada de pasta de achiote yucateco

1/2 taza (125 ml.) de manteca (oscura, derretida si es posible)

sal al gusto

115 gr. de chicharrón ligeramente desmenuzado

Tenga listas 2 piezas grandes de hoja de plátano de 50 por 40 cm., suavizada a la flama, y 4 cuerdas para atar de aproximadamente de 60 cm.

Mezcle bien las dos masas. Vierta 1/2 taza (125 ml.) del caldo en la licuadora junto con los chiles y el achiote, y licúe hasta obtener una consistencia lisa. Añada esto a la masa junto con la manteca y sal. Mezcle bien, y luego incorpore el chicharrón hasta que esté distribuido uniformemente en la masa, que debe tener un intenso color naranja, casi rojo, y una consistencia suave. Añada más líquido si es necesario.

Unte la masa sobre una capa doble de las hojas preparadas más o menos en forma de rectángulo. Doble los extremos largos de las hojas y hágales un doblez seguro. Presione la masa en ambos extremos —la masa trata de escapar— y doble hacia atrás las hojas encimadas de los lados. Amarre firmemente.

Coloque el tamal en una olla con una rejilla, vierta agua hirviendo hasta la mitad del cuerpo del tamal, tape la olla y cuézalo a fuego vivo durante 1 1/2 horas. Tenga lista más agua hirviendo para reponer la que se evapore. La masa debe desprenderse fácilmente de las hojas que lo envuelven.

Salsa de chile
Rinde 3/4 de taza [188 ml.]

En Tabasco la salsa de chile se usa todos los días, como si fuera un condimento. Es ligera, muy picante y tiene el pronunciado y verde sabor del chile amashito silvestre (*Capsicum annuum spp.*): un chile ovalado como de 1 cm. de largo. En la región también usan sus hojas para hacer los guisados verdes de la región.

Tradicionalmente, esta salsa se hace con jugo de naranja agria pero, si no encuentra, puede usar jugo de limón o vinagre suave. Las naranjas agrias de las planicies costeras del sureste mexicano tienen una dulzura muy tenue, distinta a la de las que crecen a mayores alturas, en climas menos cálidos, de modo que si las que consigue están muy ácidas o va a usar jugo de limón, añada 1/8 de cucharadita de azúcar. Las naranjas agrias siempre se pelan antes de exprimirles el jugo, o éste se amarga.

Hilda, mi vecina, pica la cebolla finamente.

Desde luego, este tipo de salsa mejora si se hace en molcajete, pero si va a usar licuadora, tenga cuidado de no licuar demasiado los ingredientes: la salsa debe quedar ligeramente texturada.

15 chiles amashito, u 8 chiles serranos, u otro tipo de chile verde picante
1/4 de taza (63 ml.) de cebolla blanca, finamente picada
sal al gusto
2/3 de taza (164 ml.) de jugo de naranja agria o sustituto
(véase el texto anterior)

Ponga los chiles enteros en una plancha o comal caliente y tuéstelos a fuego medio, haciéndolos rodar de vez en cuando para que se tuesten parejos. Están listos cuando la piel revienta, están ligeramente dorados y suaves. Píquelos toscamente.

Muela juntos los chiles, la cebolla y la sal hasta obtener una pasta. Poco a poco añada el jugo de limón.

Esta salsa no puede congelarse, pero dura varios días en el refrigerador.

Tortillas rellenas en mojo de ajo
Rinde 6 porciones

Esta receta está basada en la del restaurante La Palapa, de Frontera, Tabasco. Alguien me dijo que, en un principio, estas tortillas se rellenaban con camarón, jaiba o pulpo, de modo que la receta se presta a variaciones, dependiendo de lo que tenga a la mano.

Para esta receta necesitará una prensa normal para tortillas (de 15.5 cm. de diámetro) y por lo menos 3 bolsitas de plástico.

La masa:
450 gr. (aproximadamente 2 tazas rasas) de masa para tortillas,
suficiente para 12 tortillas de 14.5 cm.
2 cucharadas de harina de trigo
1/8 de cucharadita de achiote puro o 1/4 de cucharadita copeteada de pasta yucateca de achiote
sal al gusto

El relleno:
1/2 taza (125 ml.) de pasta de frijol negro (véase pág. 300, sin la hoja de aguacate)
relleno de camarón (la receta aparece enseguida)
1/3 de taza (83 ml.) de queso fresco desmenuzado (o muenster, en Estados Unidos), rallado

Para freír:
aceite vegetal
6 dientes de ajo toscamente picados

Mezcle la masa con la harina, el achiote y la sal. Divídala en 12 partes iguales. Haga unas esferitas como de 4 cm. de diámetro. Si no puede hacer las tortillas de inmediato, cubra la masa con un trapo húmedo o envuélvalas en plástico.

Forre la prensa para tortillas con 2 bolsitas de plástico y presione una de las esferas de masa hasta obtener un disco de 14.5 cm. Sáquelo de la prensa, todavía adosado al plástico. Úntelo con aproximadamente 1 cucharada copeteada de pasta de frijol, una cucharada muy copeteada de relleno de camarón, y 1 cucharada copeteada de queso.

Haga otra tortilla y con cuidado colóquela encima de la primera, cubriendo el relleno por completo. Selle las orillas firmemente.

En una sartén pequeña caliente aceite a una profundidad de 2 cm. con un poco del ajo picado, y fría ahí uno de los "sandwiches" de tortilla, aproximadamente 2 1/2 minutos de cada lado: no debe quedar muy crujiente, sólo un poco dorado. Escurra y sirva con los pedacitos de ajo encima.

Luego proceda con el resto de las tortillas.

Relleno de camarón

Rinde 1 taza (250 ml.)

2 cucharadas de aceite vegetal o de oliva
2 cucharadas de cebolla blanca finamente picada
3 cucharadas de chile dulce o pimiento verde finamente picado
sal al gusto
1/2 taza (125 ml.) de jitomate finamente picado
1 taza (250 ml.) de camarones crudos pelados y toscamente picados

En una sartén pequeña caliente el aceite y fría la cebolla, el pimiento y sal, unos cuantos segundos, sin dorar. Añada el jitomate y fría todo a fuego alto, raspando el fondo de la olla hasta que la mezcla esté húmeda pero no jugosa. Incorpore los camarones, ajuste la sazón y cocine a fuego bastante alto hasta que los camarones estén todavía crujientes: aproximadamente 3 minutos.

Campeche

"Provincia azul, donde es azul el cielo, donde es azul el mar." Me acordé de esta cita de Carlos Pellicer mientras cruzaba el largo puente que une a Isla del Carmen con Campeche. El mar y el cielo, ambos de un pálido y lustroso azul, parecían converger en una línea indistinguible. No había sino unas cuantas aves marinas y algún pez que saltaba fuera del agua. Me pregunté si me atrevería a detenerme en el puente para tomar una foto, pero los tráilers y los camiones que venían detrás de mí avanzaban a toda velocidad. "Será la próxima vez", pensé para mis adentros.

De regreso había entrado una tormenta. Las ascendentes nubes acerinas suspendidas sobre el mar proyectaban una luz grisácea que lo cubría todo. De nuevo, fue imposible detenerse, pues en el espejo retrovisor vi el tráfico que se acercaba rápidamente. Además, habría necesitado un lente panorámico para hacerle justicia a la belleza de la turbulenta escena. En 1969 hice mi primer viaje largo para estudiar la comida de esa zona. El malecón se extendía varios kilómetros a lo largo del golfo y el espacio entre el mar y el pueblo estaba salpicado con edificios de horrendo diseño y construcción (no puedo usar la palabra arquitectura). Los baluartes de elegante piedra blanca, moteada de gris y negro, se construyeron en el siglo XVIII para defender la ciudad contra los más osados piratas, pero el descuido las había dejado casi en ruinas. Tras esas murallas estaba la ciudad en sí: placitas de un blanco inmaculado adornadas con arbustos y árboles en flor, circundadas por casas del hermoso y simple diseño que se asocia con los puertos del sur: Tlacotalpan —que está casi intacta—, Veracruz, Alvarado y Ciudad del Carmen, como eran antes.

En aquellos días el mercado era pequeño y compacto, lleno de productos y frutas de la región. Los puestos de comida servían especialidades regionales bien hechas. Nunca olvidaré que el pescado se vendía en un mercadito aparte, cerca de la orilla del mar, donde recibía la brisa del Golfo. Los pescadores llegaban por la mañana con sus abultadas redes llenas de camarón, tiburón y cazones de todos tamaños, así como con canastas de brillantes peces de colores que, recién salidos del agua, aún daban de coletazos.

Los cafés al aire libre siempre estaban llenos de hombres de negocios en blancas guayaberas que pasaban el día platicando, jugando dominó y tomando varias tazas de café. La vida familiar se desarrollaba a puerta cerrada hasta la misa de la tarde, cuando las mujeres se paseaban en el jardín frente a la iglesia. Y, entre todas las trivialidades, recuerdo que los cuartos del horrible hotel (sigue siendo horrible) que daba al Golfo no tenían cortinas. La mitad inferior del vidrio estaba escarchado, pero aún así no era suficientemente opaco. Cuando el sol se ocultaba y se iban prendiendo las luces de los cuartos, los jóvenes del lugar se dedicaban a su pasatiempo favorito: sentarse en las bancas del malecón a ver cómo los turistas —ajenos a su público— se desvestían o se cambiaban de ropa para salir a cenar.

A lo largo de todos esos años visité a algunos de los cocineros del lugar, sobre todo en restaurantes y, una y otra vez, anoté en mi cuaderno: "el más fresco pescado, pero sobrecocido. Insaboro y acuoso". Resultaba un poco más difícil arruinar la carne de las patas de cangrejo Moro, en aquella época, especialidad de Campeche. (Algunas de esas recetas pueden encontrarse en *The Essential Cuisines of Mexico*.)

Hace diez años, cuando regresaba de Yucatán a Tabasco y me detuve a descansar una noche en Campeche, quedé consternada: algunas de las hermosas casas habían sido reemplazadas por modernas monstruosidades y las placitas estaban abandonadas o destruidas. (Una vez más me alojé en ese horrible hotel, pero esta vez las ventanas tenían cortinas.) Sólo me quedé parte de la mañana y anoté estas palabras triviales en mi cuaderno: "¿Acaso se trata del inicio del movimiento pro salud en Campeche?" Fornidas matronas, que antes casi nunca se veían en las calles, ahora aparecen en la luz de la mañana con la cabeza llena de tubos y caminando como en manada pero, sin embargo, tomando provecho del hábito recién adquirido de ponerse al día en los chismes del pueblo.

En una de las varias veces en que volví a Campeche me quedé más tiempo para estudiar este sitio que es tan especial, no sólo desde el punto de vista de la comida, sino para ver el campo y los sitios arqueológicos de Edzná, Calakmul, Chicanná, Becán y Xpujil, que son menos conocidos que los de Yucatán. Sus magníficas estructuras, muchas con elaborados relieves en piedra, quitan el aliento y resultan impresionantes en medio de su espléndido aislamiento circundado, hasta donde alcanza la vista, por un denso follaje intocado.

Esta vez la ciudad se había extendido a las colinas que la rodean más adentro, mientras que el malecón había crecido aún más gracias a otro relleno que lo alargaba varios kilómetros. Hoy Campeche, que siempre ha sido una ciudad ruidosa, lo es más, y sus calles comerciales están llenas de gente. El deterioro de las murallas se detuvo gracias a la orden que se dio para conservarlas y junto con las elegantes mansiones y edificios que se encontraban abandonados, a fin de que vuelvan a funcionar y se restituya la armonía arquitectónica del pasado.

El baluarte de Santiago, por ejemplo, está convertido en un jardín botánico que exhibe plantas de la región, y las avenidas principales están sembradas de árboles en flor. Cuando estuve allá en mayo, el rojo encendido de los tabachines se alternaba con el delicado color de la lluvia de flores de un amarillo dorado y las cascadas de los macuilis de rosa pálido.

El mercado había cambiado un poco; los puestecitos de comida no dejaban de servir panuchos, pan de cazón y negritos (especialidades tradicionales a base de tortillas infladas y rellenas con pasta de frijol y otras cosas: véase *Regional Cooks*, pág. 14). La carne del ganado —que se alimenta de pasto— recién sacrificado aún se veía horriblemente rojo y duro (aunque, de hecho, tiene un excelente sabor), y todavía era posible conseguir gallinas grandes, gordas y blancas para los platillos tradicionales.

El mercado de pescado, antes tan colorido, ahora forma parte del edificio principal. Y ya no es tan pintoresco como antes, y la mayoría de los pescadores venden su captura en el malecón. Todo el mundo se queja de que el abasto de pescado disminuye día con día. Sin duda la pesca excesiva, la pesca ilegal durante la época de veda, y la contaminación cerca de la orilla —que destruye los alimentos de que se nutren los peces— tienen que ver con este problema. Sin embargo, Pemex, la industria petrolera del gobierno, es en gran parte la culpable, pues no observa medidas preventivas para evitar la contaminación del mar a la vez que promete cumplir con esas estipulaciones.

En el mercado hay un gran puesto que se dedica a vender cazón asado (véase pág. 367), junto con las hierbas y condimentos con los que se cocina: perejil, cebollines, epazote, chiles habaneros, chiles güeros —que aquí se llaman x-cat-ik— y los fragantes chiles dulces.

Afuera del edificio principal del mercado hay un área cubierta donde se venden montañas de chiles frescos de todos colores y en diversos grados de maduración: habaneros, dulces, verdes, rosados, x-cat-iks. Hay hojas de chaya, oscuras calabazas verdes con forma de molde ondulado, e ibes frescos de un verde claro, salpicado de negro, sacados en ese mismo instante de sus largas y brillantes vainas verdes.

Por fin se había cumplido mi deseo de visitar Campeche en mayo, que es la temporada del marañón: la fruta brillantemente coloreada de la nuez de la India. Las calles que circundan el mercado estaban perfumadas por el aroma de estas exóticas frutas que huelen y saben a fresas muy maduras, de fuerte sabor. Unos días antes las había visto crecer, colgadas de los árboles en la huerta, como encendidas linternitas rojas con esa terminación tan curiosa que semeja el pico de un perico, en un brillante estuche gris: la nuez de la India. Algunas frutas eran de un profundo color salmón, y otras, que venían de un árbol distinto, eran amarillas. Durante todos los días que duró mi estancia a la hora de la comida se servía agua de marañón (*Anacardium occidentale*). Una de las cocineras tradicionales me dijo que por ningún motivo debe ponerse la pulpa de la fruta en contacto con la licuadora: tiene que molerse a mano. Confirmo que es el mejor método. Ésta es la bebida más exóticamente perfumada que conozco.

Las cocineras de casa con quienes guisé aún preparan sus recetas tradicionales con gran orgullo; es su "comida para el alma". En la preparación de los ingredientes de muchos de los platillos locales se advierte una fuerte influencia maya, mientras que otros muestran la total fusión entre lo maya y lo español, y otros más tienen una característica influencia libanesa: en la península de Yucatán hay una gran y antigua comunidad de libaneses.

Las familias que aún conservan sus tradiciones alimenticias siguen una secuencia fija de platillos: los lunes, comida de floja (aunque requiere de mucho trabajo) y frijol con puerco (la receta está en *The Essential Cuisines of Mexico*). Los martes, carne de res guisada en alguna forma: por lo general delgados bisteces en caldillo de jitomate, o carne empanizada, o guisada con ajo y cebolla, asada y sazonada con orégano, servida con arroz blanco.

Los miércoles son días de un simple puchero de pollo o de carne de res con verduras. Los jueves se come cazón en una de las múltiples formas de prepararlo. Los viernes a mis amigos y a sus cocineras les gusta escoger un pescado grande, o filetes de pescado, que a menudo se sazonan con jitomate y chile dulce, y se cocina en hoja de plátano.

Cada sábado se sacrifican reses a fin de garantizar la abundancia de carne para el puchero de tres carnes del domingo. Las menudencias frescas de inmediato se cocinan para hacer chocolomo, un nutritivo guisado que únicamente se sirve los sábados.

A pesar del calor, que disminuye un poco gracias a la brisa del mar, los domingos son un día de mucha comida. Por la mañana hay un flujo continuo de gente que se dirige a ver a su cocinero favorito, por lo general un hombre, para comer cochinita pibil: un cerdito —pero no un lechón— que se sazona con pasta de achiote y especias disueltas en jugo de naranja agria, se envuelve en hojas de plátano y se cuece en un hoyo como el de la barbacoa. El estómago o el buche y los intestinos se rellenan y se cocinan con la carne. Una rebanada de este buche y la carne del cerdo toscamente deshebrada se meten dentro de una especie de pan francés estilo del sureste que se sirve en el desayuno.

La comida principal del día es el puchero de tres carnes, el más nutritivo de los guisados, que lleva carne de cerdo, res y de gallina gorda (la gallina es muy importante para el sabor). La carne se sirve con las verduras, y el caldo se sirve aparte, en un plato hondo, junto con una porción de arroz y los aderezos típicos de la zona: cebolla picada en jugo de naranja agria, un salpicón de rabanitos con cilantro y chile, de nuevo en jugo de naranja agria, y (otro aderezo) chile habanero asado y molido. Como a mí me gusta mucho la comida muy caliente, nunca sé por dónde empezar: tomo un poco de esto y luego un poco de lo otro hasta que me lleno demasiado pronto. El puchero del domingo es un excelente preludio a una larga siesta. Si sobra algo de carne, se deshebra y se le añade a las verduras para hacer tacos.

Los patrones alimenticios tienden a cambiar más en los grandes centros urbanos, mientras que en las zonas rurales más aisladas hay que depender mucho más de los ingredientes que puedan conseguirse con facilidad. Una familia que conozco vive en Campeche y tiene un rancho como a 90 kilómetros de ahí. Sus integrantes recuerdan que en el pasado se comía lo que se cultivaba: maíz, frijol, calabaza, raíces, vegetales en varias formas y animales de caza —sobre todo venado—, antes de que se prohibiera cazarlos porque ahora están a punto de extinguirse.

Doña Concepción me describió cómo se hace el han-li-cool, la comida de milpa, que todavía prepara, guiada por su padre. Él cree fervientemente que hay que apaciguar a los dioses de la montaña para garantizar una buena cosecha; rezar para que llueva o dar gracias por una buena temporada. Concepción recuerda que de niña el maíz florecía en el campo en el sitio donde se había puesto la ofrenda, mientras que las otras parcelas no eran ni la mitad de frondosas y productivas.

Después del sacrificio ritual de pollos y guajolotes, en medio de cánticos y oraciones mayas, la comida se cocina en el pib, un hoyo en la tierra, que se escarba en la parcela a ser bendecida. Había pan de milpa o gordas: nueve o 13 capas de masa de maíz alternadas con frijoles machacados y pepitas tostadas, todo envuelto en hoja de plátano. Al servir la comida se desmenuza parte en el caldo de carnes. También hay bollitos rellenos que se comen con la grasa del caldo.

Sin lugar a dudas, una de los alimentos más importantes de Campeche es el cazón. Hay por lo menos cinco especies: cagüay, t'uc t'un, cornua, pech y jaquetón, que se prefieren a la carne de tiburón, su pariente cercano, porque su carne es más firme y menos acuosa. Claro que en gustos se rompen géneros y sin duda habrá quien defienda apasionadamente un tipo de cazón sobre otro. Otra clara preferencia es el cazón fresco que se pone en la parrilla hasta que está un poco chamuscado. En el mercado un solo hombre aún lo vendía asado. Me pareció interesante ver cómo se prepara. Guiada por unos vecinos, fui a verlo. Pero no quiso ayudarme. Me dio todo tipo de excusas y hasta me dijo que no podía enseñarme porque asaba el pescado a las cuatro de la mañana. Nadie le creyó. Quizá pensó que yo quería poner un puesto rival.

Después de recorrer la costa, un poco más al norte, en lo que solía ser un próspero pueblito de pescadores, ahora invadido por Pemex, encontramos a un hombre semirretirado que accedió a asarnos un poco de cazón, siempre y cuando le lleváramos el pescado temprano a la mañana siguiente.

Poco después de las ocho de la mañana regateé el precio de dos hermosos tuctunes y me apresuré a llegar con don Gregorio. Nos dijo que buscáramos un pescador que los limpiara y, a cambio de unos cuantos pesos, los destriparon y lavaron, dejando intactas la cabeza, la espina y la cola. Pero antes tenían que secarse un poco bajo el ardiente sol de la mañana, buen momento para un típico desayuno de panuchos rellenos de cazón y frijoles negros, con cerveza. Para cuando terminamos, don Gregorio ya había encendido el carbón y colocado una simple parrilla como a 15.5 cm. por encima del fuego. Tomó los pescados por la cola y, uno por uno, los lanzó sobre la parrilla, con la piel hacia abajo. De vez en cuando los levantaba para revisar el color y, después de aproximadamente 10 minutos (aunque esto depende de cuán grueso sea el pescado), les dio la vuelta y los dejó al fuego otros 8 minutos: la carne tenía como 2.5 cm. de espesor y cada cazón medía alrededor de un metro.

Me quedé a platicar con don Gregorio. Me dijo que eran tiempos malos. Hasta hace algunos años se ocupaba asando entre 100 y 200 cazones diarios. Ahora sólo lo hace de vez en cuando, y los días que no está preparando y salando raya, ayuda a su hija en un pequeño local, en el que ella prepara y vende antojitos.

Se requieren manos expertas para hacer cortes verticales, con precisión geométrica, en la piel y en la carne, a fin de exponer la espina del cazón para que quede abierto en mariposa y tan plano como un abanico. Uno de los platillos tradicionales es el abanico de raya con papas. La mayoría de las cocineras que conocí no usaban la especie blanca sino la que tiene una brillante piel gris con llamativos puntos blancos.

Don Gregorio llegó a tener 36 empleados y, además del tiempo que dedica a la pesca, corta y sala más de cien abanicos de raya en 12 horas. Según él, es importante lavar el pescado en agua de lluvia (una expresión que no dejo de oír; hubo una época en que era común recolectar el agua de lluvia, y mucha gente todavía lo sigue haciendo). Una vez cortados los abanicos la raya se sala, pero sólo con sal de mar, y se deja apilada toda la noche a que escurra.

Al día siguiente, en cuanto el sol estuvo suficientemente fuerte, los abanicos se pusieron al sol durante alrededor de seis horas, o según la fuerza del sol en determinada época del año. Aquella mañana apilaron gigantescas cajas de abanicos —todas estaban apartadas— excepto unas cuantas que don Gregorio me dejó comprar para llevarles a mis nuevos amigos cocineros. Lamentó que los jóvenes ya no quisieran hacer ese trabajo y mantener viva la tradición: "Se tira mucho suero", dijo, refiriéndose a lo arduo del oficio.

Cuando no está laborando, don Gregorio viste pulcramente y se sienta en una silla baja a la puerta de su casa a tomar la brisa. Era un hombre de movimientos lentos pero tenía una piel que sería la envidia de muchas mujeres. Según me comentó su hija, era el resultado de una dieta saludable a base de fruta y pescado.

Cuando el coche regresó por mí, envolvimos el cazón en varias capas de periódico. Sin embargo, don Gregorio me advirtió que si iba a llevarme el pescado lejos tenía que empacarlo entre gruesas capas de epazote, pero se me olvidó preguntarle por qué. Volvimos a envolver el cazón asado con mucho cuidado pero, por las miradas de curiosidad que recibí al llegar al aeropuerto de la Ciudad de México, era evidente que yo estaba recién llegada de Campeche.

Entre las cocineras campechanas existe un consenso, casi invariable entre una región y otra, sobre cómo preparar estos platillos regionales y qué ingredientes usar. Como ya lo he mencionado, mientras unos defienden encarecidamente al cazón asado otros lo prefieren fresco; unos usan chile dulce (una variedad pequeña y arrugada del pimiento dulce) en su miniestra, que es una mezcla básica que se usa en muchos platillos y lleva jitomate, cebolla, chile y, con frecuencia, hojas de epazote; a unos les gusta picante y usan chile seco; a otros, no.

Aunque la carne de tiburón es un poco acuosa, puede usarse empleando más cantidad y exprimiéndola muy bien antes de sazonarla; o puede usar un pescado de carne firme como bacalao, o mero. Aunque no necesita asarse, los puristas que, como yo, tratamos de imitar los métodos tradicionales con la mayor fidelidad posible, querrán hacerlo. A mí me parece que aumenta el sabor. Alguien que conozco cocina el cazón y luego le pone mucho epazote hasta que adquiere un apetitoso color verde.

Los ingredientes regionales de Campeche

Cuando planeaba mi primera visita a Campeche, recordé lo que en una cena me contó Juan O'Gorman, el distinguido artista y arquitecto mexicano. Años atrás él estaba encargado de un proyecto para construir nuevas escuelas en el estado y, si bien recuerdo, aceptó trabajar por una módica cantidad. El gobernador le prometió que, como expresión de su gratitud, sus cocineros le prepararían un platillo distinto de pescado todos los días mientras durara su prolongada estancia. Temo que no recuerdo bien la totalidad de platillos que me describió; es una pena, pero ¿cómo iba yo a saber que mi vida estaría tan ligada a la comida mexicana?

En Campeche es enorme la variedad de platillos que se hacen con mariscos y hay una marcada preferencia por los pescados de carne más clara, aunque los ingredientes que se usan para sazonar o para acompañarlos no es tan variada como, por ejemplo, en Veracruz o en Oaxaca. Pero como hay distintos métodos para cocinar las carnes y los pescados, y son innumerables las formas en que se combinan las especias y las verduras, la cocina campechana parece mucho más extensa de lo que en realidad es. Sin embargo, fuera de México, nunca ha recibido la atención que merece.

Como estados vecinos, Campeche y Yucatán comparten muchas cosas: sus raíces mayas, la tradición y los ingredientes de la cocina y, por lo tanto, también muchas rivalidades intrínsecas. Incluso he llegado a oír a cocineros campechanos que insisten en que sus platillos son más auténticos porque ellos han conservado mejor las tradicio-nes. (Desde luego, enfrascarse en un debate semejante equivaldría a un ostracismo ins-tantáneo de una u otra parte y nunca podría llegarse a ninguna solución.)

Resulta evidente que, en algunas partes de Estados Unidos, no será fácil encon-trar algunos de los ingredientes regionales, pero hay sustitutos razonables. Por ejem-plo, el chile dulce es un pimiento pequeño de piel delicada que se une en su extremo ondulado. Su sabor es más suave que el del pimiento verde y, desde luego, no pica. Subs-tituya la cantidad que se indique en la receta por la mitad de pimiento verde común.

El orégano, que se usa seco, es una especie que tiene la hoja más larga y un aroma más pronunciado que el orégano común, por el que puede sustituirse.

En Campeche no es extraño oír que se menciona el orégano fresco. No se trata de orégano de verdad, sino de una planta grande, de tallo carnoso y anchas hojas puntia-gudas y dentadas de 6.5 cm. de largo y 5 cm. de ancho: *Plectranthus (Coleus) aboinicus*. No hay un sustituto real, así que sugiero usar el orégano común, fresco o deshidratado, pero de vez en cuando lo encuentro en mercados asiáticos de Estados Unidos, donde se utiliza en algunos platillos y caldos.

La *cebolla verde* es una cebolla blanca muy pequeña que tiene hojas delgadas y planas. Por lo general no se usan las hojas. También se le llama cebollina.

La calabacita es la misma que se usa en Yucatán: tiene una piel de color verde pro-fundo y carne amarilla, es redonda y ligeramente alargada, con una superficie ondula-da como el de una *acorn squash*. Cuando está madura y seca, adquiere un profundo color amarillo y sus semillas —la pepita menuda o chinchilla— se usa sin pelar, siem-pre tostada hasta que está bien dorada. Se puede sustituir por casi cualquier tipo de calabaza.

Ningún sustituto iguala el complejo sabor de la naranja agria, que se parece un poco a las naranjas de Sevilla. (Aunque en Estados Unidos se siembran en California y en Arizona, también hay una naranja amarga que no tiene ni el aroma ni el sabor de la de Sevilla.) Como sustituto, use un vinagre suave y afrutado, o use mitad vinagre de arroz y mitad de un buen vinagre de vino. (Quizá podemos empezar una campaña con los agricultores en California, Texas, Florida y Puerto Rico para que produzcan y nos manden más. Después de todo, la naranja agria crece en muchas alturas distintas y se usa como árbol ornamental en el parque Central de Sacramento, por ejemplo.)

Aquí están algunas de las recetas que me dieron varios cocineros y cocineras en Campeche.

Cazón asado frito
Señora Manuela Chuc

Rinde 3 1/4 tazas [813 ml.], muy compactadas

2 ramas grandes de epazote

2 cucharaditas de sal

450 gr. de cazón asado, cortado en pedazos grandes, o

tiburón al carbón

1/4 de taza de manteca o de aceite vegetal

1/2 cebolla blanca mediana finamente picada

1 cucharada de hojas de epazote finamente picadas

450 gr. de jitomates finamente picados, aproximadamente 2 tazas copeteadas

1 chile habanero asado y finamente picado

1 cucharadita de chile seco yucateco en polvo o de chile de árbol en polvo

1 cucharada de jugo de naranja agria o sustituto

Cubra apenas el epazote con agua, agréguele sal y deje que rompa el hervor. Baje la flama y, cuando brote el hervor muy suavemente, agregue el cazón. Cuézalo a fuego lento unos 10 minutos (para filetes como de 2.5 cm. de grosor). Deje que se enfríe en el caldo y escúrralo bien. Cuando el pescado esté suficientemente frío para manejarlo, quítele la piel y las espinas, y desmorone la carne con las manos.

En una sartén, caliente la manteca. Fría la cebolla y el epazote picado, sin dorar, aproximadamente un minuto. Agregue los jitomates y el chile habanero, y siga cocinando unos 5 minutos o hasta que esté casi seco. Agregue el cazón, sal al gusto, chile en polvo, y fría todo 5 minutos más, sin dejar de revolver, para que no se pegue. Por último, incorpore el jugo de naranja agria y deje que se enfríe la mezcla.

Tortitas de cazón guisadas

Rinde aproximadamente 18 tortitas de 5 cm.

De entre las muchas recetas que me dio la señora Castro, ésta heredó de su abuela.

EL CALDO:

6 tazas (1.5 l.) de agua

10 pimientas negras

5 dientes de ajo, pelados

1 cucharada redondeada de pasta de achiote

sal al gusto

1 cucharada de aceite vegetal o de manteca derretida

1 chile dulce o 1/2 pimiento verde, finamente picado

2 cucharadas de harina de trigo

1/4 de taza (63 ml.) de agua

1 rama grande de epazote

2 chiles x-cat-ik o güeros no muy picantes

LAS TORTITAS:

manteca de cerdo derretida o aceite vegetal para freír

3 huevos, separados

2 cucharadas de harina de trigo

1 taza de cazón asado frito (véase receta anterior)

En una cacerola grande caliente el agua. Muela las pimientas, el ajo y la pasta de achiote con sal. Agréguelo a la olla y cocínelo a fuego lento.

En una sartén, caliente el aceite, agregue el chile dulce y la cebolla, y fría hasta que acitrone. Agréguelo a la olla.

Mezcle la harina y el agua para formar una pasta suave. Agregue un poco del caldo caliente para diluir y deshaga cualquier grumo. Incorpore esto al caldo y cocínelo unos 10 minutos. Añada el epazote y el chile x-cat-ik. Retire del fuego y déjelo a un lado.

Mientras prepara las tortitas, caliente el aceite o la manteca en una sartén a fuego lento.

Bata las claras de huevo a punto de turrón, incorpore las yemas poco a poco y siga batiendo. Poco a poco añada la harina e incorpore el cazón. Agregue sal sólo si es necesario.

Vierta con cuidado cucharadas de la mezcla en el aceite caliente y fríalas unos cuatro minutos, hasta que la parte de abajo tenga un color dorado. Luego voltéelas y fríalas por el otro lado. Escúrralas sobre toallas de papel. Mientras cocina las tortitas siga revolviendo la mezcla porque el cazón tiende a hundirse al fondo.

Para servir: cuidadosamente transfiera las tortitas al caldo y caliéntelas bien durante unos 5 minutos. Sirva en platos hondos.

Jarochitos en forma de tamales
Señora Manuela Chuc
Rinde 24 tamales

Los jarochitos se sirven calientes tal como están, en el desayuno o la merienda. También pueden servirse en un caldo ligero o en una sopa de frijol negro al mediodía (la receta se da a continuación).

1 kg. de masa para tortillas o tamales
315 gr. (aproximadamente 1 1/2 tazas) de manteca oscura de cerdo
sal al gusto
1 1/4 tazas de cazón asado frito, muy compactado (véase pág. 367)

Tenga listas 48 hojas secas de maíz (2 para cada tamal) y 48 tiras de las hojas (2 para cada tamal), además de hojas adicionales para forrar la vaporera, o 24 piezas de hoja de plátano de 13 por 20 cm. y 24 tiras para amarrar. Prepare la vaporera colocando unas monedas en el fondo de la olla. Cubra la rejilla con más hojas y deje la vaporera a fuego lento.

Bata la masa, la manteca y la sal durante 5 minutos. Tome una esferita de masa como de 4.5 cm. de diámetro y aplánela para formar un círculo de unos 9 cm. de diámetro y 13 mm. de ancho. Ponga 1 cucharada copeteada del relleno de cazón en el centro, doble la masa sobre el relleno, enrolle la masa entre las palmas hasta formar un bolillo alargado. Junte dos hojas de maíz: la parte más ancha debe quedar al centro y las puntas deben quedar en cada uno de los extremos. Coloque el tamal en el centro, doble las hojas encima del tamal (pero no lo aplane) y asegure ambos extremos con las tiras que cortó para este propósito.

Cuando el agua esté hirviendo y las monedas tintineen, coloque los tamales en la vaporera y cuézalos a fuego vivo durante 1 1/2 horas, o hasta que la masa pueda desprenderse con facilidad de la hoja de maíz. Siempre vale la pena abrir uno para ver si la masa, que es un poco densa, se coció por completo.

Jarochitos en caldo de frijol

Señora María Esther Pérez Campos

Rinde de 4 a 6 porciones

A los nativos del sur de la costa de Veracruz se les llama jarochos, pero esta palabra también puede referirse a algo robusto, como este platillo, que definitivamente lo es.

225 gr. de frijoles negros, limpios y enjuagados
1 rama grande de epazote
1/2 cebolla blanca mediana, toscamente picada
sal al gusto
2 cucharadas de manteca de cerdo, derretida
1/2 cebolla pequeña, rebanada delgadamente
2 ramas de epazote
1 chile habanero
12 jarochos sin cocinar (véase receta anterior)

Ponga los frijoles en una olla con la rama grande de epazote, la cebolla picada, sal y suficiente agua que rebase 10 cm. la superficie de los frijoles. Cuézalos a fuego lento hasta que estén suaves. Póngales sal y cocínelos 10 minutos más: aproximadamente 2 1/2 horas en total, dependiendo de la edad de los frijoles.

370

Licúe el contenido de la olla. Si los frijoles están viejos y tienen la piel muy dura, cuele el puré y elimine los residuos que queden en el colador.

En una sartén, caliente la manteca y fría la cebolla rebanada, las 2 ramas de epazote y el chile, hasta que la cebolla acitrone. Añada el puré de frijol y cocínelo 5 minutos más.

Diluya los frijoles con el agua necesaria para completar 5 tazas (1.25 l.), ajuste la sal y déjelos cocer suavemente. Con cuidado, agregue los jarochos crudos, tape la sartén y cocínelos a fuego lento aproximadamente 10 minutos, hasta que floten en la superficie. Con cuidado voltéelos para que se cocinen del otro lado 10 minutos más.

Sirva 2 ó 3 jarochos en un plato hondo con unos 3/4 de taza (188 ml.) de sopa de frijol.

Cherna en su jugo
Señora María Dolores Cel
Rinde 6 porciones

El nombre de esta receta ciertamente no le hace justicia al plato. Es una de las formas más deliciosas de cocinar pescado que he encontrado en México.

La señora Cel es una de esas apasionadas cocineras tradicionales que estuvo feliz de contarme, durante horas, su gran lista de recetas que se sabe de memoria. Luego me invitó a cocinar y a comer con ella, y con su muy numerosa familia, que llegó de todos los rincones del pueblo en cuanto sus miembros se enteraron de la increíble cantidad de platillos que doña María Dolores iba a preparar.

Para esta receta puede usar un pescado grande, entero, o dos más chicos, a los que se les hacen cortes en los costados para que el sazonador penetre la carne. Desde luego, la gelatinosidad de los huesos y la cabeza del pescado enriquecen la salsa.

Y, por si fuera necesario aún más sabor, esta cherna se sirve con salsa de chile, pág. 355.

1/2 cucharadita colmada de cominos

12 pimientas negras

1 cucharada de orégano seco

5 dientes de ajo pelados

2 cucharaditas de pasta de achiote

2 cucharaditas de sal, o al gusto

2 meros como de 1.125 kg. cada uno, o 1 kg. generoso de postas de pescado,

como de 2.5 cm. de espesor

6 cucharadas de jugo de naranja agria o sustituto

1/4 de taza (63 ml.) de aceite de oliva

1 manojo de perejil, con todo y tallo, toscamente picado

1 cebolla blanca mediana, asada

2 chiles dulces o 1 pimiento verde, sin semillas y

finamente rebanado

450 gr. de jitomates finamente rebanados

4 chiles x-cat-ik o un chile güero suave, asado y entero

Muela el comino, las pimientas y el orégano en un molino para café o para especias. Muela el ajo, añada las especias molidas, el achiote y la sal y haga una pasta. Úntela sobre todo el pescado, viértale el jugo de naranja agria y deje que se sazone un mínimo de 30 minutos.

En una sartén, caliente el aceite y fría el perejil, la cebolla y los chiles dulces, sin dorar, 3 minutos. Agregue los jitomates rebanados y siga cocinándolos 5 minutos más. La mezcla aún debe estar jugosa. Coloque el pescado en una cacerola no muy profunda y cúbralo con la mezcla de jitomate. Añada los chiles x-cat-ik enteros, tape el pescado y cocínelo a fuego medio, moviendo la cacerola de vez en cuando, hasta que el pescado esté tierno: unos 15 minutos o más, dependiendo del grosor del pescado, lo grueso de la cacerola, la intensidad de la lumbre, etcétera. Retírelo del fuego y deje que se sazone unos 10 minutos antes de servirlo.

Ibes guisados

Señora Concepción Gala

Rinde de 6 a 8 porciones

La señora Concepción Gala tiene un rancho en Campeche, rumbo a Chetumal, y está acostumbrada a cocinar los animales silvestres que se sacrifican ahí. Sin embargo, cada día hay menos y la caza de muchos de ellos se ha vuelto ilegal, de modo que ha tenido que recurrir a la comida tradicional de su infancia.

Ésta es una forma poco común de guisar ibes —frijoles blancos, secos— y constituye un excelente platillo vegetariano. En esta región los ibes y los frijoles negros son los más comunes.

450 gr. de frijolitos blancos

1 cebolla blanca mediana, rebanada gruesamente

2 ramas grandes de epazote

sal al gusto

225 gr. de col rallada (aproximadamente 4 tazas)

1 cucharadita copeteada de pasta yucateca* de achiote

8 huevos

Limpie los frijoles y quite todas las basuras y piedritas que puedan tener. Enjuáguelos y póngalos en una olla con la cebolla, el epazote y suficiente agua que rebase 10 cm. la superficie de los frijoles. Cuézalos a fuego lento hasta que estén suaves, pero no deshaciéndose (de 3 a 4 horas, según la edad de los frijoles). Si es necesario, añada más agua para completar 7 tazas (1.75 l.) de caldo. Deje que los frijoles vuelvan a cocer lentamente, añada la sal, la col y el achiote, y deje que se sigan cociendo suavemente.

Cocínelos hasta que la col esté casi suave (aproximadamente 5 minutos). Con cuidado, añada los huevos, uno a la vez: lo mejor es romper cada huevo en un plato y luego deslizarlo en el caldo. Tape la olla y cocínelos hasta que los huevos estén bien cuajados. Sirva en platos hondos con un huevo por persona y bastante caldo y col.

*Véase El arte de la cocina mexicana.

373

Pescado en ma'cum
Señora Socorro Castro

Rinde 6 porciones

Para un ama de casa resulta mucho más común usar un pescado entero en vez de filetes. Usted puede usar un mero o un huachinango completo o en filetes. Deben cocinarse en una sola capa.

1.125 kg. de pescado, cortado en 6 filetes como de 2.5 cm. de grueso

1/2 taza (125 ml.) de jugo de limón mezclado con 1 taza (250 ml.) de agua

1/2 cucharadita de comino

12 pimientas negras

1 cucharada de orégano seco

6 dientes de ajo pelados

2 cucharaditas de pasta de achiote

sal al gusto

de 4 a 6 cucharadas de jugo de naranja agria o sustituto

6 cucharadas de aceite de oliva

1 cebolla blanca mediana, en rebanadas delgadas

450 gr. de jitomates, en rebanadas delgadas

2 chiles x-cat-ik, o güeros asados

hojas de plátano para cubrir (opcional)

Enjuague el pescado con el jugo de limón disuelto en agua y séquelo con un trapo. En un molino para café o para especias muela el comino, las pimientas y el orégano. Machaque 2 de los dientes de ajo, añada las especias molidas y la pasta de achiote con sal y mezcle bien. Diluya con el jugo de naranja agria hasta que su consistencia permita untarla en todo el pescado, que debe sazonarse por lo menos 30 minutos.

Caliente el aceite en una sartén en la que quepan los filetes en una sola capa. Fría los 4 dientes de ajo restantes durante 30 segundos o hasta que estén dorados, sáquelos del aceite y tírelos. Ponga el pescado en el aceite y fríalo unos 3 minutos por lado. Sáquelo y déjelo a un lado. Añada la cebolla a la sartén y fríala unos segundos —no debe do-

374

rarse—, luego agregue los jitomates y fríalos a fuego alto 3 minutos. Vuelva a poner el pescado en la sartén, agregue los chiles x-cat-ik y cocínelo a fuego suave, tapado, unos 15 minutos o hasta que esté tierno. A mí me gusta dejarlo reposar 10 minutos antes de servir para que se desarrolle el sabor.

Bisteck en vire vira
Señora Concepción Gala

Rinde 6 porciones

Ésta es una receta muy sencilla y rápida para hacer bisteces pequeños. Por lo general se sirven con plátano macho, papas hervidas y una ensalada de lechuga, jitomate y rabanitos. Siempre déjele un poco de grasa a los bisteces para que le den sabor: no se la tiene que comer.

1/2 cucharadita de pimienta negra
1/2 cucharadita copeteada de orégano seco
3 dientes de ajo
sal al gusto
5 cucharadas de jugo de naranja agria o sustituto
2 cucharadas de manteca de cerdo o de aceite vegetal
1 cebolla blanca mediana, en rebanadas delgadas

Machaque la pimienta, el orégano, el ajo y sal. Diluya con la naranja agria. Sazone los bisteces por ambos lados. Colóquelos unos encima de otros y déjelos sazonar cuando menos 30 minutos.

Ponga a calentar la manteca en una sartén y, cuando esté muy caliente, selle tres de los bisteces por ambos lados. Sáquelos y haga lo mismo con el resto de la carne. Vuelva a poner todos los bisteces en la sartén, en una sola capa. Añada la cebolla y fríala hasta que dore, luego póngala encima de la carne. Cocine la carne brevemente hasta que esté tierna.

La costa sur del Pacífico

Guerrero

❧

Chilapa

Chilapa yace sobre los pliegues de las laderas que están al norte de la Sierra Madre del Sur, en un gran valle rodeado de cordilleras que han sufrido los efectos de una erosión despiadada, como a 50 kilómetros al este de Chilpancingo, capital del estado. Se llega por una angosta carretera, que apenas se pavimentó hace pocos años, la cual serpentea a través de pasajes todavía milagrosamente arbolados de pinos y robles (y, desgraciadamente, también con pilas de basura que profanan el panorama, triste reflexión sobre la falta de capacidad administrativa del gobierno estatal). Sin duda, el mercado que se instala los domingos en Chilapa es uno de los más coloridos de todo México, a pesar de la insensata invasión de puestos de fayuca y de radiograbadoras de ridículas proporciones que contaminan la efervescencia de una actividad de otro modo pacífica.

Los domingos Chilapa es un maravilloso escaparate de las artesanías de los indígenas que llegan de los alrededores y del asombroso talento culinario de las mujeres del lugar.

Los agustinos fundaron Chilapa en 1533, o en 1563, según la fuente de información que se elija. La de los agustinos está en la *Crónica agustina del padre Grijalva*. El alto nivel cultural y educativo que ha mantenido a lo largo de los siglos le ha ganado el nombre de la "Atenas del Sur, cuna de las artes y las letras", pero los domingos su mercado ofrece tal variedad de deliciosos panes y comidas —de todo tipo: simples y sofisticadas— que yo me atrevería a llamar a Chilapa la "Lyons de México".

Descubrí la cocina de Chilapa cuando mi querida amiga María Dolores me regaló un librito sobre el tema en 1904, año de su publicación. Desde entonces he visitado Chilapa en varias ocasiones y leí con bastante entusiasmo los comentarios que inauguran *La cocina tradicional de Chilapa*, escrita por "El investigador". Según él, lograr que las mujeres le confiaran sus recetas fue una "hazaña heroica" pues siempre había alguien que se considerara experta en la preparación de cierto platillo y guardara sus secretos como si fuera su más preciado tesoro. En otras ocasiones, una cocinera preguntaría: "¿Qué te dijo? Tonterías. ¡Qué barbaridad! ¿Dijo dos cebollas? Yo sólo uso media."

Su experiencia en uno de esos horrendos hoteles fue idéntica a la mía: "¡Ah! Nunca olvidaré ese hotel. El patio se había rentado para una fiesta de 15 años que terminó al amanecer con una música *sui géneris*, muy norteamericanizada. No pude dormir por los gritos de los borrachos. La segunda vez, en el mismo hotel, le compré un gallo de pelea a un amigo. No había dónde ponerlo sino en mi cuarto. A la una de la mañana empezó a cantar y desperté sobresaltado. Volvió a hacerlo cada hora en punto. En otra ocasión, era 12 de diciembre, y a las cuatro de la mañana me despertó un tronido muy fuerte. En mi estado comatoso pensé que era el fantasma de Emiliano Zapata que había vuelto a la ciudad: eran cohetes. Empezaba a quedarme dormido otra vez cuando —a todo volumen— el altavoz de la catedral invitó a los devotos a participar en las celebraciones a la virgen de Guadalupe, pues era día de su cumpleaños. Y otro día, un grupo de evangelistas empezaron a cantar sus himnos a las 11 de la noche. Es mejor que no siga."

Yo podría agregar: una vaca que mugió toda la noche en un establo improvisado atrás de mi cuarto, y un malhumorado bebé al que me daban ganas de retorcerle el pescuezo. Quedarse en uno de esos apartados lugares, en sus así llamados "hoteles", no es una experiencia agradable, y Chilapa puede presumir de tener tres de los peores. Muy a mi pesar lamento decir que, a este nivel, las investigaciones culinarias pueden volverse incómodas y cansadas, como he descubierto en los años que llevo de recorrer el país.

Hoy Chilapa no es un lugar hermoso, a pesar de su fascinante mercado dominical. A lo largo de los siglos los temblores han causado estragos, la catedral se incendió y, en

379

su lugar, hay una anodina estructura de cemento. Es un pueblo muy devoto —tiene, incluso, un seminario— y no puedo sino desear que la educación estética de las recientes generaciones de curas pudiera igualar la de sus predecesores.

El viernes por la tarde empiezan a llegar los primeros marchantes de las aldeas más remotas para asistir al mercado y colocarse a lo largo de las aceras y exhibir sus mercancías: piñas y melones en miniatura, aguacates alargados, plátanos harinosos y triangulares, todo muy bien empacado en tolcopetes tejidos a mano y recubiertos con hojas de plátano. Hay panochas, en forma redonda de azúcar oscura, ingeniosamente empaquetados y muy bien amarrados con el bagazo de caña.

El sábado por la mañana se acelera el paso cuando los camiones adaptados para recorrer terrenos difíciles expulsan a sus pasajeros que llegan cargados de paquetes de todas formas y tamaños: pollos y guajolotes vivos ¡y hasta tanques de gas provenientes de aldeas con nombres encantadores como Atzacoaloya, Ayahualco, Pantitlán y Ayahualulco!

Para entonces, afuera del mercado principal ya se ha iniciado un arduo comercio de atole blanco, tamales dulces, tamales con rajas y salsa, y los más deliciosos tacos de chivo. Mientras tanto, en la calle, los vendedores disponen sus frutas, verduras y hierbas. Yo siempre me dirijo a la calle principal, que desemboca en la carretera. Allí, sentadas en las aceras, están las campesinas que no tienen mucho qué vender, sólo lo que han podido recolectar o sembrar: montoncitos de flores de colorín, pitos, piñuelas timbiriches de la planta *Bromelia karatas* dulces, ácidas y jugosas. Quienes gustan del líquido picante de los chumilines negros (una especie de escarabajo), pueden encontrarlos vivos; también, un frijol silvestre que se llama epatlaxtli: uno de los principales alimentos en las zonas rurales donde, durante la Cuaresma, se preparan con huevos y jitomates, en especia, o en adobo. Las flores rojas de los frijoles la flor también se cocinan y se mezclan con huevo para hacer tortitas. Casi siempre hay una joven que deambula con un ramito de los largos tallos del tlanipan —o clanipan— como llaman a la hoja santa, a los cuáles sólo les quedan unas cuantas hojas en la punta. Sin su correosa capa exterior, los tallos se cortan y se mastican crudos, o se cocinan con huevos, o se añaden a un guisado.

Hay montoncitos de cebollas rojas muy pequeñas y brillantes —la cebolla preferida que acompaña a muchos de los platillos de la región—; camotes de muchos colores; brillantes frijoles rojos que se llaman montañeros y que son particularmente deliciosos; en la parte de arriba se rematan unos jitomates criollos deformados y de un rojo brillante, de apariencia bulbosa. Saben y huelen como los jitomates de antaño, antes de que los ingenieros genéticos introdujeran los insípidos jitomates guaje.

Las lluvias de verano producen otros alimentos, muchos de ellos silvestres: delicadas guías, que simplemente se llaman enredaderas, de Villa Flores; una fruta parecida al pepino que se llama cuajilote (*Parmentiera edulis*) que se come cruda, o preparada como remedio para curar el estómago, en Tepatlazingo.

Una mujer de Zacualapa vendía montoncitos de unos bulbos cocidos que ella llamó cebollín o cebolleta. Para mi sorpresa la carne de su interior estaba formada en capas pero tenía una textura harinosa, parecida a la castaña. Había largas hojas de milpa: para envolver los tamales de frijol, y gigantescas toronjas verdes. Después de quitarles la piel gruesa, tienen una carne muy texturada pero son dulces y jugosas, y ahí se usan para hacer una salsa. Encontré algunas hierbas que no conocía: una pepicha de hoja ancha que se llama escobeta, y cocolache, una puntiaguda hojita con un sabor aún más fuerte. Y copanquelite, una variación del papaloquelite, que también se llama tepelcacho: todas estas hierbas se comen crudas, en tacos.

Había manojitos de anís de campo que allá recibe el encantador nombre de tlalahuacate, y se usa para darle sabor a los atoles o a una versión sencilla del pozole para el que se usan elotes, calabacitas y chile guajillo. Tal parece que cada región tiene su propio chile. Es posible encontrar diminutos acatlecos, mochitecos y joyeños —frescos o secos— según la época del año. También, las variedades más grandes secas, de La Joya, que confusamente llaman chile ancho (un chile pequeño de piel suave que se parece al taviche de Oaxaca) y una chilaca más llena que se parece al chile ancho, pero más pequeño y tiene una carne delgada: ambos tipos se usan para hacer el mole rojo de la región.

Pero además de la comida, es indispensable visitar la calle donde se venden artesanías. Una de las especialidades es una colorida cestería de buena calidad, así como encantadores objetos que se traen de los pueblos vecinos: delicadas torres de fuegos artificiales; máscaras de tigrillo de todos tamaños; figuras de madera pintada; y una variedad de juguetes —fantasías de madera o de paja— que demuestran el interminable ingenio y creatividad de los artesanos.

Tanto para los chilapeños como para los visitantes, el desayuno tradicional del domingo es el pozole blanco. Antes del amanecer Cenaida Rodríguez, una de las pozoleras más famosas del pueblo, llega con su marido a vender el pozole que cocinó lentamente toda la noche para servirlo a quienes madrugan, o a aquellos que han pasado la noche durmiendo bajo los portales del palacio municipal para refugiarse de la lluvia. El domingo y el lunes por la mañana el pozole blanco es casi obligatorio mientras que el pozole verde (véase *El arte de la cocina mexicana*) se sirve los jueves, de 11 de la mañana a tres de la tarde. Según dicta la leyenda, el pozole se creó en Chilapa, y estoy segura de que esto ha originado más de un enardecido enfrentamiento entre los dedicados comensales de pozole del estado de Jalisco, que acostumbran comerlo por la noche.

Se dice que antes de que existiera la diócesis de Chilapa, la iglesia se administraba desde Puebla. En ocasión de la visita de un dignatario eclesiástico, las mujeres se juntaron para organizar una bienvenida a la altura de semejante invitado. Como sabían que habría muchos asistentes, prepararon una gran cantidad de comida y, en particular, maíz para hacer tortillas, pero que se les olvidó que no había suficientes mujeres para hacer todas las que se necesitaban. Después de un infructuoso intento por encontrar más tortilleras, alguien sugirió que se le agregara nixtamal a la carne de cerdo y otros ingredientes a fin de servirlo tal cual, con cebolla, limón y chile, y llamarlo pozole. Cuando al final de la comida todos aplaudieron las mujeres se dieron cuenta de lo mucho que los invitados habían disfrutado de la comida, y eso incluía al prelado. El pozole estaba tan delicioso que la receta se diseminó a otras partes de México y se convirtió en el platillo nacional, aunque Chilapa todavía puede presumir de tener el mayor número de variaciones. Según el padre Salazar, esta leyenda se remonta al siglo XVIII, y la palabra pozole proviene de *pozolli*, que en náhuatl significa "mezcla que se puede comer".

En la larga mesa del puesto de comida de Cenaida hay chile guajillo, tostado y molido (también puede ser chile de árbol o piquín), orégano, limón y cebolla roja, finamente picada, aunque cada cosa está en un traste separado. Mientras tanto, por una cantidad de dinero extra, puede pedir que incluyan chicharrón y aguacate a su pozole y tostaditas para acompañarlo, que sabe aún mejor si se toma con un traguito de mezcal. De vez en cuando alguien pide que le machaquen unas sardinas enlatadas o que le agreguen un huevo que se cuece en el fuerte caldo. El precio varía según la cantidad de carne que le sirvan, y la mayoría de los comensales más humildes sólo ordenan caldo con maíz. Aquella mañana la conversación fue casi nula: todos nos concentrábamos en comer, actividad sólo interrumpida por el cordial intercambio de condimentos de un extremo a otro de la mesa.

Mientras tanto el zócalo se había transformado de la noche a la mañana y el suelo estaba cubierto con infinidad de productos: pescado seco de todos tamaños, grandes camarones secos de color naranja; costales de frijol; filas de austeras pero útiles jarras de barro con grandes asas rojas, casi todas ellas sin ninguna decoración; comales; ollas perforadas; *pichanchas* para enjuagar el nixtamal y maíz para pozole. Me contaron que, originalmente, los platos hondos del pozole tenían un fondo curvo detenido sobre un anillo de palma tejida y, aunque todavía se hacen así, ahora tienen tres patas para sostenerlos.

A un costado del jardín había largas mesas de caballete donde se colocaron grandes canastas de pan dulce de todas formas y tamaños, que se veía delicioso: viudas, sobados, caracoles, rellenos, volcanes y hojaldras, todas de un profundo color café. Había pan de requesón y panocheras planas rellenas con el azúcar natural que se produce ahí. Cuando me iba alcancé a ver un pan muy grande y plano relleno con una horrenda pasta color de rosa que los panaderos de pueblo tanto adoran. Entre risas los vendedores llaman a estos panes "americanos".

Conforme transcurrió el día y se fue acabando el pozole, fue reemplazado por otros platillos regionales, de una variedad y calidad que hoy día no es común encontrar en muchos mercados mexicanos. Las mujeres que los cocinan han dedicado la mayor parte de su vida a preparar los platillos regionales para ese mercado dominical y para la interminable lista de compromisos a que están sujetas las grandes familias pudientes. Con mucha tristeza tuve que pasar de largo el puesto de las chalupitas típicas de la región —redondas y ligeramente cóncavas, que se venden ya hechas en grandes bolsas de plástico— y me dirigí a donde vendían unas deliciosas quesadillas de verduras (véase receta en la pág. 388), servidas con salsa verde y queso desmoronado. Si, mientras come usted, ve pasar a una viejita que vende tamales, deténgala y pruebe uno: ¡son exquisitos!, aunque quizá ese día sólo tuve suerte. ¡Eran inolvidables!

Aún si piensa que ya no puede comer ni un bocado, al menos pruebe una tostada con frijoles adobados, carne deshebrada de cerdo o de pollo y muchos adornos, antes de pasar a los platillos más sustanciales. El mole verde de María Gutiérrez es bastante sencillo pero absolutamente delicioso (véase la receta en la pag. 386). Se sirve con tortillas de maíz a las cuales se les pone un pedazo de cebolla morada cruda y un poquito de jugo de lima agria. Otra de sus especialidades es el mole rojo que se hace con chiles de La Joya, acompañado con sopa de pan: un sabroso budín de pan que se hace con hígado de pollo y huevos cocidos, sazonado con azafrán y jugo de naranja agria.

María de Jesús Sánchez también acude los domingos a vender especialidades, como la gallina rellena que la ha hecho famosa: un guisado muy complejo que siempre se sirve en bodas. Igual de complejo es el fiambre: patitas de cerdo, pollo y carne de res deshebrada, cada una con su sazón y *agrito*, un aderezo ácido que se usa para la carne de res tanto como para las verduras que adornan el plato.

Quizá usted sea lo suficientemente afortunado para probar la cabeza de cerdo a la barbacoa o un poco del marrano relleno de Aída Mendoza: platillo típico de la costa guerrerense. En el libro de la señora Casarrubias la dueña del restauante Casa Pille ella incluye, además de estas recetas bastante elaboradas, otras sencillas pero sabrosas y saludables. Por ejemplo, el panile: mezcla de epazote y chile verde que se muele con sal para sazonar elotes recién tostados o cocidos. Y el tlanipal, el tallo de la hoja santa que he mencionado antes, pero crudo, con chile verde, jugo de naranja agria y salsa de dedos: los ingredientes se machacan con los dedos en vez de cortarlos y mezclarlos.

Hay chacualole, una salsa agria y algo gruesa que se hace con las toronjas que crecen en la región, así como la más sencilla de las sopas que se hace con el interior de la calabaza, chile guajillo y epazote. Y mole de pimienta, que no lleva carne pero sí chile guajillo, tomate verde y especias. Si le gusta lo dulce, hay muchísimos helados y platitos de "bien me sabe": una especie de natilla decorada con pasas. Puede probar una empanada de camote morado, pero por favor trate de encontrar a la escurridiza mujer que es famosa por sus delicadas empanadas de arroz. En este mercado la variedad de alimentos parece infinita y la cantidad de horas que se pasan allí, demasiado pocas.

Pan de huevo corriente

Rinde para 4 panes redondos de 15.5 cm. de diámetro y 285 gr., cada uno

Aunque "pan corriente" suena a desaire, con esta receta puede hacerse un delicioso pan de levadura semidulce, ideal para la capirotada (la receta aparece en la pág. 74). Por favor no intenten apurar la masa: el lento proceso de la levadura le da un sabor maravilloso, al igual que la manteca. Pero si la idea de usar manteca los horroriza, puede sustituirla por manteca vegetal.

52 gr. o 1/3 de taza muy copeteada de levadura, desmenuzada

130 gr. (1/2 taza más 2 cucharadas) de azúcar

aproximadamente 1/4 de taza (63 ml.) de leche entera tibia

450 gr. (aproximadamente 4 tazas copeteadas) de harina de trigo tibia y cernida,

y un poco extra para espolvorear

85 gr. (o 1/3 de taza copeteada) de manteca de cerdo,

más otro poco para engrasar

1 1/2 cucharaditas de sal de mar finamente molida

4 huevos ligeramente batidos

piloncillo o azúcar morena para espolvorear los panes (opcional)

Tenga listas 2 charolas grandes para hornear, ovaladas, ligeramente engrasadas.

Acreme la levadura con el azúcar y la leche tibia en el tazón de una batidora eléctrica. Poco a poco incorpore la harina, la manteca, la sal y los huevos, y siga batiendo aproximadamente 5 minutos hasta obtener una masa suave y pegajosa. Añada un poco de harina extra alrededor del tazón y vuelva a batir hasta que la masa se despegue de los lados del recipiente y se adhiera a las aspas de la batidora.

Tape el tazón con plástico y con una toalla (no es necesario que pase la masa a otro tazón limpio) y deje que la levadura actúe unas 6 horas en un lugar tibio (20 °C, 70 °F), hasta que la masa doble su volumen.

Vierta la masa en una superficie ligeramente enharinada y córtela en 4 piezas iguales. Amase cada una hasta formar una pelota grande y engrase ligeramente su superficie. Aplane cada pelota hasta formar un disco de unos 13 mm. de grueso y coloque

2 de ellas en cada traste. Cúbralas con plástico engrasado y, de nuevo, déjelas reposar 12 horas en un lugar tibio hasta que crezcan a una y media veces su tamaño.

Mientras tanto, caliente el horno a 205 °C (400 °F). Hornee cada charola a la vez hasta que el pan esté dorado. Después de 15 ó 20 minutos en el horno se esponjará bastante.

Opcional: espolvoree la superficie con azúcar morena justo antes de hornear.

Mole verde
Señora María Gutiérrez, Chilapa
Rinde 6 porciones

Éste es un sencillo pero delicioso mole verde, típico de la región. Para hacerlo se usan ingredientes de la zona, con un predomino del sabor de la hoja santa, el epazote y la aguda acidez de la lengua de vaca. Los acompañamientos son únicos: una capa de cebolla roja —que sirve como cucharita— y jugo de lima agria.

LA CARNE:
675 gr. de maciza de cerdo con un poco de grasa, cortada en cubos
como de 4 cm. o 1 kg. generoso de costillas de cerdo
1/4 de cebolla blanca mediana toscamente picada
2 dientes de ajo pelados
sal al gusto

LA SALSA:
180 gr. (aproximadamente 2 tazas) de pepitas enteras
180 gr. de tomates verdes sin cáscara, enjuagados y toscamente picados
6 hojas grandes de lengua de vaca enjuagadas, sin tallo y toscamente picadas
4 hojas de hoja santa sin tallos ni venas, toscamente picadas
8 ramas grandes de epazote: 5 toscamente picadas y 3 enteras
4 chiles jalapeños o 6 chiles serranos, o al gusto, toscamente picados
aproximadamente 1/4 de taza (63 ml.) de manteca de cerdo o de aceite vegetal

386

En una olla gruesa cubra la carne con agua junto con la cebolla, el ajo y la sal. Deje que rompa el hervor y cuézala suavemente alrededor de 40 minutos, hasta que esté tierna, pero no demasiado suave. Escurra la carne y guarde el caldo. Mida el caldo: añádale agua o redúzcalo para tener 5 tazas (1.25 l.). Resérvelo.

Tueste las pepitas en una sartén sin engrasar, volteándolas y meneando la sartén para que no se quemen. Deje que enfríen y muélalas en un molino eléctrico para café o para especias hasta obtener un polvo fino. Vierta 1 1/2 tazas (275 ml.) del caldo en la licuadora y, poco a poco, añada los tomates verdes, la lengua de vaca, la hoja santa, el epazote picado y los chiles, y licúe hasta obtener una mezcla lo más lisa posible.

Caliente la manteca en la cazuela en la que vaya a servir el mole y fría los ingredientes que licuó, revolviendo y raspando el fondo de la olla para que no se queme. Cocine unos 25 minutos y después agregue el resto del epazote.

Vierta 1/2 tazas (125 ml.) del caldo en el polvo de pepita y mezcle hasta obtener una consistencia lisa. Poco a poco incorpore esto a los ingredientes de la olla. Siga cocinando a fuego lento, revolviendo constantemente 10 minutos más. Cuide que el polvo de pepita no forme grumos; si esto sucede, vuelva a licuarla hasta que tenga una consistencia lisa. Añada el resto del caldo y la carne, ajuste la sal y cocínela unos 15 minutos a fuego lento hasta que esté bien sazonada. Si la salsa queda muy espesa, puede diluirla con un poco de agua.

Quesadillas de verduras

Chilapa

Rinde para hacer de 18 a 20 quesadillas de 9 cm

Estas quesadillas me encantan y puedo comerlas como si se tratara de una comida vegetariana completa. Fríalas aún si no acostumbra comer frituras. Las cocineras de la región
cuecen las verduras en agua por separado, pero yo prefiero sudar juntas con muy poca
agua para conservar el sabor y los nutrientes. En Chilapa estas quesadillas se sirven por la
mañana sobre una cama de hojas de lechuga, con salsa verde y queso fresco desmoronado.

2 cucharadas de aceite vegetal

1 taza (250 ml.) de cubitos de zanahoria de 7 mm.

1 taza (250 ml.) de cubitos de chayote de 7 mm.

1/4 de cebolla blanca mediana finamente picada

sal al gusto

1 1/2 tazas (375 ml.) de agua

1 taza (250 ml.) de ejotes picados

1 taza (250 ml.) de cubitos de calabacita

1 taza (250 ml.) de granos de elote

4 chiles serranos finamente picados

510 gr. (2 tazas) de masa para tortillas

aceite vegetal para freír

hojas de lechuga orejona

aproximadamente 1 1/2 tazas (375 ml.) de salsa verde guisada

aproximadamente 3/4 de taza (188 ml.) de queso fresco desmoronado

En una cacerola no muy honda caliente 2 cucharadas de aceite. Agregue la zanahoria, el
chayote, la sal y 1/2 taza (125 ml.) de agua. Tápela y cueza las verduras a fuego medio
durante 10 minutos. Añada el resto de las verduras, los chiles y el agua. Tape la olla y
cuézalas a fuego lento hasta que estén tiernas, pero no suaves, meneando la olla de vez
en cuando para que no se peguen. Deje que enfríen un poco. La mezcla debe tener cierta humedad pero no estar acuosa: escurra cualquier exceso de líquido y bébalo.

Divida la masa en bolitas de unos 2 cm. de diámetro y cúbralas con un trapo húmedo mientras trabaja con las primeras. Caliente bien el aceite vegetal que tenga 1 cm. de profundidad en la sartén. Con una prensa para tortillas y bolsitas de plástico, presione una bolita de masa para formar una tortilla de 9 cm. de diámetro y haga la quesadilla, rellenando la masa cruda con una cucharada copeteada de las verduras cocidas. Con cuidado doble la masa sobre el relleno sellando las orillas y fríala en el aceite caliente hasta que esté crujiente y dorada por ambos lados. Escurra las quesadillas en toallas de papel. Sirva de inmediato sobre una cama de lechuga con un poco de salsa y una generosa cantidad de queso espolvoreado.

Adobo

Señora María de Jesús Sánchez
Rinde aproximadamente 3 tazas (750 ml.)

Este adobo puede servirse como un plato aparte o mezclado con frijoles para hacer frijoles de novia (la receta se da a continuación). Puede congelar la cantidad que sobre.

450 gr. de maciza de cerdo con un poco de grasa, cortada en cubos de unos 2 cm.

sal al gusto

9 chiles guajillo sin venas ni semillas

2 cucharadas de manteca de cerdo

6 pimientas negras

4 clavos

1/8 de cucharadita de comino

1 raja de canela de 13 mm.

1/4 de cucharadita de orégano seco desmenuzado

2 dientes de ajo pelados

1 jitomate pequeño toscamente picado

2 hojas de laurel

En una cacerola ponga la carne con agua y sal. Cuézala a fuego lento hasta que esté tierna, aproximadamente unos 45 minutos. Escurra la carne y deje el caldo a un lado.

389

Cubra los chiles en agua caliente y remójelos alrededor de 15 minutos. Caliente la manteca en la sartén y fría la carne ligeramente, presionándola para que se deshebre toscamente. Sáquela con una cuchara perforada y déjela a un lado.

Vierta 1/2 taza (125 ml.) del caldo de la licuadora con las especias, el orégano, el ajo, el jitomate y la hoja de laurel, y licúe hasta obtener una consistencia lo más lisa posible. Agregue esto a la manteca caliente de la sartén y fría un minuto. Licúe los chiles escurridos con otra taza del caldo hasta obtener una consistencia lisa. Cuele esta mezcla, presionando el colador con fuerza para extraer la mayor cantidad del jugo y la pulpa de los chiles, y añádalo a la cacerola. Elimine los residuos del colador. Fría todo otros 5 minutos raspando constantemente el fondo de la olla para que no se pegue. Agregue la carne con sal al gusto y cocine 10 minutos más. La mezcla debe quedar más bien seca.

Frijoles de novia
Restaurante Casa Pilli
Rinde aproximadamente 3 1/2 tazas [875 ml.]

Según *El arte culinario de Chilapa*, recetario publicado bajo la coordinación de la señora Magdalena Casarrubias Guzmán —dueña del restaurante más tradicional de Chilapa— estos frijoles, que también se llaman adobados, deben su nombre a que siempre se servían en bodas. Hoy día se comen casi a diario, untados en una tostada o para acompañar un mole. Se adornan elaboradamente con flores de rábano, tiras de queso fresco, chiles jalapeños en escabeche y hojas de lechuga.

Por lo general se usan frijoles regionales, como los deliciosos frijoles rojos que se llaman montañeros o los ayocotes, pero puede usar canarios, pintos o flor de mayo. Estos frijoles tienen un sabor fuerte: un poquito rinde mucho. Puede congelar los que sobren.

225 gr. de frijoles rojos, canarios o pinto
1/2 cebolla blanca mediana toscamente picada
2 hojas de laurel
3 dientes de ajo pelados
sal al gusto

390

1 cucharada de manteca
1/2 cebolla blanca mediana, rebanada
115 gr. de chorizo
1/4 de taza (250 ml.) de adobo (véase receta anterior)
1/4 de cucharadita de orégano seco desmenuzado

Limpie y enjuague los frijoles. Cúbralos con agua caliente, agregue la cebolla picada, el laurel y el ajo, y cuézalos a fuego lento hasta que la piel esté suave. Agregue sal y cocínelos 10 minutos más. Escúrralos y guarde el caldo para hacer una sopa o tómeselo. Licué los frijoles hasta obtener un puré texturado y déjelos a un lado.

En una sartén, caliente la manteca y acitrone la cebolla rebanada unos segundos, sin dorar. Sáquela y déjela a un lado. Pele el chorizo y desmenúcelo en la olla. Fríalo ligeramente a fuego lento hasta que escurra la grasa y apenas empiece a dorar. Agregue el adobo y fría todo aproximadamente 8 minutos, revolviendo y raspando el fondo de la olla para que no se queme. La mezcla debe quedar casi seca. Incorpore el orégano y recaliente el platillo antes de servirlo.

Chalupas de Chilapa
Rinde para hacer aproximadamente 18 chalupas de 6.5 cm

Para cualquiera que viva en la ciudad de México, una chalupa es un antojito de masa de maíz en forma de canoa, que debe su nombre a las embarcaciones que recorrían los canales de los jardines flotantes de Xochimilco. En la ciudad de Puebla —que está a poco más de 100 kilómetros al sureste— las chalupas son redondas y tienen un borde. En Guerrero —que está a muchos más kilómetros al sureste— son discos cóncavos de masa muy delgada y crujiente. Para esto, la masa debe ser de maíz blanco, llamado cacahuazintle o pozolero. Luego se refriegan los granos para quitarles los pellejitos y el maíz se muele para obtener una masa muy suave. Sin embargo, quienes sean entusiastas y se tomen el tiempo de hacer chalupas, pero no puedan seguir todos los pasos, deben usar una masa para tortillas muy buena (pero no las harinas preparadas como la harina tipo Maseca o Quaker, en Estados Unidos, o sus equivalentes mexicanos).

Las instrucciones señalan que uno debe hacer una bolita de masa y presionarla en la palma de mano para formar un disco ligeramente cóncavo y delgado ¡que lleva bastante trabajo! Luego ponga todo en el aceite caliente hasta que estén crujientes y doradas por fuera, y se separen fácilmente del molde. Después hay que freírlas por el otro lado. La chalupa debe ser honda para contener la salsa. Se adorna con una rebanada de cebolla cruda y un pedazo de chipotle en adobo. La primera vez que vi estas chalupas fue en una pequeña cenaduría de Chilpancingo, donde se sirven con atole de piña. Me comí seis, pero fácilmente pude haberme comido muchas más: ¡las cosas crujientes son irresistibles!

225 a 285 gr. (aproximadamente 1 taza copeteada) de masa para tortillas
aceite vegetal para freír
carne para chalupas (la receta se da a continuación)
salsa para chalupas (la receta se da a continuación)
18 rebanadas delgadas de cebolla blanca
aproximadamente 9 chiles chipotles en adobo

Con la masa forme esferitas como de 2.5 cm. de diámetro. Forme la concavidad como se sugiere en el texto superior o aplánelas en una prensa para tortillas hasta que tengan unos 6.5 cm. de diámetro. Déles forma de disco cóncavo. En una sartén, caliente suficiente aceite vegetal que alcance como 1 cm. de profundidad en la olla y fría las chalupas a fuego alto hasta que estén crujientes. Escúrralas bien y póngales unas cuantas hebras de carne, una cucharada de la salsa caldosa, un pedacito de cebolla y medio chipotle. Sirva de inmediato.

Carne para chalupas

Rinde aproximadamente 1 taza copeteada (265 ml.)

450 gr. de maciza de cerdo sin hueso, cortada en cubos de 3.5 cm.
sal al gusto

En una olla ponga la carne y cúbrala apenas con agua y sal. Cuézala a fuego lento hasta que esté suave, unos 45 minutos. Déjela enfriar en el caldo. Escurra la carne y deje el caldo a un lado. Deshebre la carne y elimine cualquier pedazo de grasa o nervios. Déjela a un lado pero manténgala caliente (hay quienes la fríen, pero yo creo que es mejor no hacerlo).

Salsa para chalupas

Rinde aproximadamente 2 tazas (500 ml.)

225 gr. de tomates verdes
2 chiles serranos
2 chiles guajillo sin venas ni semillas
1 cucharada de manteca
1 cucharada de piloncillo o de azúcar morena
sal al gusto

Ponga los tomates, los chiles serranos y los chiles guajillo en una olla pequeña. Apenas cúbralos con agua y tápela. Cueza todo a fuego lento hasta que los tomates estén suaves 10 minutos. Escurra casi todo el líquido y tírelo. Licúe todos los ingredientes junto con 1 taza (250 ml.) del caldo de la carne, hasta obtener una consistencia lisa.

En una sartén, caliente la manteca. Cuele los ingredientes licuados, presionando bien el colador, y fríalos en la manteca. Cocine la salsa a fuego medio, añada el azúcar y la sal, y siga cocinando, sin olvidarse de revolver bien y de raspar el fondo de la olla para que no se queme. Cocine unos 5 minutos hasta que la salsa reduzca y espese. Déjela a un lado y manténgala tibia.

Oaxaca

Si quiere empezar a escribir sobre las comidas de Oaxaca es una tarea formidable. Se trata de una de las áreas más complejas de conocer y entender en México. Podría pasar toda una vida estudiándola. Los accidentes del terreno, con sus escarpadas subidas y sus alarmantes pendientes, y en las que muchas veces apenas cabe un solo vehículo al borde de precipicios que no cuentan con ninguna protección para el automovilista, la diversidad de grupos culturales y los microclimas donde crecen distintos tipos de chiles, hierbas y plantas silvestres comestibles, así como la manera en que se usan, hacen de esta región un sitio fascinante. A lo largo de los años en mis libros he publicado muchas recetas de Oaxaca que apenas arañan la superficie de sus diversas cocinas. Aquí me gustaría dar más bien un vistazo general y contarles un poco acerca de mis travesías por este fascinante estado.

Mi primer viaje a Oaxaca, y de ahí a Chiapas, ocurrió hace poco más de 35 años. Mi amiga Irene Nicholson —poeta y corresponsal del *Times* de Londres en Oaxaca— y yo decidimos ir a ver las ceremonias indígenas en Zinacantlán y, de paso, visitar las maravillas de la ciudad de Oaxaca. A mi esposo Paul, que era corresponsal extranjero, le causó mucha ansiedad dejarme conducir el Triumph Mark II del *New York Times*. Era el viaje más largo que hasta entonces habría hecho en coche, pero tras semanas de que un ex mecánico del ejército británico —que también había tenido un Triumph— me enseñara el funcionamiento del vehículo, yo me sentía confiada. En aquella época la ruta a partir de la ciudad de México daba más vueltas, pasaba por Tehuacán y luego por una larga y solitaria recta en la carretera a Huajuapan de León que atravesaba un paisaje yermo, sólo salpicado por algunos cactos y palmeras. Como era época de lluvias también era necesario vadear un pequeño río de fuerte corriente. Luego, subía por unas montañas desnudas hasta descender serpenteando hacia el valle.

Un último ascenso largo y luego, conforme el camino iba descendiendo del lado, el terreno se abismaba a unas serranías y cañadas. La cara de roca de la montaña y la tierra de brillante color rojizo contrastaban con el manto de hierba nueva. Y abajo, majestuosamente situado con la tierra erosionada como único telón de fondo, estaba el monasterio dominico de Yanhuitlán, que data del siglo XVI. Sin duda ésa es una de las vistas más espectaculares de México. Después el largo camino recto atravesaba un terreno rocoso de blancos terrones de cal, donde sólo crecían palmas y cactos (las palmas son las que se usan para hacer la cestería que le da fama a Oaxaca; sus diseños son sencillos pero de brillantes colores y se llaman tenates). Del otro lado había delgadas franjas de cultivos: maíz, calabaza, trigo donde hubiera un manantial para irrigarlo, y las esporádicas aldeas y asentamientos. En otoño el maíz seco y otros forrajes se suspenden de las gruesas ramas de los árboles para protegerlos de los predadores.

Una vez más la carretera avanzó, curva tras curva, a lo largo de un acantilado de empinados desfiladeros por ambos lados. Desde ahí podía apreciarse la lejana visión de las serranías de la alta mixteca, en su mayoría sólo cubierta por una delgada capa de altos y oscuros pinos. Conforme la carretera descendía de nuevo en la recta final del viaje, la vegetación se tornó un poco más lujuriante y aparecieron abetos, pinos y matorrales, hasta que por fin desembocamos en el extenso valle de Oaxaca.

He vuelto muchas veces, y siempre recuerdo con nostalgia la tranquilidad de Oaxaca, el aroma de su aire fresco, la limpidez del cielo y los viejos edificios de piedra salpicados de musgo que se yerguen, serenos, ante la absurda modernización que, al principio, estaba completamente fuera de control. Era un lugar mágico y, en muchos sentidos, lo sigue siendo. Pero ahora los ruidosos camiones echan bocanadas de humo, y a todos los conductores (o al menos, ciertamente a todos los taxistas) se les permite avanzar con gran estruendo en sus vehículos con escape de macho, diseñados para atraer la atención hacia su conductor.

Ningún texto sobre las comidas de Oaxaca está completo sin mencionar y agradecer a sus extraordinarias cocineras que —aún sin quererlo—conservan los platillos regionales usando ingredientes auténticos y apegándose a su laboriosa preparación: Abigail Mendoza en Teotitlán del Valle; la señora Esmirna y la señora Juanita de Tlaxiaco; la señora Armandina, de Pinotepa; las señoras Oralia Pineda y Amelia Castillo de Juchitán; y mis primeras maestras: la desaparecida Micaela, de Tezoatlán, y la señora Domitila Morales, de Oaxaca, entre muchas otras.

Abigail es la estrella de la cocina zapoteca. Es muy inteligente y capaz, y su rostro maravillosamente expresivo siempre está adornado con una sonrisa. Ella y su galaxia de hermanas preparan la comida regional en su restaurante, que se llama Tlalmanalli, en el pueblo de Teotitlán del Valle, famoso por sus tejedores de tapetes, y cocinan de una manera muy tradicional. Para un fuereño lo que hacen estas mujeres podría parecer una labor titánica, pero años de práctica que se inician a una edad muy temprana, aligeran el trabajo. Su padre, ya fallecido, era un miembro muy respetado del pueblo y varias veces fungió como mayordomo de las fiestas de la iglesia. Debido a la enfermedad de su madre, Abigail se enfrascó en la onerosa responsabilidad de preparar la comida que se sirve ritualmente en esas ocasiones, así como el banquete de los fandangos —una boda muy elaborada— de sus hermanos. Este año me invitaron en mayo al fandango de uno de sus hermanos. Durante tres días quedé hipnotizada —la fiesta dura cinco— ante la increíble organización que supone recibir y alimentar a 500 invitados y a 50 ayudantes, éstas últimas, casi todas familiares y madrinas. La preparación de semejante evento no sólo se adueñó del gran patio de la casa —donde se sacrificaron dos enormes toros cebúes— sino que se extendió hasta un terreno baldío aledaño donde se establecieron las tortilleras bajo un techo improvisado, hincadas junto a sus metates para moler la masa una última vez antes de hacer grandes tortillas y tlayudas en comales de metal sobre un fuego de leña.

El día anterior, se sacrificaron ocho de los cerdos más grandes. Se usaron todas las partes del animal: la piel, para hacer chicharrón; las entrañas fritas, para hacer viuces; la sangre, para moronga; y la carne, cortada en flancos, se colgó en un área abierta de la casa de una vecina para que se aireara. Se emplearon hábilmente 50 guajolotes, 60 gallinas, kilos y kilos de chiles secos, y lo que parecían toneladas de verduras. Para mi sorpresa los hombres limpiaron los frijoles y se encargaron de la matanza de los guajolotes, mientras que los hombres y mujeres de más edad y experiencia dirigían a los demás en la preparación de guisados, moles, atoles y salsas. El incesante murmullo de actividad

396

se acentuaba con la rítmica molienda de los ingredientes para el tejate, o chocolate-atole, en el patio, acompañado por el callado chismorreo y las risitas de las jóvenes encargadas de esa tarea. Hincadas frente a sus metates —que sólo se usan para este fin— formaban dos largas filas, una frente a la otra. Durante horas se mecieron hacia adelante y hacia atrás, y sólo muy de vez en cuando se veía a alguien descansar. Las mujeres de la familia apenas durmieron y, hacia el tercer día, todas se veían cansadas y desaliñadas (en mi interior agradecí a los poderes que controlan el universo por no haber nacido doncella zapoteca). En cada uno de los pasos había bendiciones: cuando se sacrificaban los animales, en el intercambio de regalos entre los padres de la pareja y los padrinos en la boda —los patrocinadores que acceden a correr con los gastos de la fiesta—; durante la distribución de la comida, y cuando llegaba la gente a ayudar. Hubo danzas ceremoniales y procesiones al altar de la familia con jícaras de brillantes colores llenas de flores de azúcar. Pero dejaré que Abigail les cuente los detalles de la comida en un recetario que, desde hace años, la he urgido a escribir y que ahora se encuentra en una etapa embrionaria. Aquí hay dos de sus recetas que yo uso con frecuencia: arroz con camarón seco y salsa de chile pasilla (de Oaxaca).

Arroz con camarón seco
Señorita Abigail Mendoza
Rinde de 4 a 6 porciones

Aunque éste es un platillo típico de Cuaresma y Abigail lo sirve como plato principal, a mí me gusta servirlo como entrada, en cualquier época del año, porque es una manera deliciosa y diferente de hacer el arroz. Existen muchas variaciones de esta receta. En Juchitán tiende a ser más sencilla pero se le agrega un poquito de achiote puro a fin de darle color y sabor. En otras regiones usan el orégano fresco de grandes hojas (*Plectranthus amboinicus*) en vez del orégano seco.

85 gr. de de camarón seco (aproximadamente
1 taza (250 ml.) de arroz
2 cucharadas de aceite vegetal o de oliva
1 cebollita de cambray, con todo y un poco de la parte verde, picada
6 chiles serranos, opcional
1 1/2 tazas (375 ml.) de agua
3 dientes de ajo toscamente picados
1/4 de cucharadita rasa de comino
2 clavos
115 gr. de jitomates toscamente picados (aproximadamente 3/4 de taza)
1/4 de cucharadita de orégano seco
sal al gusto

Enjuague los camarones en agua fría y quíteles el exceso de sal. Quíteles la cabeza y las patas y déjelas a un lado. Sumerja los camarones en agua fresca y remójelos 5 minutos. Enjuague el arroz dos veces con agua fría y escúrralo bien. Caliente el aceite en una cacerola e incorpore el arroz para que todos los granos se recubran de aceite. Fríalos a fuego medio aproximadamente 3 minutos. Después, añada la cebollita y los chiles serranos y cocínelo unos minutos más, o hasta que el arroz se dore ligeramente, cuidando que la cebolla no se queme.

Mientras tanto, licúe 1/2 taza (125 ml.) del agua con el ajo, el comino y los clavos, hasta obtener una mezcla lisa. Poco a poco añada los jitomates y las cabezas y las patas de los camarones. Licúe hasta que la mezcla esté lisa. Agregue este puré al arroz y cocínelo a fuego medio durante unos 15 minutos, revolviendo y raspando el fondo de la olla, hasta que el jugo se haya absorbido. Agregue los camarones, el orégano y la sal, si es necesario, junto con la taza del agua restante. Tape la olla. Cueza el arroz a fuego lento aproximadamente 15 minutos hasta que toda el agua se haya absorbido. Sazónelo bien. Retírelo del fuego y déjelo reposar de 10 a 15 minutos antes de servir para que esponje. Sirva cada porción con un chile o, si lo desea, puede servirlo con salsa de chile pasilla de Oaxaca (la receta se da a continuación).

CAMARÓN SECO

Los camarones secos juegan un papel importante en la dieta oaxaqueña, lo cual no es extraño pues se obtienen principalmente en las aguas del Istmo, en el extremo sur del estado. Se pescan con abundancia en las aguas de San Mateo del Mar, y después de cocerlos brevemente, se salan y se secan al sol. El proceso de secado se beneficia mucho del fuerte y continuo viento que ha hecho famosa a la región. Los camarones secos constituyen una fuente durable de proteína; pueden resistir el calor y transportarse a áreas remotas de la sierra sin que se echen a perder.

El concentrado sabor de los camarones secos sirve para sazonar sopa, arroz, tamales, frijoles y salsas de mesa. Una vez que uno se habitúa a su sabor (que a muchos visitantes les parece demasiado fuerte) se vuelve bastante adictivo. En los mercados de Oaxaca su precio varía según el tamaño: desde los grandes de 6.5 cm. hasta los más pequeños, que miden alrededor de 2 cm., aunque no hay que olvidar los minúsculos, de 7 mm., que se encuentran en la costa del Pacífico.

Estados Unidos: ahora es posible encontrar camarones secos de buena calidad en los mercados de comida mexicana, o en la sección de comida mexicana de algunas cadenas de supermercados. No compre los paquetes chicos que contienen el cuerpo pelado de brillante color naranja del camarón sin cabeza: no tienen sabor. Tampoco compre los paquetes que dicen "polvo de camarón seco" porque casi todo el contenido es pura sal. Trate de encontrar camarones secos, enteros, sin pelar.

La mayoría de las recetas oaxaqueñas requieren que se eliminen las cabezas y las patas del camarón. Las cabezas tienen mucho sabor —sin los ojos negros, que son difíciles de moler y algunos cocineros dicen que amargan— y deben almacenarse para hacer tortitas. Son muy salados. Enjuáguelos en agua fría, escúrralos y vuelva a cubrirlos con agua fría. Remójelos 10 minutos, no más, o perderán gran parte de su sabor. Guardados en un recipiente hermético, los camarones secos pueden durar meses.

Salsa de chile pasilla (de Oaxaca)
Señora Abigail Mendoza
Rinde aproximadamente 1 taza (250 ml.)

Una de las salsas más fascinantes de México es ésta, de Abigail Mendoza. Según ella, puede hacerse con el chile pasilla seco de Oaxaca, que tiene un sabor ahumado y afrutado, o con chile de agua seco, que es muy picante pero no tiene tanto sabor. Sugiero que si no encuentra chile pasilla, use chipotles mora. Esta salsa tiene una diferencia interesante porque la hoja santa se asa, lo que le da un sabor más penetrante. (En Estados Unidos, necesita usar camarones secos, pálidos, mexicanos: asegúrese de que tengan cabeza; puede usar el cuerpo para hacer el arroz de la receta anterior). Tradicionalmente esta salsa se muele en el metate, no en molcajete, y se sirve como salsa de mesa. Se come untada en una tortilla, sobre el arroz guisado con camarón, o sobre un plato de frijoles de olla.

6 chiles pasilla grandes de Oaxaca, o 12 chipotles mora
1/3 de taza (83 ml.) no muy compactada de cabezas de camarón seco, sin ojos (véase el texto anterior)
4 hojas santas tostadas sobre un comal o plancha, hasta que estén crujientes
3 dientes de ajo pelados
1 taza (250 ml.) de agua
sal al gusto

Enjuague los chiles rápidamente con agua y séquelos con un trapo. Apenas tuéstelos ligeramente (si es posible sobre las cenizas calientes de una fogata) en un comal o plancha. Quíteles las semillas y despedácelos. Tueste las *cabezas de camarón* sobre el comal, volteándolos frecuentemente para que no se quemen. Desmenúcelas en la licuadora, agregue los chiles, la hoja santa, el ajo y el agua, y licúe hasta lograr una consistencia texturada. Añada más agua si es necesario para que la salsa adquiera una consistencia media.

Coloradito
Señora Soledad Díaz
Rinde cerca de 10 porciones

El coloradito es uno de los famosos siete (así dicen) moles del valle de Oaxaca. Las recetas varían en cuanto a cantidad y balance de los sabores, pero siempre dentro de ciertos parámetros. Soledad Díaz usa este coloradito para sus enchiladas de bautizo (la receta se da a continuación), así como para un platillo principal con carne de pollo o cerdo. La receta es de su abuela, pero a lo largo de los años ella la ha adaptado a su gusto.

1 cebolla blanca mediana toscamente picada

3 dientes de ajo pelados

sal al gusto

10 raciones grandes de pollo

8 chiles anchos

18 chiles guajillo

675 gr. de jitomates

1/3 de taza (83 ml.) de ajonjolí

6 dientes de ajo sin pelar

1 cebolla blanca mediana cortada en cuartos

4 ramitas de tomillo fresco, o 1/4 de cucharadita de tomillo seco

4 ramitas de mejorana fresca o 1/4 de cucharadita de mejorana seca

4 clavos

4 pimientas negras

1 raja de canela de 2.5 cm.

manteca de cerdo para freír

401

3/4 de taza (188 ml.) de nuez encarcelada (pecans, en Estados Unidos)

1/2 taza copeteada (130 ml.) de almendras sin pelar

1/2 taza (130 ml.) copeteada de pasitas

6 rebanadas, de 13 mm. de grosor, de pan de huevo duro

45 gr. de tableta de chocolate

En una olla grande ponga a hervir suficiente agua para cubrir el pollo. Agregue la cebolla picada, el ajo pelado y sal al gusto. Cuézala 10 minutos. Baje la flama, añada las piezas de pollo, tape la olla y deje cocer a fuego lento hasta que casi esté cocido, durante unos 20 minutos. Escurra el pollo y déjelo a un lado. Guarde el caldo para el mole.

Abra los chiles y quíteles las semillas y las venas. Tuéstelos ligeramente en un comal o plancha, enjuáguelos con agua fría, y remójelos en agua tibia unos 10 minutos. Escúrralos, y separe los chiles anchos de los guajillos.

Apenas cubra los jitomates con agua y cuézalos suavemente durante 5 minutos hasta que estén suaves pero no se deshagan. Tueste el ajonjolí en una sartén sin engrasar, a fuego medio, revolviéndolo de vez en cuando para que se dore parejo. ¡Cuide que no se queme! Deje que se enfríe y muélalo en un molino para café o para especias hasta que obtenga un polvo texturado. Déjelo a un lado.

En un comal o plancha sin engrasar, ponga el ajo sin pelar y los cuartos de cebolla a fuego medio, volteando las piezas de vez en cuando, hasta que estén acitronadas o ligeramente chamuscadas. Pele el ajo y póngalo en la licuadora con 3/4 de taza (188 ml.) del caldo de pollo. Agregue la cebolla, las hierbas y las especias, y licúe hasta obtener una mezcla lo más lisa posible. Poco a poco añada los chiles anchos, licuando tras cada adición. Agregue más caldo sólo si necesita liberar las aspas de la licuadora.

En una cazuela en la que vaya a cocinar el mole, caliente 3 cucharadas de manteca. Fría a fuego lento los ingredientes licuados, raspando el fondo de la olla para que no se queme. Mientras tanto, vierta 3/4 de taza (188 ml.) del caldo a la licuadora y gradualmente licúe los chiles guajillo, añadiendo unos pocos a la vez, hasta obtener una mezcla lo más lisa posible. Cuélelos presionando el colador con fuerza para extraer todo el jugo y la pulpa posibles, y añada este puré a la olla. Tire los residuos del colador. Siga cocinando todo mientras prepara el resto de los ingredientes.

Caliente otro poco de manteca en una sartén y fría las nueces, las almendras y las pasitas por separado. Transfiera cada una a un colador para escurrir el exceso de manteca. Por último, fría las rebanadas de pan. Machaque todos los ingredientes juntos para no sobrecargar la licuadora. Añada 1 taza (250 ml.) del caldo a la licuadora, agregue los ingredientes machacados y licúe hasta obtener una pasta texturada. Añada esto a la olla. Revuelva bien y cocine a fuego medio.

Licúe los jitomates hasta que estén casi lisos. Agréguelos a la olla junto con el chocolate y otras 2 tazas (500 ml.) del caldo. Cocine el mole a fuego medio durante unos 15 minutos, revolviendo y raspando el fondo de la olla. Cuando el mole esté bien sazonado, añada las piezas de pollo y cuézalas 10 minutos más.

Enchiladas de bautizo de tres carnes
Señorita Soledad Díaz

Para 12 enchiladas

Estas enchiladas son la especialidad del discreto y encantador restaurante El Topil, de Oaxaca. Constituyen uno de mis platillos favoritos. Soledad Díaz, la dueña del lugar, me dio la receta que, a su vez, le dio su abuela. El relleno también puede usarse para chiles rellenos e incluso para tamales. Ésta es una excelente manera de usar el mole sobrante.

TENGA LISTO:

aceite vegetal para freír
12 tortillas de maíz de 15.5 cm.
aproximadamente 3 tazas de coloradito (véase receta anterior)
aproximadamente 4 tazas (1 l.) de relleno
un refractario en el que pueda colocar las enchiladas en una sola capa
1/2 taza (125 ml.) de queso fresco, desmoronado
1 cebolla blanca finamente rebanada en medias lunas

Caliente un poco de aceite en una sartén y fría las tortillas ligeramente por ambos lados. Sólo deben calentarse y suavizarse, no deben dorar. Escúrralas bien para quitarles el exceso de grasa. Para que no queden muy grasosas, añada sólo un poquito de aceite a medida que lo vaya necesitando. Sumerja las tortillas en el coloradito para que el mole las cubra por completo. Póngales un poco de relleno a lo largo del centro, enróllelas un poco flojos y colóquelas en una sola capa en el traste refractario. Viértales encima lo que quede de la salsa. Espolvoréelas con queso y cebolla. Sirva de inmediato.

El relleno:

Rinde aproximadamente 4 1/2 tazas (1.125 l.)

3 cucharadas de manteca o de aceite vegetal
1 cebolla mediana, finamente picada: 1 taza (250 ml.)
4 dientes de ajo, finamente picados
sal al gusto
565 gr. de jitomates, pelados y finamente picados
3 pimientas negras, machacadas
3 dientes de ajo, machacados
3 ramitas de tomillo fresco, finamente picado, o 1/4 de cucharadita de tomillo seco
3 ramitas de mejorana fresca, finamente picada, o 1/4 de cucharadita de mejorana seca
1 cucharadita de orégano seco desmenuzado
1 hoja de laurel chica desmenuzada
1/2 taza (125 ml.) de pasitas toscamente picadas
1/3 de taza (83 ml.) de almendras peladas toscamente picadas
10 alcaparras grandes toscamente picadas
8 aceitunas verdes sin hueso toscamente picadas
1 taza (250 ml.) de carne de cerdo cocida, deshebrada y picada
1 taza (250 ml.) de carne de res cocida, deshebrada y picada
1 taza (250 ml.) de pechuga de pollo cocida, deshebrada y picada
1/2 taza (125 ml.) del caldo en el que se cocieron las carnes
1 cucharada de azúcar morena o granulada

Caliente la manteca, añada la cebolla y el ajo y espolvoréelos con sal hasta que acitronen. Agregue los jitomates y cocínelos 5 minutos hasta que se reduzcan los jugos. Agregue el resto de los ingredientes, excepto las carnes, el caldo y el azúcar, y cocínelos a fuego medio por 5 minutos, revolviendo y raspando el fondo de la olla hasta que la mezcla esté bien sazonada. Añada las carnes, el caldo y el azúcar, y cocine de 5 a 8 minutos, hasta que la mezcla esté bien sazonada y casi seca, pero de apariencia brillante y apetitosa.

Pollo almendrado

Señora Beatriz Alonso, La Casa de la Abuela, Oaxaca

Rinde 6 porciones

La Casa de la Abuela, antes Mi Casita, es un animado restaurante que está en el segundo piso del edificio principal del jardín de Oaxaca. La señora Alonso generosamente me dio esta receta que forma parte de su menú. Es una versión deliciosa de este clásico platillo oaxaqueño, especialmente apropiada para quienes no les gusta comer chile.

1/3 de cebolla blanca mediana toscamente rebanada

3 dientes de ajo machacados

sal al gusto

6 porciones grandes de pollo

La salsa:

450 gr. de jitomates

manteca de cerdo o aceite vegetal para freír

1 1/2 tazas (375 ml.) de pasitas

1 taza (250 ml.) de almendras fileteadas

3 dientes de ajo sin pelar (hay que picarlos con un palillo para que no exploten)

1 rebanada gruesa de cebolla blanca

1/4 de plátano macho medio maduro, pelado y rebanado

1 rebanada de pan de huevo (o como el challah, en Estados Unidos)

1/3 de taza (83 ml.) de ajonjolí

1 raja de canela de 2.5 cm.

2 clavos

2 pimientas

1 rama grande de perejil

Para servir:

aproximadamente 20 aceitunas verdes
1/4 de taza (63 ml.) de almendras enteras, peladas
rajas de chile jalapeño en escabeche

En una olla ponga 2 litros de agua con la cebolla, el ajo y la sal. Deje que rompa el hervor y luego deje que se cuezan suavemente 5 minutos. Añada el pollo y deje que se siga cocinando suavemente durante unos 25 minutos, hasta que esté apenas tierno, pero no suave. Escurra el pollo y deje el caldo a un lado. Mida el caldo y redúzcalo o añada más agua para completar 7 tazas (1.75 l.).

Ponga los jitomates en una cacerola y apenas cúbralos con agua. Cuézalos suavemente unos 10 minutos hasta que estén suaves, cuidando que no se abran. Escúrralos, licúelos y déjelos a un lado.

En una sartén, caliente un poco de manteca y fría las pasas, las almendras, el ajo, la cebolla, el plátano macho y el pan —todo por separado— hasta que doren, escurriendo cada cosa en un colador para eliminar el exceso de grasa. Añada manteca o aceite sólo cuando sea necesario. Vierta el ajonjolí en la sartén caliente y tuéstelo ligeramente hasta que dore bien (si las semillas empiezan a tronar y a saltar demasiado, espolvoréelas con sal).

Vierta 1 taza del caldo en la licuadora junto con la canela, los clavos, la pimienta y el perejil. Licúe y, poco a poco, incorpore el ajonjolí. La mezcla debe quedar bastante lisa. Añada una segunda taza del caldo y siga revolviendo los ingredientes fritos, deteniendo la licuadora de vez en cuando para liberar los ingredientes que tienden a asentarse en el fondo. Agregue de 2 1/2 a 3 tazas (625 a 750 ml.) más del caldo, lo que probablemente sea necesario para que su licuadora no se queme. Licúe todo hasta que esté relativamente liso: un poco texturado, no como atole.

En una cacerola gruesa o en una cazuela en la que vaya a cocinar el almendrado caliente 3 cucharadas de manteca o de aceite. Agregue los ingredientes licuados. Revuelva y raspe el fondo de la olla inmediatamente, ya que las pasas de la mezcla tienden a quemarse muy rápido. Cocine 5 minutos, añadiendo un poco más de grasa si es necesario. Agregue el puré de jitomate y siga cocinando 8 minutos, raspando el fondo de la olla hasta que la mezcla se haya reducido, espesado y esté bien sazonada. Añada el caldo restante y cocine otros 10 minutos. Para entonces la salsa debe tener un espesor medio y cubrir ligeramente el revés de una cuchara de palo. Decore el platillo con aceitunas y almendras, y sirva los chiles por separado.

Sopa de guía
Rinde de 8 a 10 porciones

Quizá pueda parecer absurdo incluir esta receta porque muy pocos, o ninguno, de los ingredientes pueden conseguirse fuera de Oaxaca, pero debe quedar asentada en detalle porque no sólo refleja de manera perfecta la comida saludable y terrenal del valle de Oaxaca sino que, simplemente, se trata de una curiosidad culinaria. Le causa mucha curiosidad a los visitantes, tanto del extranjero como de otras partes de México. Las guías son las trepadoras de una especie de calabaza verde claro que tiene más o menos forma de pera. Las guías se cultivan todo el año en el valle de Oaxaca, aunque son menos abundantes en temporada de secas. Las otras hierbas, o quelites, son de la región y crecen silvestres durante la época de lluvias, aunque ahora también se cultivan todo el año.

Usted encontrará que las indígenas —que se sientan en el piso— venden estos ingredientes en el mercado Juárez del centro de Oaxaca, en tanto que en el mercado de Abastos que está un poco más lejos, al menos merecen la dignidad de un poco de espacio en algunos puestos de verduras. Sólo espero que esta receta lo tiente a probar la sopa de guías la próxima vez que vaya a Oaxaca, o a intentar su propia versión, sobre todo si vive en el campo donde hay hierbas comestibles todo el año, o si tiene un jardín increíblemente variado.

(Si usted vive en Estados Unidos, en el mercado de verduras de Union Square de Nueva York, a fines de verano puede encontrar tenerumi, una guía de calabaza parecida que los sicilianos adoran, así como algunos quelites. Algunos mercados de California también los tienen.)

Para un mejor sabor hay que hacer la sopa en estas cantidades. Se sirve en platos hondos, a menudo acompañada de bolitas de masa llamadas *chochoyotes* (véase *El arte de la cocina mexicana*) que flotan en ella, o con limón y salsa de chile pasilla ¡con gusanos tostados! Encuentro que los dos últimos adornos le quitan sabor a las hierbas. Sin los chochoyotes, la manteca y el asiento, esta sopa constituye un gran platillo vegetariano.

aproximadamente 10 tazas (2.5 l.) de agua

1 cabeza chica de ajo, cortada horizontalmente

1 cebolla blanca mediana toscamente picada

sal al gusto

2 elotes

2 calabacitas tiernas

8 guías largas

1 manojo de piojito (Galinsoga parviflora)

1 manojo grande de chepil (Crotolaria longirostrata)

1 manojito de chepiche (Porophyllum tagetioides)

1 manojo de flor de calabaza

En una olla grande ponga el agua , el ajo, la cebolla y la sal. Deje que rompa el hervor y hierva unos 5 minutos.

Corte uno de los elotes en rodajas de 3 cm. de grueso y corte los granos del otro. Corte la calabaza en tiras o en cubos de 2 cm. Enjuague las guías y sacúdalas bien para que se sequen. Quíteles los zarcillos y cualquier parte dura de los tallos. Pele la parte correosa exterior. Trócelos en piezas de 5 cm. Deje las hojas. Enjuague bien los piojitos y sacúdalos bien. Quíteles la parte inferior del tallo y, con las manos, trócelos. Enjuague bien el chepil y sacúdalo para que seque. Quíteles los rosetones a las hojas y tire los tallos. Enjuague bien el chepiche y sacúdalo. Quite y tire los tallos desnudos y, con las manos, troce el resto en pedacitos. A las flores de calabaza déjeles 2.5 cm. de tallo y tire el resto. Quíteles la capa correosa a los tallos y también los sépalos. Deje la base la flor y los pistilos: no amargan la sopa. Pique toscamente las flores.

Licúe los granos de elote con 1/2 taza (125 ml.) del agua de la cocción, vierta esto a la olla con las rebanadas de elote y cuézalos otros 10 minutos, o hasta que el maíz esté tierno. Agregue la calabaza y las guías. Cocine 10 minutos más. Añada el resto de las hierbas y las flores de calabaza. Cocine otros 10 minutos hasta que todas las verduras estén tiernas. Recuerde que el caldo siempre debe estar hirviendo antes de añadir las hierbas para conservar el color lo más posible. Sirva la sopa como se sugiere arriba. Si va a agregarle chochoyotes, debe ponerlos en la sopa justo después de añadir las últimas hierbas y cocine para que no se desbaraten.

El Istmo de Tehuantepec

El Istmo de Tehuantepec es muy distinto a los pueblos del valle de Oaxaca y al resto de México: es otro mundo. Aunque sólo queda a tres horas y media en coche desde la ciudad de Oaxaca, hay partes en que el camino parece interminable y la sierra desnuda da la impresión de caernos encima. A través de montañas y montañas casi no se ven señales de vida, a no ser por el ocasional asentamiento de casas con un restaurante o una choza que anuncia que se componen llantas y se hace todo tipo de reparaciones mecánicas. Es un camino solitario, a no ser por los camiones y los tráilers. Lo era aún más cuando lo recorrí en aquel verano de 1965 y anoté en mi cuaderno el asombroso número de aves brillantemente coloreadas y, en particular, una de larga cola y plumas de un fulgor verde-dorado: ¡a lo mejor fue un quetzal!

Por fin el camino desciende y, a la izquierda, puede verse la gran presa Juárez de un vistazo. A partir de ese punto hay unos cuantos pueblos rodeados de vegetación tropical. También nutridos grupos de palmas, árboles de mango y maizales —que aquí crecen todo el año— y anuncian la cercanía de Tehuantepec. Sigue siendo un pueblo bastante pequeño y compacto, con techos de oscura teja roja. Aún existen muchas de sus casas cuya arquitectura es típica de los climas cálidos. El pequeño jardín central está bastante cuidado y siempre lleno de flores tropicales de todos colores. No es tan ruidoso como otros pueblos porque la forma más socorrida de transporte es el triciclo, con un pequeño carrito detrás. Ver a una altiva tehuana con su falda larga y su huipil ricamente bordado de colores junto al carrito, con sus compras apiladas a un lado, siempre constituye una visión imponente. En verano el calor es húmedo y asfixiante, pero el viento —que en cualquier momento puede convertirse en ventarrón— refresca algunos de los caminos que llevan a Juchitán y más allá. El mercado en sí es oscuro y está atestado de puestos donde se venden quesos hechos en casa, flores, pescado y camarones secos; unos pollos cocidos de una apariencia no muy apetitosa o gallinas con sus huevos, así como pilas de arroz. En la tarde se venden garnachas en un puesto callejero o tamales de pescado seco o de iguana. Los tamales de esa región pueden ser deliciosos, pero aún no he podido probar uno que no me deje con la boca llena de piel y espinas al morderlo: al parecer siempre me toca la punta de la cola de la iguana.

Yo prefiero deambular por las calles que rodean el mercado, donde, por las mañanas, se come de verdad en mesas improvisadas que flanquean la acera. Al otro lado de la calle las mujeres de falda y huipil regionales hacen una fila para vender sus mercancías: muchos tipos de mangos, jitomates de formas extrañas, piñas no muy grandes,

409

guayas verdes y redondas (*Talisia olivaeformis*), el maíz seco de la región que tiene granos aplanados, y hojas de plátano para hacer tamales. A un lado de la calle una mujer vende lo que parecen ser grandes embudos de papel. Cerca de la costa o a los mercados de Oaxaca. Los totopos son característicos del Istmo. Son discos de masa de maíz crujientes —se dice que sólo pueden hacerse con el maíz que crece en esta región— salpicados de pequeñas perforaciones. Éste es el tipo de comida que puede llevarse a los campos o a un viaje sin que se eche a perder por el clima húmedo y caliente.

Tenía curiosidad de saber cómo se hacen lo totopos, así que me dijeron que fuera a San Blas, un pueblito a orillas de Tehuantepec que parece haber pasado por tiempos mejores. Muchas de las calles no tienen pavimento y resultan intransitables para un coche de suspensión baja, las casas antiguas están en ruinas y a punto de desplomarse. Fue justo detrás de uno de estos muros a punto de desintegrarse que encontré a unas mujeres dispuestas a enseñarme a hacer totopos. Bajo una frágil área techada varias mujeres estaban ocupadas en las distintas etapas de la hechura de los totopos: desde la cocción del maíz hasta el amasado de la masa y la formación de los discos, ya sea sobre un plástico o con las manos, mientras la mujer que los coloca a los lados del horno los perfora con dos palitos. Estos hornos de barro, comiscales, tienen forma de bulbo y están sobre el piso o en un área especial a una altura a la que se pueda trabajar. Por lo común tienen base de piedra o de cualquier otro material que no se quiebre por el calor del fuego. Cuando las paredes del horno están lo suficientemente calientes, los totopos se colocan encima, de un golpe, la boca del horno se cierra, y se cuecen hasta que estén crujientes y ligeramente dorados. Los totopos que estaban haciendo en ese momento eran de maíz blanco, pero luego compré otros de un color café grisáceo porque la masa tenía frijol negro.

En uno de mis viajes al Istmo fui con una "amiga" a San Mateo del Mar, una lejana aldea huave (un grupo indígena) sobre una angosta península que se adentra abruptamente al golfo de Tehuantepec. Ninguna calle tenía pavimento: durante gran parte del trayecto el camino estaba delineado, aunque arenoso e irregular. Fue como hacer un viaje al pasado. Casi todo era desierto, y, de pronto, apareció una isla de verde pasto donde unas ovejas pastaban, y otra de cocoteros. Las calles del pueblo eran muy amplias y la mayoría de las casas era muy primitiva y tenía una reja de palma tejida para protegerse de la arena que se levanta por la intensidad del viento, que no cesa. Las mujeres del mercado se sorprendieron al vernos y dudaron mucho antes de acceder a contarnos cómo preparan el pescado y los camarones secos, principal fuente de manutención de las familias que ahí viven. Era hermoso ver a las mujeres con sus canastas sobre la cabeza y su faldas llenas de colores, que se mecían al viento con cada rítmico paso, conforme salían del mercado por una de sus puertas lejanas.

Juchitán está a sólo 26 kilómetros sobre un tramo de carretera con mucho viento. Cuya única característica que salva de la fealdad absoluta es una fila de palo verde que se mece al viento y cuyas flores amarillas le añaden color a un paisaje que, de otro modo, sería de una total monotonía.

Aunque Juchitán es un pueblo feo, ruidoso y vital, tiene la fuerza de un imán que obliga a volver una y otra vez. He tenido la suerte de que la señora Pineda y la señora Oralia Castillo me hayan introducido a las deliciosas y muy distintas comidas cuyas recetas ofrezco aquí.

Aparte de las recetas que siguen, la señora Amelia frió un poco de tasajo con cebolla. Uno jamás piensa que esa carne oscura, sin grasa, de reses que se alimentan de pasto, pueda saber a otra cosa que no sea un penetrante sabor, pero es deliciosa y muy suave. La carne se corta en tiras como de 1 cm. de grueso, se sazona con sal y jugo de limón, y se cuelga a secar. Bajo el intenso calor y con ese viento, el proceso lleva sólo de tres a cuatro horas después de las cuales se puede guardar, en un sitio aireado, desde luego. Tradicionalmente el tasajo se sirve con frijoles.

En estas recetas las cocineras usan chiles jalapeños. Se dejan enteros para que el platillo no pique mucho, pero quien quiera un poco más de picor puede comerse el chile. Una y otra vez he escuchado que la gente de esta región es muy perceptiva y que no les gusta la comida picante. Sentía curiosidad de saber por qué no usan los chiles criollos que crecen ahí mismo: "pican demasiado", respondieron, o "tienen la piel muy dura; preferimos los chiles serranos o los jalapeños".

Además de cerdo, res y pollo, es muy popular la carne de venado, iguana y armadillo. En el mercado ciertamente había muchas iguanas verdes, amarradas. El achiote que usan aquí es concentrado, como el de Tabasco: un poquito rinde mucho y es caro, en comparación con la pasta de achiote preparado —que contiene otras especias— que llega de la península de Yucatán.

Por lo general se le talla un poco de achiote a los camarones secos, supongo que para que se vean más apetecibles, como lo hacen en el mercado de Tuxtla Gutiérrez. Los puestos de comida prácticamente inundan las calles, pero a nadie parece importarle, y una amplia calle lateral está dedicada al barro regional, con dibujos horrendos, pero los grandes cántaros para el agua y los hornos comizcales para totopos son lisos.

Aquí las mujeres todo lo dominan: controlan el comercio y las festividades. Los orígenes de las velas, o fiestas se remontan a las celebraciones panteístas de los zapotecos precolombinos que llegaron al Istmo desde el sur del valle de Oaxaca. En aquella época las velas eran invocaciones a los dioses de las flores, el maíz, y los árboles —sobre todo los árboles frutales—, y los peces y cocodrilos eran símbolos importantes en su vida. En siglos posteriores la Iglesia modificó el sentido de las velas —un ejemplo perfecto de sincretismo— de modo que las celebraciones de primavera se convirtieron en las fiestas de San Clemente; las de las lluvias, y la abundancia que traen consigo, en las de San Juan; y las del maíz, en las de San Isidro Labrador.

La última vez que estuve en Juchitán asistí a una vela en honor de los santos patronos de la iglesia, en un barrio que estaba casi en las afueras del pueblo. La gente empezó a llegar hasta bastante tarde en la noche. Los jóvenes se visten de domingo, las mujeres mayores llevaban trastes de comida e iban ataviadas con sus trajes de gala y collares, pulseras y aretes de oro. Aquí se acostumbra hacer un desplante de la riqueza aunque, hoy en día, a causa de los asaltos que se han vuelto comunes, muchas mujeres llevan copias baratas de sus joyas; por eso, había guardias a la entrada de la plaza que estaba frente a la iglesia donde se había instalado un toldo para la ocasión. Cuando empezó la música, las mujeres de hermosos trajes se pararon a bailar entre ellas. Graciosamente, levantaban los bordes de sus faldas al rítmico vaivén de la música. La reina de la noche y su consorte entraron al son de "Aída", que resonaba a un ritmo dolorosamente lento con el que la pareja daba un paso para adelante, y luego otro para atrás, por lo que avanzaron con enorme lentitud.

Al día siguiente era hora de partir y atravesar el Istmo hasta Veracruz.

Guetavinguis

Señora Amelia Castillo, Juchitán, Oaxaca

Rinde 18 tortitas de 6.5 a 8 cm.

Los guatevinguis son como gorditas de masa de maíz —como la de los tamales—, rellenos de camarón seco, con un molito hecho de pepitas tostadas, jitomate, un poco de chile verde y un leve toque de achiote. Los guetavinguis se cuecen en el horno.

PARA EL RELLENO, O EL MOLITO:

18 camarones secos grandes, o 36 chicos

1/2 taza (125 ml.) de pepitas enteras

3 cucharadas de agua

675 gr. de jitomates, toscamente picados (4 tazas)

1 chile jalapeño toscamente picado

1 cucharada rasa de masa para tortillas

1/4 de cucharadita de achiote puro o 1/2 cucharadita de pasta yucateca de achiote

sal al gusto

LA MASA:

1/4 de taza (63 ml.) de agua

1/2 taza (125 ml.) de epazote toscamente picado

85 gr. de manteca de cerdo o, aproximadamente, 1/3 de taza copeteada

85 gr. o 1/2 taza de asiento

680 gr. de masa para tamales, lo más seca posible

sal al gusto

Enjuague los camarones para quitar el exceso de sal y déjelos remojar 10 minutos. Escúrralos. Quíteles la cabeza, las patas y las colas. Guárdelas. Deje los camarones a un lado.

Tueste las pepitas en una sartén sin engrasar hasta que la cáscara adquiera un color dorado (pero tenga cuidado de no quemarlas porque la semilla que está en el interior se coce primero). Déjelas a un lado para que enfríen y luego muélalas en un molino para café o especias hasta obtener un polvo texturado. Licúe los jitomates con

413

el agua. Luego agregue el chile, los restos de camarón que apartó, la masa y el achiote. Licúe hasta obtener un puré ligeramente texturado. Agregue agua sólo si necesita liberar las aspas de la licuadora. El puré debe quedar bastante espeso. Añada sal si es necesario.

Caliente el horno a 177 ºC (350 ºF). Licúe el epazote con el agua hasta obtener una mezcla lisa.

En un recipiente bata la manteca y el asiento. Poco a poco incorpore la masa, el agua de epazote y la sal. Siga batiendo unos minutos más (sin quemar el motor de su batidora) hasta que la masa quede bastante consistente y pegajosa. Divídala en 18 porciones y amásela en bolitas de 4.5 cm. de diámetro.

Haga un hoyo profundo en cada una de las bolitas. Coloque un camarón en el fondo con una cucharadita copeteada del molito encima. Cubra, de ser posible, con la masa (no importa si un poco de mole queda expuesto). Aplánela ligeramente y colóquela en una charola para hornear, sin engrasar. Repita lo mismo con el resto de las bolitas y, cuando las coloque en la charola para hornear, deje un espacio de unos 4 cm. entre cada una. Póngale a cada guetavingui una gotita de molito encima y hornéelos alrededor de 30 minutos: tendrá que sacrificar uno para abrirlo y comprobar que la masa esté completamente cocida. Se comen tibios.

Pollo garnachero
Señora Amelia Castillo
Rinde 6 porciones

Como su nombre lo sugiere, este platillo se sazona y acompaña de una salsa y de un chilito para garnachas. Es una comida completa; una deliciosa combinación de sabores y texturas. Tradicionalmente el pollo y las papas se fríen en manteca de cerdo, pero a menudo uso grasa de pollo. Para quienes aborrecen freír la comida y quieren reducir la cantidad de grasa, pueden "barnizar" el pollo y las papas con una brocha, por ambos lados, con un poco de grasa, luego con bastante salsa y asarlos hasta que doren bien.

1 pollo de 1.6 a 1.8 kg., cortado en piezas y con la pechuga cortada
en cuatro
1/2 cebolla blanca mediana toscamente rebanada
3 dientes de ajo toscamente picados
sal al gusto
3 papas grandes, peladas y cortadas en rebanadas de 7 mm
aproximadamente 1/3 de taza (83 ml.) de manteca de cerdo o de grasa de pollo
aproximadamente 1/3 de taza (83 ml.) de salsa para garnachas
3 tazas (750 ml.) de chilito (véase pág. 418)

Cubra apenas el pollo con agua, agregue la cebolla, el ajo, la sal y deje que rompa el hervor suave. Cuézalo a fuego lento unos 20 minutos hasta que esté casi tierno. Añada las rebanadas de papa y siga cociendo 10 minutos, hasta que estén un poco firmes y el pollo esté tierno. Cuélelo y guarde el caldo para la salsa.

En una sartén ancha caliente un poco de manteca. Ponga ahí algunas piezas de pollo, en una sola capa, salpíquelo con bastante salsa y fríalo por ambos lados hasta que la piel esté un poco crujiente. Saque las piezas de pollo de la sartén y manténgalas calientes mientras termina con el resto del pollo. Repita el proceso con las rebanadas de papa. Sirva el pollo y las rebanadas de papa casi ahogados en el chilito.

Garnachas juchitecas
Señora Amelia Castillo
Rinde 12 garnachas de 8 cm

Por las tardes, cada región tiene por lo menos un antojito favorito —por lo general basado en masa de maíz— y el Istmo de Tehuantepec ciertamente no es la excepción. Sus garnachas no se parecen a ninguna otra que haya visto. No deben compararse las que se sirven en los puestos callejeros por la tarde con las que se preparan en las casas de Tehuantepec y Juchitán. Tuve la fortuna de que la cocinera de una amiga —una mujer de apariencia distinguida y vestimenta tradicional: huipil color púrpura y una larga falda ondulante— me preparara unas. Estas garnachas son pequeñas tortillas gruesas, adornadas con carne de res y cebolla, salsa de chile y una buena cantidad de queso seco

415

espolvoreado. Se armaron en un platón. Se sirve aparte el chilito: un picante aderezo de verduras, para que cada persona se sirviera, como adorno final a este muy sabroso antojito de texturas sorprendentes.

La carne:
340 gr. de aguayón sin hueso ni grasa, cortado en cubos
1/2 cebolla mediana blanca toscamente rebanada
2 dientes de ajo toscamente picados
sal al gusto
1/4 de taza copeteada (70 ml.) de cebolla blanca finamente picada

Las garnachas:
1 taza copeteada (260 gr.) de masa para tortillas
aproximadamente 1/4 de taza (63 ml.) de manteca de cerdo o de aceite para freír
aproximadamente 1/2 taza (125 ml.) de salsa para garnachas (la receta se da a continuación)
1/2 taza (125 ml.) de queso añejo (o romano, en Estados Unidos) finamente rallado
1 taza copeteada de chilito

En una cacerola cubra apenas la carne con agua, agregue la cebolla rebanada, el ajo y sal al gusto, y cuézala a fuego lento o hasta que la carne esté tierna, aproximadamente 50 minutos. Déjela a un lado para que se enfríe en el caldo, luego escúrrala y píquela. Mézclela con 1/4 de taza de cebolla.

Divida la masa en 12 bolitas y cúbralas con un trapo mientras hace las garnachas. Presione una de las bolitas hasta formar un círculo ligeramente grueso de unos 8 cm. de diámetro y cuézalo como si fuera una tortilla, sobre un comal o plancha sin engrasar. Cubra cada garnacha con un trapo mientras acaba de hacer las demás.

Derrita la mitad de la manteca en una sartén grande, coloque las garnachas en una sola capa dentro de la olla, póngales encima una cucharada de la mezcla de carne y una cucharadita abundante de salsa. Cocínelas, bañando la superficie de las garnachas con la manteca de vez en cuando, durante unos 5 minutos. El fondo de las garnachas debe quedar ligeramente crujiente.

Hágalas a un lado y manténgalas calientes mientras cocina el resto. Espolvoréelas muy ligeramente con el queso y sírvalas con el chilito al lado.

Salsa para garnachas
Rinde 2 1/2 tazas (625 ml.)

14 chiles pasilla chicos, de Oaxaca, o 25 chipotles mora

2 chiles pasilla, negros (de México)

2 1/2 tazas (625 ml.) de caldo de pollo

340 gr. de jitomates enteros, cocidos en el caldo durante

unos 10 minutos a que suavicen

2 cucharadas de manteca o de grasa de pollo derretida

4 dientes de ajo picados

sal al gusto

Abra los chiles, quíteles las semillas y las venas, y remójelos rápidamente en agua caliente. Luego séquelos y despedácelos. Póngalos en la licuadora con 1 1/2 tazas (375 ml.) del caldo de pollo y déjelos remojar 15 minutos. Agregue los jitomates y licué hasta obtener una consistencia lisa.

En una sartén, caliente la manteca, agregue el ajo y fríalo, sin dorar, 3 segundos. Añada la salsa y cocínela a fuego medio, raspando el fondo de la olla para que no se queme, unos 8 minutos. Añada el resto del caldo y sal, si es necesario. Cocine 3 minutos más. La salsa debe quedar algo ligera, pero cubrir levemente el revés de una cuchara de palo. De ser necesario, añada más agua o caldo, o reduzca hasta obtener esa consistencia. Deje la salsa a un lado y manténgala tibia. Si no la usa toda en las garnachas puede congelarla y usarla después.

Chilito

Rinde 4 tazas (1 l.)

Esta receta es para hacer más chilito del que va a necesitar para las garnachas. Vale la pena hacer esta cantidad: es un aderezo delicioso para carnes frías o emparedados.

2 chiles pasilla, de Oaxaca, o 4 chipotles mora

3 chiles jalapeños frescos

1 zanahoria grande

3 tazas (750 ml.) de col finamente rallada

3 dientes de ajo finamente rebanados

1/4 de cebolla blanca mediana finamente rebanada

2 cucharaditas de orégano seco

1/3 de taza de vinagre de piña, o un vinagre ligero y afrutado

sal al gusto

Abra los chiles secos y quíteles las venas y las semillas. Remójelos rápidamente en agua caliente. Límpielos con un trapo. Trócelos. Rebane los jalapeños transversalmente sin quitarles las semillas. Con un pelador de papas haga unos listones anchos, pero delgados, de zanahoria. Mezcle todos los ingredientes: el vinagre sólo debe humedecerlos, no ahogarlos. Deje sazonar una hora.

418

Mole de guinadooxhuba
Señora Amelia Castillo Romero
Rinde 6 porciones

En muchas ocasiones he visto en Teotitlán del Valle a Abigail Mendoza preparar su cequeza, un simple pero delicioso platillo, a base de maíz tostado y molido, en una salsa de chile y jitomate. En el Istmo de Tehuantepec hay un platillo similar: el guinadooxhuba (imposible de pronunciar). He probado varias versiones, pero prefiero ésta de doña Amelia, la muy digna cocinera de una amiga en Juchitán. Puede usar carne de res en lugar de cerdo, o incluso hay una versión vegetariana hecho de frijoles. Doña Amelia usó costillitas de cerdo. (En Estados Unidos a las costillitas se les quita toda la carne, así que puede usar chuletas, cortadas en cubos. La salsa texturada tiene un color rojo ladrillo y parece una sopa algo espesa.) Debe servirse en platos no muy hondos, y la receta debe proporcionarle salsa suficiente como para 1 1/2 tazas por persona, con un poco de carne.

900 gr. de costillitas de cerdo, cortadas en cubos de 4 cm

aproximadamente 6 tazas (1.5 l.) de agua

1/2 cebolla blanca mediana toscamente rebanada

3 dientes de ajo toscamente picados

sal al gusto

900 gr. de jitomates

1 chile jalapeño

1/8 de cucharadita de achiote puro o 1/2 cucharadita de pasta de achiote yucateco

225 gr. de granos de maíz

2 ramas grandes de epazote

En una olla grande cubra la carne con un litro de agua. Agregue la cebolla, el ajo y la sal. Deje cocinar muy lento o hasta que esté casi suave, aproximadamente 35 minutos. Añada los jitomates enteros y cuézalos 10 minutos. Traslade los jitomates con el chile y el achiote hasta obtener una consistencia lisa. Cuele la salsa y viértala en una cacerola. Deje que rompa el hervor y cocínela unos 8 minutos, raspando el fondo de la olla de vez en cuando para que no se pegue.

Mientras tanto, ponga el maíz, en una sola capa, dentro de una sartén ancha (si es necesario divida el maíz en dos tandas). Tuéstelo a fuego medio, revolviendo de vez en cuando, hasta que los granos adquieran un brillante color café parejo. Cuando se hayan enfriado, use un molino para granos o un aparato Kitchen Aid para molerlos y obtener una textura un poco gruesa. Cúbralos con agua y revuelva bien. Cuando los granos se hayan asentado remueva las cáscaras que flotan en la superficie. Agregue el maíz a la salsa de jitomate junto con 1 taza (250 ml.) del caldo de carne. Cocínelo unos 10 minutos a fuego lento, revolviendo de vez en cuando, para que no se pegue. Añada el caldo restante y la carne. Cocine todo 10 minutos más. Agregue el epazote, ajuste la sal y cocine otros 5 minutos. El maíz molido se habrá suavizado pero conservará su textura en el paladar.

Molito de camarón seco

Señora Amelia Castillo

Rinde de 4 a 6 porciones

Este molito es más bien como un pipián raro porque lleva crema. Por lo general se prepara en Cuaresma como plato principal. Las pepitas que se usan en Juchitán son pequeñas, con un borde café claro y se llaman pepitas corrientes.

115 gr. (aproximadamente 1 3/4 de taza) de camarones secos

1 1/2 tazas copeteadas (400 ml.) de pepitas enteras

1 taza (250 ml.) de crema

225 gr. de jitomates toscamente picados (aproximadamente 1 1/2 tazas)

1 cucharadita raza de achiote puro o 2 cucharaditas de pasta de achiote

3 cucharadas de masa para tortillas

2 chiles jalapeños (opcional)

sal al gusto

3 ramas grandes de epazote

5 huevos ligeramente batidos

Enjuague los camarones en agua fría y escúrralos. Quíteles la cabeza, la cola y las patas, pero no los pele. Ponga los camarones, y lo que les acaba de quitar, en tazones separados. Cúbralos con agua tibia y déjelos remojar 15 minutos. Mientras tanto, tueste las pepitas en una sartén grande sin engrasar hasta que la cáscara adquiera un ligero color dorado y las semillas empiecen a tronar (tenga cuidado: protéjase los ojos). Deje que las pepitas se enfríen y luego muélalas en un molino para café o especias hasta obtener un polvo texturado. Mézclelas con 1 taza (250 ml.) del agua en la que remojó los camarones.

Ponga la crema en una sartén gruesa y deje que hierva suavemente 3 minutos. Cuele las pepitas y presione bien el colador para extraer la mayor cantidad posible de humedad y de partículas. Deben quedar como 2 cucharadas de restos de pepita en el colador. Añada la pepita colada a la crema. La mezcla puede tener una apariencia como de cortado, así que no olvide bajar la flama o quitar la olla del fuego. Si se corta sólo vuelva a licuar la mezcla hasta que esté lisa. Cocine la salsa a fuego muy lento durante 5 minutos, revolviendo y raspando el fondo de la olla para que no se pegue.

Licúe los restos de camarón y 1 taza (250 ml.) del agua en que se remojaron, con los jitomates, el achiote y la masa, hasta obtener una consistencia lisa. Cuele la mezcla y agréguela a la olla. Cocine 10 minutos, cuidando que el ajonjolí y la masa no se peguen al fondo de la olla. Si es necesario, añada agua para completar 5 tazas (1.25 ml.). Agregue los camarones y los chiles y cocine 10 minutos más. Ajuste la sal. Agregue el epazote y, poco a poco, incorpore los huevos. Cocine a fuego lento hasta que cuajen.

Sirva con tortillas de maíz.

Tamales de pescado seco
Rinde para hacer aproximadamente 24 tamales de 10 por 8 cm

Estos tamales son deliciosos y muy distintos a los que se hacen en otras regiones de Oaxaca. Aunque suelen rellenarse con lisa seca —un pez que abunda en el Istmo— puede usar camarón seco: yo lo prefiero. La masa texturada del tamal se bate con manteca y con zorapa o asiento (la manteca de oscuro color café que tiene "migajas" crujientes de grasa y piel, que se asienta en el fondo de la tina del chicharrón) y epazote. La masa del tamal debe estar algo seca para que absorba el epazote licuado.

La mujer que me dio esta receta —perdí el cuaderno en el que anoté su nombre— hace los tamales para venderlos y, al contrario de muchos comerciantes, no repara en calidad. El cuaderno perdido es otra historia que me acongojó. Debo haberlo dejado en el jardín de Tehuantepec cuando me senté a comer un tamal de iguana. Fui a la estación de radio del pueblo para anunciar que lo había extraviado. Ofrecí una recompensa. El locutor vio mi camioneta amarilla estacionada afuera de un lado. Tiene un letrero que dice Casa Ecológica así que de inmediato me entrevistaron al aire para que describiera mi casa, mi quinta, y la forma en que aplico mis ideas ecológicas a mi vida... pero nunca recuperé mi cuaderno.

La masa:

aproximadamente 1/4 de taza (63 ml.) de agua

1/2 taza (125 ml.) de hojas de epazote toscamente picadas

565 gr. de masa para tamales tan seca como sea posible

85 gr. (aproximadamente 1/3 de taza copeteada) de manteca

85 gr. (aproximadamente 1/2 taza) de asiento

sal al gusto

El molito:

1 1/4 de taza de pepitas con cáscara

2 tazas (500 ml.) de agua

1 jitomate grande toscamente picado (aproximadamente 3/4 de taza)

1/2 cebolla blanca mediana toscamente picada

2 cucharadita de achiote puro o 1 cucharadita de pasta de achiote yucateco

2 cucharadas de masa para tortillas

1 cucharada de manteca

sal al gusto

Tenga lista una vaporera para tamales, 24 piezas de hoja de plátano —de aproximadamente 23 por 18 cm.—, suavizadas sobre una flama, y 3 camarones secos por tamal: alrededor de 72 camarones, o 24 piezas de pescado seco, en cubos de 5 cm., pero siempre tenga un poco más de pescado en caso de que sobre masa o molito.

Enjuague los camarones y sólo quíteles la cabeza y las patas. No los remoje. Si va a usar pescado seco, enjuague las piezas para quitarles el exceso de sal y remójelo 15 minutos. Escurra bien.

Licúe el epazote con 1/4 de taza del agua (63 ml.) hasta obtener una consistencia lisa. Mezcle bien con la masa y luego incorpore la manteca y el asiento batiéndolos. Déje a un lado para que sazone.

Ponga las pepitas en una sartén sin engrasar y tuéstelas a fuego lento, revolviéndolas constantemente para que se doren parejo. Deben tener un ligero color dorado y algunas deben empezar a tronar. Deje que enfríen y luego muélalas en un molino eléctrico para especias hasta obtener una textura media.

Licúe el jitomate con 1 taza (250 ml.) del agua, la cebolla, el achiote y 2 cucharadas de la masa, hasta obtener una mezcla lisa.

Caliente la cucharada de manteca en la sartén, añada los ingredientes licuados e incopore las pepitas molidas, con sal al gusto. Agregue la segunda taza del agua (250 ml.) y cocine todo a fuego medio, raspando el fondo de la olla para que no se pegue. El almidón de las pepitas se expandirá con el calor. La salsa debe espesar hasta una consistencia media que logre cubrir el revés de una cuchara de palo. Cocine la salsa durante unos 5 minutos y déjela enfriar.

Prenda la vaporera para que se caliente el agua del fondo, y no olvide ponerle unas monedas para que el tintineo le avise si necesita agregar más agua. Extienda las piezas de hoja de plátano en una capa.

Bata la masa una última vez durante unos 3 minutos. Unte 2 cucharadas rasas de la masa, que debe tener un espesor de unos 3 mm., en el centro de cada pieza de la hoja de plátano: debe cubrir una superficie de unos 10 por 8 cm. Coloque los 3 camarones, o la pieza de pescado, a una mitad de la masa, cubra con 1 cucharada grande del molito. Doble la hoja a la mitad para que la masa casi cubra el relleno. Asegure los bordes de la hoja y doble los extremos para atrás. Coloque los tamales en la vaporera, en capas horizontales. Tape bien y cuézalos al vapor 1 1/4 horas, o hasta que la masa esté cocida y se desprenda con facilidad de la hoja.

Tamales de frijol

Rinde para hacer unos 24 tamales de 10 cm.

Estos tamales son fuera de lo común en el sentido de que la masa se mezcla con chile y epazote. A mí me parecen deliciosos y siempre como más de los que debo. La cuidadosa preparación de la masa texturada es de suma importancia: debe quedar lo más seca posible para que pueda absorber la manteca y los ingredientes licuados. Igual que en Tabasco, en Juchitán a la masa se le pone la manteca oscura del fondo de la tina del chicharrón, con todo y los pedacitos de piel y grasa. En Oaxaca se llama asiento; en Juchitán, zorapa. Algunas personas sirven estos tamales con salsa, aunque yo creo que no es necesario. Una salsa muy ligera de jitomate sería perfecto; cualquier otro tipo de salsa más fuerte disminuirá el sabor de los tamales.

EL RELLENO:

225 gr. de frijoles negros

6 dientes de ajo sin pelar

1/4 de cebolla blanca mediana toscamente rebanada

sal al gusto

2 cucharadas de manteca

LA MASA:

3/4 de taza (188 ml.) de hojas de epazote toscamente picadas

4 chiles serranos toscamente picados

115 gr. (aproximadamente 1/3 de taza más 3 cucharadas) de manteca

115 gr. (aproximadamente 2/3 de taza) de asiento

sal al gusto

675 gr. de masa para tamales

Tenga lista una vaporera para tamales con monedas en el fondo y aproximadamente 30 hojas de maíz, remojadas en agua caliente hasta que estén suaves y plegables. Sacúdalas para quitarles el exceso de agua y escúrralas sobre una toalla.

Para el relleno: enjuague y limpie los frijoles. Cúbralos con agua caliente y añada el ajo y la cebolla. Cuézalos a fuego lento de 2 1/2 a 3 1/2 horas, dependiendo de qué tan frescos estén los frijoles. Añada sal y siga cociéndolos a fuego lento hasta que esten muy suaves.

Escurra los frijoles y guarde el caldo. Ponga los frijoles y 1/2 taza (125 ml.) de su caldo en un procesador de alimentos para obtener un puré texturado. Caliente la manteca en una sartén, agregue la pasta de frijol y fríala, revolviendo y raspando el fondo de la olla para que no se queme. Cocínela unos 8 minutos, o hasta que esté bastante seca. Deje enfriar.

La masa: licúe 1/2 taza (125 ml.) del caldo de frijol, o agua, con el epazote y los chiles hasta que estén lisos. Deje la mezcla a un lado. Ponga la manteca y el asiento en el tazón de la batidora y bátalos alrededor de un minuto con una cucharada de sal. Poco a poco incorpore la masa y la mezcla licuada. Bata bien y verifique la sal.

Caliente la vaporera a fuego lento. Sacuda las hojas de maíz una última vez. Unte 2 cucharadas copeteadas de la masa sobre la parte superior de la hoja. Ponga 1 cucharada copeteada de pasta de frijol en el centro de la masa y doble las hojas de modo que la masa cubra el relleno de frijol. Doble la punta de la hoja hacia atrás. Coloque los tamales terminados en un traste mientras termina el resto. Para entonces el agua de la vaporera tiene que estar hirviendo.

En la vaporera, coloque los tamales parados y cúbralos con las hojas que hayan sobrado o con una toalla. Tape bien. Cueza los tamales a fuego medio alto, hasta que la masa esté esponjosa y se desprenda fácilmente de la hoja, aproximadamente 1 1/4 horas.

ASIENTO

Esta manteca de color café, que proviene de la tina en que se fríe el chicharrón (la piel del cerdo) hasta que está crujiente, tiene pedacitos de chicharrón grasoso. Se usa untado en tortillas (tortillas con asiento), en memelas (bolitas de masa de maíz en forma oval), o para enriquecer los chochoyotes (esferitas de masa que se añaden a la sopa). En Oaxaca se le llama asiento; en Juchitán, zorapa.

Un buen sustituto es 1 taza de manteca de cerdo de buena calidad, mezclada con 1/2 taza (125 ml.) de chicharrón con grasa, finamente desmoronados. Caliente hasta que adquiera un color caramelo profundo. Deje que enfríe y que se asiente antes de usar. El asiento, o su sustituto, dura varios meses en el refrigerador.

Pastel de verduras
Rinde 6 porciones

Este pastel de verduras, o ensalada ixmeña o pikle, como también se le llama, se sirvió en una cena, en Oaxaca. Lo preparó una de las invitadas que venía de Ixtepec, un pueblito del Istmo de Tehuantepec.

Aunque suele servirse a temperatura ambiente, también sirve como entrada, caliente. Las verduras deben estar firmes, pero un poco más suaves que *al dente*, para que puedan absorber los sabores y mezclarse con la crema y los huevos.

Por lo general este pastel se hace en cazuela, a fuego lento, sobre la estufa, pero también puede hornearse. A mí me parece más fácil esto último porque el pastel se cuece más parejo.

El queso que usan allá es un queso fuerte y algo seco de Chiapas pero, en Estados Unidos puede usar queso Romano, finamente rallado, a manera de sustituto.

Esta receta se presta a muchas variaciones, dependiendo del gusto individual y de lo que tenga a la mano. Por ejemplo, puede servirse, aunque no tradicionalmente, con una salsa de rajas (tiritas de chile poblano) y queso, con caldillo de jitomate, etcétera.

Yo hago este pastel en un molde para soufflé como de 6 cm. de profundidad y, cuando está frío, lo volteo, con cuidado, en un platón.

225 gr. (aproximadamente 1 2 tazas) de papas,
peladas y cortadas en cubos de 7 mm
225 gr. de zanahorias, en cubos de 7 mm. (aproximadamente 1 1/2 tazas)
225 gr. de ejotes cortados en pedacitos (aproximadamente 1 3/4 de taza)
1 cucharada de aceite vegetal
1/3 de taza de cebolla blanca mediana finamente picada
4 chiles serranos finamente picados
225 gr. de jitomates finamente picados (aproximadamente 1 taza copeteada)
3/4 de taza de mostaza preparada
1 manojo chico de perejil picado
1 cucharadita de orégano seco
una pizca de nuez moscada

426

3/4 de taza de crema

3/4 de taza de queso de Chiapas (o romano, en Estados Unidos) finamente rallado

4 huevos ligeramente batidos

sal y pimienta recién molida, al gusto

Tenga listo un molde refractario de 1.5 l, bien engrasado con mantequilla, y suficiente agua salada, hirviendo, para cubrir apenas cada una de las verduras.

Ponga las papas en agua salada hirviendo y cuézalas unos 5 minutos. Deje que el agua vuelva a hervir y agregue las zanahorias. Cuézalas 5 ó 6 minutos y escúrralas. En la misma agua cueza los ejotes. Guarde el agua de la cocción. Caliente el horno a 177 °C (350 °F).

Mientras tanto, caliente el aceite en la sartén, agregue la cebolla y los chiles. Fría a fuego medio, sin dorar, un minuto. Añada los jitomates y vuelva a freír unos 5 minutos a fuego bastante alto, raspando de vez en cuando el fondo de la olla para que no se pegue, hasta que la mezcla se reduzca. Incorpórela a las verduras cocidas y a los demás ingredientes.

Bata la mostaza, la crema y el queso con los huevos e incorpore a las verduras con el resto de los ingredientes. Ajuste la sazón (el queso es muy salado, de modo que quizá no necesite añadir más sal). Vierta la mezcla en el molde. Hornéelo en la rejilla superior del horno aproximadamente 25 minutos, o hasta que el pastel esté cuajado y firme al tacto. Deje que se enfríe antes de desmoldarlo, o sírvalo caliente como si fuera un soufflé.

La costa del Pacífico oaxaqueño

En Oaxaca, cuando uno recorre la carretera del Pacífico, casi todo el tiempo se está tierra adentro y sólo de vez en cuando se alcanza a ver el mar o sus largas y hermosas playas. Atraviesan el camino muchos ríos secos —que están así casi todo el año—, hasta que llegan las lluvias y los caudales que bajan de la Sierra Madre se vierten al océano. La tierra, llena de matorrales, está empobrecida por la deforestación y los pastos donde se alimenta el ganado. De vez en cuando aparece una aldea con pequeños plantíos de mango, papaya y plátano, donde los cocoteros (que tristemente se van amarillando) brindan sombra a los árboles de limón. Sin embargo, a través de los años, me he detenido en los mercados de la región a charlar con las cocineras que me han introducido a nuevos y asombrosos sabores.

Cada vez que empieza la temporada de lluvias quiero irme para allá a probar, otra vez, la exquisita salsa de chicatanas: hormigas voladoras. Doña Armandina me ha enseñado mucho sobre la comida regional. Según ella, con las primeras lluvias las chicatanas emergen del suelo arcilloso de su patio y se reúnen alrededor de los focos de luz, donde ella y su familia esperan, listos para atraparlas. Primero las chicatanas se cuecen en agua salada, luego se tuestan y se muelen con ajo y chiles costeños secos para formar una pasta o salsa suave: se me hace agua la boca sólo de pensarlo. Resulta casi imposible tratar de describir el sabor de todo lo silvestre, pero después de comer chicatanas siempre tengo la sensación de haber comido avellanas. La misma salsa se usa también para tamales y perfuma la masa, que en esta parte es bastante densa, con su inconfundible aroma.

Otra rareza gastronómica es la salsa que se hace en Puerto Escondido con un nido que contiene los huevos de una avispa negra (ver foto). El sabor es más fuerte y penetrante que el de las chicatanas, pero es delicioso y está lleno de proteínas.

Hay mejillones chicos que se llaman tichindas, provenientes de las lagunas vecinas de la costa. Se cocinan en una salsa o, con todo y concha, se usan como relleno increíblemente delicioso de tamales. El que yo me comí el verano pasado tenía diez tichindas. Cuando se abren adentro del tamal la masa absorbe su sabor.

En el mercado de Pochutla se pueden encontrar bolsas de camarones secos, de no más de 6 mm. de largo, y un pescado seco, de 1 cm. de largo. Se usan en arroz o para hacer tortitas, sobre todo en Cuaresma.

El pescado ahumado de Puerto Ángel se cocina en un caldillo de jitomate o pipián, y también forma parte de la sencilla comida regional del área de Pochutla. En las playas de Puerto Escondido se venden pequeños ostiones, con un gusto ligeramente salado, casi regalados, pero cada vez resulta más difícil convencer a los pescadores de que los dejen en sus conchas: ¡ay!, para ellos es más fácil cargarlos en una bolsa de plástico que dejarlos en su concha. Si lo ordena con anticipación, en playa Roca Blanca se puede comer lengua de perro (un pequeño crustáceo alargado que se adhiere a las rocas) en crudo o crujiente. Existe una gran variedad de pescados, pero casi siempre se asan a las brasas o se guisan en salsa de jitomate. Todo es muy fresco y sin pretensiones, pero no hay platillos notables como los hay en Campeche, Tabasco y Veracruz, por ejemplo. En los pequeños mercados de la zona siempre hay carne de cerdo, de res o de unos pollos un tanto flacos, recién sacrificados, pero en ciertas épocas del año también hay carne de iguana, armadillo y venado.

Estas carnes se guisan en moles ligeros o en caldillos sazonados con chiles coste-ños —rojos y amarillos—, que crecen en los alrededores de Pinotepa Nacional. Son de color rojo-naranja o de un amarillo brillante; tienen la piel delgada, miden entre 4 y 6 cm. de largo, y son muy picantes. Por lo general, el chile rojo se usa tostado y molido para salsas de mesa, o remojado y licuado con otros ingredientes en salsas cocidas. El chile tuxta, pequeño y triangular, se usa mucho en Puerto Escondido. También es muy picante y tiene mucho color: lo hay amarillo pálido con manchas color púrpura que, cuando madura, adquiere un tono rojo, casi naranja. Fresco o seco, se usa sobre todo en salsas de mesa. Hay tamales de calabaza y tamales de siete capas, con frijoles y calaba-za. Los excelentes panes de levadura de Juquila se elaboran con abundante manteca. Por último hay gigantescas tostadas de masa molida, con coco o ajonjolí, para acompa-ñar el café o el atole. Las señoras Bertha, Aura y Armandina compartieron sus recetas que siguen conmigo, me guisaron diversos platillos, y tuvieron infinita paciencia con todas mis preguntas.

Mole de iguana negra
Señora Galván, Puerto Escondido
Rinde para 4 generosas porciones

Obtuve esta receta para hacer iguana negra, pero no desfallezca, puede usar carne de cerdo y sustituir los jitomates por tomates verdes. Aunque en la región se usaría espi-nazo de cerdo, yo recomiendo usar costillitas. (En los mercados de Estados Unidos he visto chiles costeños —tienen un color rojo-naranja, unos 5 cm. de largo, piel delgada y son muy picantes— pero sugiero que los sustituya por chile pulla, aunque no tienen el mismo sabor penetrante y rústico.) Si va a Oaxaca compre muchos chiles costeños.

Como tantos otros moles, éste queda mejor si lo deja reposar unos 30 minutos antes de servirlo para que desarrolle su sabor.

675 gr. de costillitas de cerdo

sal al gusto

115 gr. de chiles costeños (unas 40 piezas) sin tallos, venas, ni semillas

3 dientes de ajo toscamente picados

1/4 de cebolla blanca toscamente picada

1/4 de cucharadita de orégano seco desmenuzado

3 hojas santas o de aguacate, tostadas, hasta que estén crujientes

2 pimientas gordas

2 clavos

225 gr. de jitomates o tomates verdes, sin cáscara y enjuagados

2 cucharadas de manteca de cerdo o de aceite vegetal

2 cucharadas de masa para tortillas

Cubra la carne de cerdo con agua. Agregue sal al gusto y deje que cocine a fuego lento alrededor de 40 minutos o hasta que esté suave. Escúrrala y guarde el caldo.

Tueste los chiles ligeramente y tenga cuidado de no quemarlos. Cúbralos con agua caliente y déjelos remojar unos 15 minutos, hasta que estén suaves y la pulpa se haya reconstituido. Escúrralos.

Licúe 1/2 taza (125 ml.) del caldo, con el ajo, la cebolla, el orégano, la hoja santa, o la hoja de aguacate, y los clavos, hasta obtener una mezcla lisa.

Corte los tomates en trozos, cúbralos apenas con agua, y cuézalos hasta que estén tiernos, unos 8 minutos. Escúrrales la mitad del agua y déjelos a un lado. Caliente la manteca en una cacerola y añada los ingredientes licuados. Fríalos a fuego medio alrededor de un minuto.

Licúe los chiles escurridos con 2 tazas (500 ml.) de caldo hasta obtener una mezcla lo más lisa posible. Cuele, presionando el colador con fuerza para extraer la mayor cantidad de jugo y pulpa posible. Agregue el puré de chile a la olla y cocínelo unos 5 minutos, revolviendo de vez en cuando.

Licúe los tomates con la masa hasta que estén lisos y vierta la mezcla a la olla, revolviendo de vez en cuando para que no se pegue. Cocine 5 minutos, o hasta que la salsa espese un poco. Añada la carne, sal si es necesario. Siga cocinando y revolviendo otros 10 minutos. La salsa debe tener una consistencia media. Diluya, si es necesario. Para mejorar el sabor, deje que el mole repose 30 minutos antes de servir.

Mole de venado
Señora Galván, Puerto Escondido

Rinde 4 porciones

En la costa del Pacífico todavía se guisa la carne de animales silvestres que combinan bien con el penetrante sabor del chile costeño. Por lo general en la costa del Pacífico la carne de animales salvajes se guisa con moles picantes: su fuerte sabor aguanta bien el picor de los chiles costeños. El método para hacer el mole es prácticamente el mismo que el de la receta anterior. Notará que en muchas partes de Oaxaca los jitomates y los tomates verdes se añaden después de cocinar y sazonar la base de chile y especias.

Si no consigue carne de venado puede usar cordero (aunque sería mejor usar carne de res). Cuando tueste dientes de ajo sin pelar, asegúrese siempre de hacerles un pequeño corte para que no exploten y tenga que recogerlo del piso de su cocina.

675 gr. de carne para guisado (véase el texto superior),
con un poco de hueso y grasa, cortada en piezas
sal al gusto
115 gr. de chiles costeños sin tallos, venas ni semillas
2 chiles guajillo sin tallos, venas ni semillas
3 dientes de ajo sin pelar, asados
1/4 de cebolla blanca mediana, asada
2 clavos
2 pimientas negras
3 hojas de aguacate, tostadas hasta que estén crujientes
1/4 de cucharadita de orégano seco desmenuzado
2 cucharadas de manteca de cerdo o aceite vegetal
225 gr. de jitomates toscamente picados (aproximadamente 1 1/4 tazas)
sal al gusto

Cubra la carne con agua. Añada sal al gusto y cocine suavemente dependiendo del corte que haya usado, hasta que la carne esté tierna pero no suave, unos 40 minutos. Escúrrala y guarde el caldo.

En una plancha o comal tueste los chiles ligeramente, cúbralos con agua caliente y déjelos remojar unos 15 minutos, hasta que estén suaves y la pulpa se haya reconstituido. Escúrralos.

Vierta 1/2 taza (125 ml.) del caldo en la licuadora y añada el ajo, la cebolla, los clavos, la pimienta, las hojas de aguacate y el orégano. Licúe hasta obtener una mezcla lo más lisa posible.

En una cacerola, caliente la manteca y fría los ingredientes licuados un minuto.

Licúe los chiles escurridos con 2 tazas (500 ml.) del caldo hasta obtener una mezcla lo más lisa posible. Cuélelos, presionando el colador con fuerza para extraer la mayor cantidad de jugo y pulpa posibles. Añada este puré a la cacerola. Siga cocinando otros 5 minutos, revolviendo y raspando el fondo de la cacerola para que no se queme. Licúe los jitomates hasta que estén lisos y añádalos a la cacerola. Revuelva bien el mole.

Cocine el mole durante unos 10 minutos. Agregue sal y la carne, y deje que cueza suavemente 10 minutos más. Deje que repose 30 minutos antes de servir para que los sabores maduren. La salsa debe quedar relativamente ligera y no tan espesa como la del mole de iguana (receta anterior). Diluya con más caldo si es necesario.

Torta de masa
Doña Bertha Ortiz
Rinde 3 porciones

Doña Bertha está encargada de cocinar para una serie de casas en Punta Zicatela, cerca de Puerto Escondido. Una mañana en que no podía decidir qué desayunar, además de los tamales y las variedades de huevos que ya tenía preparados, doña Bertha me hizo esta torta.

Es una receta de su infancia, transcurrida en la sierra, cerca de Putla de Guerrero. Sin duda era una forma de que rindieran los huevos para alimentar a una familia numerosa. Doña Bertha me sirvió esta torta con una fuerte salsa de chiles costeños: estaba deliciosa.

Desde luego, ésta puede ser una idea básica cuyas variaciones no tienen límite: agregue cebolla o chiles serranos, finamente picados; adórnela con rajas de chile y queso o con una salsa de tomate.

El tamaño de la sartén es importante porque la torta no debe ser ni muy delgada ni muy gruesa. Lo ideal es que tenga unos 20 cm. de diámetro.

1/3 de taza (83 ml.) de masa para tortillas

1/2 taza (125 ml.) de agua

2 huevos grandes

sal al gusto

2 cucharadas de cebolla blanca finamente picada (opcional)

3 cucharadas de manteca de cerdo derretida o de aceite vegetal

Licúe la masa con el agua hasta que esté completamente lisa. Añada los huevos con sal y licúe de nuevo. Si va a usar cebolla, incorpórela.

Caliente la manteca o el aceite en la sartén y vierta la mezcla de huevo. Cocínela a fuego medio, tapada, hasta que la parte superior de la mezcla apenas cuaje, unos 15 minutos. Deslícela a un plato y voltéela sobre la cacerola para que se cueza del otro lado, sin tapar, 5 minutos más.

Tamales de chileajo

Doña Bertha Ortiz, Puerto Escondido

Rinde 30 tamales

Estos tamalitos picosos se cuecen durante más tiempo porque los ingredientes del relleno están crudos. En Pinotepa Nacional me dieron una receta, casi idéntica para hacer tamales de carne cruda.

Doña Bertha insiste en que la carne debe tener hueso, y puede ser de cerdo o de pollo. La de cerdo sabe mejor, sobre todo cuando los tamales se recalientan.

La masa debe untarse en una capa delgada sobre las hojas de plátano, lo que hace a estos tamales aún más deliciosos. A mí me gusta batir la masa con el agua en que se remojó el tequesquite toda la noche (agua asentada de tequesquite), pero no siempre puede conseguirse, así es que puede sustituirla con polvos para hornear.

LA CARNE:

450 gr. de costillas de cerdo con bastante carne, cortada en

32 cubos de 2.5 cm.

1/4 de taza (63 ml.) de jugo de limón

1 cucharadita de sal

LA SALSA:

1/2 taza (125 ml.) de agua o caldo de carne

4 dientes de ajo toscamente picados

1/8 de cucharadita de cominos

2 clavos

4 pimientas negras

1 cucharadita de orégano seco

1 cebolla pequeña toscamente picada

340 gr. de jitomates toscamente picados

(aproximadamente 2 tazas copeteadas)

15 chiles guajillo sin semillas, remojados durante 10 minutos

40 chiles costeños sin semillas y enjuagados

2/3 de taza (164 ml.) de agua

sal al gusto

LA MASA:

180 gr. (aproximadamente 1 taza rasa) de manteca de cerdo

1 cucharadita de sal, o al gusto

1/2 taza (125 ml.) de agua de tequesquite,

o 1/2 taza (125 ml.) de agua mezclada con 2 cucharaditas de polvo para hornear

565 gr. de masa texturada para tamales

Tenga listas por lo menos 30 piezas de hoja de plátano de aproximadamente 23 por 20 cm., pasadas por una flama para que se suavicen, y una vaporera para tamales con agua y monedas en el fondo.

La carne: mezcle la carne con el jugo de limón y la sal, y déjela reposar 30 minutos.

La salsa: licúe el ajo, el comino, las pimientas y el orégano con 1/2 taza (125 ml.) del agua, hasta obtener una mezcla lisa. Poco a poco añada la cebolla y los jitomates. Vuelva a licuar hasta que la mezcla esté casi lisa. Por separado, escurra los chiles guajillo, despedácelos y licúelos junto con los chiles costeños y aproximadamente 2/3 de taza (164 ml.) del agua, hasta obtener una mezcla lo más lisa posible. Cuele esta salsa, presionando el colador con fuerza para extraer los pedacitos de piel dura y añádala a los otros ingredientes licuados. Agregue sal y mezcle bien.

La masa: bata la manteca durante unos 3 minutos, o hasta que esté espesa y esponjada. Poco a poco añada la sal y el agua de tequesquite, y siga batiendo 3 minutos más. Agregue la masa, un poquito a la vez, batiendo bien tras cada adición, hasta que toda la masa esté incorporada. Siga batiendo un minuto o más: la masa debe quedar húmeda y porosa, pero relativamente firme.

Engrase sus manos, tome una bolita de masa de unos 4 cm. de diámetro y aplánela para formar un círculo muy delgado en el centro de la pieza de hoja de plátano. En una mitad de la masa ponga un pedazo de carne y una cucharada muy copeteada de salsa. Doble la hoja de modo que la otra mitad de masa cubra el relleno. Doble los dos lados juntos y luego doble los dos extremos hacia atrás. Repita con el resto de los tamales.

Mientras tanto, ponga la vaporera a fuego lento para que el agua empiece a hervir y las monedas empiecen a tintinear cuando usted haya acabado de armar los tamales. Ponga una capa de tamales en la vaporera, tápela, cuézalos 8 minutos (para que la capa inferior no quede completamente aplanada), y coloque el resto de los tamales en capas intercalados dentro de la vaporera. Cúbralos con más hojas de plátano, o con una toalla, y cuézalos aproximadamente 2 horas. Siempre tenga a mano más agua hirviendo, en caso de que tenga que rellenar la vaporera. Para saber si los tamales están listos, examínelos como siempre: la masa debe desprenderse fácilmente de la hoja, pero asegúrese de que la carne esté bien cocida.

Cuitlacoche estilo costeño

Rinde para 1 taza [250 ml.] de relleno, suficiente para 14 ó 16 empanadas pequeñas

En la región preparan el cuitlacoche moliéndolo con los otros ingredientes para formar una pasta suave. Luego se pone en crudo en una empanada o en una tortilla, también cruda, que se fríe o se cuece en un comal. Yo prefiero cocinar el relleno primero porque le da mejor sabor. Con este método el cuitlacoche se reducirá casi a la mitad.

450 gr. (aproximadamente 4 tazas) de cuitlacoche, rasurado
del olote y toscamente picado
2 dientes de ajo toscamente picados
3 chiles costeños o chiles de árbol, tostados y enteros
2 cucharadas de hojas de epazote toscamente picadas
2 cucharadas de aceite vegetal
sal al gusto

Ponga el cuitlacoche, el ajo, los chiles y el epazote en un procesador de alimentos y muélalos hasta obtener una pasta texturada. Caliente el aceite en un sartén y fría la mezcla hasta que esté húmeda pero no jugosa, 10 minutos. Añada sal y deje que se enfríe un poco antes de hacer las empanadas.

Empanadas de hongos

Rinde aproximadamente 2 tazas (500 ml.) de relleno, para hacer de 12 a 15 quesadillas o tacos

En el verano de hace algunos años, mientras recorría la costa de Oaxaca, me detuve en los pueblitos a buscar cualquier novedad en sus mercados. En uno, cerca de Pinotepa Nacional, encontré las mismas verduras de siempre —zanahorias, jitomates y cebollas—, así como pequeños montones de pescado seco, la principal fuente de proteína en esa región que es bastante pobre. Entonces vi una canasta de hongos como orejitas, de un color café grisáceo. Con justa razón se llamaban orejitas de ratón u honguitos de palo. La única viejita que los vendía se negó a decirme cómo se preparaban y tampoco me dejó tomarles una foto sin que yo accediera antes a comprar una gran cantidad, a un precio desorbitante. Desde luego, lo hice. Llena de esperanza, de inmediato me dirigí a un puesto de comida que acababa de abrir para el desayuno y se especializaba en empanadas.

Por fin la cocinera accedió a prepararme los hongos al estilo del lugar. Para sorpresa mía puso todos los ingredientes crudos y toscamente picados en la licuadora. Luego hizo una tortilla muy grande y delgada. Cubrió la mitad con el relleno crudo y la espolvoreó con un queso seco y salado. Luego dobló la tortilla para hacer una empanada grande, que coció lentamente en un comal con un poco de manteca. Apenas podía esperar. Aunque me lo advirtió, mordí la empanada de inmediato: me quemé la lengua y el jugo hirviente me escurrió por el brazo, pero fue un desayuno delicioso y una justa compensación por haber salido muy temprano de Puerto Escondido.

Al hacer esta receta en casa utilice hongos silvestres pequeños, pero puede emplear cualquier tipo de hongo jugoso, de preferencia silvestre, que se venda o se recolecte en la región donde vive.

He probado el relleno crudo o ligeramente cocido y prefiero la segunda opción: lo frío unos minutos en aceite para subrayar los sabores y reducir el jugo. También prefiero picar los hongos en vez de licuarlos. El relleno es delicioso también en quesadillas o en tacos.

450 gr. de hongos (véase el texto anterior)
10 chiles costeños o cualquier chile pequeño, seco y muy picante,
o aproximadamente 8 chiles de árbol
2 hojas santas
1/4 de taza (63 ml.) de agua
6 dientes pequeños de ajo toscamente picados
2 cucharadas de aceite vegetal
sal al gusto
1/4 de taza (63 ml.) de queso salado (en Estados Unidos, queso romano o pecorino),
finamente rallado

Limpie los hongos con un trapo y píquelos finamente. Abra los chiles, quíteles las semillas y las venas, tuéstelos ligeramente en un comal o plancha, y despedácelos. Limpie la hoja santa con un trapo, quite la vena principal y pique la hoja toscamente. Licúe el ajo, las hojas santas, los chiles y el agua hasta obtener una consistencia lisa.

437

Caliente el aceite en una sartén y añada los ingredientes licuados. Fríalos a fuego medio durante un minuto. Añada los hongos y la sal, y cocínelos a fuego medio, revolviendo de vez en cuando, hasta que estén bien sazonados y el jugo se haya evaporado, de 5 a 8 minutos.

Use el relleno para hacer tacos o quesadillas o, si puede, consiga las tortillas grandes que se usan en la región para empanadas (véase el texto superior). Espolvoree con un poco de queso salado.

Tamales de rajas
Señora Armandine, Pinotepa Nacional
Rinde aproximadamente 24 tamalitos

El relleno:
450 gr. de jitomates asados
4 dientes de ajo toscamente picados
sal al gusto
340 gr. de queso fresco (o muenster, en Estados Unidos) cortado en
tiras como de 13 mm. de ancho
48 hojas de epazote
12 chiles serranos, cada uno cortado en cuatro rajas

La masa:
180 gr. de manteca de cerdo
1/2 taza (125 ml.) de agua de tequesquite
o 1/2 taza de caldo tibio con 1/2 cucharadita de polvo para hornear
675 gr. de masa para tamales
sal al gusto

Tenga lista una vaporera para tamales y aproximadamente 30 hojas secas de maíz, remojadas y sacudidas, además de algunas hojas adicionales para la vaporera.

Licúe los jitomates sin pelar, el ajo y la sal hasta obtener una mezcla texturada. Bata la manteca hasta que esponje y, poco a poco, incorpore el agua de tequesquite o su sustituto. Vuelva a batir 3 minutos más. Gradualmente añada la masa y la sal, batiendo tras cada adición. Por último, bata otros 3 minutos.

Unte una cucharada muy copeteada de masa para formar una capa delgada dentro de la hoja de maíz. Agregue una cucharada de salsa de tomate, una raja de queso, 2 hojas de epazote y 2 rajas de chile. Doble los lados de la hoja para que la masa cubra el relleno, y luego doble la punta hacia adentro para que se una con los lados de la hoja.

Cuando haya armado y doblado todos los tamales, colóquelos en forma vertical dentro de la vaporera. Cúbralos con hojas adicionales y una toalla, y cuézalos durante una hora.

Mole costeño
Señora Armandine, Pinotepa Nacional
Rinde 8 porciones

Típicamente, este mole se sirve con iguana, aunque hoy en día es más común usar pollo. Sin embargo, se me advirtió que a pesar de que se prefiere la iguana negra, pueden usarse las verdes, sobre todo si se han formado huevos en su interior, lo cual no suena muy bien desde el punto de vista ecológico. Por lo general cuando se come este mole la comida empieza con arroz rojo y termina con frijoles negros, después del mole.

LA CARNE:

8 porciones grandes de pollo
1/2 cebolla blanca mediana toscamente picada
3 dientes de ajo pelados
sal al gusto

LA SALSA:

9 chiles anchos
30 chiles costeños (aproximadamente 85 gr.), o 10 chiles
de árbol y 20 chiles puya
8 chiles guajillo
12 dientes de ajo chicos sin pelar, ligeramente tostados en una sartén seca

10 clavos

10 pimientas

1 raja de canela de 2.5 cm

1 cucharada de orégano seco

manteca de cerdo para freír

10 almendras enteras

1/3 de taza (83 ml.) de pasas

115 gr. de plátano macho pelado, cortado en rebanadas gruesas

900 gr. de jitomates asados hasta que estén suaves

Cubra el pollo con agua y añada la cebolla, el ajo y la sal. Cocine a fuego lento hasta que la carne esté casi tierna. Déjela en el caldo 15 minutos, escúrrala y guarde el caldo. Añada más agua, si es necesario, para completar 5 tazas (1.25 l.) de caldo.

Abra los chiles y quíteles las semillas y las venas. Tuéstelos ligeramente en una plancha o comal, luego enjuáguelos dos veces y escúrralos. Mantenga los chiles guajillo aparte de los otros dos chiles.

Licúe el ajo tostado, las especies y el orégano con 1/2 taza (125 ml.) del caldo hasta obtener una consistencia casi lisa. Añada 2/3 de taza (164 ml.) del caldo adicional y, poco a poco, agregue los chiles anchos y costeños, licuando bien después de cada adición. Sólo añada más caldo si necesita liberar las aspas de la licuadora.

En una cacerola gruesa en la que vaya a cocinar el mole, caliente 3 cucharadas de manteca. Añada los ingredientes licuados y fríalos a fuego lento, raspando el fondo de la olla para que no se pegue. Licúe los chiles guajillo con otra 1/2 taza (125 ml.) de caldo hasta obtener una mezcla lo más lisa posible. Cuele la salsa, presionando el colador con fuerza para extraer la mayor cantidad de jugo y pulpa posibles, y añada este puré a la olla. Siga cocinando a fuego lento mientras prepara el resto de los ingredientes.

Caliente un poco más de la manteca y fría las almendras hasta que estén bien doradas, luego las pasas y, por último, el plátano macho. Licúe estos ingredientes con 1/2 taza (125 ml.) del caldo, añadiendo un poco en caso de que tenga que liberar las aspas de la licuadora. Cuando la mezcla esté casi lisa, añádala a la cacerola y siga cocinándola. Licúe los jitomates asados y añádalos a la cacerola. Siga cocinando el mole unos 20 minutos a fuego medio, cuidando de que no se pegue ni se queme.

Incorpore el resto del caldo, añada las piezas de pollo, verifique la sal y cocínelo a fuego medio de 10 a 15 minutos más.

Estofado de bodas
Señora Armandine, Pinotepa Nacional

Rinde 6 porciones

6 porciones grandes de pollo

1/2 cebolla blanca chica toscamente rebanada

3 dientes de ajo pelados

sal al gusto

La salsa:

aproximadamente 6 cucharadas de manteca de cerdo, de aceite vegetal o

de grasa de pollo

1 cebolla chica finamente picada

4 dientes de ajo finamente picados

900 gr. de jitomates en rebanadas delgadas

1/2 taza (125 ml.) de pasitas

1/4 de taza (63 ml.) de almendras fileteadas

12 aceitunas verdes sin hueso, cortadas por la mitad

3 chiles jalapeños enteros, en escabeche, cortados en cuatro rajas cada uno

2 cucharadas de vinagre de los chiles en lata

1 cucharada de azúcar

1 cucharadita de orégano seco desmenuzado

3 pimientas negras

3 clavos

1 raja de canela de 7 mm.

340 gr. de papas peladas, en rodajas gruesas

225 gr. de plátano macho pelado, en rebanadas por lo largo

2 rebanadas gruesas de piña pelada, sin corazón, cortadas en cuartos

Hierva el pollo con la cebolla, el ajo y sal a fuego lento o hasta que la carne esté apenas tierna, unos 30 minutos. Deje que se sazone en el caldo mientras prepara la salsa.

441

En una sartén, caliente 3 cucharadas de manteca, agregue la cebolla y el ajo. Espolvoréelos con sal. Acitrone, sin dorar, alrededor de un minuto. Agregue los jitomates y fríalos a fuego bastante alto, unos 5 minutos. Añada las pasas, las almendras, las aceitunas, los chiles, el vinagre de chile, el azúcar y el orégano, y siga cocinando la mezcla suavemente. Machaque o muela las especias y añádalas. Agregue 2 tazas (500 ml.) del caldo de pollo y cocine 5 minutos más.

Poco antes de servir, caliente 3 cucharadas de manteca en una sartén y fría las papas en la sartén tapada. Voltéelas de vez en cuando, hasta que estén tiernas y bien doradas. Escúrralas. En la misma grasa (añada un poco más si es necesario) fría el plátano macho hasta que esté bien dorado. Escúrralo.

Diez minutos antes de servir el estofado sumerja las piezas de pollo en la salsa y añada un poco más de caldo, si es necesario, para diluirla a fin de que adquiera una consistencia media. Agregue la piña y cocínela a fuego lento durante unos 10 minutos. Rectifique la sal. Coloque las papas y el plátano encima. Sirva.

Tlaxiaco

El nombre de Tlaxiaco siempre me a parecido glamoroso. En sus épocas de gloria se le conoció como el "París chiquito" de la mixteca. Los aztecas que conquistaron la región en el siglo xv le confirieron este nombre que se deriva de Tlchqiaco, palabra náhuatl que significa "garita desde la que se puede vigilar la tierra circundante".

Aún en épocas precolombinas Tlaxiaco era un centro cultural y de comercio, situado de manera estratégica en la ruta principal que unía al Pacífico con el centro del país. Poco se sabe de la historia colonial del lugar, pero se volvió un importante pueblo mestizo a principios del siglo xix y vivió una época dorada —aunque breve— que llegó a su fin por los estragos de la Revolución.

Yo había leído sobre aquella época dorada, cuando empresarios llenos de ideas iniciaron pequeñas industrias para proveer las necesidades de las grandes haciendas, los ranchos y los asentamientos mixtecos que había en los alrededores donde, a la vez, crecían los productos y los animales que se vendían en Tlaxiaco. Una vez más, el lugar se volvió un gran centro cultural y de comercio.

Me parece fascinante evocar la vida de aquellas familias adineradas que importaban toda clase de lujos europeos a través de los puertos del Pacífico: lo último en moda parisina, muebles, cortinas y hasta grandes pianos: de ahí su nombre de "París chiquito."

Tenía todo esto en mente cuando, tras un viaje bastante arduo desde Puerto Escondido —a 360 kilómetros de distancia—, por fin apareció Tlaxiaco.

Aquella mañana una amiga y yo emprendimos nuestro camino y nos paramos a desayuar en nuestro puesto favorito de comida, dentro del bullicioso mercado de Pinotepa Nacional. Luego, seguimos por un camino angosto, al que apenas puede llamársele una carretera, que ingresa a Tlaxiaco desde el norte. En el primer pueblo los chiles costeños recién cosechados estaban dispuestos en un patrón simétrico para secarlos al sol, por lo que se formaban franjas de un asombroso color rojo y amarillo.

Volvimos a detenernos para comprar los hermosos huipiles que dan fama a San Pedro Amusgos y que se venden en pequeños expendios a un lado del camino. Casi todo el terreno estaba clareado para que las reses pudieran pastar. De vez en cuando podían verse campos sembrados de chile, a punto de marchitarse, y donde había ríos, parches de vegetación y de árboles de plátano y papaya. Justo antes de que el camino descienda a Putla, el único pueblo como tal que existe entre la costa y las montañas, se advierte a la magnífica Sierra Madre erguirse sobre el paisaje. Teníamos que atravesar las cimas remotas que se veían a la distancia.

Después de comer en Putla y de hacer un breve recorrido por el pueblo, nos apuramos a llegar a Tlaxiaco a través de una carretera algo peligrosa de curvas abruptas y orillas sin protección. Los largos tráilers se aproximaban desde el sentido opuesto mediante una serie de maniobras no aptas para cardiacos. Hasta donde la vista alcanzaba a ver, la tierra y las rocas color naranja estaban desnudas. Sus profundas grietas lo eran más cada año por la ausencia de lluvia. Es la erosión más alarmante que haya visto: un serio recordatorio de que la violación a esta tierra, que se inició en épocas de la conquista, aún no ha terminado. Aquí pudo haberse producido comida, árboles, refugio para los animales, las aves y las plantas, por no decir ya un sustento para los habitantes de la región.

En el punto más alto del ascenso hay un valle angosto de tierra pobre, salpicado de unos cuantos pinos. Pueden advertirse atisbos inesperados de color y, de pronto, uno se percata que está en tierra trique, cuyos indígenas se visten con huipiles bordados de brillantes colores. Han vivido aquí desde tiempos precolombinos y su lengua, su cultura y sus costumbres difieren de los del resto de los pueblos mixtecos. Viven en condiciones de inaudita pobreza y, a duras penas, sobreviven con lo que logran cosechar, o bien emigran a Oaxaca a vender sus bordados, pero allá su miseria tampoco mejora. A partir de ese punto, el largo camino desciende y serpentea hacia los valles casi desnudos que rodean Tlaxiaco.

El lugar me decepcionó. Está en ruinas. En las afueras muchas de las casas de adobe están por desintegrarse. Sólo algunos edificios han recibido mantenimiento y constituyen el único recordatorio de tiempos pasados.

Pero Tlaxiaco revive todos los sábados por la tarde cuando empiezan a llegar los vendedores para montar sus puestos o disponer sus pilas de mercancía en el piso. Al día siguiente, los pobladores de los pueblos circundantes llegan muy temprano a vender ollas de barro y sencillos implementos de cocina, como prensas de madera para hacer tortillas o comales de barro.

La Casa de la Cultura es muy activa y tiene animados programas para fomentar algunas artes tradicionales: sobre todo bailes y gastronomía. Ahí conocí a la señora Esmirna Cruz Rojas quien, junto con Juanita, generosamente me dieron las recetas para esta sección del libro, incluyendo el complicadísimo mole negro y sus acompañamientos. Allá este mole se sirve en el mismo plato con un picadillo de entrañas de borrego, sazonadas con jitomate y especias. También puede freírse con huevos batidos y una salsa, lo que hace que este plato parezca más bien una cacerola de capas de jitomate y cebolla, también aderezada con especias, hierbas, almendras y pasas. Me temo que este es un mole que no me gusta mucho —lleva chile ancho y mucho chocolate— y por eso no lo incluí.

Relleno para chiles pasilla de Oaxaca

Rinde aproximadamente 3 1/2 tazas [875 ml.]

En Tlaxiaco y sus alrededores doña Juanita es famosa no sólo por la excelencia de la comida regional que sirve en el restaurante que lleva su nombre, sino también por la alta calidad de sus banquetes para fiestas, dignatarios y políticos. Una de sus recetas que más me gusta es esta de relleno para chiles pasilla, los chiles de sabor ahumado de la región mixe, o los frescos chiles de agua del valle de Oaxaca. Conozco a otra cocinera en la alta mixteca —la región que circunda a Tlaxiaco— que emplea un relleno parecido para los chiles anchos y, desde luego, también con chiles poblanos.

444

450 gr. de maciza de cerdo con un poco de grasa,

cortada en cubos de 2.5 cm.

sal al gusto

3 cucharadas de manteca de cerdo

5 dientes de ajo finamente picados

1/3 de cebolla blanca mediana finamente picada

3 tomates verdes, sin cáscara y finamente picados

225 gr. de jitomates finamente picados (aproximadamente 1 taza)

1/2 plátano macho chico, pelado y cortado en cubitos

1/2 taza (125 ml.) de pasitas

1/3 de taza (83 ml.) de almendras fileteadas

1/4 de taza (63 ml.) de aceitunas verdes sin hueso, finamente picadas

1/2 rebanada gruesa de piña pelada, cortada en cubitos

4 ramas (aproximadamente 1 taza copeteada) de perejil finamente picado

azúcar al gusto

En una olla cubra la carne con agua, añada sal, déjela cocinar suavemente hasta que la carne esté suave, unos 40 minutos. Déjela enfriar en el caldo. Escúrrala y píquela.

En una sartén gruesa caliente la manteca, añada el ajo y la cebolla, y fríalos unos segundos hasta que acitronen, sin dorar. Añada los tomates verdes y los jitomates, y fríalos a fuego bastante alto hasta que el jugo se haya absorbido, unos 8 minutos. Añada el resto de los ingredientes y sal, al gusto.

Cocine a fuego medio, revolviendo y raspando el fondo de la olla para que no se queme, unos 5 minutos. Agregue la carne y cocínela 5 minutos más, o hasta que esté bien sazonada. Antes de rellenar los chiles deje que el relleno se enfríe.

Para rellenar los chiles: use los chiles pasilla de Oaxaca más grandes, de unos 9 cm. de longitud. Para rellenar cada chile necesitará alrededor de 1 2 cucharadas del picadillo.

Con cuidado abra los chiles por un lado y quíteles las semillas y las venas (si los chiles están demasiado secos tendrá que remojarlos en agua tibia unos 10 minutos o más a fin de que se rehidraten). Escúrralos bien y rellénelos con la mezcla de carne, asegurándose de que los dos bordes del chile cierren bien. Capéelos con huevo batido y fría los chiles rellenos (para instrucciones más detalladas, véase *El arte de la cocina mexicana*). Sirva con el caldillo de jitomate que se hace con el caldo de la carne.

Amarillo de puerco con frijol blanco

Señora Esmirna Cruz Rojas, Tlaxiaco

Rinde de 6 a 8 porciones

225 gr. de frijolitos blancos (1 taza muy copeteada)

3 dientes de ajo sin pelar, toscamente picados

1/2 cebolla blanca pequeña toscamente picada

sal al gusto

aproximadamente 2 l. de agua

1.125 kg. de costillitas de cerdo

115 gr. de chiles guajillo

3 dientes de ajo pelados

2 cucharadas de manteca de cerdo o de aceite vegetal

2 hojas santas grandes sin tallo ni la vena del centro

Limpie los frijoles y enjuáguelos bien. Póngalos en una olla con el ajo picado, la cebolla y la sal. Cúbralos con agua y cuézalos de 3 a 5 horas —según la edad de los frijoles— a fuego lento, hasta que estén tiernos pero no deshechos (pero tampoco *al dente*). Escúrralos y guarde el caldo. Deben quedar alrededor de 3 tazas (750 ml.) de líquido. De lo contrario, redúzcalo a fuego alto o añada agua para completar esa cantidad.

Quíteles los tallos a los chiles. Ábralos por la mitad y quíteles las semillas y las venas. Tuéstelos ligeramente sobre un comal o una plancha, cúbralos con agua caliente y déjelos remojar 20 minutos. Escúrralos y licúelos con el ajo pelado y 1 2 tazas del caldo de la carne, hasta que la mezcla esté completamente lisa.

En una sartén, caliente la manteca. Cuele la salsa, presionando el colador con fuerza para extraer la mayor cantidad posible de jugo y pulpa, y añada el puré de chile a la sartén. Tire los residuos del colador. Cocine la salsa a fuego relativamente alto durante unos 5 minutos, revolviendo y raspando el fondo de la olla para que no se pegue.

Ponga la carne cocida en una cacerola gruesa en la que vaya a cocinar el mole y cuézala a fuego medio hasta que suelte la grasa. Siga cociéndola alrededor de 15 minutos, hasta que se dore ligeramente en su propia grasa.

Agregue la salsa de chile y fríala, revolviendo y raspando el fondo de la olla como

446

siempre (el chile se pega con mucha facilidad), o hasta que la salsa se haya reducido alrededor de la carne, unos 5 minutos. Agréguele los frijoles y su caldo. Caliente bien unos 10 minutos. Justo antes del fin del tiempo de cocción, despedace la hoja santa y agréguela al guisado.

Sirva con tortillas de maíz.

Chilate de res

Rinde 6 porciones

El chilate es un plato sencillo de la erosionada región del noreste oaxaqueño que se conoce como la alta mixteca. Es una sopa o guisado ligeramente picante que se sirve en platos hondos con un toque final de limón y cebolla picada. Aunque muchas familias usan pollo, prefiero esta receta de Tlaxiaco que lleva carne de res. Los distintos cortes de carne, la mayoría de ellos con hueso, le añaden mucho sabor al caldo.

1.125 kg. de maciza de res, costillas, chamberete, y
una pequeña cantidad de carne sin hueso
sal al gusto
5 dientes de ajo sin pelar
1/2 cebolla blanca mediana, en rebanadas gruesas
200 gr. de jitomates
85 gr. de tomates verdes sin cáscara y enjuagados
10 chiles costeños, o 6 chiles puya y 4 chiles de árbol
1/2 taza (125 ml.) de masa para tortillas
2 ramas grandes de epazote

Para servir:
cebolla blanca finamente picada
limones en cuartos

En una olla gruesa cubra la carne con agua y añada sal. Cuézala a fuego medio o hasta que esté suave, aproximadamente 1 1/2 horas, dependiendo de la calidad de la carne. Reduzca el caldo a fuego alto o añada agua para completar 6 tazas (1.5 l.). Aparte 1 taza (250 ml.) para la masa.

Ponga el ajo sin pelar y la cebolla en un comal o plancha sin engrasar hasta que el ajo esté suave y la cebolla ligeramente tostada. Pele el ajo y déjelo a un lado.

Ponga los jitomates y los tomates verdes en un comal o plancha, o bajo el asador, hasta que estén suaves y ligeramente tostados. Transfiéralos a la licuadora.

Tueste ligeramente los chiles enteros en el comal o la plancha, enjuáguelos rápidamente, despedácelos y licúelos con el ajo pelado y la cebolla hasta obtener una mezcla lisa. (Si usa chile puya quítele las semillas y las venas antes de tostarlo y remójelos unos 10 minutos, luego licúelo por separado y cuélelo antes de añadirlo al resto de los ingredientes.) Incorpore los ingredientes licuados a las 5 tazas (1.25 l.) de caldo.

Licúe la taza de caldo (250 ml.) que guardó con la masa, hasta obtener una mezcla de consistencia lisa. Incorpórela al caldo. Cocínelo a fuego lento hasta que la salsa espese un poco, cuidando que no se pegue ni se queme en el fondo de la olla. Agregue la carne y el epazote. Cocine todo a fuego lento 5 minutos más. Sirva en platos hondos tibios, y pase la cebolla y los cuartos de limón por separado.

Jiná en escabeche
Señora Esmirna Cruz Rojas, Tlaxiaco
Rinde 2 1/2 tazas (625 ml.)

Los hongos que tienen el maravilloso nombre de jiná (se pronuncia "shiná") son los espléndidos *Amanita cesarea*, de sombrerete rojo-naranja y esponjosas láminas amarillas, que en el Estado de México se conocen como yemas. Crecen en abundancia en muchas partes de México y alcanzan gran tamaño.

Decir que estos hongos se hacen en escabeche no es muy preciso, ya que sólo se emplea 1 cucharada de vinagre en la receta. Pero también es exagerado decir que están "en su jugo", pues esto sólo hace referencia a la primera parte del proceso de cocinarlos. Antes de hacerlo, debe pelarse su piel brillante, pero se usa tanto el sombrerete como el tallo.

Para hacer esta receta se puede emplear cualquier tipo de hongo suave.

Los chiles no se cocinan con los hongos, pero el plato se sirve con una salsa de chile pasilla de Oaxaca y tortillas. Sirve como botana o entrada.

2 cucharadas de manteca de cerdo o de aceite vegetal

1/4 de cebolla blanca mediana finamente rebanada

2 dientes de ajo finamente picados

225 gr. de hongos suaves, pelados y rebanados

sal al gusto

1 cucharada de vinagre suave

115 gr. de queso fresco, quesillo de Oaxaca,

(o queso muenster, en Estados Unidos), rebanado

PARA SERVIR:

salsa de chile pasilla

tortillas de maíz

Caliente la manteca en una sartén. Añada la cebolla y el ajo, y acitrónelos ligeramente. Agregue los hongos y sal, tape la sartén y cocínelos a fuego lento durante unos 5 minutos, hasta que estén tiernos.

Agregue el vinagre y cocine un minuto más. Ponga el queso sobre los hongos, tape la sartén y caliéntelos hasta que el queso se derrita.

Sirva como se sugiere arriba.

Jiná asado (*Amanita cesarea*)

Señora Esmirna Cruz Rojas

1 porción

Ésta es una forma muy sencilla y poco común de preparar estos hongos en Tlaxiaco. Son muy jugosos. Cuando intenté hacer esta receta el jugo se desbordó del comal y el queso derretido se pegó. Tuve que inventar este método que funciona con cualquier hongo grande silvestre, ¡y se hace menos batidero!

La señora Esmirna insistió en que los hongos no deben comerse con salsa sino "secos", para emplear sus propias palabras; es decir, solos, con una tortilla de maíz. De hecho, saben muy bien sobre un pan integral.

mantequilla o aceite vegetal para engrasar la olla

2 jinás grandes (Amanita cesarea) *u otro tipo de hongo silvestre grande*

sal al gusto

1 rebanada muy fría de queso fresco, quesillo de Oaxaca,

(o muenster, en Estados Unidos), lo suficientemente grande como

para cubrir la superficie del hongo

2 rebanadas delgadas de ajo

2 hojas grandes de epazote

Caliente una sartén pequeña y gruesa, y úntela bien con mantequilla. Sazone las laminillas del hongo con sal.

Con las laminillas hacia adentro, haga un sandwich con el queso, el ajo y el epazote. Asegure las dos tapas del sandwich con palillos.

Cerciórese de que la sartén esté muy caliente. Cocine los hongos por un lado, hasta que quede bien dorado, y luego, por el otro, durante unos 5 minutos. Con cuidado voltee el sandwich y cocine el otro lado, durante 5 minutos más, hasta que los hongos esté cocidos y el queso se haya derretido. Sirva inmediato como se sugiere más arriba.

450

Hongos en chile guajillo

Señora Esmirna Cruz Rojas, Tlaxiaco

Rinde 2 tazas copeteadas (600 ml.)

Los hongos silvestres que se recogen en el bosque de pinos que rodea Tlaxiaco durante la época de lluvias se preparan de un modo ligeramente distinto a los de Michoacán y el Estado de México, por ejemplo. La siguiente receta es para oreja de venado (*Hypomyces lactifluorum*), un hongo en forma de trompeta de color naranja-rojizo, que tiene un tallo y un sombrerillo aflautado de la misma textura crujientes. La carne del interior es blanca y lisa. Las instrucciones fueron para deshebrar en rajas con las manos, aunque desde luego podría cortarlos en julianas, pero no demasiado finas o se perdería su textura en la salsa de chile. Puede sustituir estos hongos por cualquier otro tipo de hongo firme.

Esta receta se sirve como botana o como entrada, con tortillas de maíz.

7 chiles guajillo sin venas ni semillas
225 gr. de hongos (véase el texto superior)
1 1/2 cucharadas de manteca de cerdo o de aceite
1/4 de cebolla blanca mediana finamente rebanada
1/3 de taza (83 ml.) de agua
2 dientes de ajo toscamente picados
sal al gusto
1 cucharada de jugo de limón

Cubra los chiles con agua caliente y déjelos remojar 15 minutos en un recipiente.

Limpie los hongos con un trapo húmedo y deshébrelos o córtelos en rajas. Caliente la manteca, añada la cebolla y acitrónela unos minutos, sin dorar. Añada los hongos y cocínelos a fuego medio, revolviéndolos de vez en cuando durante unos 8 minutos. Si están muy secos, tape la sartén.

Escurra los chiles. Licúe gradualmente el agua y el ajo. Añada los chiles escurridos y licúe hasta obtener una mezcla lo más lisa posible. Cuele esta salsa, presionando el colador con fuerza para obtener la mayor cantidad de jugo y de pulpa posibles, y agregue el puré a los hongos. Revuelva bien, añada sal y siga cocinando, raspando el fondo de la olla para que no se quemen. Agregue el jugo de limón y cocine otros 8 minutos, hasta que estén bien sazonados.

Sierra de Juárez

Entre los muchos viajes memorables que hice durante aquellos primeros días en busca de cocineras y recetas, recuerdo uno en particular: el que hice de Tuxtepec a Oaxaca, pasando por la Sierra de Juárez.

La carretera avanza casi paralela al río Papaloapan y está flanqueada por cañaverales de blancos penachos que se mecen al viento (me han dicho que, cuando llegan a esa etapa, han rebasado su estado óptimo). El área que rodea a los ingenios siempre es deprimente: los ríos están contaminados y, a menudo, muertos; las casas de los trabajadores son escuálidas y de una construcción pobre; los flancos de los caminos que van de los campos al molino están quemados o ennegrecidos por el fuego y pueden verse las capas del bagazo maloliente que queda tras el procesamiento de la caña. El gigantesco molino de San Cristóbal era exactamente así: tierra de nadie.

En aquella época Tuxtepec era mucho más pequeño; era un pueblo tropical, tórrido pero limpio, que se refugiaba bajo la sombra de cientos de árboles de mango. Crecen tantos frutos que nadie se molesta en recolectarlos. Los deliciosos mangos de manila (a mi parecer la más deliciosa de todas las variedades) se pudrían, a pesar de que en los mercados que estaban más al norte su precio alcanzaba cifras considerables. El mercado no tenía ninguna característica especial, a no ser —como de costumbre— por los indígenas marginados de la sierra que, ataviados con sus coloridos atuendos, llegaban a vender extrañas hierbas y plantas silvestres que recolectaban en los bosques de niebla, de gran riqueza botánica.

En la noche, la estancia fue algo incómoda porque un equipo de filmación norteamericano se había adueñado de los mejores cuartos del hotel (nunca averigüé qué película estaban filmando), pero me levanté al alba para tomar la primera camioneta a Oaxaca. La camioneta resultó ser un robusto y viejo camión de unos treinta asientos y una enorme rejilla de canastos y animales, típico cargamento en los sitios remotos.

En menos de una hora nos detuvimos en un pequeño y rústico restaurante de Valle Nacional para gozar de un abundante almuerzo de huevos, tortillas y frijoles negros deliciosos. Insistí en probar los pomelos, una especie de toronja caída de los árbo-

452

les cargados de fruta que rodeaban el restaurante y que yacían en el suelo pudriéndose. ¡Nadie parecía usarlos!

Lo que tenía que ser un descanso de veinte minutos se extendió cómodamente mientras nos servían la comida con lentitud, y se estableció una animada conversación entre los pasajeros, el chofer y cualquier otra persona que anduviera por ahí.

Los campos que circundan Valle Nacional están tapizados de cultivos de chile jalapeño, tabaco, maíz y plátanos, pues abunda el agua que fluye de las corrientes que se precipitan desde las cumbres de la sierra. Por fin retomamos el camino que, con cada curva, parecía ascender cada vez más por entre una jungla de lujuriantes palmeras y una maleza frondosa, que recibía la sombra de muchos tipos de árboles tropicales desplegados protectoramente sobre los demás.

El camino, que se hacía más angosto en ciertas partes, se había escarbado de entre la roca de la cima montañosa cubierta de vegetación. En sus profundas salientes las cascadas de agua fluían y consumían el lado del camino que estaba expuesto y sin resguardo. Abajo, la tierra descendía abruptamente hacia angostos valles sembrados de plátano, maíz y café, entre filas de suaves montañas verdes que parecían no tener fin. ¿Cómo mostrar indiferencia ante tan majestuoso paisaje?

En cierto punto podían verse las cimas nevadas de tres volcanes, que lucían dramáticas contra el brillante cielo azul y las delgadas nubes que las rondaban.

Conforme el camino ascendió la vegetación se fue transformando. Había bosques de roble y pino; los cardos rojos y los lupinos alegraban los bordes de la carretera. El fulgor de la luz definía cada una de las agujas de los pinos que, bajo el sol de la mañana, parecían de seda, mientras que de los troncos emanaba un fuerte perfume resinoso.

Cuando por fin llegamos al punto más alto del camino, el paisaje era arrobador: por un lado las lujuriantes tierras al norte que habíamos cruzado y, al sur, hasta donde la vista alcanzaba, un paisaje infinito de montañas desnudas y muy erosionadas. Los cultivos formaban unos cuantos parches verdes y un puñado de pinos salpicaban el camino que iniciaba su descenso hacia Ixtlán y, por último, al valle de Oaxaca. Pero la luz incandescente de aquel valle producía un fulgor que le confería, aún a la más yerma de las regiones, una cualidad mágica. Entonces no tenía forma de saber que, en los años siguientes, volvería a ese sitio una y otra vez para visitar la Sierra de Juárez.

Gracias a mis amigos, los etnobotánicos Alejandro de Ávila y Gary Martin —quienes me proporcionaron algunas recetas mecanografiadas de la zona chinateca—, me percaté de la riqueza de los alimentos silvestres que existen allí y que conformaban gran parte de la dieta de la región. Pasé un día inolvidable recolectando plantas con Gary en un bosque de lluvia donde encontramos chayote silvestre y hojas de "laurel mexicano" (*Litsea glaucescens*), un árbol que crece a mayor altura, en los bosques de roble.

Durante casi todo el día sus amigos chinatecas me mostraron las plantas y flores silvestres que crecen entre la exuberante maleza: altos arbustos de hoja santa (*Piper auritum*), la hoja en forma de corazón del cilantro silvestre (*Piper pseudo-alpino*), llamada así por su inconfundible sabor a cilantro; brotes de taro y tepejilotes (*Chamaedorea tepejilote*), que son los alargados cogollos de una palma pequeña. Los tostamos sobre un fuego de leña hasta que el escudo por fin se abrió para revelar las hebras largas de las flores color crema. Son firmes y un poco amargos, y se comen solos o en mole amarillo. También había berros sofritos, recién sacados de las corrientes cercanas. La comida es sencilla y nutritiva: se cultiva maíz, calabaza, frijoles, chayotes y varios tipos de plátano; muchos tipos de hierbas, flores y hongos silvestres; pescado y animales acuáticos de las corrientes principales, que se sazonan con cilantro silvestre y hoja santa y de aguacate.

La carne de res y de pollo representa cierto lujo, pero hay animales silvestres de muchos tipos, cuya carne a menudo se conserva, salándola o ahumándola sobre una estufa de leña. Beben atoles mezclados con plátano verde, amaranto y trigo o elote. A los enfermos y a los viejos se les dan atoles con pedacitos de tortilla o enriquecidos con huevo. Hay muchos tipos de guisados con hierbas silvestres, donde a menudo se usa el chile guajillo que viene de Tuxtepec o de Oaxaca, al igual que el pescado seco y salado que se usa en los tamales.

Me sentí fascinada y volví en varias ocasiones, aunque me prometí jamás volver a pasar una noche en ese lugar. Sin duda alguna fue la noche más incómoda de mi vida. Mi cama era una delgada colchoneta sobre tablones de madera y, a pesar de que me envolví en cuatro gruesas cobijas —como si fueran un capullo (había olvidado mi saco para dormir)—, moría de frío. Mientras las húmedas y frías nubes hacían descender la lluvia cuyo golpeteo sobre el techo de lámina pareciera no tener fin. Una gallina cacareaba en una esquina del cuarto de cemento, y las instalaciones sanitarias hacían que, en comparación, las del Tercer Mundo parecieran limpias y lujosas. En ese instante decidí que, en vez de quedarme tres días a hacer mis investigaciones —como lo había planeado—, recortaría mi estancia a un día y medio. A la mañana siguiente entré en pánico cuando el carburador empapado de mi auto no quería arrancar. Hacer andar mi coche requirió todo el ingenio de un vendedor ambulante que se conmovió ante mi llamado de auxilio.

Como las montañas me producen vértigo, le había pedido a un chofer que pasara a recogerme, pero aún faltaban dos días para eso. No tenía alternativa: tuve que conducir yo misma. Jamás olvidaré el horror de ese viaje de regreso, gran parte del cual transcurrió en el carril exterior de unos precipicios aterrorizantes. Avancé con una lentitud pasmosa por las curvas ciegas y sin protección, a la vez que pitaba desesperadamente para advertir al tráfico que venía en dirección opuesta que ya casi estaba saliendo de la curva. Los veloces camiones madereros vacíos me acechaban y los choferes no dejaban de proferir toda clase de insultos. Las horas se me hicieron infinitas y sentí un alivio indecible cuando por fin pude relajarme un poco y dejé de aferrarme al volante en el momento en que, tras la última curva, pude vislumbrar, por fin, el valle de Oaxaca.

Cuicatlán

Hace años quedé fascinada por el chile chilhuacle, que es específico de Oaxaca. Cada vez que puedo hago el peregrinaje anual a Cuicatlán, donde crece. Viaje allá desde Tehuacán —aunque la carretera es muy solitaria y la condición del asfalto es deplorable— o desde Oaxaca, la capital, que está a 140 kilómetros de distancia. Cuicatlán es un pueblito agrícola ubicado, de manera dramática, bajo de unas gigantescas rocas quemadas color ocre oscuro, a la entrada de la Cañada, como se le llama al río Grande de Oaxaca. El primer trecho del viaje atraviesa el extremo norte del valle central hasta que la carretera se desvía hacia el noreste y empieza a ascender a través de un territorio donde hay grupos esporádicos de pinos y abetos.

La vista del valle hendido es espectacular y la carretera empieza a descender cruzando un paisaje semiárido de cactos y matorrales que, en sí, son muy hermosos a principios de la primavera, cuando están en flor. Luego el camino sigue el río del valle, bordeado en ambas márgenes por franjas de cultivos de no más de un kilómetro de ancho; huertos de limón, mango, papaya, chicozapote, plátano y aguacate. Conforme uno se acerca a Cuicatlán, los cultivos se vuelven más extensos: maíz, jitomate, berenjena, okra y, desde luego, chiles criollos, como se les llama a los chilhuacles. Cada una de las regiones de México, y a veces incluso cada uno de sus innumerables asentamientos diminutos, tiene su propia clase de chile criollo, todos distintos en tamaño y carácter.

Nadie pude decirme con exactitud cuándo se empezó a cultivar este chile, pero se dice que su sabor característico cambia si crecen bajo condiciones climáticas y de suelo diferentes, de modo que se consideran variedades específicas de cada lugar, igual que sucede con los enormes chiles poblanos de Miahuatlán, que pueden considerarse característicos de ese sitio específico.

La cosecha de chilhuacles, negros, rojos y amarillos, se seca y se vende casi toda en los mercados de Oaxaca y Puebla, pero cuando acaba la temporada de lluvias pueden encontrarse, frescos, verdes o apenas maduros en el mercado. Completamente maduros, se tuestan, pelan y cocinan en rajas, con cebolla y queso, o en caldo. Tienen un delicioso sabor afrutado, pero son increíblemente picosos y tienen un color muy brillante (véase la fotografía). Los que están maduros se usan, enteros, para chile de caldo (la receta se da a continuación), el platillo típico de la cosecha en esta región.

Cuando están secos, son regordetes, muy livianos y tienen una superficie mate. Cada año aumenta su precio, pero aún así a los agricultores no les resulta redituable su cosecha. Es un círculo vicioso. Estos chiles se usan en moles y guisados únicos de Oaxaca, pero las cocineras prefieren adaptar el chile guajillo, que es más barato pero no tiene el mismo sabor picante ni el color que caracteriza al chilhuacle (véanse las recetas para hacer chichilo negro y mole negro de Oaxaca, en *El arte de la cocina mexicana*).

Chile caldo
Señora María de Jesús Mata
Rinde de 6 a 8 porciones

En Cuicatlán la costumbre de preparar chile caldo en el campo durante la cosecha es una tradición que está al borde de la extinción. Es una lástima. El sabor de este tipo de comida, preparada en una hoguera de leña al aire libre, no tiene igual, por no mencionar la intensa frescura de los ingredientes. Esta receta es poco común porque los chilhuacles rojos maduros recién cosechados se añaden casi a último momento y le dan al caldo un sabor muy especial. Cuando está maduro este chile tiene un intenso color rojo. Tiene una piel delgada, es muy picante, rechoncho y casi cuadrado, como de 5 cm. de largo y ancho.

Para sustituir a los chiles chilhuacles sugiero usar chiles poblanos maduros o mitad poblanos verdes y mitad pimientos rojos.

Cuando hace poco fui a Cuicatlán, uno de los principales agricultores de chilhuacle me preparó un chile caldo. Por la mañana se buscaron frenéticamente los frijoles silvestres de vaina abultada que se usan, con todo y vaina, para este guisado. Por fin lograron encontrar algunos y, aunque estaban un poquito pasados por el mal clima, las vainas y los frijoles resultaron tiernos y deliciosos. (En Estados Unidos sugiero usar habas muy tiernas o lima beans en sus vainas.)

3 l. de agua

1/2 cebolla mediana, toscamente rebanada

3 dientes de ajo sin pelar

sal al gusto

675 gr. de costillitas de res, cortadas en pedazos pequeños

675 gr. de corvas de puerco, cortadas en pedazos pequeños

8 piezas chicas de pollo

450 gr. de jitomate toscamente picado

6 ajos pelados y picados

6 rebanadas gruesas de calabaza

2 elotes, cada uno cortado en 6 piezas

2 chayotes (aproximadamente 675 gr.) pelados y cortados en tiras

225 gr. de habas frescas (o lima beans, en Estados Unidos) (véase el texto anterior)

1 cebolla de rabo, grande, toscamente picada

7 chiles cihuacles maduros (véase el texto anterior)

1 manojo grande de cilantro

Ponga el agua en una olla grande con la cebolla, el ajo y la sal y deje que rompa el hervor. Baje la flama y cocine durante 10 minutos. Añada la carne de res y cerdo y cuézala aproximadamente 40 minutos. Añada el pollo y cuézalo 10 minutos más.

Mientras tanto, licúe los jitomates y el ajo hasta que estén lisos. Añada a la olla. Agregue la calabaza, el elote, los chayotes, las habas, la cebolla de cambray y cocine todo hasta que las verduras y la carne estén tiernas, alrededor de 30 minutos. Ajuste la sal y añada los chiles y el cilantro. Siga cocinando hasta que todos los ingredientes estén suaves y el caldo tenga buen sabor.

Sírvalo en platos hondos con bastante caldo y tortillas de maíz.

Nota: el tiempo puede variar según la calidad de las carnes y las verduras.

Rajas de chiles criollos de Cuicatlán

Rinde 1 1/2 tazas (375 ml.)

Puede sustituir los chiles criollos de Cuicatlán por chiles poblanos o por chilacas, aunque, claro, no tienen la misma intensidad de sabor.

Durante la cosecha los chiles frescos así guisados se usan como relleno para hacer tacos campestres, o para comerse con queso o carnes asadas. Estas rajas de chilhuacles son las más coloridas y de sabor más afrutado que haya visto o probado.

2 cucharadas de aceite
1/2 cebolla blanca mediana o 1 cebolla de rabo, finamente rebanada
3 dientes de ajo rebanados
sal al gusto
340 gr. de jitomates finamente picados (aproximadamente 2 tazas)
4 chiles poblanos u 8 chilacas, asadas, peladas, sin venas ni semillas,
cortadas en rajas delgadas (aproximadamente 1 taza rasa)
2 ramas grandes de epazote

Caliente el aceite en una sartén, añada la cebolla y el ajo y espolvoréelos con sal. Fríalos a fuego medio a que acitronen. Añada los jitomates y siga cocinándolos a fuego bastante alto unos 8 minutos, revolviendo y raspando el fondo de la olla para que no se quemen, hasta que el jugo se absorba. Incorpore las rajas de chile y el epazote y cocínelas 5 minutos más. La mezcla debe quedar húmeda pero no jugosa.

Miscelánea
de
experiencias culinarias

Rarezas

Mole prieto
María Luisa Méndez, Tetla, Tlaxcala
Rinde de 6 a 8 porciones

Era una de esas noches tormentosas aquí en San Pancho cuando el teléfono funciona a ratos y las luces se apagan justo en el momento en que me siento a escribir. Pero, para mi sorpresa, el teléfono sonó. Del otro lado del auricular, advertí la urgencia en la voz de mi gran amiga y excelente cocinera y maestra, María Dolores Torres Yzabal. Sabía que se trataba de algún tipo de sorpresa culinaria. Su hija Miranda acababa de llamarle para avisarle que Luisa, su secretaria, estaba recién llegada de Tetla, su pueblo natal, en el estado de Tlaxcala, y que traía un mole muy especial, hecho a base de cuitlacoche seco (no hay que confunidr el cuitlacoche, que es un hongo del maíz, con el ave del mismo nombre). Miranda le dijo a su madre que tenía que probarlo porque tenía un aroma extraordinario y un sabor delicioso. Agregó: "Por favor, cuéntale a Diana".

Transcurrieron casi seis meses. Teníamos que esperar a que el maíz y su hongo, el cuitlacoche, se secaran por completo en el campo. Esto ocurrió a principios de noviembre, cuando la mamá de Luisa nos llamó para invitarnos a su casa —a unos kilómetros de Apizaco— a probar este extraordinario platillo.

Teníamos muchas ganas de recoger un poco del cuitlacoche seco, de modo que primero fuimos a la milpa. Las hojas secas crujían al viento, y los tristes y arqueados tallos de maíz estaban rodeados de las alegres flores de color amarillo, rosa y púrpura que florecen después de las lluvias, en ésta que es la época más colorida del año.

No tuvimos mucho éxito. Resultaba difícil distinguir entre las espigas secas y negruzcas de la planta y el marchito hongo que estaba a punto de desintegrarse. Sin embargo, sentimos un gran alivio al saber que, en anticipación a nuestra visita, doña

María Luisa ya había apartado una cantidad. También tenía guardado un poco de cuitlacoche seco del año anterior, pero estaba lleno de gorgojos —bueno, pensé, más proteína— porque, según se dice allá, el maíz se plantó en luna nueva y, como consecuencia, casi con toda certeza los insectos atacarían al maíz y a su hongo. De haberse sembrado con luna más llena eso nunca habría ocurrido, nos explicó.

Doña María Luisa nos enseñó a preparar los restos, de triste apariencia, de lo que fue antes un hongo jugoso y suculento, a fin de convertirlos en un mole único y delicioso.

Con mucho cuidado, despojó a la mazorca de su escudo de hojas secas y separó la masa fibrosa, que ya estaba a punto de deshacerse, y contenía el fino polvo negro.

Para entonces la carne ya estaba cocida, así que empezó a preparar la salsa para el mole. En lo que a ella concierne, este platillo sólo se prepara en los pueblos de la región y sólo en época de pisca, cuando se cosechan las mazorcas secas y se almacenan para todo el año. En mi opinión, ¡se trataba de una receta regional por excelencia! Para este platillo se prefiere espinazo de cerdo y, aunque los huesos de la espina tienen muy poca carne, es deliciosa. Además, los huesos le dan sabor y densidad a la salsa.

Encendieron un simple bracero de carbón y, en cuanto el rescoldo bajó de incandescencia, empezaron a cocinar el mole en una cazuela de barro. Pronto, el delicado aroma del cuitlacoche nos abrazaba mientras, hambrientos, observábamos la manera en que estos sencillos ingredientes, mezclados y cocidos, se convertían en una sorpresa culinaria única y espectacular.

LA CARNE:

1.125 kg. de espinazo o costillitas de cerdo, o 1 pollo grande

1/2 cebolla blanca mediana

1 diente de ajo grande, pelado

sal al gusto

EL MOLE:

4 chiles guajillo grandes

4 chipotles mecos

1 1/2 tazas (375 ml.) de agua

1 diente de ajo grande, pelado

1 cucharada copeteada de cebolla blanca picada

1 raja de canela de aproximadamente 1.5 cm.

2 clavos

1 1/3 de taza (333 ml.) de cuitlacoche seco (véase el texto anterior)

2 cucharadas de manteca de cerdo, derretida

3/4 de taza (188 ml.) de masa para tortillas

2 hojas de laurel chicas

Cubra la carne con agua y agregue la cebolla, el ajo y la sal. Cuézala a fuego medio durante unos 40 minutos, o hasta que esté tierna, dependiendo de la calidad de la carne. Escúrrala y guarde el caldo.

Mientras tanto, despedace los chiles, sin quitarles las venas ni las semillas. Cúbralos con agua caliente y déjelos remojar 10 minutos. Enjuáguelos y licúelos, con todo y semillas, junto con 1 taza (250 ml.) del agua, el ajo, la cebolla, la canela, los clavos y el hongo seco, hasta obtener una mezcla lisa.

Caliente la manteca en una cazuela, de preferencia sobre un fuego de carbón o de leña. Cuele la salsa, presionando con fuerza el colador para obtener la mayor cantidad posible de salsa, y agréguela a la cazuela. Revuelva bien.

Licúe la masa con 1/2 taza (125 ml.) del agua hasta que esté lisa. Agréguela a la salsa y revuelva bien. Cocínela a fuego moderado unos 15 minutos, revolviendo y raspando el fondo de la olla para que no se pegue.

Cuando esté bien sazonada, agregue la carne con unas 2 tazas (500 ml.) del caldo, revuelva bien, y cocínela a fuego bastante alto hasta que el mole espese un poco. Agregue sal al gusto y las hojas de laurel. Cocine 5 minutos más.

La salsa para este mole no debe quedar demasiado espesa, pero sí cubrir el revés de una cuchara de madera. Sirva el mole acompañado sólo por tortillas de maíz.

Ahuautli: una comida prehispánica tal y como se prepara hoy en día

Para los indígenas de la región, durante siglos, los ahuautli, huevos microscópicos de la especie *Ephydra hians* de moscas acuáticas, de las familias *Corixidae* y *Notonectidae*, que abundan en los lagos del Valle de México, han sido fuente gratuita de un alimento sumamente nutritivo. Los ahuautli todavía se comen en nuestros días y, más aún, representan un valioso producto que se puede intercambiar o vender en los mercados locales o en los grandes mercados de la ciudad de México, como el de La Merced.

Hace poco, un arqueólogo que investigaba la zona que circunda a Chimalhuacán —un pueblo cerca del Lago de Texcoco, o lo que queda de él, pues cada año la contaminación lo encoge más y más—, me invitó a registrar algunas de las preparaciones y los usos que, en la actualidad, se le da a este asombroso tipo de alimento. Los españoles se referían al ahuautli como "el caviar de México", y con justa razón, porque tiene un sabor delicado; y porque cosecharlos y prepararlos requiere de muchísimo cuidado, lo que explica su precio elevado. Estas moscas acuáticas ponen sus huevos en los pastos de juncia o en torrentes de agua que casi ya no existen. Las hebras de estos pastos o polotes se anudan y luego se aseguran en aguas poco profundas.

Entré en contacto con una familia de Chimalhuacán que, desde hace generaciones, ha sobrevivido a base de los distintos alimentos que produce el lago: charales (pequeños peces), insectos comestibles, ranas, ajolotes (*Ambystoma trigrinum*), varios tipos de aves migrantes (ahora es ilegal cazarlas), y espirulina, el alga que se forma en el agua. Después de las heladas de invierno, familias enteras salen al lago a recolectar tequesquite (carbonato de cloro y sodio), una sal que forma una delgada costra grisácea sobre la tierra que rodea estas áreas lacustres. En épocas precolombinas el tequesquite se usaba como sal y, aún hoy, a veces todavía se le usa así, como agente para levantar masa para tamales y suavizar frijoles, maíz, etcétera. Sin duda, la forma de preparar estos alimentos ha variado a través de los siglos, sobre todo con la introducción de nuevos ingredientes del Viejo Mundo, como cebolla, ajo y cilantro, éste último usado en abundancia en las recetas que me dieron.

La familia Escalante y sus once hijos vive en condiciones miserables. Sin embargo poseen un conocimiento invaluable sobre la vida y las actividades, pasadas y presentes, del área de Chimalhuacán. Hoy la zona del lago está densamente poblada y mucho muy contaminada con basura y aguas negras, lo que amenaza la existencia misma de los pequeños cuerpos de agua que aún quedan y la riqueza de alimentos que, asombrosamente, aún produce.

El señor Escalante se ofreció a hacer un breve viaje de pesca con el fotógrafo Alan Giberstein, quien me acompañaba, pero los planes se demoraron mientras su enérgica mujer salió a toda velocidad de la cocina, secándose las manos en el delantal. Con gran premura empezó a medio remendar una red que estaba al borde de la desaparición —y que colgaba del marco rectangular donde estaban los utensilios de su marido—, rematada por una serie de trapos viejos que también hubo que coser. Disculpándose por la condición de la red, la pareja me informó que de tener una nueva, ¡de inmediato sería presa de los ladrones!

465

Transcurridas un par de horas los hombres volvieron con una cubeta medio llena de dos tipos de moscas acuáticas: moscas de pájaro y cuatecones o pintos. Éstos últimos se distinguen por su color claro y sus cuerpos más largos y delgados. También habían arrancado algunas hojas de pasto cubierto con los pequeños huevos grisáceos de las moscas, que se llaman ahuautli. El pasto se extendió muy cuidadosamente sobre una tela y se dejó secar al sol durante una hora. En ese lapso se le dio vuelta una sola vez. Los Escalante miraban, ansiosos, las nubes y rezaban para que no cayera la tormenta que se avecinaba, porque si llovía los ahuautli iban a chiquearse (forma poco común de usar esta palabra, que aquí significa que las larvas iban a eclosionar).

Después de espantar a las gallinas que miraban nuestro almuerzo con ojos desorbitados, la señora Gloria y su hija comenzaron a tallar las hojas de pasto muy suavemente entre sus manos para que los huevos cayeran en la tela. Luego comenzó la tediosa labor de limpiar los huevos para quitarles cualquier basura, y tomarlos entre las palmas en un movimiento circular para que se desprendiera cualquier partícula de polvo que tuvieran adherida. Este lento proceso requirió de gran paciencia y, según nos dijeron, un tacto delicado y calmado. Cualquier señal de impaciencia o de rapidez en el movimiento haría que los huevos eclosionaran.

Se trajo el metate al patio, donde la tierra estaba aplanada por el constante ir y venir de tantos pies, y donde sólo algunos nopales y unas higueras, exuberantemente cargadas de fruta, sobrevivían en medio de esas duras condiciones. La mano del metate se había roto esa mañana así que pidieron una prestada al vecino... todo esto llevó tiempo pero a todos parecía sobrarles. Poco a poco, el número de espectadores rebasaba, con mucho, al de los trabajadores.

Ya secos y limpios, los ahuautli se molieron —una sola vez, en el metate— y se mezclaron con agua para formar una pasta. Mientras el aceite se calentaba en una sartén grande sobre la estufa, la pasta se mezcló con huevos batidos hasta que quedó lisa. La lentitud del proceso se aceleró repentinamente. Alguien fue a comprar tortillas y, a toda prisa, se preparó una salsa de chile pasilla en el molcajete. Grandes cucharadas de la mezcla que se echaron y extendieron en el aceite caliente. De pronto la mezcla pareció adquirir vida: se hizo más gruesa y se arrugó en las orillas de lo ahora eran tortitas de ahuautli.

Debo admitir que no se veían muy apetecibles, pero su aroma permeaba el aire, anticipando su delicioso sabor, que en nada disminuyó por su envoltura de tortilla y la salsa.

¡Era caviar en verdad!

Los ahuautli eran un poco granulosos y ofrecían al paladar un sabor parecido al de la hueva de pescado fino, y es igual de nutritivo. En su libro *Los insectos como fuente de proteínas en el futuro*, la doctora Julieta Ramos Elorduy de Coconi menciona que el ahuautli es una de las comidas autóctonas de México que contiene un mayor porcentaje de elementos nutritivos.

Además de comerse en tortitas, el ahuautli puede prepararse en albóndigas o agregarse al famoso platillo de romeritos, en Cuaresma. Cuando el ahuautli no rinde suficiente para un platillo fuerte, puede untarse sobre el lado crudo de una gordita de masa que luego se dora en el comal. Lo que sobró de las tortitas que preparamos ese día más tarde se añadió a unos nopalitos en salsa verde.

Aunque el ahuautli es más abundante en época de lluvias, puede guardarse todo el año y, naturalmente, el precio se eleva de manera considerable.

Resulta interesante notar que los huevos del cuatecón pinto —la mosca en sí se hace en tamales— son más grandes, tienen un color ligeramente distinto y se considera que tienen un mejor sabor.

Jumiles: una visita a Zacualpan, Estado de México

Le comenté a una amiga que vive en Metepec que el año anterior, en Cuautla, Morelos, había comido jumiles (pequeños escarabajos de color café, *Atizies taxcoensis*, vulgarmente llamados "chinches de monte"). Siempre quise volver ahí para ver cómo se atrapan y cómo se usan, además de comerse en los famosos tacos de jumiles vivos que le dan fama al lugar, y en los que hay que volver a meter a los más veloces que se salen de la boca y morderlos con fuerza para que no vuelvan a escapar. Virginia, a quien le fascinan las curiosidades y las delicias del México autóctono tanto como a mí, me contó que en Taxco, en el estado de Guerrero, cada año se hace una Feria del Jumil, en noviembre. Si no podía ir en esa fecha, me dijo que luego podía acompañarla a Zacualpan, al sur del estado, a donde viaja con frecuencia para donar libros a las escuelas que quedan en los sitios más remotos. Los jumiles constituyen el evento gastronómico más importante del año. Acordamos una fecha y ella llamó con antelación para asegurarse de que podríamos quedarnos en la suite del dueño del hotel, ya que la plomería en los demás cuartos era impredecible, por decirlo de alguna forma. A la vez, avisó a algunas de sus amigas —cocineras tradicionales— de nuestra visita.

El trayecto nos llevó como dos horas a paso veloz. Recorrimos la pequeña carretera de cuota que pasa por las faldas del extinto Nevado de Toluca; volcán que domina la vasta planicie que rodea Toluca y la base del río Lerma. Unos cuantos kilómetros antes de llegar a Ixtapan de la Sal el camino se hace más angosto. Un poco más adelante, pasando el pueblo, empieza a serpentear al borde de la pared de piedra del cañón y atraviesa profundas cañadas, donde los únicos parches de color entre la hierba y los arbustos secos eran los remanentes de las flores de otoño que, apenas unas semanas antes, habían brillado tanto.

El camino está lleno de curvas y ondulaciones hasta que al fin se nivela y conduce a una vasta planicie donde hay pequeños arroyos que se alimentan de los manantiales de la montaña. El paisaje está salpicado de algunas rancherías —pequeños grupos de casas con sus correspondientes maizales— que ahora estaban casi desnudos, a no ser por los tallos amarillentos que crujían al viento.

A medida que ingresamos al valle, vimos grandes rocas, suaves y grises, que se proyectaban desde el piso como falos gigantes. Más allá, se veían los escarpados picos en forma de cono. Aún más lejos, envuelto en una elevación del terreno, estaba Zacualpan, un pequeño y aislado pueblo minero que casi colinda con Guerrero. Fue fundado por los españoles hacia 1528, y se convirtió en el primer Real de Minas del Nuevo Mundo. A través de los siglos, se han extraído oro, plata y otros metales, y el pueblo ha padecido la fluctuación de la fortuna, igual que cualquier otra zona minera.

Conforme se avanza por las empinadas calles empedradas, parece que se vuelve atrás en el tiempo. Las casas que bordean las calles, y las que se apiñan en las empinadas subidas que rodean el centro, aún conservan las características de la arquitectura tradicional, donde los alerones de los techos de teja sobresalen para cubrir y proteger las aceras.

Cuando llegamos el centro estaba atiborrado por la muchedumbre y la horda de camiones que habían llegado de los pueblos vecinos para oír el informe del alcalde, pero se dispersaron en cuanto terminó de rendir cuentas sobre su trabajo en el municipio el año anterior. Tuve la extraña sensación de estar en un escenario cinematográfico: la pequeña plaza parecía abrumada por los edificios que la rodeaban, la cercanía de la iglesia, el quiosco, el hotel regordete que ocupaba todo un lado de la plaza, los puestos del mercado, y las filas de tiendas y de casas que pendían del nivel superior. Todo esto hacía que se viera más pequeña la alcaldía, joya arquitectónica del siglo XVI, que estaba en una calle aledaña.

Sólo quedaban algunas gentes sentadas o arrodilladas en el piso frente a los modestos montoncitos de sus productos: cacahuates, elotes, una gran variedad de frijoles

—unos grandes que se llaman gordos, unos morados con manchas que se llaman criollos (una variedad oriunda del lugar), y más aún frijoles nuevos, recién cosechados y secos, lo que aseguraba no tendrían la piel dura—. También había unos tubérculos de color rojo encendido que se llaman papas de agua (*Sagittaria macrophylla*), lo que resulta engañoso porque no crecen en agua. Son blancas por dentro y tienen un sabor parecido a la jícama. Había las tradicionales frutas tropicales que llegan de tierra caliente: piñas, plátanos, guayabas y pequeñas varitas de caña para las piñatas de Navidad. Un gran botín, pero no había jumiles. "Quienes los traen de los montes no vienen sino hasta el sábado": ¡lo de siempre!

Los habitantes de la sierra recogen los jumiles que encuentran en las hojas muertas del roble y alrededor de la base del árbol. Los llevan al mercado a toda prisa, antes de que mueran y expidan un olor aún más fuerte. Como sólo aparecen durante tres meses —de noviembre a enero— se les considera una delicia (y probablemente un afrodisiaco) de esa temporada. Para los indígenas, constituyen una fuente gratuita de proteínas y del saludable aceite omega-3.

Desde luego, no teníamos por qué habernos preocupado. En cuanto traspasamos el portal del hotel, una mujer pequeña, de cara redonda y atuendo muy limpio, nos dijo que ella tenía una provisión de jumiles y, aún más, que también tenía tamales de frijol de los que se hacen ahí, para que, por orden del Capitán, el dueño del hotel, los probáramos. (Quedé sorprendida. No pensé que aún quedaran gerentes como ella en los modestos hoteles provincianos. Mi experiencia es que uno llega a la recepción donde alguna joven que masca chicle está más interesada en ver la telenovela que en atender a un posible cliente.)

Algunas maestras de la ejemplar escuela secundaria del pueblo iban a proporcionarnos algunas recetas. Era el día de su fiesta de Navidad y, febrilmente, hacían compras y arreglos de último minuto para su comida. Como estaban tan ocupadas, buscamos a la cocinera de medio tiempo del hotel, quien resultó ser una gran fuente de información. Había nacido y crecido en un pueblo lejano, en la base del valle, y era una cocinera entusiasta. Dijo que ella prefiere los jumiles tostados y enteros, con un poco de limón y sal, envueltos en una tortilla. También sabe hacer una salsa con ellos, para lo cual los tuesta enteros y los mezcla con cebolla finamente picada, chile manzano y jugo de limón. Se come con frijoles o, de nuevo, en tacos.

En ese punto llegó una de las maestras y nos dio su versión de la salsa: hay que moler los jumiles crudos con jitomate crudo o tomate verde y chile serrano. Esta salsa no admite ni ajo ni cebolla, ¡porque le restaría sabor a los jumiles! Para mí nada podría quitarle o cubir ese sabor: es tan punzante que sus rasgos permanecen ligeramente en la boca por algún tiempo. Entonces nos llevaron a toda prisa —el paso de nuestra visita se había acelerado— a ver a otra maestra-cuñada, que de inmediato empezó a cocinar varios platillos (véase las recetas en el capítulo sobre el Estado de México).

Para cuando llegamos a la fiesta en casa del ingeniero, que vivía por la vieja mina, estábamos muertas de hambre y, sin perder un minuto, atacamos los deliciosos chorizos asados al carbón y el chicharrón, todavía más grasoso, orgullo del carnicero que lo hacía (marido de nuestra amiga maestra) y que, para cuando nos sentamos a la mesa a comer, ya estaba en sus medios chiles.

Algunos de los integrantes de la concurrencia observaron atentamente cuando nos sirvieron la especialidad del lugar: carne de cerdo en salsa de jumil. Probé un bocado. Me recordó la deliciosa salsa de larvas de avispa en su panal y a las hormigas voladoras de la costa de Oaxaca que saben a avellana. Entonces decidí que realmente, con toda facilidad, podía sobrevivir sin otro bocado de jumiles. Nuestros anfitriones no han de haber advertido mis sentimientos hacia semejante delicia porque, para mi desconsuelo, nos regalaron jumiles vivos para llevar a casa.

Esa noche, al apagar las luces, escuchamos lo que nos pareció el ruido de ratones tratando de entrar pero, cuando apunté mi lámpara en dirección al sitio de donde provenía el sonido, ¡ahí estaban!: ¡cien jumiles desesperados, tratando de salirse de la bolsa de plástico!

Las matanzas de Puebla

Hace más de veinte años, en una remota hacienda del centro de México, presencié una escena macabra que se repetía año con año. A partir de la última semana de octubre, durante tres semanas, con infalible eficiencia y velocidad, se matan cientos de cabras de manera primitiva (pero indolora). En el lapso de tres horas la escena que se desarrolla frente a uno parece a veces una danza ritual de muerte, cuyas raíces se remontan a la España del siglo XIII.

Estas matanzas seguramente están asociadas con la mesta mexicana (la Mesta era una asociación de ganaderos establecida en España en 1273 para controlar y regular el movimiento transhumante), creado en México por órdenes de España, en 1537. Ésta fue una decisión lógica a la transhumancia, cuando las pasturas de la meseta central se desgastaron. La transhumancia siguió a gran escala a lo largo de los siglos hasta hace poco, cuando los grandes rebaños de cabras empezaron a decrecer con rapidez. Es probable que hoy sólo haya dos matanzas importantes, y sólo el tiempo dirá cuánto durarán.

Los empresarios son el patrón y su esposa. De ascendencia española, ambos provienen de un pequeño pueblo de Oaxaca. Cada año envían a un par de compradores a inspeccionar y adquirir rebaños enteros de cabras para la matanza. En mayo, cuando inician las lluvias de verano y salen nuevos pastos en la meseta central, se conduce a las cabras, que van pastando mientras avanzan, hacia la hacienda en donde se va a llevar a cabo la matanza. En el mejor de los casos el pasto es escaso y el agua también, pero se dice que la textura y el fuerte sabor de la carne y la cantidad de grasa que produce mejora cuando a los animales se les alimenta con sal a intervalos. No se les da agua para beber y el único líquido que consumen es el que extraen de los suculentos y jugosos tejidos de las cactáceas que abundan en el paisaje semiárido.

Cada año el patrón renta una de las pocas haciendas que quedan, especialmente diseñadas para la matanza, que ofrecen el espacio necesario para esta industria especializada, pues es una industria que provee de pieles, huesos, carne seca y grasa para hacer sebo y jabón, en grandes cantidades. Cada año el mayordomo se encarga de contratar a los trabajadores. Hay distintas versiones sobre cómo se designa al mayordomo, pero lo más probable es que sea un oficio hereditario, que pasa de una generación a otra. Al menos éste era el caso de la mujer que conocí, cuyo padre había sido mayordomo. Ella siempre lo acompañaba a las matanzas, y cuando él ya no pudo con el trabajo, ella se volvió mayordoma, a cargo de las trabajadoras, y su esposo se volvió mayordomo. A su vez, él se encarga de contratar a los matanceros, que matan y destazan a las cabras, y a las mujeres que cocinan y hacen otras labores durante su campamento temporal en la hacienda. Todos vinieron de Chilac, un pueblo que está como a 15 kilómetros de distancia. Desde hace generaciones, al final de la cosecha, los campesinos dejan sus campos para trabajar en las matanzas.

Eran las 11 de la mañana cuando llegamos al patio de la hacienda. Estaba desierta, a no ser por algunos niños que dejaron de jugar para observarnos, llenos de curiosidad, y algunos perros flacos que escarbaban en busca de sobras de carne. Los únicos toques de color que rompían la monotonía de las paredes de adobe eran algunas flores tardías de jacaranda, las bayas rojas del árbol de pirú, y los tamariscos de un verde grisáceo. Por una abertura en la pared que estaba a un lado de la entrada aparecieron cuatro muchachos cargando una litera —un petate adosado a dos palos— en la que llevaban una pila de resbaladizos estómagos de cabra color ocre. Los llevaban a lavar al río que fluía en el límite exterior de la hacienda, y que servía también de baño y lavandería. Invertimos sus pasos y hallamos un campamento entre la pared exterior de la hacienda y los altos maizales de un terreno vecino. El tejabán estaba hecho de palma y carrizos entretejidos con delgadas estacas de madera. Aquí los matanceros vivían y comían durante la temporada. Al mirar alrededor, me pareció casi un microcosmos completo de la vida en una aldea, prácticamente intocada a través de los siglos.

Las mujeres habían improvisado sus cocinas. Antes de que comenzara la faena, preparaban y servían el almuerzo alrededor de pequeñas fogatas delimitadas por grandes piedras de río. Algunas molían el maíz para las tortillas, arrodilladas frente a su metate. Otras palmeaban la masa y cocían las tortillas sobre un comal.

Los frijoles hervían en grandes ollas de barro y, frente a los hombres sentados, había platitos hondos con alimentos sencillos de la región: salsas muy picantes, unas vainas largas y delgadas de color rojo que se llaman guajes y que contienen un tipo de frijol comestible de sabor mucho muy penetrante, y unas bayas parecidas a las aceitunas, guisadas con jitomate, ajo y cilantro, llamadas tempesquixtles (*Bumelia laetevirens*), de suave sabor perfumado. Dicen que una vez que uno ha comido tempesquixtles, volverá a Tehuacán una y otra vez.

Había una niña sentada que trenzaba palma para hacer canastas, mientras que, en otra parte del campamento, unas señoras viejas y feas trabajaban intensamente chamuscando el pelo de las patas de los chivos sacrificados el día anterior. Cientos de patas hendidas en ristras colgadas en las ramas de los árboles para salvarlas de los perros hambrientos que merodeaban el lugar. Incluso había un pequeño puesto donde se vendían refrescos, aunque muchos de los hombres de mayor edad habían traído su propia dotación de mezcal o aguardiente. Sentada en el piso, una mujer estaba rodeada por sus hijos y vendía montoncitos de cacahuates, pepitas, chicles y habas secas y tostadas, como es común verlo en cualquier calle de México.

Los estómagos e intestinos aplanados de los chivos sacrificados la víspera estaban extendidos y hondeaban como ropa en un tendedero; parte de los emolumentos de los matanceros, junto con las patas y las orejas. Los hombres dormían bajo los tendales. La tierra desnuda se había limpiado. Las cobijas, la ropa y las mochilas estaban ordenadamente colgadas en clavijas, en la pared. Los petates para dormir (esteras de paja toscamente tejidas que se usan prácticamente para todo en el campo)

472

estaban enrollados y amontonados a un lado. Para completar la escena podía apreciarse la poco atractiva visión de las tráqueas, todavía ensangrentadas, que se habían colgado a secar.

Proseguimos nuestro recorrido por la parte principal de la hacienda. A la derecha de la entrada había un gran corral muy grande, un toril, donde cientos de chivos aguardaban su trágico destino. En un edificio que quedaba al otro lado había una cocina primitiva con largas mesas de tabla donde comía el resto de los trabajadores. Y, en otro cuarto, desnudo a no ser por una cama matrimonial, una silla, y una mesita de noche —donde el patrón y su esposa, distraída o quizá placenteramente, advertían el olor de los huesos fritos apilados en un rincón— ocupaban casi la mitad del espacio. Al otro lado estaba la oficina, dominada por gigantescas básculas, donde la esposa del patrón pesaba parte de la "mercancía" y calculaba el precio con la ayuda de una calculadora de bolsillo.

A través de la ventana de la oficina podía verse un gran patio abierto donde, a lo largo del muro extremo, uno de los techos formaba un tejaban. En ángulo recto había otro edificio pero, como veníamos del exterior soleado, cuando entramos, apenas pudimos discernir la espectral y vaporosa atmósfera donde los hombres meneaban grandes calderas de grasa con palas talladas a mano. De vez en cuando dragaban hígados fritos con un primitivo colador de metal y los llevaban afuera a que se enfriaran en unos petates, en el patio.

Otros, exprimían pedacitos de grasa crujiente de los calderos en grandes prensas de madera hasta que se extraía cada gota de manteca y formaba un bloque sólido de chicharrón prensado, listo para enviarse a los mercados.

La manteca rendida se colaba a través de un petate amarrado a dos palos y luego, con un embudo, se vertía en el estómago inflado de una cabra. Se aseguraba bien la boca del estómago y se echaba en una esquina sobre un montón grotesco que crecía con cada adición: cientos de estómagos hinchados de cebo y cubiertos de moscas devoradoras. Para cuando los fritangueros terminaron su labor, después de la matanza del día anterior, la escena era digna de Goya. Arriba, en el extremo más alejado, había un rayo de luz. Provenía de una vela que titilaba frente a una imagen de la Virgen de Guadalupe. A un lado, una ofrenda colgaba de un clavo de hierro: el hígado frito de la primera cabra sacrificada ese año.

Segundos antes de que diera la una de la tarde, los chivos fueron llevados al patio principal. Se agolpaban nerviosamente mientras los matanceros, todos limpios y nítidamente vestidos, entraron con canastas, botellas de refresco, y sillas muy pequeñas que parecían salidas de una guardería de niños. Se quitaron la ropa, prácticamente sin pronunciar una sola palabra, se quedaron en ropa interior, colgaron sus pertenencias en perfecto orden en los clavos que estaban bajo el tejabán, en uno de los extremos del patio y, metódicamente, a intervalos de unos cuatro metros, empezaron a distribuir gigantescas canastas. Frente a ellas desplegaron los indispensables petates.

Algunos hombres llevaban sus gorras favoritas de beisbol con la visera hacia atrás, mientras otros llevaban camisetas muy decoradas y otros más parecían llevar taparrabos y, al menos uno, llevaba un pulcro par de bermudas con estampado de tartán. Todos llevaban aterradores cuchillos largos metidos en el cinturón.

En el pasado la costumbre era que el mayordomo encabezara el canto de una oración en la que lo acompañaba el resto de los hombres, a manera de bendición cotidiana antes de iniciar la matanza de cada día, pero ahora por lo general sólo se canta una vez, el primer día de la temporada.

Cuando el mayordomo —un hombre inmenso, fornido y patizambo que llevaba un sombrero de paja de ala ancha— dio la señal, los grupos de hombres avanzaron. Cada uno tomó un chivo, a veces dos, por los cuernos, lo arrastró hacia los picadores que blandían sus grandes cuchillos como derviches. Con un solo golpe experto alcanzaban la yugular. Un esporádico espectador corría con una cubeta para atrapar la sangre que salía a chorros del cuello del animal. A través de una nube de polvo, la increíble escena se desarrolló en el más absoluto silencio, a no ser por el sonido de los pies que se movían, algunos balidos apagados, y un chorro de orina que soltó un chivito aterrado al caer al piso. Los espectadores —algunos hombres de negocios bien vestidos que venían del pueblo cercano y unas cuantas mujeres con niños en brazos— presenciaban el espectáculo en silencio y aparente indiferencia. Una niñita empezó a llorar y hundió su cara en la falda de su madre. Pero para la mayoría era sólo otro día de los que se desarrollan en las semanas que dura la matanza. En veinte minutos todo terminó. Mil quinientas cabras, quizá más, habían sido sacrificadas. Los petates estaban manchados con el brillante rojo de la sangre que se coagulaba, y había un nauseabundo olor a cabra.

Ahora tocaba al mayordomo vigilar que los cadáveres de los animales se distribuyeran equitativamente entre los grupos de hombres —o ranchitos, como los llaman— y luego empezó la labor del destazamiento ordenado. Los hombres más musculosos rajaban la piel de las cabras del cuello al abdomen y, con el cuchillo entre los dientes y asegurando el cadáver con los pies, se la arrancaban en un solo movimiento continuo. Luego, se cortaba la cabeza; se abría al animal por la mitad, se sacaban las entrañas y se desmembraba el cuerpo. Tras cada golpe del cuchillo las piezas se lanzaban a las crecientes pilas de perniles, costillas, espaldas y estómagos. Destazaban tan rápido a los animales que los perniles que estaban al fondo de la pila aún temblaban como peces recién salidos del agua.

Los hombres estaban agachados o en sus pequeñas sillas. Con brazos y piernas grotescamente cubiertos con sangre, esgrimían sus cuchillos a una velocidad asombrosa. No se pronunció una sola palabra. El sonido de los machetazos metálicos que se afilaban una y otra vez llenaba el patio con su eco. Podríamos haber estado en un mercado medieval.

Desnudaron la pelvis de huesos y a la espina de todo rastro de carne. Los huesos luego se apilaban, listos para venderse como ingrediente del mole de cadera —una especialidad del lugar— o enviarse a los aficionados de todo México. Un joven cortaba los cuernos sobre un pequeño bloque de madera y aventaba las cabezas a una gran canasta donde cientos de ojos nos veían con una mirada acusadora. Los niños más pequeños limpiaban las orejas con gran cuidado. Las entrañas se separaron y los intestinos se llevaron sobre una litera hasta donde estaban dos jóvenes de la ciudad de México, de apariencia incongruentemente respetable, que las lavaban y devanaban como si fueran de la más fina seda. Hacían montones de bazos de cabra de brillante color rojo, verdes conductos de bilis y sangrientas cuerdas vocales; hasta los trozos de excremento que aún estaban en las tripas se juntaban en un montón para fertilizar el campo. Nada se desperdició. Ahora algunos hombres trabajaban bajo el tejabán y usaban las pieles de cabra para que la carne no tocara el piso de tierra, mientras otros las usaban para cargar los huesos a otro lado del patio. Conforme el trabajo avanzaba, la tensión comenzó a relajarse y los hombres empezaron a platicar, a fumar, o a tomar tragos de aguardiente, mientras los jovencitos reían incontrolablemente mientras se lanzaban chisguetes de leche de las ubres.

Para ahora había un flujo continuo de hombres que iban y venían a través del arco que estaba en un extremo del patio, llevando la carne a los tasajeros que harían el trabajo final de cortar y seleccionar. Sentados en línea bajo un tejabán enrejado, experta y rápidamente cortaban cada vestigio de carne de los huesos en tiras largas y removían con cuidado cada huella de grasa. En cuanto se formaba un montón de carne frente a ellos de inmediato se llevaba a una gran pila de concreto llena de una salmuera muy fuerte. Con toda naturalidad, tres niños descalzos pisoteaban la carne dentro de la tina y, alzándola a brazos llenos, la echaban a una litera que estaba lista para recibirla.

En este punto nos encontrábamos en un área amurallada como de media hectárea, cuyo piso estaba casi totalmente cubierto de petates, en la que estaba distribuida la carne para que se secara bajo el ardiente sol de noviembre. Había un ritmo constante de movimiento a medida que los hombres distribuían la carne fresca para que se secara y sistemáticamente volteaban la del día anterior que ya estaba casi seca. La que ya estaba suficientemente seca y lista para empacarse se llevó de nuevo bajo el tejabán, donde se enrolló en bultos gigantescos, envueltos en uno de esos indispensables petates. Encima se le cosió una rústica tapa, también de petate, lista para mandarse como chito a los mercados para su venta.

Volvimos al patio principal para encontrar a los matanceros que se habían vuelto a vestir con todo cuidado, a pesar de que estaban empapados en sangre seca, como si fueran a trasbordar a un sitio lejano, en vez de caminar unos cuantos metros hasta su campamento. A su manera el patio estaba en perfecto orden, las canastas, apiladas; los petates, enrollados; y el piso se había limpiado con las primitivas escobas que ya estaban guardadas en su lugar, bajo el techo. Uno tras otro el líder de cada grupo fue llamado a la oficina para rendir cuentas del número de cabras sacrificadas, y tan pronto terminaban, volvían a reunirse con sus demás compañeros para platicar. Estos expertos matanceros que hacía poco tiempo tenían una apariencia tan severa ahora estaban relajados y hasta bromearon con nosotras mientras esperaban su turno para salir por la gran entrada de madera que se había cerrado en cuanto se inició la matanza. Los guardaespaldas del patrón, dos fortachones muy severos que llevaban pistolas a la cadera y que no intercambiaban ninguna expresión ni decían una sola palabra, registraban a cada uno de los hombres —incluso levantándoles las gorras— para buscar cualquier fragmento de carne escondida. A uno lo atraparon con un pedazo muy pequeño, metido en un saco que cargaba sobre el hombro, pero todo se tomó con buen humor como parte del día de trabajo. A la mañana siguiente volverían a levantarse al alba, limpiarían las pieles, extraerían la manteca y freirían los huesos.

Hongos

Siempre sé cuándo se inicia la temporada de hongos. Una mañana a mediados de junio, como a las cuatro de la mañana, los perros empiezan a ladrar de manera nerviosa y esporádica, sin saber si quien se acercaba era forastero o vecino. Acabamos de tener las primeras lluvias tentativas y los pequeños hongos de campo —hongos de llano o hongos sanjuaneros, llamados así porque el 24 de junio es día de San Juan— deben de estar abriéndose camino a través del pasto en la larga mesa al sur de mi casa. Durante las próximas dos semanas, en las madrugadas habrá un flujo constante de personas de todas edades que vienen del cercano San Miguel y de San Pancho, apurando el paso en la oscuridad, dirigiendo sus lámparas al piso y platicando animadamente con la esperanza de llegar primero a esta cosecha gratuita. Este año los hongos fueron muy prolíficos porque la tierra comunal ha estado inactiva durante varios años y se ha usado para que paste el ganado, pero quién sabe qué harán con ella el año entrante. ¡Se dice que la van a sembrar de maíz!

Estos pequeños hongos anuncian el inicio de una de las temporadas más coloridas del año, cúmulos de fragantes flores de calabaza, canastas con las últimas zarzamoras, y en las aceras de afuera del mercado, se venden montoncitos de hongos de todos colores que le añaden colorido a las sombrías calles. Desde muy temprano al amanecer y hasta bien entrada la mañana la gente del campo que viene de las montañas circundantes descargan sus canastas que rebozan con gran variedad de hongos. Se bajan de los camiones locales o caminan por las calles distribuyéndolos entre los vendedores que se sientan en pequeños bancos o que se acuclillan a lo largo de la acera mientras venden montoncitos de frutas que cultivan o hierbas que recolectan en el campo. Prácticamente los hongos aparecen en un orden predecible, aunque, desde luego, algunas especies llegan de sorpresa. Los primeros en salir son los mencionados hongos de llano; luego los clavitos, que son de un café claro o color crema; un desbordante montón de hongos enchilados o de coxales (llamados así por el tapete de agujas de pino entre las que se encuentran); hongos escobetilla, que parecen corales de varios colores y que también se conocen como pata de pájaro; los brillantes tecomates de color naranja y los tejamaniles, que son de un café acremado. También hay gachupines negros con sus parientes de color crema, seguidos de una plétora de variedades de color azul, malva, naranja, rojo y caoba con morillas, que aquí se llaman "elotes". Esto dura hasta fines de la temporada en septiembre.

Durante esta época la tremenda variedad de hongos le proporciona a la gente del pueblo una delicia gastronómica pero, aún más importante, representa una fuente de alimento gratuito y una modesta entrada de dinero para quienes viven en pequeños asentamientos en las serranías que rodean la ciudad. Desde la más tierna infancia niños y niñas empiezan a recolectar hongos comestibles. Aprenden a identificarlos mediante tradición oral que los mayores heredan de generación en generación. Casi nunca se escucha aquí de un caso de envenenamiento por hongos. Siglos antes de que los micólogos hicieran la clasificación científica de los hongos, los aztecas y otros pueblos podían distinguir la diferencia entre los que son comestibles y los que son venenosos o alucinógenos. Saberlo era esencial, no sólo por su importancia como fuente de alimento, sino por su papel en las ceremonias religiosas. Y todavía hoy en día los mexicanos le agregan un diente de ajo pelado, entero, a los hongos silvestres mientras los cocinan: si el ajo se colorea hay un hongo venenoso en la olla.

Aunque conozco mejor la variedad de hongos que hay en los bosques altos de pino, en los vecinos estados de Michoacán y México, me he topado con hongos menos conocidos en la sierra norte de Puebla que se llaman totocozcatl (*Rhodophyllus abortivus*). Se les considera una delicadeza, curtidos en vinagre y hierbas. Más al sur están los inmensos chiltascas anaranjados (*Laetiporus sulphureus*). También hay sopitza (*Armillarella mellea*) de la región de Cuetzalan y los diminutos "oreja de ratón", que tienen un color café grisáceo, y son de la costa de Oaxaca. (Curiosamente éstos se mezclan con otros ingredientes y se usan, sin cocinar, como relleno para hacer grandes quesadillas o empanadas.)

Por último, pero no al final, está el hongo del maíz, el cuitlacoche, uno de los alimentos nuevos, que acaban de ¡descubrirse! en Estados Unidos. Cuando está fresco y jugoso su sabor es una maravilla, pero se deteriora cuando comienza a desintegrarse y a volverse harinoso. Sin embargo, en Tlaxcala se le deja secar en la mazorca y luego se usa como una base fragante para hacer un mole sencillo. (Ya me he encargado de hablar largamente sobre el cuitlacoche, su preparación y recetas en *El arte de la cocina mexicana*, de modo que me he saltado ese capítulo de manera intencional.)

Nota: las cocineras y los cocineros tradicionales con quienes he trabajado me han dicho, una y otra vez, que prefieren usar manteca para la mayoría de los platillos con hongos. Pero, desde luego, para quienes son vegetarianos o le temen a la manteca, ésta puede sustituirse por aceite vegetal.

Cacería de hongos a la sombra del monte Tláloc

Todo empezó cuando mi amiga Josie me contó que acababa de ir a la región del monte Tláloc para explorar una ruta que pudiera recorrer a caballo el fin de semana siguiente. Como todos mis amigos están obligados a preguntar sobre la comida regional cada vez que viajan, ella —muy acomedida— descubrió que la especialidad de la región era un tipo de hongo enterrado. De inmediato pensamos que se trataba de alguna clase de trufa, de modo que decidimos ir en su busca.

A principios de agosto, a mitad de la temporada de lluvias, cuando abundan los hongos, nos dirigimos al pueblo que está a un lado de la carretera a Puebla. Pronto encontramos a Luis, quien durante su visita anterior había fungido como su guía. Él se ofreció a llevarnos a la casa de su madre, bajo promesa de que era una gran cocinera de hongos. Era una casa pobre, pero muy limpia y ordenada, y asombrosamente caliente, a pesar de la gran altura y de la humedad de la tierra que circundaba la casa por las lluvias de la noche anterior. Qué mujer tan valiente; no vieja, pero sí acabada por una vida difícil: un esposo cruel y 16 hijos, la mitad de los cuales habían muerto. Ella tuvo que mantenerlos a todos. A diario molía en el metate 15 kilos de maíz para venderlo en el mercado, y bordaba a la luz de una vela hasta que prácticamente quedó ciega. Sin embargo, aún es una mujer enérgica y eso es lo que la ha salvado.

Cuando le preguntamos sobre los hongos y su preparación varios de sus hijos la rodearon, a lo que ella dijo entre dientes: "canijos todos". Uno de ellos apareció con un gigantesco hongo pambazo o cema (*Boletus edulis issp*) y, sin mayor dilación, ella lo partió en seis pedazos, calentó bastante manteca, frió gran cantidad de cebolla, ajo y tiras de jalapeño, y luego agregó el hongo. Pensó que podría agregarle otro poco de manteca, sólo para estar segura, pero nosotros se lo impedimos: suficiente era suficiente.

Nos lo comimos envuelto en una gruesa tortilla de maíz, recién hecha, y resultó delicioso. A regañadientes tuvimos que admitir que la cantidad justa de manteca estaba bien. Preguntamos sobre los hongos enterrados. No era temporada. Por lo general aparecen en época de Cuaresma. Sin embargo, si podíamos regresar por la tarde quizá para entonces habrían encontrado algunos. Conforme avanzó la mañana, todos platicaban sobre los hongos de la región llamándolos por su nombre: pechugas —deben cocerse en dos cambios de agua porque son amargos—; los hongos mantecada, que son muy delicados; los amarillos, que saben aún mejor cuando se secan y se asan en un comal. Nos preguntaron si ya habíamos probado unos hongos que se llaman elotes, rellenos de queso, capeados y fritos, o los pata de pollo, de color coral, que se guisan y rellenan con picadillo, se capean y se fríen (he probado todas estas recetas pero el sabor y la textura de los hongos se pierde, así que prefiero los métodos culinarios de esta mujer y los ofrezco adelante). Ella me dijo que los tejamaniles son los hongos más deliciosos de todos, cocidos sobre la ceniza ardiente de las fogatas que se encienden para calentar el desayuno en las frías horas de la mañana. Al decirlo tronó los labios en señal del exquisito sabor de estos hongos en específico.

Preguntamos sobre las hierbas silvestres de la región. De inmediato nos dio dos recetas para hacer ensalada de chivitos (*Calandrinia micrantha*). A menudo había comprado esas delicadas hojitas ovaladas en el mercado de Santiago Tianguistengo y me habían dicho que crecían en las márgenes de los ríos durante la temporada de lluvias. Pero no era del todo precisa esta información, pues aquí nos dijeron que ahí salían en los campos que están arriba del pueblo. Ahora, otro de sus hijos nos acompañaba; éste, no era canijo. Era gordo y alegre y ofreció llevarnos a recoger hongos. Varios de los nietos nos acompañaron y, todos apretados, nos subimos a su vieja camioneta que, hasta poco antes, había servido para transportar un espectáculo musical por todo el país. Las deslavadas cortinas de flecos y la pintura descascarada hablaba de días mejores: había intercambiado esta camioneta por un viejo minibús que ya no tenía permitido transportar pasajeros hacia la ciudad de México. La camioneta se sacudía y gruñía mientras avanzaba pesadamente por el curvo camino ascendente, a través de bosques de pino y los esporádicos parches de tierra cultivada, hasta que se detuvo en seco. Salimos del coche y buscamos en el campo de cebada, pero no tuvimos suerte. Sin embargo, en un parche de pasto adyacente había cúmulos de chivitos entre las flores silvestres de todos colores y los cardos de blanca flor. Los pinos brillaban bajo la luz del sol, y sentíamos que era posible tocar las elevaciones tapizadas de árboles del monte Tláloc, porque el aire estaba completamente transparente. Cuando retrocedimos por la colina, algunos de los primeros recolectores de hongos regresaban con sus hallazgos. Se habían levantado de madrugada, pero la mayoría iba a regresar por la tarde. De nuevo nos aconsejaron volver por la tarde cuando se lleva a cabo la mayor parte de la selección, sólo por si acaso encontraran algunos hongos enterrados.

Regresamos a la ciudad de México. Aquella noche volvimos al pueblo en medio de un diluvio. Cuando llegamos resultó que la selección y limpieza de los hongos se había iniciado horas atrás, y había grandes canastas de cada variedad, algunas de ellas cubiertas ya de plástico y amarradas, listas para viajar a primera hora del día siguiente hasta los mercados de la ciudad de México donde se venderían al mayoreo. El verdadero negocio lo manejaba la pesada hija de la señora Lascano, quien le compra los hongos a los recolectores para venderlos en el mercado: ella era la empresaria de la familia. Nos costó un poco de trabajo convencerla de que nos dejara ver, tomar fotos y quizás encontrar uno o dos hongos enterrados. Conforme hablamos se fue suavizando e incluso nos dejó comprarle algunos hongos, así como una gran variedad de hongos para probar las recetas y descubrir nuevas texturas y sabores. Nuevamente preguntamos sobre los hongos enterrados y sí, había sólo dos que acababan de encontrar entre los montones de hongos que había en las mesas de selección. Sin embargo, no eran las trufas que esperábamos, sino una masa de pequeños hongos fuertemente unidos a una base gruesa, con la raíz y el tallo que soportaban el resto de los diminutos hongos.

Había sido un largo día. La lluvia había cesado. Cuando regresamos el aire estaba limpio y perfumado. Ante nosotros se extendía el valle de México: una masa de luces centelleantes con orillas como gigantescos tentáculos que se extienden hacia los angostos valles de las montañas circundantes.

Oreja de puerco guisada para quesadillas

Señora Hortensia Fagoaga, Sierra Norte de Puebla

Rinde aproximadamente 2 tazas (500 ml.)

Este hongo parece una trompeta. Su carne, blanca y firme está cubierta por una delgada piel de profundo color naranja. En Estados Unidos se le conoce como *lobster mushroom* (*Hypomyces lactifluorum*). También hay una variedad que es completamente blanca, llamada oreja de borrego, que también puede usarse en esta receta. De hecho, gracias a ella, me animé a usar este hongo más seguido. Constituye un relleno delicioso y delicado para quesadillas fritas o tacos. En la sierra se usa este mismo hongo, finamente rebanado y cocinado con carne de cerdo, en salsa de chile ancho, como relleno para tamales. Antes todos los ingredientes para esta receta se molían juntos en el metate para hacer una pasta texturada, pero ahora el procesador de alimentos ha eliminado todo ese arduo trabajo (aunque le da una textura ligeramente distinta).

Puede sustituir la oreja de puerco por cualquier hongo de textura firme y carne compacta.

450 gr. de hongos oreja de puerco, previamente limpiados con un trapo y
toscamente picados, con la piel intacta (aproximadamente 2 1/2 tazas)
1 taza (250 ml.) de cebolla blanca finamente picada
1/4 de taza (63 ml.) de hojas de epazote toscamente picadas
4 chiles serranos, o al gusto, toscamente picados
1/4 de taza (63 ml.) de manteca de cerdo o de aceite vegetal
sal al gusto

Ponga los hongos, la cebolla, el epazote y los chiles en el procesador de alimentos hasta obtener una pasta texturada.

En una sartén, caliente la manteca, añada la mezcla de hongos con sal y cocínela a fuego medio, revolviendo bien y raspando el fondo de la olla para que no se pegue, hasta que la mezcla esté casi seca y brillosa: unos 15 minutos.

Hongos de llano guisados

Rinde aproximadamente 1 1/2 tazas (375 ml.)

Estos honguitos (*Agaricus campestris*), que en Estados Unidos se llaman *field mushrooms* (hongos de campo), son deliciosos a la parilla o salteados. Ésta es mi manera favorita de guisarlos —a manera de un *duxelle* mexicano— como relleno para tacos, quesadillas o empanadas.

450 gr. de hongos de llano
3 cucharadas de aceite vegetal
1/3 de taza (83 ml.) de cebolla blanca finamente picada
2 dientes de ajo muy finamente picados
2 chiles serranos muy finamente picados
sal al gusto
2 cucharadas de hojas de epazote toscamente picadas

Limpie los hongos con un trapo húmedo. Pique muy finamente tanto las cabezas como los tallos. Caliente el aceite en una sartén y añada la cebolla, el ajo y los chiles. Espolvoree con sal y cocínelos a fuego lento durante unos 2 minutos, sin dorar. Agregue los hongos y cocínelos unos 10 minutos a fuego relativamente alto, hasta que se evapore el jugo que sueltan. Ajuste la sal y añada el epazote justo antes del final de tiempo de cocción.

Pata de pájaro en molito
Señora Agustina Vásquez de Lascaño
Rinde 6 porciones

Ésta es una sencilla receta de campo que me dio una familia que vive en una ranchería rodeada de bosques de pino, en el occidente del Estado de México. Cada mañana, poco después del amanecer, toda la familia sale a recolectar esta cosecha gratuita que traen las lluvias de verano. Aunque allá se guisan muchos tipos distintos de hongos con carne de cerdo, la mayoría de las veces también sustituyen a la carne y se les considera toda una exquisitez. Para esta receta se necesitan hongos pata de pájaro o escobetilla, pero puede sustituirlos por cualquier hongo firme. Hay varias especies de estos hongos (*Ramaria spp.*), y tienen varios colores: crema, café, anaranjado, amarillo y hasta malva, muchos de los cuales son comestibles. La mayoría de las cocineras sugieren cocerlos en agua primero, pero tienden a perder su textura firme, y a mí nunca me ha hecho daño comerlos simplemente salteados. También son deliciosos ligeramente curtidos, como botana para acompañar las bebidas (también se da una receta en *El arte de la comida mexicana*).

450 gr. de hongos pata de pájaro
sal al gusto

LA SALSA:
6 chiles guajillo
6 chiles pasilla
1 1/2 tazas (375 ml.) del agua en que se cocieron los hongos
o de caldo de pollo ligero
2 dientes de ajo toscamente picados
2 clavos

6 pimientas negras
1/8 de cucharadita de comino
3 cucharadas de manteca o de aceite vegetal
2 ramas grandes de epazote

Divida los hongos en ramilletes más pequeños y quíteles la tierra sumergiéndolos rápidamente en agua caliente. Cúbralos con agua hirviendo, añada sal al gusto, y cuézalos a fuego alto durante unos 10 minutos. Escúrralos y guarde el agua de la cocción.

Abra los chiles, quíteles el tallo, las venas y las semillas. Tuéstelos ligeramente, con cuidado de no quemarlos. Cubra los chiles con agua caliente y deje que se remojen y se reconstituyan, 15 minutos. Vierta 1/2 taza (125 ml.) del agua de cocción en la licuadora y licúe el ajo y las especias hasta obtener una mezcla lisa. Poco a poco añada los chiles pasilla y vuelva a licuar.

Caliente el aceite en una sartén, añada el puré y fríalo a fuego lento mientras licúa los chiles guajillo. Cuélelos, presionando un colador fino con fuerza (siempre quedan pedacitos de piel dura que no se pueden licuar), y agregue el puré de chile guajillo a la sartén. Fría todo a fuego medio durante 5 minutos, raspando el fondo de la olla de vez en cuando para que no se queme. Agregue el resto del agua o el caldo y cocine 10 minutos más. Añada el epazote y sal al gusto, y cocine 5 minutos más.

Hongos trompetas para tacos
Señora Hortensia Cabrera de Fagoaga
Rinde aproximadamente 2 2/3 de taza (664 ml.)

Aunque llevan los mismos ingredientes que la receta anterior, estas trompetas —oreja de puerco (*Hypomyces lactifluorum*)— son un tipo de hongo distinto al de la región de Río Frío. Por lo tanto la textura y los sabores son también diferentes. Puede sustituirlos por cualquier hongo firme de piel compacta.

450 gr. de hongos trompeta
1/4 de taza (63 ml.) de manteca de cerdo o aceite vegetal
1/2 cebolla blanca finamente picada

484

2 dientes de ajo finamente picados
de 3 a 4 chiles jalapeños cortados en tiras delgadas
sal al gusto
3 cucharadas de epazote toscamente picado

Raspe o pele la piel anaranjada de los tallos y el sombrerete de los hongos, y córtelos en tiras delgadas. Caliente la manteca en una sartén, añada la cebolla, el ajo, los chiles y espolvoree con sal. Cocine todo a fuego medio un minuto, sin dorar. Agregue los hongos, tape la sartén y cocínelos a fuego medio, meneando de vez en cuando para que no se quemen. Quite la tapa, rectifique la sal, añada el epazote y cocínelos 10 minutos a fuego bastante alto, hasta que los hongos estén tiernos pero firmes, la mezcla esté relativamente seca y empiece a secarse.

Hongos amarillos en salsa verde
Señora Agustina Vásquez de Lascaño
Rinde 3 tazas (750 ml.), 3 porciones

Estos espectaculares hongos amarillos (*Amanita caesarea*) con sus sombreretes de color naranja rojizo y sus laminas amarillas abundan en las tierras altas del centro de México. En la región de Río Frío se les conoce como amarillos, mientras que en otras zonas se les llaman tecomates o yemas. Aunque casi siempre se cocinan frescos, me han dicho que también se secan para usarse fuera de temporada. Es importante que haga este platillo por lo menos una hora antes de servirlo para que los sabores puedan mezclarse e intensificarse. Constituye una deliciosa e interesante entrada.

340 gr. de hongos tiernos
2 cucharadas de manteca de cerdo o de aceite vegetal
1/2 cebolla blanca mediana finamente rebanada
1 diente de ajo finamente picado
2 chiles jalapeños: uno cortado en tiras delgadas, y el otro toscamente picado
sal al gusto
225 gr. de tomates verdes sin cáscara, enjuagados y toscamente picados

2 tazas (500 ml.) de caldo ligero de pollo
2 ramas grandes de epazote

Corte la punta de los tallos terrosos de los hongos y enjuáguelos brevemente, sólo si tienen un poco de tierra pegada. Quíteles la piel anaranjada y tírela. Corte los sombreretes en cuartos y rebane los tallos en tiras delgadas. En una sartén, caliente la manteca, añada la cebolla, el ajo, las rajas de chile y sal. Cocine todo a fuego medio durante unos 2 minutos, sin dorar. Añada los hongos y cocínelos a fuego relativamente alto unos 5 minutos, meneando la sartén para que no se peguen, y para que se evapore el jugo que sueltan.

Licúe los tomates verde, el chile picado y 1/3 de taza (83 ml.) del caldo de pollo hasta obtener un puré. Agréguelo a la olla y cocínelo unos 10 minutos a fuego alto, hasta que la salsa se reduzca y esté sazonada. Añada el resto del caldo y el epazote. Ajuste la sazón y cocínelos 10 minutos más. Ahora la salsa debe tener una consistencia media. Sirva los hongos con bastante salsa y tortillas de maíz.

Hongos azules con crema
Rinde aproximadamente 4 tazas (1 l.)

Siempre espero con ilusión los hongos azules, añiles (*Lactarius indigo*) que, hacia mediados de julio, empiezan a aparecer en los mercados del este de Michoacán y el Estado de México. Aunque su exterior es de un azul grisáceo, cuando se cortan, la carne es de un azul brillante que, por desgracia, al cocinarse, se torna de un apagado verde-azul. Cuando maduran se descoloran un poco, pero pueden comerse. No tienen el sabor terroso de muchos hongos silvestres pero, a diferencia de éstos, conservan su textura *al dente*.

Puede cocinarlos sin la crema pero creo que con ésta, al igual que las morillas, aumenta su sabor. A mí me gusta servirlos como entrada en pequeñas cazuelas con tortillas de maíz azul... podría decirse que es mi platillo insignia, aunque me desagrada profundamente esa frase. De hecho, debido a su textura, se congelan bien después de cocinarlos de esta forma, lo que definitivamente resulta de gran ayuda cuando la temporada es corta. Esta receta la inspiró la señora Hortensia Cabrera de Fagoaga.

486

565 gr. de hongos azules

de 2 a 3 cucharadas de aceite vegetal

2 dientes de ajo finamente picados

2 cucharadas copeteadas de cebolla blanca finamente picada

4 chilacas o chiles poblanos asados, pelados,

sin venas ni semillas, deshebrados en tiras delgadas

sal al gusto

3/4 de taza (188 ml.) de crema, o al gusto

2 cucharadas de epazote toscamente picado

Corte la punta terrosa de los tallos. Limpie los hongos con un trapo húmedo y córtelos en rebanadas como de 3 mm. de espesor. Caliente el aceite en una sartén ancha. Agregue el ajo, la cebolla y las tiras de chile con un poco de sal, y fríalos unos 3 minutos, sin que doren. Agregue los hongos, tape la sartén y cocínelos unos 5 minutos. Deben estar apenas cocidos, pero firmes. Incorpore la crema, el epazote y sal. Cocínelos 3 minutos más, sin tapar, a fuego medio, revolviendo para que no se peguen. Deje que se sazonen por lo menos 15 minutos antes de servirlos.

Calabacitas con hongos

Señora Dominga Maldonado de Jiménez

Rinde de 4 a 6 porciones

De todos los platillos éste es realmente mi favorito. Aún sin la crema y el queso constituye un delicioso acompañamiento vegetal para pescado o carne. Si incluye la crema y el queso, sírvalo en platos individuales para gratinar. Constituye un fantástico plato de entrada o un plato fuerte vegetariano. He modificado la receta tradicional cocinando los hongos por separado para que se intensifique su sabor. Los suaves hongos clavitos (*Leophyllum decastes*) son mis favoritos para esta receta, pero puede sustituirlos por cualquier hongo jugoso. Si están grandes, córtelos en pedazos chicos.

3 1/2 cucharadas de aceite vegetal

2 cucharadas copeteadas de cebolla blanca finamente picada

1 chile poblano grande asado, pelado, sin venas ni semillas,

cortado en rajas

sal al gusto

450 gr. de calabacitas, cortadas en cubos de 7 mm. (3 1/2 tazas)

225 gr. de hongos (véase el texto superior),

que hay que enjuagar y sacudir para que sequen y cortar en pedazos chicos

1/2 taza (125 ml.) de cilantro toscamente picado

115 gr. de queso fresco o muenster (Estados Unidos), en rebanadas finas

de 1/2 a 3/4 de taza (125 a 188 ml.) de crema

Caliente 2 cucharadas de aceite en una sartén, agregue la cebolla, las tiras de chile y espolvoréelas con sal. Cocínelas un minuto sin que doren. Agregue las calabacitas, tape la olla, y cocínela a fuego medio unos 10 minutos, agitando la sartén de vez en cuando para que no se pegue, hasta que las calabazas estén casi tiernas.

Mientras tanto, revuelva los hongos con la cucharada y media de aceite restante, espolvoréelos con sal y sofríalos en otra sartén durante 5 minutos, o hasta que el jugo que sueltan se vuelva casi gelatinoso. Incorpore los hongos a la calabaza. Espolvoree el cilantro y luego cúbralos con el queso y la crema. Tape la sartén y cocínelos a fuego lento durante unos 5 minutos, o hasta que el queso se derrita.

Patas de pollo con rajas

Señora Agustina Vásquez Lascaño

Rinde aproximadamente 2 tazas (500 ml.): suficiente para 12 ó 14 tacos o quesadillas

Ésta es otra receta de la zona de Río Frío, donde a estos hongos se les conoce como pata de pollo. Constituyen un delicioso relleno para tacos o quesadillas. Si los hace con huevo puede servirlos como una entrada ligera o, incluso, como un platillo para el almuerzo.

340 gr. de hongos pata de pollo
3 cucharadas de manteca o de aceite vegetal
1/2 cebolla blanca mediana finamente rebanada
1 diente de ajo finamente picado
2 chiles poblanos asados, pelados, sin venas ni semillas, en rajas
sal al gusto
de 3 a 4 huevos, ligeramente batidos (opcional)

Corte la base terrosa de los hongos. Sacúdalos en agua caliente para aflojar la tierra que tengan adherida, y escúrralos. Córtelos en tiras. Caliente el aceite en una sartén y añada la cebolla, el ajo y las rajas de chile. Espolvoree con sal. Fría todo 2 minutos. Añada los hongos y tape la sartén y cueza 10 minutos más, agitando la sartén de vez en cuando para que no se peguen. Destape la sartén y siga cocinándolos hasta que casi todo el jugo se haya evaporado. Agregue más sal si es necesario.

Si va a usar los huevos, incorpórelos bien y cocínelos a fuego lento hasta que cuajen. Sirva de inmediato.

Antiguos recetarios
mexicanos

engo una modesta colección de antiguos recetarios mexicanos, la mayoría publicada en los últimos cien años. Me encanta hojearlos para saborear y revivir algunos de los sabores y las texturas de una época pasada. A menudo, tras una de mis breves incursiones al panorama de la cocina actual, me retiro a cocinar algunas de estas recetas de antaño. Cierto que en el panorama culinario han aparecido algunos libros en verdad maravillosos, pero, ¡ay!, demasiados están sobrevaluados o escritos con fórmulas llenas de rigidez: nada de grasa, nada de sal (pero, ¿y el sabor?: la comida debe disfrutarse, no sólo alimentar), y todo guisado en el menor tiempo posible: ¿dónde está el placer en eso?

Los primeros documentos más completos y antiguos que hay sobre lo que los indígenas del centro de México cultivaban, cazaban y comían en tiempos precolombinos está en el Códice Florentino: pictogramas de la vida cotidiana de los aztecas, transcritos poco después de la Conquista por fray Bernardino de Sahagún en su *Historia de la Nueva España*. Lo novedoso y variado de la comida sorprendió a los primeros invasores. Aún Cortés lo menciona en sus *Cartas de relación* al rey Carlos V. El conquistador anómimo (su identidad nunca se ha descubierto y el documento original se ha perdido) menciona la comida junto con la religión, las costumbres y los edificios. Y Bernal Díaz del Castillo —capitán del ejército de Cortés— escribió un animado recuento sobre su primera impresión del mercado de Tenochtitlan y las comidas de Moctezuma.

Hernández, el médico del rey que viajó al Nuevo Mundo para catalogar las plantas y sus usos —tanto medicinales como alimenticios— nos dejó un recuento invaluable.

En los documentos clericales hay muchas otras referencias a la comida, y uno de los más entretenidos es el de Thomas Cage, un monje inglés quien, en vez de dejar que lo mandaran a Filipinas, huyó y viajó por el sur de México y Guatemala. Hay un pequeño recetario, casi todo de dulces, que se le adjudica a la monja y poeta sor Juana Inés de la Cruz, antes de su muerte en 1695, aunque algunos académicos lo debaten. Hace algunos años me topé con un manuscrito de un convento del siglo xviii en donde se describían todos los platillos y las comidas de la Cuaresma. Deben existir muchos otros documentos similares.

A partir de principios del siglo xix empezaron a surgir recetarios impresos y, aunque muchas de las recetas eran de origen español, incluían gran cantidad de ingredientes y de platillos mexicanos, como moles, pipianes, tamales, etcétera, tal y como se habían usado en los conventos al arranque del periodo colonial. Pero estos libros elegantemente empastados eran sólo para los ricos. Algunos se compilaron para respetables caridades de la Iglesia pero, unos y otros "tomaban prestado" el material sin ninguna vergüenza.

Tras la Independencia de 1810, México se abrió a los extranjeros por primera vez: científicos, diplomáticos, mineros, ingenieros y aventureros siempre comentaban, ya fuera en comunicados o en diarios, algún aspecto de la comida que encontraban aquí. Quedaban muy sorprendidos y a menudo expresaban fuertes opiniones, sobre todo acerca de los chiles, los frijoles y las tortillas, que había en abundancia. El libro más antiguo que tengo data de 1828, luego hay otros dos de 1831, pero sin duda alguna el más importante fue *El cocinero mexicano*, publicado por Galván en la ciudad de México, en 1845. Está escrito en forma de diccionario. El contenido se describía en la página inicial en la forma de una gran copa. En la página opuesta, un grabado muestra una cocina de la época con un rotundo chef que cocina mientras sus ayudantes, un hombre y una mujer, preparan y pican los ingredientes. Debajo, hay dos platones decorativos de ensalada, o más bien, la forma en que deberían presentarse, sorprendentemente, a color. Atrás, hay páginas de menús con diagramas, muy precisos, sobre cómo trinchar la carne, las aves y el pescado.

Además de ser recetas muy factibles de hacer —incluyo aquí la de una salsa o aderezo delicioso y la de una calabacita rellena de flores de calabaza que se parecen mucho a las innovaciones de hoy—, constituyen una estupenda lectura. Es el tipo de libro al que uno vuelve una y otra vez, y donde uno siempre encuentra extraordinarios fragmentos de información. ¿Sabían que la carne de buey es más nutritiva después de cumplir su ciclo de diez años de servicio en la agricultura y de un periodo adicional de engorda de seis meses? De hecho, hay diez páginas y 54 recetas para preparar carne de buey. Cuando el maíz se exportó a Europa por vez primera el libro dice que "lo cultivaron los agricultores pobres que lo llamaban 'trigo de Turquía'".

Con pocas excepciones, en México se le llama almuerzo a un desayuno abundante. Aquí, el diccionario distingue entre un almuerzo formal y uno para amigos de confianza, con platillos como mole, pipián, chiles rellenos, enchiladas, frijoles refritos, etcétera, acompañados de vino, cerveza y pulque de Apam. Para ocasiones más formales, cuando se tienen visitas del extranjero, los platillos que se preparan son europeos: pasteles, asados y ensaladas. Para quienes optan por el desayuno en cama, el libro sugiere chocolate, café, leche o té; panes dulces y salados de muchos tipos, comidas fritas calientes, huevos duros y, además de generosas cantidades de vino, ¡una botella de aguardiente para rociar el café!

Tras una de esas abundantes comidas —cuyos efectos durarían hasta después de la misa de la tarde— el autor dice: "Confortados así, nuestros ilustres y modernos Midas vuelven a los negocios y se entregan a la sed del oro con un ardor tanto más vehemente... para sostener por largo tiempo la suntuosa mesa a que están acostumbrados. Pero este regimen opulento no puede convenir al censualista ni al moderno alumno de las musas".

Cuando de cenar se trata, nuestro escritor se torna absolutamente lírico: "Si el almuerzo es la comida de los amigos... la cena es la comida del amor. Es la hora del reposo; el final de los negocios y las obligaciones. La suave luz de la tarde resulta más favorecedora para los amantes. Las mujeres son más encantadoras a la hora de la cena que a cualquiera otra hora del día. Conforme se acerca el tiempo cuando gobiernan a su dulce dominio, se vuelven más tiernas y seductoras. La noche es suya para que reinen sobre ella con irresistible seducción".

¡Las feministas de hueso colorado deben estarse retorciendo!

Calabacitas rellenas de flor
Rinde 6 porciones

Hallé esta receta en *El cocinero mexicano en forma de diccionario* y me pareció apropiada para nuestros días. Además, es muy colorida. Sale mejor si encuentra calabacitas redondas. Le he añadido crema y queso a la receta, para enriquecerla y convertirla en un platillo vegetariano idóneo (excepto para los muy estrictos).

EL RELLENO:
Rinde aproximadamente 2 tazas (500 ml.)

450 gr. (aproximadamente 5 tazas, muy compactadas) de flores de calabaza

3 cucharadas de aceite vegetal o de mantequill

1/2 cebolla blanca mediana finamente picada

2 dientes de ajo finamente picados

225 gr. de jitomates finamente picados (aproximadamente 1 taza copeteada)

sal al gusto

565 gr. de calabacitas (véase el texto superior)

1/2 taza (125 ml.) de crema

1/3 (83 ml.) de queso Chihuahua (o muenster, en Estados Unidos) finamente rallado

Quítele los tallos y los sépalos verdes y correosos de las flores, enjuáguelas brevemente y sacúdalas. Píquelas toscamente.

En una sartén, caliente el aceite y fría el ajo y la cebolla hasta que acitronen.

Agregue los jitomates y la sal, y cocine unos 4 minutos a fuego medio hasta que casi estén secos. Añada las flores picadas, tape la sartén y siga cocinando hasta que la mezcla esté húmeda, pero no jugosa. Déjela a un lado.

Parta las calabacitas por la mitad, horizontalmente, y colóquelas en una sola capa, con el lado del corte hacia abajo, en una olla ancha. Cúbralas con agua salada hirviendo y cuézalas unos 8 minutos a fuego lento. Voltéelas y siga cociéndolas hasta que estén apenas tiernas; otros 5 minutos. Escúrralas y déjelas enfriar. Caliente el horno a 190 °C (375 °F). Raspe la pulpa interior y las semillas. Vuelva a colocarlas boca abajo.

Rellene generosamente las calabacitas con la mezcla de flor y colóquelas en una sola capa en un refractario. Tápelas, sin apretar, y hornéelas 15 minutos, o hasta que estén bien calientes. Vierta la crema alrededor de las calabacitas, espolvoree cada una con el queso y vuelva a hornearlas aproximadamente 10 minutos, hasta que el queso se haya fundido y la crema burbujee. Sírvalas bañadas con el jugo cremoso.

Salsa de chile macho

Rinde aproximadamente 2 tazas (500 ml.)

Muchas regiones de México tienen su propia salsa de chile macho. Esta versión proviene del *Diccionario de cocina* y parece más una salsa borracha. Debe dejarse sazonar al menos dos horas antes de servir, o hacerse el día anterior. Puede guardarla en el refrigerador un mínimo de dos semanas y, con cada día que pasa, la salsa se vuelve más sabrosa.

2 chiles anchos

4 chiles pasilla

1 cucharada de manteca o de aceite vegetal

1/2 taza (125 ml.) de cebolla blanca finamente picada

2 dientes de ajo finamente picados

1 taza (250 ml.) de pulque (véase pág. 26) o de cerveza ligera

sal al gusto

Para adornar:

aproximadamente 1/4 de taza (63 ml.) de queso añejo

(o romano, en Estados Unidos) finamente rallado

2 cucharadas de aceite de oliva (opcional)

Rápidamente, sumerja los chiles en agua caliente, no los remoje. Límpielos y séquelos con un trapo. Ábralos y quíteles las semillas y las venas, pero guarde las semillas.

Aplane los chiles tanto como sea posible y tuéstelos unos 5 minutos sobre un comal o plancha no muy caliente, volteándolos de vez en cuando hasta que estén crujientes cuando se enfríen. Desmenuce los chiles en un plato hondo pequeño.

494

Caliente la manteca en una sartén y fría las semillas de chile hasta que estén crujientes y doradas.

Escúrralas y agréguelas a los chiles. Añada el resto de los ingredientes y mezcle bien.

Para servir, espolvoree con queso y el aceite.

Cocinando, y otras cosas, tal y como se hacía en 1877

Espero que siempre me dé tanta alegría recibir un libro de cocina "nuevo" como la que me dio *La cocinera poblana* cuando se añadió a mi colección. Fue publicado en Puebla en 1877, y está encuadernado en piel color de rojo, profusamente labrada y estampada en oro. Contiene la siguiente dedicatoria, escrita en la más elegante caligrafía: "De Emiliano Collado, para su querida tía María Amada Guiaro, 13 de septiembre, 1879".

Siempre me divierte leer las solapas de los libros de cocina —que a menudo están escritas por reconocidos chefs o cronistas de comida— donde se elogia el contenido en términos algo extravagantes. Sin embargo, en 1877 se acostumbraba señalar estas virtudes en la página inicial. Por ejemplo, aquí tenemos a *La cocinera poblana, un manual práctico de cocina española, francesa, inglesa y mexicana*, en ese orden. "Contiene más de 2 mil fórmulas de ejecución sencilla y fácil. Tratados especiales de Panadería, Confitería y Repostería..." Pero eso no es todo. También se nos prometen "...diversas recetas y secretos de tocador y medicina doméstica para conservar la salud y prolongar la vida". En la página siguiente, se lee en la Advertencia: "Este libro que ofrecemos al público es indudablemente muy útil y llena un vacío en las familias. Los libros de cocina que conocemos suelen abundar en recetas que no tienen aquí ninguna aplicación". Admite que es la edición revisada de una publicación española editada por... "una cocina práctica que al desechar de esta obra lo que considera de poca o ninguna aplicación entre nosotros [...] con guisos exquisitos y probados durante muchos años con buen éxito". Alegatos un poco estrafalarios pero llenos de franqueza.

Como siempre, el primer capítulo está dedicado a las sopas. No son las que mayor inspiración causan y, podría pensarse que son para inválidos. De inmediato me fui al final del libro —donde empiezo siempre, de todos modos— y hallé una mina de información bajo el título de "Miscelánea". Allí se nos dice cómo barnizar y pintar un piso de color rojo, grabar sobre cristal y hacer una pasta para limpiar plata. Entre esto último y "Cómo limpiar guantes sin mojarlos" (talle bien los guantes con migajas de pan mezcladas con el polvo de huesos quemados y termine limpiándolos con una tela impregnada con polvo de alumbre y tierra) está "Cómo limpiar y embellecer la piel" (a fuego lento hierva algunos pétalos de rosa o de romero en vino blanco y talle bien la piel con esto).

Me estremecí un poco al leer que si quiere teñirse el cabello de negro, es necesario aplicar un extracto de metal de plomo o que, si desea que el cabello vuelva a crecer, debe untarse la cabeza calva con médula de res o grasa de pollo (aunque estudios recientes indican que el estiércol de pollo es más efectivo ya que contiene una potente cantidad de hormonas). Hay "Agua de los ángeles" hecha a base de flores de arrayán. "Agua de las sultanas" perfumada con bálsamo, vainilla y un bouquet de flores, y una infusión de hierbas de cocina para fortalecer los dientes, seguido de la reparación de la porcelana y el lavado de los vestidos de seda.

Seguí leyendo, fascinada por la "Higiene doméstica", que incluye una breve farmacopea de ingredientes hechos en casa: ungüentos, infusiones, cataplasmas o incluso "Cómo aplicar sanguijuelas", seguido de descripciones de paliativos y curas para enfermedades como las paperas, la fiebre amarilla, la gangrena, el mal aliento y la rabia, e instrucciones para reconocer los signos de muerte. También aprendí algo que ignoraba sobre la vejez: "Mientras que en los viejos todos los demás sentidos se emboban y debilitan más o menos, el del paladar adquiere por excepción más fuerza y delicadeza. Ésta es la razón por la que casi todos los viejos tienen una disposición natural para la gastronomía y deben combatir su propensión a comer demasiado cuando su posición le permite tener una buena mesa... Desde luego la sobriedad no es sólo un simple consejo higiénico dictado por la prudencia sino una necesidad". ¡Palabras dictatoriales!

> Dicen que los viejos mueren
> por comida o por caída.
> Ande, pues, con tiento el viejo
> Y modere la comida.

De vuelta a las recetas, había una de carnero en salsa de avellanas y jugo de granada cocida; cómo cocinar una gallina de 25 formas distintas, y vaca prensada. La idea de toda una vaca prensada es divertida pero no muy apetitosa. También había otra que indicaba cómo conservar el pescado "de la corrupción": me parece intrigante.

El orden de las recetas se vuelve un poco azaroso. El editor nos informa que las recetas de pescado se insertan después de las de ternera y antes de las de cerdo porque en el momento específico en que se preparaba este libro, era posible conseguir grandes cantidades de pescado a bajo precio. Hay una tabla de tiempos de cocción y una miscelánea de datos sobre qué hacer con aves de carne tiesa, por ejemplo. Según el libro, el ave debe remojarse en una solución de ceniza de madera y agua durante 24 horas, con todo y plumas. Luego se despluma y limpia: un trabajo algo sucio, imagino, y luego volver a remojarse otras 24 horas. La carne está lista para rostizarla después de hervir la 15 minutos. ¿Y el sabor?

Hojeando el libro encontré una receta para hacer *plum pudin* (sic) típicamente inglés para el que, al igual que lo hacíamos en casa, se hierve en un trapo. Se sugieren dos kilos de tuétano a manera de grasa, o sebo como alternativa. También había un "Pastel inglés llamado de Liverpool". Por la vaga descripción parece ser un tipo de *choux pastry* con capas delgadas de queso Gruyére (¿alguien de Liverpool podría ayudarnos a reconocer esto?).

Quizás el libro es más completo que el de la señora Beeton. Contiene instrucciones explícitas sobre cómo trinchar y servir. Son más o menos normales, a no ser por el hecho de que se sugiere asentar el cuchillo de trinchar o la cuchara de servir de vuelta al platón y no esgrimirlos en el aire ni asentarlos sobre un mantel. Las páginas dedicadas a "Urbanidad de mesa" están llenas de buenos consejos:

"12. Cuando vaya de visita o salga a cenar no lleve al perro.

20. No hay que doblar las mangas del frac, como si fuese uno a lavarse las manos.

22. Cuidado de no incomodar a los vecinos con los codos en la vivacidad de los movimientos.

23. No se debe soplar la sopa cuando está caliente.

44. No debe olfatearse el plato que se nos acaba de servir.

47. El que encuentre alguna cosa sucia debe dar su plato a un vecino, sin decirlo a ninguno de los convidados, a menos que sea un alfiler y otra cosa peligrosa, en cuyo caso debe advertirse para que lo sepa el cocinero.

53. No se debe comer con la boca llena porque es fácil salpicar.

63. En los postres no se debe guardar en los bolsillos ni frutas ni biscochos."

Hay algunos artículos deliciosos como: "Cuando vaya de visita o salga a cenar no lleve al perro; sólo los cocheros echan el pan en la sopa; si encuentra algo sucio en su plato devuélvalo a la sirvienta sin decir nada y menciónelo a la cocinera sólo si encuentra algo peligroso en la comida, como un alfiler".

Por fin llegué a las recetas mexicanas: moles, pipianes, tamales y tinga escandalosa. Fue casi una decepción, pero decidí guisar algunas de estas recetas. La tripa (pancita, mondongo, callos) con cebolla de mi juventud me había desamorado casi por completo hasta que la guisé con chile pasilla y garbanzos: este platillo es para los valientes (la receta se da más adelante) y resulta mucho muy económica. Hice unos chiles poblanos rellenos de acelgas y chícharos que constituyen un buen plato vegetariano o un primer plato interesante. Un guisado de chiles en vinagre me pareció llamativo: pollo, jamón, chorizos, especias, almendras, alcaparras y aceitunas en una salsa de jalapeños en escabeche. Picaba con fiereza pero fue muy decepcionante. Y luego dos postres me llamaron la atención: una esponja de almendra con cáscara de limón rallado y un arroz con leche un poco distinto (ambas recetas aparecen en *El arte de la cocina mexicana*).

¡En efecto, *La cocina poblana* resultó ser todo lo que prometió!

Chiles rellenos de acelgas y chícharos
Rinde 6 porciones

6 chiles poblanos grandes
2 cucharadas de mantequilla sin sal
140 gr. de queso fresco desmoronado o queso Chihuahua rallado
(o muenster, en Estados Unidos)

PARA EL RELLENO:
225 gr. de acelgas
225 gr. de chícharos limpios (1 1/2 tazas)
sal al gusto
una pizca de azúcar
2 ó 3 cucharadas de aceite vegetal
1/4 de cebolla blanca mediana finamente picada
2 dientes de ajo finamente picados
340 gr. de jitomates picados (aproximadamente 2 tazas)

Ase y limpie los chiles como para cualquier receta de chiles rellenos. Ponga los chiles enteros, con todo y tallo, sobre el quemador de la estufa y voltéelos constantemente

498

para que no se queme la carne, hasta que la piel se ampolle y estén ligeramente chamuscados. Quítelos de la flama y de inmediato métalos a una bolsa de papel. Déjelos reposar unos 15 minutos para que suden: debe poder quitarles la piel con facilidad (le recomiendo que cuando haga esto ponga un colador en el fregadero para que no ensucie tanto su cocina).

Con cuidado abra cada chile longitudinalmente, a partir del corazón al cual están adheridas las semillas, y deje el tallo intacto. Con cuidado retire las venas que están pegadas a la piel, sin romperla, y enjuague las "conchas" en agua fría. Ahora los chiles están listos para rellenarse. Déjelos a un lado (véase la nota al final de la receta).

El relleno: enjuague bien las acelgas y córteles la base del tallo (que a menudo tienen arena), pero deje los tallos intactos. Tenga lista una cacerola con agua hirviendo, ligeramente salada, como de 4 cm. de profundidad. Añada las acelgas y cuézalas unos 5 minutos —dependiendo de qué tan duras estén, etcétera—, sin tapar, volteando las hojas con frecuencia, hasta que estén apenas tiernas. Escúrralas en un colador (guarde el caldo para una sopa o bébaselo), píquelas bien y déjelas a un lado.

Mientras tanto, cubra los chícharos con agua hirviendo, añada la sal y el azúcar, y cuézalos —dependiendo de su frescura y calidad— hasta que estén tiernos, pero no suaves, aproximadamente 5 minutos. Escúrralos y déjelos a un lado.

Caliente el aceite en una sartén gruesa. Fría suavemente la cebolla y el ajo, sin dorar, hasta que acitronen. Agregue los jitomates picados y cocínelos —según lo jugosos que estén los jitomates, etcétera— a fuego bastante alto, revolviendo de vez en cuando hasta que la mezcla reduzca y se vuelva algo espesa, alrededor de 8 minutos. Incorpore las acelgas y los chícharos cocidos, ajuste la sazón, y cocínelos alrededor de 3 minutos más: la mezcla debe quedar bastante seca. Si tiene demasiado jugo, redúzcala a fuego alto.

Caliente el horno a 190 °C (375 °F). Tenga listo un refractario en el que quepan los chiles en una sola capa. Úntelo con bastante mantequilla.

Rellene los chiles con la mezcla de verduras y colóquelos en el refractario. Cúbralos con papel aluminio y hornéelos unos 20 minutos, hasta que estén bien calientes.

Espolvoréelos con bastante queso, vuelva a tapar el refractario y hornéelos otros 20 minutos, hasta que el queso se haya derretido, pero no dorado.

Nota: los chiles pueden prepararse con anticipación o incluso el día anterior. No recomiendo congelarlos pues pierden su deliciosa textura y sabor. No los rellene sino hasta el último minuto. El relleno tiende a volverse un poco acuoso con el jugo que le sale a los chiles. Si prefiere un platillo más suntuoso vierta 2/3 de taza (164 ml.) de crema, ligeramente salada, cuando vaya a meterlos al horno por primera vez. Cuando la crema empiece a burbujear, espolvoree el queso.

Pancita en mole
Rinde 6 porciones

180 gr. (aproximadamente 1 taza) de garbanzo seco
1 kg. generoso de callo de res (véase la nota al final de la receta)
1/4 de cebolla blanca mediana toscamente picada
2 dientes de ajo picados
1 cucharada de sal, o al gusto
5 chiles mulatos
3 dientes de ajo toscamente picados
5 pimientas machacadas
aproximadamente 1 1/4 de taza (313 ml.) de agua
1 1/2 cucharadas de manteca de cerdo
1 rama de epazote (opcional)

Para servir:
cebolla picada
orégano
limones

Comience con un día de anticipación. Cubra los garbanzos con agua caliente y remójelos toda la noche.

Limpie bien la pancita y córtela en cuadros de 5 cm. En una olla grande cubra la pancita con agua y agregue la cebolla, el ajo y la sal. Deje que rompa el hervor. Baje la flama y cueza suavemente alrededor de 4 horas, o hasta que esté suave.

Agregue los garbanzos a la pancita con todo y el agua del remojo. Cuézalos hasta que estén tiernos, pero no demasiado suaves. Escurra la pancita y los garbanzos y déjelos en un lugar tibio. Guarde el caldo: debe quedarle como 1 litro. Si tiene más, redúzcalo a fuego alto.

Quíteles los tallos a los chiles, ábralos, quíteles las venas y las semillas y aplánelos lo más posible. Caliente un comal o plancha y tuéstelos levemente por ambos lados, con cuidado de no quemarlos. Cubra los chiles con agua caliente y déjelos remojar 15 minutos. Escúrralos y transfiéralos a la licuadora. Añada el ajo, la pimienta y el agua y licúe hasta obtener una mezcla lisa. Si necesita liberar las aspas de la licuadora puede agregar un poco de agua, pero el puré debe quedar espeso.

Caliente la manteca en una cazuela o en una olla gruesa. Añada el puré de chile y fríalo a fuego bastante alto, revolviendo y raspando el fondo de la olla para que no se queme, durante unos 8 minutos.

Agregue la pancita, los garbanzos y de 2 1/2 a 3 tazas (625 a 750 ml.) del caldo en el que se cocieron. Ajuste la sazón y hierva suavemente hasta que los ingredientes estén bien sazonados y la salsa espese un poco. Añada más caldo si es necesario.

Nota: para obtener mejores resultados no escatime. No compre pancita precocida ni garbanzos precocidos. Si lo hace, el caldo no saldrá bien y se perderá el sabor del platillo. Compre la pancita que tiene apariencia de toalla (de hecho, en Yucatán le llaman así) y sólo si está completamente limpia y blanca. Si tiene un sucio color café será muy difícil limpiarla y tendrá un olor muy fuerte. Puede también cocerla en una olla de presión. Yo la dejaría allí unos 40 minutos, luego agregaría los garbanzos y cocería todo junto de 20 a 30 minutos más. El tiempo varía mucho según la calidad de los ingredientes.

Arroz con chile ancho
La cocinera poblana, 1877
Rinde 4 porciones

Además de ser adicta al arroz, me fascinó la extraña combinación de sabores del chile ancho con el azafrán. Aunque la receta original era un poco vaga, sí especifica que se añadan los chiles enteros, pero yo prefiero deshacerlos y distribuir el sabor y la textura en todo el arroz.

A veces sirvo este arroz como acompañamiento de pescado y creo que queda muy bien.

3/4 de taza (188 ml.) de arroz

unos cuantos hilos de azafrán

1 1/2 tazas (375 ml.) de agua

2 chiles anchos sin venas ni semillas

3 cucharadas de aceite vegetal

sal al gusto

2 cucharadas copeteadas de cebolla blanca finamente picada

Cubra el arroz con agua caliente y déjelo remojar 5 minutos. Enjuáguelo bien y déjelo escurriendo.

Remoje los hilos de azafrán en 1/2 taza (125 ml.) del agua durante unos 15 minutos. Tueste los chiles ligeramente sobre un comal o una plancha, luego cúbralos con agua caliente y déjelos remojar 15 minutos.

Caliente el aceite en una olla. Sacuda el arroz una última vez para eliminar cualquier exceso de agua y échelo al aceite caliente. Revuelva bien para que todos los granos de arroz se impregnen de aceite. Espolvoree con sal y fríalo alrededor de 5 minutos. Revuélvalo de vez en cuando. Agregue la cebolla y siga friéndolo hasta que el arroz empiece a cambiar de color, unos 5 minutos.

Añada el agua de azafrán junto con el resto del agua simple y las tiras de chile, y cueza el arroz, sin tapar, hasta que absorba todo el líquido, aproximadamente 15 minutos. Déjelo a un lado, pero no lo destape. Aguarde al menos 10 minutos antes de servir. Se puede preparar de antemano.

Papas con chile

La cocinera poblana, 1877

Rinde 4 porciones

Siempre busco nuevas recetas para cocinar papas que, sin duda alguna, son uno de los alimentos favoritos en cualquier encuesta sobre comida. En las tierras altas que rodean el lugar donde vivo, se cultivan excelentes variedades de papa y, durante parte del año, puedo comprar las que son pequeñas y de color café claro, cuya piel se asemeja más a las papas que se consiguen en Inglaterra durante la primavera.

Esta receta puede hacerse con anticipación y, de hecho, mejora con el tiempo. Para que el platillo sea más nutritivo, a menudo le agrego queso a último momento.

340 gr. de papas chicas, en cubos o rebanadas gruesas
sal al gusto
3 dientes de ajo toscamente picados
4 chiles poblanos asados, pelados, sin venas ni semillas, y toscamente picados
3 cucharadas de aceite vegetal
85 gr. de queso Oaxaca o (muenster, en Estados Unidos) en rebanadas delgadas

Ponga las papas en una cacerola y cúbralas con agua caliente y sal. Cuézalas a fuego medio, hasta que apenas estén tiernas y todavía un poquito *al dente*, unos 10 minutos. Escúrralas y guarde el agua de la cocción. Deje que se enfríen y pélalas.

Licúe el ajo, los chiles y 1 taza (250 ml.) del agua en que se cocieron las papas, hasta que tenga una salsa ligeramente texturada.

Caliente el aceite en una sartén, agregue los ingredientes licuados, y fríalos a fuego bastante alto, raspando el fondo de la olla para que no se pegue, alrededor de 5 minutos. Añada las papas y cocínelas a fuego lento o hasta que estén bien sazonadas, durante unos 8 minutos. Justo antes de servirlas, incorpore el queso y caliéntelas otra vez para que el queso se funda. Sirva de inmediato.

Libro de cocina, Toluca, 1985

Hace un par de años mi amiga Virginia Barrios, quien ha contribuido a mi conocimiento de la comida de su región, me prestó dos recetarios manuscritos que pertenecían a una amiga cuya familia era de Toluca. Inferí que nadie les había prestado mayor atención hasta que, una vez más, pedí que me dejaran consultarlos pues —a pesar de lo vago de las instrucciones— la receta para hacer los tamales de San Luis había tenido gran éxito. Se trataba de dos volúmenes, uno más grueso que el otro, ambos empastados en tela verde con un lomo de piel marrón con el lacónico título *Cocina*.

Lo que indudablemente se inició como la recopilación de una serie de recetas adquirió su forma de volumen en una época muy posterior, pues el primer tomo se inicia en la página 134 seguida por la página 2. La mayoría de las recetas están escritas con una exquisita caligrafía para la que se usó un punto muy fino y tinta de un pálido color sepia.

Hay una receta para hacer galletas de las hermanas Josefina y Dolores fechada en Toluca, en 1895, pero presumiblemente se trata de una colección de recetas que se fue engrosando a través de los años. Era claro que la habían guardado en la cocina: hay una receta inconclusa en la tosca caligrafía infantil y hay dos páginas de dibujos de hombres con sombrero y mostacho. Al final del segundo volumen hay inserciones de recortes de recetas aparecidas en el periódico junto a algunas transcripciones manuscritas que son más fáciles de leer, pero que no tienen el mágico sabor de hace cien años.

Hay un mole verde adornado con una guirnalda de flores que sostienen dos pajaritos, unos pasteles que se llaman Haz me pronto y Pan inglés, fermentado con pulque, guajolote en puré de piña —lo probé pero no me gustó—, un postre absolutamente compacto de piña y nata, y otro llamado Basura de piña con coco. Sin embargo, las recetas que aquí presento me parecieron irresistibles y, mejor aún, deliciosas.

Chile de jaral en frío

Rinde 6 porciones

En Toluca y sus alrededores se les llama jarales a los chiles anchos.

Aunque ésta no es una receta a la que querrá apegarse de manera esclavizante, a pesar del respeto que sienta por sus 75 años de antigüedad, este platillo tiene muchos sabores y texturas interesantes que se prestan a diversas innovaciones en interpretaciones, lo que es una ventaja en épocas en que se buscan nuevos sabores.

Vale la pena hacer bastante relleno porque después puede usarse para hacer tacos de salpicón.

6 chiles anchos grandes
2 cucharadas de vinagre de vino tinto
sal al gusto

El relleno:
450 gr. de falda de res, cortada en cubos de 5 cm.
1/4 de cebolla blanca mediana toscamente rebanada
sal al gusto

2 cucharadas de aceite vegetal

1/3 de taza (83 ml.) de cebolla blanca finamente picada

2 dientes de ajo finamente picados

340 gr. de jitomates finamente picados (aproximadamente 2 tazas)

1 raja de canela de 1.5 cm.

2 clavos

2 pimientas negras

1/3 de taza (83 ml.) de pasitas

2 cucharadas de perejil toscamente picado

EL ADEREZO:

450 gr. de calabacitas en rebanadas gruesas, cocidas y escurridas

1 taza de aguacate machacado

2 cucharadas de vinagre

2 cucharadas de aceite de oliva

1/4 de taza (63 ml.) de cilantro toscamente picado (opcional)

sal al gusto

Abra los chiles con cuidado para quitarles las venas y las semillas, pero no los rompa para que pueda rellenarlos. Cúbralos apenas con agua y hiérvalos suavemente durante unos 5 minutos. Déjelos remojar otros 10, hasta que la piel esté suave. Escúrralos bien. Rocíe el interior de cada chile con 1 cucharadita de vinagre y un poquito de sal, y deje que se sazonen alrededor de una hora, mientras prepara el relleno.

El relleno: cubra la carne con agua, agregue la cebolla rebanada y la sal. Déjela cocer a fuego lento de 35 a 40 minutos, hasta que la carne esté suave. Escúrrala y deje que se enfríe. Deshébrela cuando pueda manejarla. Guarde el caldo para una sopa.

Caliente el aceite en una sartén, agregue la cebolla y el ajo, rocíe sal al gusto y fríalos hasta que acitronen. Añada los jitomates y siga cocinando otros 5 minutos para reducir el líquido. Machaque las especias y agréguelas a la sartén junto con las pasas y el perejil. Cocine todo 5 minutos. Agregue la carne deshebrada y cocínela hasta que esté bien sazonada, húmeda y brillosa, alrededor de 5 minutos más. Rectifique la sal y deje que se enfríe.

Escurra bien los chiles, rellene cada uno con la carne y colóquelos en un platón. Procese las calabacitas, el aguacate y el resto de los ingredientes hasta que estén lisos.

Vierta el aderezo sobre los chiles y sírvalos a temperatura ambiente con tortillas de maíz.

Entomatado

Rinde 6 porciones

El sabor de este platillo mejora si se prepara más o menos con una hora de anticipación y se recalienta. La acidez de los tomates verdes varía. Si están muy ácidos, agregue un poquito de azúcar morena a la salsa para contrarrestar el sabor.

Me gusta servir este guisado con arroz blanco, aunque el libro sugiere servirlo con rajas de chile y huevos cocidos.

Para este tipo de receta, es mejor usar las chuletas gruesas de espalda que las más secas, del lomo.

6 chuletas de cerdo como de 2 cm. de grueso
(aproximadamente 800 gr.), con un poco de grasa
sal al gusto

LA SALSA:
3 cucharadas de aceite vegetal
3/4 de taza (188 ml.) de cebolla blanca finamente picada
450 gr. de tomates verdes sin cáscara, enjuagados y finamente picados
(aproximadamente 3 1/4 tazas)
1 rajita de canela de 13 mm.
1/4 de cucharada rasa de semillas de alcaravea
3 pimientas negras
3 clavos
3 ramitas de mejorana fresca o 1/4 de cucharadita de mejorana seca
3 ramitas de tomillo fresco o 1/4 de cucharadita de tomillo seco
1 chile ancho grande el cual hay que limpiar con un trapo,
quitarle las venas y las semillas, y cortarlo en rajas delgadas

506

Ponga la carne en la cacerola, cúbrala con agua y agregue sal. Deje que hierva lentamente y cuézala a fuego lento hasta que esté apenas tierna, alrededor de 45 minutos. Escúrrala y guarde el caldo.

Caliente el aceite en una cacerola, agregue la cebolla y fríala unos segundos, sin dorar. Añada los tomates verdes y sal al gusto. Siga cocinando a fuego relativamente alto hasta que se haya evaporado un poco de jugo. Muela las especias y añádalas, junto con las hierbas y el chile ancho, a la salsa. Siga cocinando a fuego medio, revolviendo y raspando el fondo de la olla para que no se pegue, alrededor de 10 minutos. Añada 2 1/2 tazas (625 ml.) del caldo que guardó y la carne, ajuste la sazón y siga cocinando a fuego lento 10 minutos más.

Deje que el guisado se sazone alrededor de una hora antes de servirlo.

Chiles poblanos rellenos en salsa de aguacate
Rinde 6 porciones

6 chiles poblanos medianos, asados, pelados, sin venas ni semillas, pero enteros
1/2 taza (125 ml.) de vinagre suave
3/4 de taza (188 ml.) de agua
2 hojas de laurel
5 dientes de ajo finamente picados
2 clavos
3 pimientas negras
una raja de canela de 1.3 cm.
2 cucharadita de sal

EL RELLENO:
2 tazas (500 ml.) de chícharos cocidos
2 cucharadas de aceite vegetal
1/3 de taza (83 ml.) de queso añejo, cotija (o romano, en Estados Unidos), finamente rallado
2 cucharadas de alcaparras grandes, escurridas
sal al gusto

LA SALSA:

2 tazas (500 ml.) de pulpa de aguacate

2 cucharadas de aceite vegetal

PARA DECORAR:

hojas de lechuga

alcaparras grandes, escurridas

rabanitos en rebanadas

Empiece 3 días antes. Ponga los chiles limpios en un recipiente de vidrio o no reactivo y cúbralos con el vinagre, el agua, las especias y la sal. Presione bien los chiles para que queden cubiertos por la marinada y déjelos en la parte baja del refrigerador durante tres días, volteándolos de vez en cuando. Escúrralos bien y guarde la marinada.

El relleno: ponga los chícharos y 2 cucharadas de la marinada en un procesador de alimentos. Mezcle hasta obtener una pasta texturada. En una sartén caliente el aceite y fría el puré a fuego bajo revolviendo de vez en cuando, durante unos 5 minutos. Retire la sartén del fuego e incorpore el queso y las alcaparras. Ajuste la sazón. Cuando la mezcla se haya enfriado, rellene cada chile con aproximadamente 1/3 de taza (83 ml.) de la mezcla y colóquelos en un platón.

La salsa y la decoración: justo antes de servir, licúe la pulpa de aguacate, el aceite y sal al gusto hasta obtener una consistencia lisa. Vierta la salsa sobre los chiles rellenos y decórelos con el resto de los ingredientes.

Torta de flor de calabaza

Rinde de 4 a 6 porciones

Estoy segura de que, al igual que yo, a veces hojea un viejo recetario que es nuevo para usted y marca las recetas que quisiera probar. Algunas salen muy bien, otras son muy buenas y sabrosas, y sólo algunas resultan ser auténticas joyas que casi nos enloquecen. Cuando uno intenta esta última clase de recetas por vez primera y sale magnífica, quisiera correr a casa de sus amigos, con el plato aún caliente en la mano, para disfrutar el momento juntos.

508

Espero que esta receta les resulte tan bien como a mí. Sin embargo, mucho dependerá de la calidad de las flores de calabaza —deben estar muy frescas y fragantes— y de las tortillas de maíz, que no deben ser ni demasiado gruesas ni demasiado delgadas.

Resulta ideal un molde para soufflé de 2 litros, de unos 19 cm. de diámetro y por lo menos 8 cm de alto.

Éste es un platillo nutritivo del que salen seis entradas chicas (que yo sirvo con una salsa ligera de jitomate y crema), o cuatro platillos principales, que podrían servirse de la misma forma, aunque yo prefiero acompañarlos con una sencilla ensalada de jitomate.

aceite vegetal para freír

8 tortillas de 13 cm. de diámetro, cortadas en cuartos y parcialmente secas

5 chiles poblanos, asados, pelados, sin venas ni semillas, y toscamente picados

1 taza (250 ml.) de crema

sal al gusto

2 tazas (500 ml.) de flores de calabaza cocidas, y

escurridas a último minuto antes de usarse (la receta se da enseguida)

180 gr. de queso fresco (o muenster, en Estados Unidos),

cortado en rebanadas delgadas y dividido en tres porciones

Caliente el horno a 177 °C (350 °F).

En una sartén caliente aproximadamente 1/2 cm. de aceite y fría las tortillas, por tandas, en una sola capa, hasta que empiecen a inflarse pero no se doren. Escúrralas bien sobre servilletas de papel y divídalas en 4 porciones. Licúe los chiles con la crema y sal: puede ser que la mezcla tenga una apariencia cortada, pero no se preocupe.

Ponga los ingredientes en capas dentro del molde: 3/4 de taza (188 ml.) de crema de chile, una capa de tortillas, 1 taza (250 ml.) de flor de calabaza, una capa de queso, otra capa de tortillas y 3/4 de taza (188 ml.) de crema de chile, una tercera capa de tortillas, una segunda capa de flor y queso y, por último, una cuarta capa de tortillas y el resto de la crema de chile con lo que quede el queso, espolvoreado encima.

Hornee la torta en la rejilla superior del horno durante 45 minutos, o hasta que el fondo esté burbujeando. Déjela reposar al menos 10 minutos antes de servir y preséntela como se sugiere.

Flores de calabaza cocidas

Para consultar un diagrama e información detallada sobre las flores masculinas y femeninas, véase *El arte de la cocina mexicana*.

2 cucharadas de aceite vegetal
1/4 de taza (63 ml.) de cebolla blanca finamente picada
1 diente de ajo finamente picado
1 chile serrano finamente picado
sal al gusto
565 gr. de flores de calabaza limpias
(sin tallo ni los correosos sépalos verdes) toscamente picadas
2 cucharadas de epazote toscamente picado

Caliente el aceite en una sartén y agregue la cebolla, el ajo y el chile; rocíe con sal. Fría, sin dorar, hasta que acitrone. Añada las flores picadas, tape la sartén y cocine a fuego lento hasta que estén bastante suaves, unos 10 minutos. Agregue el epazote y cocine unos segundos más.

Nota: si las flores tienden a estar secas, quizá necesite añadir 1/3 de taza (83 ml.) de agua. Si, al contrario, tienen demasiada humedad, tendrá que reducir el jugo cocinándolas, sin tapar, durante unos cuantos minutos.

Tamales de San Luis
Recetario, Toluca 1895
Rinde 36 tamales medianos

Nunca puedo decidir, de entre todas las variedades de tamales, cuál es mi favorita, pero ciertamente estos tamales compiten por los primeros lugares.

Como lo mencioné en los comentarios que inauguran esta sección, las instrucciones para hacer los tamales eran muy vagas, lo que significó que tuve que reconstruir la receta. Le hice un cambio: en vez de usar masa para tortillas, utilicé una masa ligeramente texturada y batida con la tradicional agua de tequesquite batida con manteca para que esponje la masa, un truco que me enseñó una cocinera de la sierra de Puebla. Sin embargo, si emplea polvo para hornear, el efecto será prácticamente el mismo.

Asegúrese de que el relleno esté frío antes de armar los tamales.

Si sobran tamales puede congelarlos. Duran alrededor de un mes. Pero recuerde: antes de recalentarlos no los descongele. Colóquelos, aún congelados, en una vaporera caliente y deje que se calienten.

EL RELLENO:

2 cucharadas de aceite vegetal

3/4 de taza (188 ml.) de cebolla blanca finamente rebanada

5 chiles poblanos grandes, asados, pelados, sin venas ni semillas,

y cortados en rajas

sal al gusto

675 gr. de jitomates toscamente picados (aproximadamente 4 tazas)

1 diente de ajo toscamente picado

285 gr. de queso Chihuahua (o muenster, en Estados Unidos) cortado en tiras delgadas

LA MASA:

225 gr. de manteca de cerdo

1/4 de taza (63 ml.) de agua de tequesquite,

o una cucharadita de polvo para hornear

3 chiles anchos, sin venas ni semillas, remojados durante 15 minutos en agua caliente

1/3 de taza de agua caliente o de caldo de pollo

800 gr. de masa para tamales o para tortillas

sal al gusto

aproximadamente 1/3 de taza (83 ml.) de caldo de pollo o agua

Tenga lista una vaporera para tamales, con monedas en el fondo, alrededor de 40 hojas de maíz secas, y 40 tiras para amarrar (opcional), hechas de hojas secas de maíz, remojadas, suavizadas y escurridas.

511

El relleno: en una sartén caliente el aceite, agregue la cebolla, las rajas de chile y sal, y fríalas a fuego medio hasta que la cebolla se acitrone, sin dorar, unos 3 minutos.

Licúe los jitomates y el ajo. Agregue esta mezcla a los chiles que están en la sartén. Siga cocinando a fuego alto hasta que se haya absorbido algo de jugo, y la salsa haya espesado un poco alrededor de las rajas, aproximadamente 8 minutos. Ajuste la sal y deje que la mezcla se enfríe.

La masa: bata la manteca con el agua de tequesquite o el polvo para hornear hasta que esté blanca y esponjosa.

Mientras tanto, licúe los chiles anchos escurridos y el líquido hasta que estén lisos. Incorpore lentamente a la manteca.

Poco a poco, agregue la masa a la mezcla de manteca, asegurándose de batir bien después de cada adición. Siga batiendo alrededor de 10 minutos, hasta que la mezcla esté bien aireada y una bolita de masa flote en un vaso de agua. La mezcla debe caer pesadamente de una cuchara. Si está demasiado tiesa, agregue un poco del caldo de pollo.

El armado de los tamales: unte el interior de una hoja de maíz con 2 cucharadas de masa. Deje espacio suficiente, arriba y abajo de la hoja, para doblarla. Ponga 2 rajas de chile, un poco de salsa, y una raja de queso en el centro. Doble los bordes de la hoja de modo que la masa prácticamente cubra el relleno. Doble los extremos hacia atrás y amárrelos firmemente, pero sin apretar, para que la masa pueda expandirse.

Cuando el agua de la vaporera esté hirviendo y las monedas suenen, coloque los tamales de manera vertical, juntos, pero no apretados. Tape muy bien la vaporera y cueza los tamales de una hora a hora y cuarto, a fuego alto, hasta que, al probar la masa, ésta se desprenda con facilidad de la hoja.

Nota: trate de conseguir hojas secas de maíz que tengan la parte curva intacta, de este modo le será más fácil doblarlos y no tendrá que amarralos.

Novísimo arte de cocina, 1831

Este esbelto volumen también se publicó en 1831 y, sin duda, competía con el recién aparecido *Cocinero mexicano*. Está empastado en cuero café marmoleado y el título está escrito en el lomo en letras doradas sobre una franja roja y un sencillo diseño floral. *El novísimo arte de cocina* se imprimió en la ciudad de México y está dedicado a "las señoritas mexicanas". No escatima palabras para describir su contenido, que aparece a manera de subtítulo: "Excelente colección de las mejores recetas [...] para que al menor costo posible y con la mayor comodidad, pueda guisarse a la española, francesa, italiana e inglesa; sin omitirse cosa alguna de lo hasta aquí practicado, para sazonar al estilo de nuestro país".

Incluyo aquí dos recetas que me llamaron la atención: una para frijoles de Cuaresma y la otra, una ensalada de col. Suenan un poco mundanas junto a recetas con títulos como Ángel, La barita mágica, Frailes y monjas, y Quitasombrero...

Ensalada de col

Novísimo arte de cocina, 1831

Rinde aproximadamente 4 tazas (1 l.)

Ésta es la receta inaugural de la sección de ensaladas. Algunos de los ingredientes, la col incluida, van cocidos. Imagino que han de haber aborrecido el sabor de la col porque se indica que hay que remojarla toda la noche, lavarla en dos o tres aguas, cocerla con una cabeza de ajo y luego... ¡enjuagarla bien!

Decidí hacer esta receta con una col fresca de mi jardín. La sirvo a temperatura ambiente o tibia. Me parece que sabe mejor si se deja en reposo alrededor de una hora para que los sabores se integren. Saben muy bien al día siguiente.

una col chica (675 gr.) bien enjuagada y finamente rallada

1 cucharadita de sal

4 dientes de ajo sin pelar, machacados

1 l. de agua hirviendo

3 cucharadas de aceite de oliva

1/4 de taza (63 ml.) de cebolla blanca finamente picada

1/4 de taza (63 ml.) de perejil toscamente picado

1/4 de taza (63 ml.) de aceitunas verdes, sin hueso, toscamente picadas

1 2 cucharadas de vinagre de vino

rajas de chile jalapeño en escabeche, al gusto

En el agua hirviendo ponga la col, la sal y el ajo a cocer unos minutos, hasta que la col esté apenas tierna, pero todavía un poco *al dente*. Escúrrala bien.

En una sartén grande caliente el aceite y añada la cebolla, el perejil y una rociada de sal. Fría lentamente hasta que la cebolla acitrone. Agregue la col y sofríala hasta que esté ligeramente marchita, unos 3 minutos. Transfiérala a un tazón, incorpore las aceitunas, el vinagre y las rajas de chile. Ajuste la sazón y déjela reposar como se sugiere arriba.

Frijoles para vigilia

Rinde 8 porciones para el plato con huevos y 6 porciones para sopa

Ésta es una de las innumerables recetas mexicanas para la Cuaresma y los días de vigilia, en que está prohibido comer carne. Me parece una variación interesante de las recetas de frijoles y constituye un platillo vegetariano muy socorrido. Aunque durante la Cuaresma no se eliminaba la manteca de cerdo de los platillos ni de los tamales, usted puede sustituirla por aceite vegetal.

Se sugieren dos formas de servir estos frijoles: como un puré para cubrir huevos sobre un crutón o diluidos y servidos como sopa, con croutones y un huevo cocido en la sopa

225 gr. de frijoles negros, canarios (o pinto, en Estados Unidos), cocidos,

y su caldo: aproximadamente de 3 1/2 a 4 tazas

2 clavos toscamente machacados

1 raja de canela de 7 mm. toscamente machacada

3 pimientas negras toscamente machacadas

1/4 de cucharadita copeteada de orégano seco

3 ramitas grandes de tomillo o 1/8 de cucharadita de tomillo seco

3 cucharadas de manteca de cerdo o de aceite vegetal

1/2 cebolla blanca mediana finamente picada

1 taza (250 ml.) de agua

sal al gusto

PARA HACER LOS HUEVOS:

8 rebanadas fritas, hasta que estén crujientes, de pan francés

8 huevos pasados por agua o fritos

5 ó 6 cucharadas de queso fresco, añejo (o romano, en Estados Unidos) finamente rallado

PARA LA SOPA:

2 tazas (500 ml.) de agua

6 rebanadas fritas, hasta que estén crujientes, de pan francés

6 huevos pasados por agua o fritos

de 5 a 6 cucharadas de queso fresco, añejo (o romano, en Estados Unidos), finamente rallado

Licúe 1/2 taza (125 ml.) de los frijoles y su caldo con los clavos, la canela, la pimienta, el orégano y el tomillo, hasta que estén lisos.

Caliente la manteca en una sartén y fría la cebolla ligeramente hasta que acitrone. Agregue el puré de frijol y cocínelo a fuego medio, revolviendo constantemente para que no se pegue, aproximadamente 5 minutos.

Con el resto de los frijoles haga un puré y, poco a poco, incorpórelos a la olla con el agua de la cocción. Cocínelos a fuego medio, raspando el fondo de la olla de vez en cuando para que no se peguen, durante 5 minutos más. Ajuste la sal.

Para servir (platillo de huevo): coloque una rebanada de pan frito en cada cazuelita. Cúbrala con el huevo y 1/2 taza (125 ml.) de puré de frijol. Espolvoree el queso encima y sirva de inmediato.

Para servir (sopa): diluya el puré de frijol con agua y deje que hierva ligeramente. Vierta 1 taza (250 ml.) en cada plato hondo, póngale una rebanada de pan frito en la superficie, cúbralo con un huevo y queso. También podría poner el huevo en la sopa y espolvorearla con croutones. Me gusta servir este plato con salsa verde por separado.

Nuevo y sencillo arte de cocina, México, D.F., 1865

Este rechoncho y pequeño volumen, atractivamente impreso en buen papel que ahora está amarillo por el paso del tiempo, es la tercera edición, aparecida en 1865 y compilada por una tal doctora Antonia Carrillo de Madrid. Se nos informa que en su lecho de muerte "cedió los derechos de publicación a su hija". Está escrito "para una mexicana" y las recetas, "experimentadas por personas inteligentes antes de darse a la prensa". El prefacio estipula que el propósito del libro es "el que con la mayor facilidad se pueda hacer todo con perfección sin encontrar dificultad alguna. Como se verá he puesto toda mi atención en que cada receta vaya esplicada con toda la claridad que corresponde y sin palabras disusadas". Resulta entretenido saber que "está acomodada al paladar mexicano, avande sin prejuicio para la salud no se puede ser de los estimulates de la Europa..."

Siempre consulto la sección de verduras primero porque, por lo general, en estos recetarios la carne y las aves siempre se guisan con un método elaborado y gran cantidad de especias y de chorizos, a la española. Es probable que encuentre que aquí se utilizan más ingredientes mexicanos.

Probé la receta de calabaza rellena: la autora describe con detalle que son "pequeñas y redondas" y nos dice con exactitud como limpiarlas para rellenarlas con una mezcla de betabel, coliflor, zanahoria, lechuga, almendras y pasas, para luego cubrirlas con una salsa de nuez de la India (a los aguacates se les dio el mismo tratamiento). "Es demasiado", pensé al probarla. Pero, en cambio, hallé dos recetas de frijoles que me gustaron y que doy más adelante.

El capítulo sobre conservas es muy práctico. Se dedican dos páginas enteras a hacer piña cristalizada (algún día no muy lejano la intentaré), la prueba para que el almíbar tenga la consistencia adecuada (sin un termómetro, claro): "tome una cucharada de almíbar, sóplele y deje que gotee de la cuchara. No debe chorrear sino hacer un hilo grueso". O también puede tomar un poco de almíbar entre su pulgar y su índice (¡ouch!) y, al separarlos, se formará una hebra. En otra receta nos previene de que la mantequilla "no debe estar descolorida ni rancia".

Frijoles blancos guisados

Rinde 6 porciones

No pude resistir esta receta que constituye una sopa sustanciosa, enriquecida con queso. Es ideal en invierno, con una ensalada, así como para los más estrictos vegetarianos.

225 gr. de frijoles blancos

6 tazas (1.5 l.) de agua

1/4 de cebolla blanca mediana toscamente rebanada

3 dientes de ajo toscamente picados

4 ramas grandes de cilantro

sal al gusto

2 chiles anchos sin venas ni semillas,

ligeramente tostados y remojados durante 15 minutos

2 cucharadas de manteca de cerdo o de aceite vegetal

2 cucharadas de cebolla blanca finamente picada

85 gr. de queso fresco desmenuzado, (o muenster, en Estados Unidos), en dados pequeños

PARA SERVIR:

4 chiles serranos tostados y toscamente picados

cilantro finamente picado

Limpie los frijoles, enjuáguelos bien y póngalos en una olla con el agua, la cebolla rebanada, el ajo y el cilantro. Cocínelos a fuego lento alrededor de 2 1/2 horas, dependiendo de la edad de los frijoles, hasta que estén suaves. (También puede dejarlos toda la noche en una "slow cooker" como el Crock pot.) Añada sal y cuézalos 10 minutos más.

Licúe 1 taza (250 ml.) del caldo de los frijoles más 1/2 taza (125 ml.) de frijoles, junto con los chiles despedazados, hasta que estén lisos.

Caliente la manteca en una sartén, añada la cebolla picada y fríala, sin dorar, hasta que acitrone. Añada el puré de chile y frijol, y cocínelo a fuego bastante alto raspando el fondo de la olla para que no se pegue, durante 2 minutos. Agregue esta mezcla a los

517

demás frijoles y cocínelos a fuego medio hasta que estén bien sazonados alrededor, de 15 minutos.

Incorpore el queso y, cuando se haya derretido, sirva de inmediato. Adórnelos con chiles y cilantro al gusto.

Frijoles con pulque

Rinde aproximadamente 3 1/2 tazas (875 ml.)

Ésta es una receta nutritiva y deliciosa. Cocinados de esta forma los frijoles constituyen un excelente relleno para tacos, acompañados de salsa verde.

225 gr. de frijoles bayos, canarios (o pinto, en Estados Unidos)
sal al gusto
1 chile ancho grande, sin venas ni semillas
1 taza (250 ml.) de pulque (véase pág. 26) o de cerveza ligera
2 cucharadas de manteca de cerdo
2 cucharadas de aceite vegetal
3 cucharadas copeteadas de cebolla blanca finamente picada
180 gr. de queso fresco desmoronado

Limpie los frijoles, enjuáguelos, escúrralos, cúbralos con agua y cuézalos a fuego lento o hasta que la piel esté suave, aproximadamente 3 1/2 horas. Añada sal y cuézalos 10 minutos más. Suba la flama y redúzcalos hasta que queden 3 1/2 tazas (875 ml.).

Tueste el chile ligeramente, cúbralo con agua caliente y déjelo remojar 15 minutos, o hasta que esté suave. Escúrralo. Licúe 1/2 taza (125 ml.) del pulque con el chile hasta que esté liso.

Caliente la manteca en una sartén, añada la cebolla y fríala, sin dorar, hasta que acitrone. Agregue los frijoles y la mezcla de chile. Cocínelos hasta que se reduzcan o queden brillosos. Añada el resto del pulque y cocine 15 minutos más. Incorpore el queso cuando la mezcla se haya reducido hasta formar una pasta espesa. Una vez derretido, sirva de inmediato.

Arroz con camarones
Rinde aproximadamente 6 porciones como primer plato

Esta deliciosa receta venía bajo el encabezado de "sopas" y, de hecho, es una sopa seca típica de la Cuaresma.

Si puede comprar camarones con todo y cabeza, mejor. Las cabezas le dan mucho sabor al caldo. También puede subrayar el sabor moliendo algunos camarones secos (véase pág. 399) y añadiéndolos al arroz. Tradicionalmente este platillo se sirve solo, y es mejor hacerlo así para apreciar los sabores, pero sé que algunos querrán ponerle una salsa: en ese caso, asegúrese de que sea salsa verde.

225 gr. de camarones medianos
unas cuantas hebras de azafrán
sal al gusto
1 1/2 tazas (375 ml.) de arroz
1/2 taza (125 ml.) de aceite vegetal, o mitad manteca y mitad aceite
1/2 cebolla blanca mediana finamente picada
3 dientes de ajo finamente picados
2 chiles jalapeños sin venas ni semillas, en rajas
225 gr. de jitomates finamente picados (aproximadamente 1 taza muy copeteada)
4 ramas grandes de perejil toscamente picado
3 clavos machacados
4 pimientas negras machacadas
1/8 de cucharadita de comino machacado

Pele los camarones y quíteles la vena. En una olla cubra las cáscaras y el azafrán con agua, añada sal y hiérvalos a fuego lento durante unos 20 minutos. Cuele y presione las cáscaras con fuerza contra el colador para extraer la mayor cantidad posible de sabor. Reduzca o añada agua para obtener 2 1/2 tazas (625 ml.) de líquido. Tire las sobras.

Cubra el arroz con agua caliente y remójelo 5 minutos. Escúrralo bien y enjuáguelo una vez más con agua fría. De nuevo, escúrralo bien.

Caliente el aceite en una cacerola gruesa (una cazuela o una cacerola como Le Creuset resultan ideales para esta receta). Sacuda el arroz por última vez en el colador e incorpórelo al aceite caliente con una rociada de sal. Fríalo a fuego medio, revolviéndolo de vez en cuando para que se cocine parejo. Cuando suene tostado al revolverlo y esté a punto de dorar, añada la cebolla, el ajo y las rajas de chile, y fríalo 2 minutos más. Agregue los jitomates, el perejil y las especias y cocínelos hasta que se haya absorbido un poco de jugo, 3 minutos o más.

Agregue el caldo y cocínelo a fuego medio hasta se haya absorbido casi por completo, de 10 a 15 minutos.

Incorpore los camarones, rápida y brevemente, para no romper el arroz, tape la olla y cocínelo 5 minutos más, hasta que el arroz esté tierno y esponjado.

Déjelo a un lado, sin destapar, 10 minutos antes de servir.

Recetas prácticas para la señora de la casa

Existen dos volúmenes con este mismo título, publicados en Guadalajara en 1893 y en 1895, a fin de reunir fondos para el hospital de la Santísima Trinidad. No son libros que haya usado mucho, a no ser como referencia, pero hace algunos años me topé con una receta para hacer cajeta de piña, casi idéntica a la que muchos años atrás me dio la primera sirvienta que tuve cuando llegué a México, en 1957. Ella no recordaba de dónde había sacado la receta, pues no sabía leer ni escribir. Publiqué su receta en *The Cuisines of Mexico*, en 1972.

El prefacio a las dos ediciones siempre me resulta entretenido: "La mayoría de los libros de cocina que se han publicado hasta ahora contienen gran cantidad de recetas que los compiladores han conseguido aquí y allá sin tomarse la molestia de comprobar si son buenas o no, o si funcionan. Al contrario, las recetas que incluimos en este volumen son muy conocidas y probadas... hemos cuidado de no incluir aquellas que ¡son más adecuadas para la cocina de una posada, un hotel o una casa de huéspedes!"

La receta que sigue es una que me gusta mucho para hacer salsa de chile pasilla.

Salsa de chile pasilla

Rinde un poco más de 1 taza (260 ml.)

Ésta es una salsa de chile pasilla ligeramente distinta, ideal para carne asada o carnes frías.

4 chiles pasilla grandes sin venas ni semillas
3 dientes de ajo toscamente picados
1 raja de canela de 3 mm. machacada
4 pimientas negras machacadas
2 cucharadas de vinagre suave y afrutado
1 taza (250 ml.) de agua
sal al gusto
cebolla blanca finamente picada

Caliente un comal o una plancha a fuego lento. Aplane los chiles y tuéstelos con cuidado aproximadamente un minuto por lado, hasta que el interior adquiera un color tabaco, hay que evitar que se quemen o la salsa tendrá un sabor amargo.

Enjuague los chiles en agua fría —no los remoje— y, con las manos, despedácelos. Muela el ajo con la canela y la pimienta, y diluya la pasta con vinagre.

Licúe el agua, los pedazos de chile y la mezcla de ajo hasta obtener una salsa texturada. Añada sal. Justo antes de servir, rocíe la salsa con la cebolla.

Apéndice al *Libro de cocina*, Jules Gouffe, 1893

Éste es un delgado volumen con un lomo de cuero rojo, labrado. El subtítulo afirma que es una "formulario de las cocinas mexicana y española" creado, ni más ni menos, por un francés. Sólo puedo asumir que el tomo principal está dedicado a la cocina francesa.

Este *Apéndice* no tiene introducción y, aunque muchas de las recetas tienen un claro origen español, también hay varios platillos típicos mexicanos como el mole o el pipián. Pero las que me parecieron más interesante fueron las recetas de origen europeo que incorporan ingredientes mexicanos. "Jamón en vino tinto" está inmediatamente

521

seguido de "Jamón a la mexicana", que sustituye el vino tinto por pulque. Algunos pasteles y galletas incluían harina de maíz.

Hay 62 salsas. Al hojear el libro las que más llamaron mi atención fueron la salsa de jitomate con chile, a la italiana; una de tomate verde con vino blanco —el epítome de la salsa mestiza—, y un aderezo, más que una salsa, de chile poblano. Hay aceitunas en adobo y sopa de fideos con chile, ninguna de las cuales conocía.

A continuación brindo ésta receta junto con la de las irresistibles "Calabacitas divinas".

Sopa seca de fideo con chile ancho

Rinde 4 porciones

La pasta seca se sirve tal y como se serviría un plato de pasta en Italia.

Me gusta servir esta sopa como un platillo separado o como almuerzo, acompañado con un queso fuerte, finamente rallado y espolvoreado y, desde luego, con rebanadas de aguacate y cuartos de limón.

4 chiles anchos sin venas ni semillas
2 1/2 tazas (625 ml.) de caldo de pollo o de agua
2 clavos
1 diente de ajo toscamente picado
1/8 de cucharadita de comino
115 gr. de fideo delgado, de preferencia
en madejas o nidos
sal al gusto
aproximadamente 1/3 de taza (83 ml.) de queso añejo
(o romano, en Estados Unidos) finamente rallado
rebanadas de aguacate
limones partidos en cuartos

Cubra los chiles con agua y hiérvalos a fuego lento durante 5 minutos. Déjelos remojar 5 minutos más, o hasta que estén suaves y reconstituidos. Escúrralos.

Licúe 1/4 de taza (63 ml.) del caldo o agua con los clavos, el ajo y el comino hasta que estén lisos. Agregue otra taza del agua y añada los chiles escurridos, poco a poco, licuando tras cada adición. Añada más caldo sólo si necesita liberar las aspas de la licuadora.

En una cacerola gruesa caliente el aceite, añada la pasta y fríala volteándola de vez en cuando, hasta que tenga un profundo color dorado, alrededor de 5 minutos. Escurra el exceso de grasa. Añádale la salsa licuada y fríala a fuego medio, raspando el fondo de la olla para que no se pegue, durante unos 3 minutos. Agregue el resto del caldo y sal, si es necesario. Cocínela, tapada, a fuego lento, hasta que la pasta esté cocida (ni muy firme ni demasiado suave), de 5 a 8 minutos.

Sírvala como se sugiere arriba o con chorizo frito desmenuzado y crema.

Calabacitas divinas

Rinde de 4 a 6 porciones

Esta receta es "divina" sólo si tiene chorizo de primera calidad, ya sea comercial o hecho en casa. En la receta original se licúan los chiles con el epazote, pero creo que con el método que aquí sugiero sabe mejor.

2 cucharadas de manteca o de aceite vegetal

675 gr. de calabacitas, en cubos pequeños

4 cucharadas copeteadas de cebolla blanca finamente picada

sal al gusto

5 chorizos, cada uno como de 8 cm., sin piel, desmenuzados

3 chiles poblanos asados, pelados, sin venas ni semillas, en rajas delgadas

4 ramas de epazote toscamente picado

Caliente la manteca en una cacerola, añada las calabacitas, la cebolla y la sal. Tape la cacerola y cocínelas a fuego lento hasta que las calabacitas estén tiernas, pero no suaves, 10 minutos. Agite la olla de vez en cuando para que no se peguen. Si las calabacitas están algo secas añada unas cuantas cucharadas de agua.

Ponga los chorizos en una cacerola pequeña a fuego lento y cocínelos hasta que suelten la grasa. Escúrralos y agréguelos a la calabaza junto con las rajas de chile y el epazote. Cocínelas sin tapar, hasta que los sabores se integren, unos 5 minutos.

Salsa de chile poblano
Rinde aproximadamente 2/3 de taza (164 ml.)

En realidad se trata más de un aderezo que de una salsa. Tiene un sabor concentrado y un poquito rinde mucho. Me gusta servirlo con pescado a la parrilla o con tacos de pollo.

3 chiles poblanos asados, pelados, sin venas ni semillas
2 cucharadas de cebolla blanca finamente picada
de 2 a 3 cucharadas de aceite de oliva ligero
sal al gusto

Pique los chiles muy finamente. Incorpore el resto de los ingredientes y deje que la salsa repose alrededor de una hora antes de servir. (Sabe mejor al día siguiente.)

Salsa de tomate y vino

Rinde aproximadamente 2 tazas (500 ml.)

Éste es otro aderezo, pero esta vez muy fuerte. El autor recomendó servirlo con lomo de cerdo rostizado o con pichones.

2 cucharadas de manteca de cerdo o de aceite vegetal

450 gr. de tomates verdes sin cáscara, finamente picados

(aproximadamente 2 tazas copeteadas)

sal al gusto

3 clavos

4 pimientas negras

4 ramitas de tomillo o 1/4 de cucharadita de tomillo seco

1 taza (250 ml.) de vino blanco dulce

Caliente la manteca en una sartén, añada los tomates verdes con sal y fríalos sin tapar, a fuego lento, hasta que estén muy suaves, unos 5 minutos. Machaque los clavos, la pimienta y el tomillo. Agréguelos a la sartén y fría, sin tapar, durante unos segundos más. Añada el vino y cocine o hasta que la salsa se haya reducido un poco y esté bien sazonada, 5 minutos.

Información básica

E l propósito de las anotaciones siguientes es el de servir de guía para la utilización de los ingredientes o medidas poco comunes que requieren algunas de las recetas. Encontrará información más detallada sobre otros ingredientes, clases de chile, métodos para cocinar, etcétera, en *El arte de la cocina mexicana*.

Equipo culinario

En México resulta inconcebible una cocina sin comal, molcajete (el tradicional mortero hecho de piedra volcánica), cazuelas y una vaporera para tamales.

* Un comal es un disco de metal delgado o de barro sin barniz que se coloca sobre el quemador de la estufa o sobre la lumbre para cocer tortillas o asar ingredientes, casi siempre para hacer salsas de mesa. Si no tiene un comal use una plancha gruesa de hierro forjado.

* Las cazuelas son ollas anchas de barro vidriado para cocinar sobre una flama de gas, leña o carbón. No sirven en un quemador eléctrico. Las cacerolas gruesas, como las de Le Creuset, o sartenes gruesas de distintos tamaños, pueden ser un sustituto.

*Una licuadora, de preferencia con dos vasos, resulta invaluable.

* El procesador de alimentos sirve sólo para las recetas en las que se indica su uso. Jamás podrá licuar un chile u otra salsa con tanta eficiencia como la licuadora.

*Vaporera para tamales, o cómo improvisar una: lo ideal es que encuentre una vaporera para tamales mexicana de metal con cuatro partes: un contenedor hondo de metal de paredes rectas con una rejilla perforada que se asienta justo por encima del nivel del agua, una división vertical para detener los tamales en tres secciones y una tapa ajustada (véase la ilustración en *El arte de la cocina mexicana*). A menudo puede encontrar este tipo de vaporera en una tienda mexicana o latinoamericana, junto con los molcajetes y las prensas para tortillas. A falta de eso, puede usarse cualquier vaporera, excepto las de bambú que se usan en la cocina asiática, siempre y cuando la parte que sostenga los tamales esté hasta el fondo, cerca de donde se concentra el vapor: los tamales deben cocerse lo más pronto posible para que la masa batida se ponga firme y el relleno no escurra haciendo un cochinero. Por ese motivo una vaporera no sirve para hacer couscous.

He tenido que improvisar en muchas ocasiones: creo que la que más éxito tuvo fue un colador perforado para espegueti o verduras, que por lo general se asienta en el agua, con cuatro vasitos de postre invertidos para sostenerlo justo por encima del nivel del agua, que debe tener unos 5 cm. de profundidad. Para que capture la mayor cantidad de vapor posible tape la olla con envoltura plástica muy apretada. (Pero no olvide perforarla y desinflarla antes de inspeccionar los tamales.)

Medidas y sus equivalentes

Siempre que es posible he tratado de dar la medida en peso y en cantidad de tazas.

Para las medidas líquidas: uso una taza de vidrio de 250 ml. y, para los sólidos, una de metal de 250 ml. De preferencia las tazas para medir deben ser las comunes con lados rectos y no esas de plástico que vienen en formas rebuscadas.

Cuando me refiero a 8 onzas (225 gr.), hablo de peso, no de la medida líquida de 8 onzas. Por ejemplo, 1 taza (250 ml.) de masa de maíz pesa entre 9 y 9 1/2 onzas (250 a 262 gr.), e incluso un poquito más si está húmeda. Una taza (250 ml.) de masa para tamal pesa alrededor de 6 onzas (180 gr.).

Siempre trato de persuadir a los y las cocineras de que compren una buena balanza sólida, no esas ligeras que cuelgan de la pared y rebotan por todos lados, ni las que tienen un contenedor que se sale de la base al menor movimiento. No sólo logrará pesar los ingredientes con mayor precisión sino que se evitará la penosa tarea de atiborrar las tazas de grasa y luego tener que tallar el fregadero grasoso.

Ingredientes

Consulte el índice para ver los ingredientes que aparecen en recuadros a lo largo del libro: pulque, chilacayote, chicharrón, zapote negro, chaya, camarones secos, hojas de aguacate y asiento.

Grasas y aceites

En muchas partes aún se usa manteca de cerdo para cocinar: es de color pálido o de un color mucho más oscuro que proviene del fondo de la tina del chicharrón. Por lo general, esta última contiene pedacitos de chicharrón y se llama asiento.

El sabor que la manteca le da a los platillos es inigualable y, de hecho, contiene menos grasa saturada y colesterol que la mantequilla o la grasa de res. Si no puede conseguir una buena manteca fresca (en una carnicería mexicana o alemana, no los bloques sobreprocesados que venden en los supermercados estadunidenses y que, por lo general, sólo son grasa de res), es muy fácil hacer la propia.

Manteca hecha en casa

Precaliente el horno a 165 °C (325 °F).

De poco en poco, pique en el procesador de 1/2 a 1 kilo de grasa de cerdo cortado en cubos pequeños. Descarte cualquier fragmento duro. Póngala en una o dos sartenes en la rejilla superior del horno de 20 a 25 minutos, hasta que suelte la grasa. Cuele los pedacitos crujientes y regáleselos a las aves.

Guarde la manteca en el refrigerador, en un recipiente muy bien cerrado. Dura varios meses o puede usarla para gorditas.

En México pueden conseguirse aceites vegetales de varios tipos pero yo prefiero el de cártamo o el alazor. El aceite de maíz tiende a ser muy pesado.

De vez en cuando se utiliza aceite de oliva, pero en recetas que tienen un origen más español.

Vinagre

A menos que se especifique en la receta, puede emplearse cualquier vinagre comercial. Para hacer un vinagre ligero lo mejor es mezclar la mitad de vinagre de arroz con la mitad de un buen vinagre de vino.

Muchas cocineras mexicanas, sobre todo en provincia, usan un ligero vinagre de piña (véanse las recetas en *The Cuisines of Mexico* y en el *El arte de la cocina mexicana*). En Colima el vinagre, pálido y de color miel, se hace con jugo de tuba, una palmera de la región. En Tabasco y Veracruz se usa un vinagre delicioso hecho de plátanos muy maduros.

Vinagre de plátano

Rinde 1 pint

2 kilos de plátanos muy maduros

Necesitará dos contenedores: uno de fondo perforado que se asiente firmemente sobre otro no reactivo. Raje la piel de los plátanos pero no los pele y presiónelos dentro del contenedor superior. Cúbralos con manta de cielo y tape el recipiente. Colóquelo en un lugar tibio y húmedo. Empezará a salir un líquido anaranjado que se recolectará en el fondo del contenedor. Habrá una invasión de moscas chiquitas y un penetrante olor fermentado. El líquido se cubrirá con partículas espumosas color crema: no se preocupe. De vez en cuando presione los plátanos. Con la cantidad adecuada de calor y de humedad este primer proceso puede llevar de dos semanas a un mes. Cuando vea que los plátanos ya no sueltan más jugo, es hora de proceder al siguiente paso.

Tenga listo un contenedor de cristal esterilizado y vierta el líquido allí, colándolo a través de una manta de cielo. Tape el recipiente y póngalo en un lugar tibio. Conforme transcurran los días se formará un disco gelatinoso en la superficie. No se preocupe, poco a poco ésta se convertirá en la "madre", una sustancia gelatinosa que sirve para hacer buen vinagre. Transcurridas tres o cuatro semanas el vinagre habrá alcanzado su máxima fuerza y una acidez agradable. Elimine la capa superior y enjuague de modo que quede una "madre". Vuelva a ponerla en el frasco. Yo he guardado este vinagre varios años.

Queso

El queso más difícil de sustituir es el queso fresco. En México tradicionalmente se vende en forma de pequeñas formas redondas como de 5 cm. de grosor. Cuando está bien hecho es un queso poco sofisticado, pero delicioso, que se desmorona sobre los antojitos, las enchiladas y otros platillos, o como relleno para chiles y quesadillas.

Para hacerlo se cuaja la leche entera, se escurre el requesón que se muele en migajas finas. Luego se prensa en aros de madera y se deja que drene el exceso de agua. El queso debe tener un color acremado, una acidez placentera y derretirse fácilmente cuando se calienta. Muy pocas de las copias comerciales del queso fresco que se venden en Estados Unidos cumplen con estas especificaciones, a no ser por una notable excepción que conozco (y espero que ahora me enteraré de otras más) fabricado por la compañía Mozarella Cheese de Dallas (2944 Elm Street, Dallas, TX 75226; 214-741-4072). Si usted vive en Estados Unidos, cada vez que encuentre un buen queso fresco compre una cantidad adicional y congelarlo hasta por tres meses.

En muchos antojitos puede usarse un queso seco y salado que se llama cotija o añejo pero no se derritirá: no debe hacerlo. En Estados Unidos se distribuyen algunos buenos pero, ¡ay!, a menudo son trozos que se cortan de un queso más grande sin nombre ni marca en el paquete.

Para rellenar chiles y demás, en Estados Unidos yo usé el muenster doméstico (del que se produce en el país, no el importado ni las copias inadecuadas del queso Chihuahua que se hacen allá) que se funde con facilidad.

Epazote

El epazote *Teloxys* (antes *Chenopodium*) *ambrosioides* es una hierba nativa del norte de América que crece en tierra pobre. Tiene hojas puntiagudas y aserradas y un sabor claro y penetrante. Es una hierba de olor indispensable y de sabor típico de las cocinas del centro y sur de México. ¡Sin él la sopa de tortilla no es una sopa de tortilla de verdad! En los Estados Unidos puede encontrarlo creciendo silvestre, en una tienda mexicana o en los mercados semanales al aire libre, pero es fácil de cultivar (véase Fuentes).

Achiote o *Annatto Bixa Orellana*

La pasta de achiote —las semillas de esta planta molidas con otras especies y mezclada con ajo machacado y vinagre o jugo de naranja agira— es un sazonador o "recado" muy popular en las recetas de la península de Yucatán. Sin embargo, en Tabasco y en el Istmo de Tehuantepec se usa el achiote puro, que sencillamente es el colorante que se hierve de las semillas y se reduce a una pasta. Fuera de ahí es difícil encontrar la pasta pura, pero la pasta yucateca se distribuye abundantemente en México y en Estados Unidos bajo diferentes nombres comerciales, el más popular de los cuales se llama La Anita.

Para hacer la pasta en casa consulte *El arte de la cocina mexicana*, y para usarla hay que rabajarla con jugo de naranja agria y agua, mezclado con ajo y sal.

Hoja santa

Esta hoja grande en forma de corazón de una planta tropical, *Piper auritum*, que tiene un sabor profundamente anisado y se usa para sazonar los alimentos en la región sur de México. Me dicen que también crece silvestre en las riberas de Texas. A menudo en los Estados Unidos se le llama la planta de la *root beer* porque el sabor es parecido al de la zarzaparrilla.

En algunas recetas su sabor puede sustituirse por el de las hojas de aguacate, pero en otras no hay sustituto posible.

He visto que en muchos viveros del suroeste norteamericano se venden plantas de hoja santa y, de vez en cuando, en los mercados mexicanos se venden las hojas secas que suelen desmoronarse y hacerse polvo. Puede ordenar hojas frescas por correo en estas direcciones: Lucinda Hutson (autora de un encantador e ilustrativo volumen sobre el tequila) en 4612 Rosedale, Austin, TX 78756, (512) 454-8905 o bien en Brookside Farms, 13110 Roy road, Pearland, TX 77581, (713) 997-2291 y 771-3314.

Asando jitomates

Asar los jitomates les confiere un sabor profundo y delicioso. Esta técnica se usa mucho para cocinar y para hacer salsas frescas (y en los Estados Unidos es una buena forma de conservar una cosecha grande para los meses de invierno: sólo ase los jitomates y guárdelos en el congelador).

531

Para hacer sólo uno o dos jitomates, áselos en un comal o plancha sin engrasar a fuego medio, volteándolos de vez en cuando, hasta que estén suaves y la piel un poco chamuscada. Para ahorrar tiempo con una cosecha grande, escoja una charola para hornear donde quepan los jitomates en una sola capa. Colóquelos bajo el asador a 5 centímetros del calor, volteándolos frecuentemente. Recójalos con unas pinzas, con todo y jugo, y úselos o congélelos en tandas de medio kilo.

Salsa cocida de jitomate
Rinde aproximadamente 2 1/4 tazas (563 ml.)

Ésta es una salsa de tomate básica. Necesita jitomates maduros y deliciosos. También se puede hacer con jitomates asados.

75 gr. de jitomates
4 chiles serranos, o al gusto
2 dientes de ajo, pelados y toscamente picados
3 cucharadas de aceite de cártamo
sal marina al gusto

En una cacerola ponga los jitomates y los chiles. Cúbralos con agua y deje que rompa el hervor. Deje que hiervan unos 5 minutos hasta que los jitomates estén suaves pero no se deshagan. Déjelos a un lado.

Licúe 1/3 del agua en la que se cocieron los jitomates con el ajo durante 5 segundos hasta obtener una mezcla de consistencia texturada. Agregue los jitomates y licúe unos segundos más: la salsa debe tener una consistencia un poco gruesa.

Caliente el aceite en una sartén o en una cazuela, añada la salsa y cocínela a fuego alto, revolviendo de vez en cuando y raspando el fondo de la olla, hasta que se reduzca y desaparezca el sabor a ajo crudo, de 6 a 8 minutos. Agregue sal al gusto.

Caldillo de jitomate

Rinde para 4 chiles rellenos grandes

Por lo general los chiles rellenos se calientan en un caldillo de jitomate como éste. Si desea, puede agregarle una hoja de laurel, 1/4 de cucharadita de tomillo seco, una raja de canela de 7 mm. y un clavo.

340 gr. de jitomates toscamente picados
2 cucharadas de cebolla blanca finamente picada
1 diente de ajo pelado y toscamente picado
1/2 taza (125 ml.) de agua
1 1/2 cucharadas de aceite de vegetal
2 1/2 tazas (625 ml.) de caldo de pollo o de cerdo
sal marina al gusto

Licúe los jitomates, la cebolla y el ajo con el agua hasta que estén relativamente lisos.

En una olla gruesa caliente el aceite y añada los ingredientes licuados. Cocínelos a fuego bastante alto hasta que la salsa se reduzca y espese, alrededor de 10 minutos. Agregue el caldo, ajuste la sazón y cocine el caldillo 5 minutos más.

Añada los chiles rellenos y cocínelos suavemente durante unos 10 minutos, dándoles vuelta con mucho cuidado.

Sustituto de naranja agria

Rinde alrededor de 2 taza (125 ml.)

2 cucharadas de jugo de toronja
2 cucharadas de jugo de naranja
1 cucharadita de cáscara de toronja finamente rallada
1/4 de taza (63 ml.) de jugo de limón

Mezcle bien todos los ingredientes como una hora antes de usarlos. Guárdelo en el refrigerador, bien tapado, durante no más de 3 ó 4 días.

Pollo hervido y deshebrado

Rinde alrededor de 2 tazas (500 ml.)

1 pechuga grande de pollo de alrededor de 675 gr., con hueso y piel
3 tazas (750 ml.) de caldo de pollo
sal según lo necesario

Corte la pechuga a la mitad y póngala en una olla con el caldo. Deje que rompa el hervor y cueza suavemente hasta que la carne esté suave, alrededor de 20 minutos. Deje que se enfríe en el caldo. Quítele la piel y el hueso y deshebre la carne toscamente. (Si es muy fino, la carne pierde sabor.) Añada sal. Guarde el caldo de pollo para otro guisado.

Masa para tortillas y tamales
Rinde 800 gr: 3 1/2 tazas

Siempre sigo al pie de la letra el método para preparar maíz para tortillas que emplean la mayoría de mis vecinas y mis primeras maestras. Pero un día la señora Catalina, que viene a cuidarme las macetas de flores que he dispuesto en las terrazas, me contó de otro método. "Le va a salir la masa más deliciosa", dijo. Éste es su método: hay que anotar que la cantidad de cal es doble de lo normal debido a que el maíz no está cocido como de costumbre.

1 litro de agua
2 cucharadas de cal (desmenuzada)
450 gr. (aproximadamente 2 3/4 de taza) de maíz

Caliente el agua en una olla grande no reactiva. Incorpore la cal y deje que rompa el hervor. Agregue el maíz, revuelva bien, tape y, deje que rompa el hervor otra vez. Retire del fuego y déjelo reposar, tapado, hasta el día siguiente, durante un mínimo de 12 horas. Luego enjuague bien el maíz, escúrralo y refriéguelo entre las manos para quitar todos los pejellos. Para la mayoría de los tamales y algunos antojitos muélalo sin agua en molino de mano a una textura martajada (dos pasadas) o mándelo a moler hasta que esté texturado; para tortillas y algunos tamales mándelo al molino para molerlo lo más fino posible.

Cal

En México siempre se usa cal (óxido de cal) para preparar masa. La cal viene en rocas pequeñas que se venden en los mercados. (En Estados Unidos lo mejor es que vaya a una tienda de jardinería pero es posible que tenga que comprar una dotación suficiente para toda la vida, ya que por lo general viene en bolsas enormes.)

Una vez que tenga la cal necesita apagarla. Tome una pieza como del tamaño de una pelota de golf y tritúrela tanto como pueda. Póngala en un recipiente anticorrosivo (y cuide que no le caiga en los ojos). Rocíe bien la cal con agua fría: empezará a sisear y despedirá un poquito de vapor. Desmorone a un polvo fino. Una vez que la reacción se amaina, la cal está "apagada". Dilúyala con agua y vierta el líquido lechoso a través de un colador en el agua del maíz para la masa.

Pruébela antes de cocer el maíz: el agua de cal debe producir una sensación de ardor ligeramente acre; si su sabor es demasiado fuerte y amargo, dilúyala un poco; si está muy diluida, agregue otro poquito de cal.

Guarde la cal sobrante en un frasco herméticamente sellado. Con el tiempo la cal se apaga sola porque adquiere humedad del aire: puede usarse pero no será tan efervescente.

Fuentes
(para Estados Unidos)

Con el diluvio de alimentos que llega de México a Estados Unidos, y debido al flujo continuo de trabajadores mexicanos que van y vienen entre la frontera de ambos países, quizá pronto llegue el día cuando ya no se necesite una sección de "fuentes" en un libro de cocina mexicana, al menos para quienes habitan en las ciudades norteamericanas. Mientras llega ese día, se ofrecen algunas sugerencias para pedir alimentos, planas o equipo por correo. Se mencionan otras fuentes con relación a ingredientes específicos.

Para encontrar chiles secos (incluyendo chipotle mora y pasilla de Oaxaca), hojas de aguacate mexicano, chorizo, masa (de la marca Masteca de Texas), pozole, piloncillo y equipo como prensas para tortillas, comales y molcajetes, diríjase a:

CMC Company
800-262-2780
PO Box 322
Avalon, Nueva Jersey 08202

Nota: no tienen productos frescos.

Para conseguir semillas de muchos chiles, tomates verdes y varias hierbas mexicanas, incluido el epazote, diríjase a:

Shepherd's Garden Seeds
860-482-3638

536

30 Irene Street
Torrington, Connecticut 06790-6658

La siguiente compañía ofrece vainilla mexicana de la marca Nielsen-Massey:

King Arthur Flour
800-827-6836
PO Box 876
Norwich, Vermont 05055-876

En casi todas las ciudades principales los supermercados tienen una sección dedicada a los productos e ingredientes para comida mexicana... como los mercados Fiesta, de Texas.

Donde hay una población considerable de mexicanos hay siempre unos abarrotes manejados por mexicanos para mexicanos.

Existe un sin número de viveros que ahora cultivan las hierbas de olor mexicanas.

Chiles secos mencionados en este libro

Nombre	Tamaño promedio	Forma	Color	Textura	Sabor	Grado de picor
ancho (poblano seco)	12 x 8 cm.	triangular	pasa	rugosa	afrutado	por lo general suave, hay excepciones
árbol (localmente se usa fresco)	6.5 cm. x 7 mm.	largo, delgado	rojo ladrillo	liso y brilloso	fuerte	muy, muy picante
cascabel (fresco se llama bola)	3 x 2.5 cm.	más o menos redondo	pasa	liso y brilloso	bastante fuerte	picante
chilcostle	13 x 2.5 cm.	largo, delgado, a veces con punta curvada	pasa con parches claros	mate y ondulado	fuerte	picante
cora (localmente se usa fresco)	2.5 cm. x 13 mm.	alargado, oval	pasa	liso y brilloso	bastante fuerte	picante
guajillo (localmente se usa fresco)	13 x 3 cm.	alargado y triangular	pasa	liso y brilloso	bastante fuerte	bastante picante
mora (jalapeño seco, ahumado)	5 x 2 cm.	triangular y chato	morado	rugoso y mate	afrutado, fuerte y ahumado	muy, muy picante
pasado (poblano seco, pelado o anaheim)	6.5 x 3 cm.	1) triangular 2) largo y angosto	negruzco	bastante liso, mate	afrutado	1) ligeramente picante 2) suave
pasilla (chilaca seca)	15.5 x 2.5 cm.	largo, delgado, chato	negro	brilloso con arrugas verticales	afrutado, fuerte y ahumado	medio a picante
pasilla (de Oaxaca)	9 x 3 cm.	largo, delgado		rugoso y mate	afrutado y ahumado	muy picante
Seco del norte de la tierra (tipo anaheim, seco)				liso y mate	afrutado	picante a medio

Chiles frescos mencionados en este libro

Nombre	Tamaño promedio	Forma	Color	Textura	Sabor	Grado de picor
anaheim, verde del norte, etc.	14.5 x 3 cm.	largo, delgado, a menudo chato	verde claro	liso, brilloso	suave	suave a picante
chilaca (seco se llama pasilla)	18 x 2.5 cm.	largo, delgado	verde negruzco	brilloso con canales verticales	medio dulce, afrutado	suave a picante
güero, fresco (también se llama caribe)	6.5 x 2.5 cm.	corto, triangular	amarillo	liso y brilloso	fuerte	picante
habanero (en México no se usa seco)	5 x 3 cm.	forma de linterna	verde claro y cuando está maduro, naranja	liso, brilloso y ondulante	fuertemente perfumado	extrema-damente picante
jalapeño (ahumado y seco se llama chipotle)	6.5 x 2.5 cm.	largo, gordo, chato	verde medio a oscuro	liso y brilloso	verde-afrutado	muy picante
manzano (no se usa seco)	5 x 4.5 cm.	regordete	verde a amarillo y a veces rojo	liso y brilloso	fuerte, afrutado	extrema-damente picante
poblano (seco se llama ancho)	12 x 6.5 cm.	triangular gordo y puntiagudo	verde muy oscuro	brilloso y ligeramente ondulante	afrutado, exuberante	medio a picante
serrano (seco se llama igual)	5 cm. x 13 mm.	forma de bala	verde medio a oscuro	brilloso y liso	fuerte, casi amargo	muy picante
x-cat-ik (no se usa seco)	12 x 2 cm.	largo, delgado, puntiagudo	amarillo pálido	liso, brillante y ligeramente ondulante	fuerte pero afrutado	picante

ÍNDICE GENERAL

Introducción	9
Tamales de espiga	23
El pulque	26
Frutas en tacha	27
Duraznos en tacha	27
Chilaquiles en salsa verde señora Juana	29
Ensalada de nopalitos estilo San Pancho	31
Botana de chilacas	32
Habitas guisadas para botana	33
De la ciudad de México a Zitácuaro, Michoacán	35
Caldo de hongo y flor	34
Salsa ranchera	40
Bocoles de frijol negro	41
Puerco deshebrado	42
Salsa de tomate	42
Carne de puerco con rajas	43
Carne de puerco en pipián de chile pasilla	44
Señora Elvira	46
Flor de calabaza guisada con jitomate	46
Tacos sudados	47
Carne deshebrada para tacos sudados	48
Salsa verde (cruda)	49
Papas guisadas para tacos sudados	49
Carne de puerco en pipián	50
Chuletas de cerdo en agridulce	54
Calabacitas michoacanas	55
Pozolillo	56
Recetario de Tacámbaro, señor Raúl Ramírez, Zitácuaro	57
Pollo en pulque	58
Chicharrón en naranja	59
Chilacayotes en natas	60
Chilacayote	61
Chilacayotes punchuches	62
Puerto Vallarta y otros puntos al norte	64
Pozole de camarón	67
Maíz para pozole	69
Gorditas de res	69
Pulpo en salsa guajillo	71
Ceviche de Tino	73
Capirotada de doña Rosa	74
Una búsqueda afortunada	75
Pollo en blanco	76
De Puerto Vallarta a Nayarit	78
Sopes de ostión	80
Salsa de tomate	82
Chivichangas de ostión	82
Empanadas de camarón	83
Salsa de chile cora	84
Mascota y San Sebastián	85
Jocoque	90
Tacos de jocoque	91
Birria estilo Mascota	92
Salsa para birria	94
Chilaquiles	95
Hongos guisados con hierbabuena	97
Tortitas de regalo	98
Rollos de mango verde	99
Turco	100
Gordas de harina	102
Arepas	103
Salsa de lima agria	105
Enchiladas de Mascota	106
San Sebastián	107
Arroz blanco con rajas y panela	109
Lomo relleno	110
Guacamole chamacuero	118
Botana de papas locas	121
San Miguel de Allende	119
Ensalada de tomate verde	122
Tacos sudados de fideo	123
Chiles rellenos de papa y sardina	124
Chiles pasilla rellenos de papa	126
Pollo en menudencias	127
Aguascalientes	130
Chiles rellenos Los Andrea	134
Enchiladas rojas de Aguascalientes	135
Condoches	137
Frijoles para condoches	138
Huevos con nopales y cilantro	139
Lomo de cerdo en salsa de guayaba	140
Tamales sabor de chocolate	141
Chorreadas	145
Papas pastores	146
Huevos en baturillo	147

Chorizo para tostadas   148
Enchiladas zacatecanas   149
Chayotes con natas   150
Asado de bodas jerezano   151
Figadete para botana   152
Guacamole jerezano   153
Rajas de chile ancho verde   154
Refresco de la tía Mariquita   155
Salsa mexicana estilo jerezano   156
Carne con chile güero   157
Taquitos de cuero   158
Torreón   160
Chicharrón de pescado   162
Estofado de raya   163
Porras, Coahuila   164
Molletes de Goyita   166
Asado de bodas estilo Parras   168
Chilaquiles de Parras   169
Chiles rellenos con salsa verde   171
Chipotles en adobo   177
Torrejas de frijol   179
Salsa de Lola   181
Puerco en pipián   182
Papas cuarteleras   184
Asado de chile colorado   185
Chile pasado con carne seca   186
Carne seca   187
Chiles pasados   188
Caldillo de carne seca con fideo grueso   189
Chacales estilo Ciudad Camargo   190
Salsa para chacales   191
Salsa de Lili   192
Caldo de oso   192
Nogada   194
Rollo de nuez y dátil   195
Rajas en cerveza   196
Chile dulce   197
De vuelta a Hidalgo   202
Salsa de xoconostle   205
Sopa de haba seca   206
Frijoles quebrados   207
Gorditas hidalguenses   208
Frijoles para gorditas   209
Mole de olla hidalguense   210
Señorita Antonia Ortiz   212
Chicharrón en tomate verde   213
Chicharrón en guajillo   214
Longaniza con papas y nopales   215

Tamales de nopalitos   216
Los mercados de Santiago Tianguistengo
    y Metepec   219
Metepec   224
Huevos en cobija   224
Pastel de zapote negro   226
Pepeto   228
Salsa de aguacate y tomate verde   230
Mole de olla con tamales de elote   231
Tamales de elote   232
Pollo en salsa de cacahuate   234
Cacahuates garapiñados   235
Tortitas de guajes en salsa de jitomate   240
Guaxmole   241
Salsa de guajes   242
Cacalas   242
Tlacoyos   243
Tlacoyos de requesón   244
Gallitos de chile jalapeño   245
Zacualpan de Amilpas   245
Tortas de arroz en chile pasilla   246
Palpan   247
Pollo ahogado en natas   249
Chilacas rellenas en natas   251
Gordas de requesón   252
Xicotepec de Juárez   255
Mamey (*pouteria sapota*)   257
Enchiladas de pixtli   257
Tamales de vigilia   259
Tinga de pollo   263
Adobo   264
Tasajo de cerdo   265
Chuletas de cerdo adobadas   266
Cerdo en adobo   266
Cuetzalan, Puebla   267
Frijoles gordos en xocoyol   269
Xocoyol tipo chorizo   270
Chiltatis   272
Xocoastole: atole de masa agria   272
Pollo en pipián verde   276
Tamales de frijol   279
Mole miahuateco   280
Mole de Xico   291
Huevos al comal   293
Xonequi   294
Salsa de chile seco   296
Camarones verdes   297
Gorditas de frijol   299

Frijoles negros para gorditas	300	Pan de huevo corriente	384
Pollo al ajillo	301	Mole verde	386
Tamal de cazuela	303	Quesadillas de verduras	388
Plátanos rellenos	304	Adobo	389
Arroz verde	305	Frijoles de novia	390
Buñuelos de almendra	307	Chalupas de Chilapa	391
Minilla veracruzana	308	Carne para chalupas	393
La cocina de doña Iris	309	Salsa para chalupas	393
Pipián de acamayas	312	Arroz con camarón seco	398
Frijoles negros con pepitas y hoja santa	313	Camarón seco	399
Salsa de camarón	314	Salsa de chile pasilla (de Oaxaca)	400
Salsa de cacahuate	315	Coloradito	401
Catemaco	316	Enchiladas de bautizo de tres carnes	403
Chile pastor	318	Pollo almendrado	405
Anguila guisada	319	Sopa de guia	407
Chile-Limón	320	El Itsmo de Tehuantepec	409
Ixguá	329	Guetavinguis	413
Arroz blanco tabasqueño	331	Pollo garnachero	414
Chaya	332	Garnachas juchitecas	415
Tamales de chaya de tía Toña	333	Salsa para garnachas	417
Tamales de chaya de Ricardo	335	Chilito	418
Masa para tamales de chaya	335	Mole de guinadooxhuba	419
Chile frito	336	Molito de camarón seco	420
Longaniza	337	Tamales de pescado seco	421
Longaniza tabasqueña	338	Tamales de frijol	424
Chilaquil de chicharrón	339	Pastel de verduras	426
Tostones de plátano	341	La costa del Pacífico oaxaqueño	427
Pollo en chirmol	342	Mole de iguana negra	429
Esferitas de masa	344	Mole de venado	431
Pescado al vapor	344	Torta de masa	432
Mone de pescado I	346	Tamales de chileajo	433
Mone de pescado II	347	Cuitlacoche estilo costeño	436
Tamales colados	348	Empanadas de hongos	436
Relleno para tamales colados	352	Tamales de rajas	438
Socuco	353	Mole costeño	439
Salsa de chile	355	Estofado de bodas	441
Tortillas rellenas en mojo de ajo	356	Tlaxiaco	442
Relleno de camarón	357	Relleno para chiles pasilla de Oaxaca	444
Los ingredientes regionales		Amarillo de puerco con frijol blanco	446
de Campeche	365	Chilate de res	447
Cazón asado frito	367	Jiná en escabeche	448
Tortitas de cazón guisadas	368	Jiná asado (*Amanita cesarea*)	450
Jarochitos en forma de tamales	369	Hongos en chile guajillo	451
Jarochitos en caldo de frijol	371	Sierra de Juárez	452
Cherna en su jugo	371	Cuicatlán	455
Ibes guisados	373	Chile caldo	456
Pescado de macum	374	Rajas de chiles criollos de Cuicatlán	458
Bisteck en vire vira	375	Mole prieto	462

Ahuautli: una comida prehispánica
   tal y como se prepara hoy en día   464
Jumiles: una visita a Zacualpan,
   Estado de México   467
Las matanzas de Puebla   470
Hongos   477
Cacería de hongos a la sombra
   del monte Tláloc   479
Oreja de puerco guisada para quesadillas   481
Hongos de llano guisados   482
Pata de pájaro en molito   483
Hongos trompetas para tacos   484
Hongos amarillos en salsa verde   485
Hongos azules con crema   486
Calabacitas con hongos   487
Patas de pollo con rajas   489
Calabacitas rellenas de flor   493
Salsa de chile macho   494
Cocinando, y otras cosas, tal y como
   se hacía en 1877   495
Chiles rellenos de acelgas y chícharos   498
Pancita en mole   500
Arroz con chile ancho   501
Papas con chile   502
Libro de cocina, Toluca, 1985   503
Chile de jaral en frío   504
Entomatado   506
Chiles poblanos rellenos en salsa
   de aguacate   507
Torta de flor de calabaza   508
Flores de calabaza cocidas   510
Tamales de San Luis   510
Novísimo arte de cocina, 1831   513
Ensalada de col   510
Frijoles para vigilia   514

Nuevo y sencillo arte de cocina,
   México, D.F., 1865   516
Frijoles blancos guisados   517
Frijoles con pulque   518
Arroz con camarones   519
Recetas prácticas para la señora
   de la casa   520
Salsa de chile pasilla   521
Apéndice al Libro de cocina, Jules
   Gouffe, 1893   521
Sopa seca de fideo con chile ancho   522
Calabacitas divinas   523
Salsa de chile poblano   524
Salsa de tomate y vino   525
Equipo culinario   526
Medidas y sus equivalentes   527
Ingredientes   528
Grasas y aceites   528
Manteca hecha en casa   528
Vinagre   529
Vinagre de plátano   529
Queso   530
Epazote   530
Achiote (Annatto Bixa Orellana)   531
Hoja santa   531
Asando jitomates   531
Salsa cocida de jitomate   531
Caldillo de jitomate   533
Sustituto de naranja agria   534
Pollo hervido y deshebrado   534
Masa para tortillas y tamales   535
Cal   535
Fuentes (para Estados Unidos)   536
Chiles secos mencionados en este libro   539
Chiles frescos mencionados en este libro   541

ÍNDICE DE RECETAS

A

Achiote (*Annatto Bixa Orellana*) 531
Adobo 264
Adobo 389
Amarillo de puerco con frijol blanco 446
Anguila guisada 319
Arepas 103
Arroz blanco con rajas y panela 109
Arroz blanco tabasqueño 331
Arroz con camarón seco 398
Arroz con camarones 519
Arroz con chile ancho 501
Arroz verde 305
Asado de bodas estilo Parras 168
Asado de bodas jerezano 151
Asado de chile colorado 185
Asando jitomates 531

B

Birria estilo Mascota 92
Bisteck en vire vira 375
Bocoles de frijol negro 41
Botana de chilacas 32
Botana de papas locas 119
Buñuelos de almendra 307

C

Cacahuates garapiñados 235
Cacalas 242
Cal 535
Calabacitas con hongos 487
Calabacitas divinas 523
Calabacitas michoacanas 55
Calabacitas rellenas de flor 493
Caldillo de carne seca con fideo grueso 189
Caldillo de jitomate 533
Caldo de hongo y flor 34
Caldo de oso 192
Camarones verdes 297
Capirotada de doña Rosa 74
Carne con chile güero 157
Carne de puerco con rajas 43
Carne de puerco en pipián de chile pasilla 44

Carne de puerco en pipián 50
Carne deshebrada para tacos sudados 48
Carne para chalupas 393
Carne seca 187
Cazón asado frito 367
Cerdo en adobo 266
Ceviche de Tino 73
Chacales estilo Ciudad Camargo 190
Chalupas de Chilapa 391
Chayotes con natas 150
Cherna en su jugo 371
Chicharrón de pescado 162
Chicharrón en guajillo 214
Chicharrón en naranja 59
Chicharrón en tomate verde 213
Chilacas rellenas en natas 251
Chilacayote 61
Chilacayotes en natas 60
Chilacayotes punchuches 62
Chilaquil de chicharrón 339
Chilaquiles de Parras 169
Chilaquiles en salsa verde señora Juana 29
Chilaquiles 95
Chiltatis 272
Chilate de res 447
Chile caldo 456
Chile de jaral en frío 504
Chile dulce 197
Chile frito 336
Chile pasado con carne seca 186
Chile pastor 318
Chile-Limón 320
Chiles frescos mencionados en este libro 541
Chiles pasados 188
Chiles pasilla rellenos de papa 126
Chiles poblanos rellenos en salsa
   de aguacate 507
Chiles rellenos con salsa verde 171
Chiles rellenos de acelgas y chícharos 498
Chiles rellenos de papa y sardina 124
Chiles rellenos Los Andrea 134
Chiles secos mencionados en este libro 539
Chilito 418

Chipotles en adobo | 177
Chivichangas de ostión | 82
Chorizo para tostadas | 148
Chorreadas | 145
Chuletas de cerdo adobadas | 266
Chuletas de cerdo en agridulce | 54
Coloradito | 401
Condoches | 137
Cuitlacoche estilo costeño | 436

D
Duraznos en tacha | 27

E
El pulque | 26
Empanadas de camarón | 83
Empanadas de hongos | 436
Enchiladas de bautizo de tres carnes | 403
Enchiladas de Mascota | 106
Enchiladas de pixtli | 257
Enchiladas rojas de Aguascalientes | 135
Enchiladas zacatecanas | 149
Ensalada de col | 510
Ensalada de nopalitos estilo
San Pancho | 31
Ensalada de tomate verde | 122
Entomatado | 506
Epazote | 530
Esferitas de masa | 344
Estofado de bodas | 441
Estofado de raya | 163

F
Figadete para botana | 152
Flor de calabaza guisada con jitomate | 46
Flores de calabaza cocidas | 510
Frijoles blancos guisados | 517
Frijoles con pulque | 518
Frijoles de novia | 390
Frijoles gordos en xocoyol | 269
Frijoles negros con pepitas
y hoja santa | 313
Frijoles negros para gorditas | 300
Frijoles para condoches | 138
Frijoles para gorditas | 209
Frijoles para vigilia | 514
Frijoles quebrados | 207
Frutas en tacha | 27

G
Gallitos de chile jalapeño | 245
Garnachas juchitecas | 415
Gordas de harina | 102
Gordas de requesón | 252
Gorditas de frijol | 299
Gorditas de res | 69
Gorditas hidalguenses | 208
Guacamole chamacuero | 118
Guacamole jerezano | 153
Guaxmole | 241
Guetavinguis | 413

H
Habitas guisadas para botana | 33
Hoja santa | 531
Hongos amarillos en salsa verde | 485
Hongos azules con crema | 486
Hongos de llano guisados | 482
Hongos en chile guajillo | 451
Hongos guisados con hierbabuena | 97
Hongos trompetas para tacos | 484
Huevos al comal | 293
Huevos con nopales y cilantro | 139
Huevos en baturillo | 147
Huevos en cobija | 224

I
Ibes guisados | 373
Ixguá | 329

J
Jarochitos en caldo de frijol | 371
Jarochitos en forma de tamales | 369
Jiná asado (*Amanita cesarea*) | 450
Jiná en escabeche | 448
Jocoque | 90

L
Lomo de cerdo en salsa de guayaba | 140
Lomo relleno | 110
Longaniza con papas y nopales | 215
Longaniza tabasqueña | 338

M
Maíz para pozole | 69
Manteca hecha en casa | 528
Masa para tamales de chaya | 335

Masa para tortillas y tamales	535
Minilla veracruzana	308
Mole costeño	439
Mole de guinadooxhuba	419
Mole de iguana negra	429
Mole de olla con tamales de elote	231
Mole de olla hidalguense	210
Mole de venado	431
Mole de Xico	291
Mole miahuateco	280
Mole prieto	462
Mole verde	386
Molito de camarón seco	420
Molletes de Goyita	166
Mone de pescado I	346
Mone de pescado II	347

N

Nogada	194

O

Oreja de puerco guisada para quesadillas	481

P

Pan de huevo corriente	384
Pancita en mole	500
Papas con chile	502
Papas cuarteleras	184
Papas guisadas para tacos sudados	49
Papas pastores	146
Pastel de verduras	426
Pastel de zapote negro	226
Pata de pájaro en molito	483
Patas de pollo con rajas	489
Pepeto	228
Pescado al vapor	344
Pescado de mácum	374
Pipián de acamayas	312
Plátanos rellenos	304
Pollo ahogado en natas	249
Pollo al ajillo	301
Pollo almendrado	405
Pollo en blanco	76
Pollo en chirmol	342
Pollo en menudencias	127
Pollo en pipián verde	276
Pollo en pulque	58
Pollo en salsa de cacahuate	234

Pollo garnachero	414
Pollo hervido y deshebrado	534
Pozole de camarón	67
Pozolillo	56
Puerco deshebrado	42
Puerco en pipián	182
Pulpo en salsa guajillo	71

Q

Quesadillas de verduras	388
Queso	530

R

Rajas de chile ancho verde	154
Rajas de chiles criollos de Cuicatlán	458
Rajas en cerveza	196
Recetario de Tacámbaro	57
Refresco de la tía Mariquita	155
Relleno de camarón	357
Relleno para chiles pasilla de Oaxaca	444
Relleno para tamales colados	352
Rollo de nuez y dátil	195
Rollos de mango verde	99

S

Salsa cocida de jitomate	531
Salsa de aguacate y tomate verde	230
Salsa de cacahuate	315
Salsa de camarón	314
Salsa de chile cora	84
Salsa de chile macho	494
Salsa de chile pasilla (de Oaxaca)	400
Salsa de chile pasilla	521
Salsa de chile poblano	524
Salsa de chile seco	296
Salsa de chile	355
Salsa de guajes	242
Salsa de Lili	192
Salsa de lima agria	105
Salsa de Lola	181
Salsa de tomate y vino	525
Salsa de tomate	42
Salsa de tomate	82
Salsa de xoconostle	205
Salsa mexicana estilo jerezano	156
Salsa para birria	94
Salsa para chacales	191
Salsa para chalupas	393

Salsa para garnachas	417
Salsa ranchera	40
Salsa verde (cruda)	49
Socuco	353
Sopa de guía	407
Sopa de haba seca	206
Sopa seca de fideo con chile ancho	522
Sopes de ostión	80
Sustituto de naranja agria	534

T

Tacos de jocoque	91
Tacos sudados de fideo	123
Tacos sudados	47
Tamal de cazuela	303
Tamales colados	348
Tamales de chaya de Ricardo	335
Tamales de chaya de tía Toña	333
Tamales de chileajo	433
Tamales de elote	232
Tamales de espiga	23
Tamales de frijol	279
Tamales de frijol	424
Tamales de nopalitos	216
Tamales de pescado seco	421

Tamales de rajas	438
Tamales de San Luis	510
Tamales de vigilia	259
Tamales sabor de chocolate	141
Taquitos de cuero	158
Tasajo de cerdo	265
Tinga de pollo	263
Tlacoyos de requesón	244
Torrejas de frijol	179
Torta de flor de calabaza	508
Torta de masa	432
Tortas de arroz en chile pasilla	246
Tortillas rellenas en mojo de ajo	356
Tortitas de cazón guisadas	368
Tortitas de guajes en salsa de jitomate	240
Tortitas de regalo	98
Tostones de plátano	341
Turco	100

V

Vinagre de plátano	529
Vinagre	529

X

Xocoyol tipo chorizo	270
Xonequi	294

México. Una odisea culinaria de Diana Kennedy,
se terminó de imprimir en los talleres de
Imprentor, S.A. de C.V., Calle Salvador Velasco 102,
Parque Industrial Exportec 1,
50200 Toluca, Edo. de México.